中国古代法律发展的重要节点与进程

高旭晨 著

中国社会科学出版社

图书在版编目（CIP）数据

中国古代法律发展的重要节点与进程／高旭晨著.—北京：中国社会科学出版社，2021.10
ISBN 978-7-5203-9249-5

Ⅰ.①中⋯ Ⅱ.①高⋯ Ⅲ.①法制史—研究—中国—古代 Ⅳ.①D929.2

中国版本图书馆 CIP 数据核字（2021）第 205037 号

出 版 人	赵剑英	
责任编辑	许　琳	
责任校对	李　莉	
责任印制	郝美娜	

出　　版	中国社会科学出版社	
社　　址	北京鼓楼西大街甲 158 号	
邮　　编	100720	
网　　址	http://www.csspw.cn	
发 行 部	010-84083685	
门 市 部	010-84029450	
经　　销	新华书店及其他书店	
印　　刷	北京君升印刷有限公司	
装　　订	廊坊市广阳区广增装订厂	
版　　次	2021 年 10 月第 1 版	
印　　次	2021 年 10 月第 1 次印刷	
开　　本	710×1000　1/16	
印　　张	18.75	
插　　页	2	
字　　数	307 千字	
定　　价	108 元	

凡购买中国社会科学出版社图书，如有质量问题请与本社营销中心联系调换
电话：010-84083683
版权所有　侵权必究

目 录

绪 论 ……………………………………………………………… (1)

第一章 中国法律的起源与初建时期（尧舜立国至夏商）…… (6)

    重要节点：皋陶作士 ………………………………………… (6)

    第一节 尧舜立国与中国法律之起源 ……………………… (7)

    第二节 "皋陶作士" ………………………………………… (10)

    第三节 夏商时期的法制简述 ……………………………… (28)

第二章 西周：礼治主导下之法制 ……………………………… (32)

    重要节点：周公制礼 ………………………………………… (32)

    第一节 西周法制概说 ……………………………………… (33)

    第二节 西周的礼治与德治 ………………………………… (39)

    第三节 西周时期法制的基本内容 ………………………… (43)

第三章 对礼治的背离——法治主义的极盛时期
        （春秋战国至秦）……………………………………… (51)

    重要节点：李悝作《法经》 ………………………………… (51)

    第一节 礼治与法治之分野 ………………………………… (54)

    第二节 儒家之法律思想 …………………………………… (57)

    第三节 法家之法律思想 …………………………………… (73)

    第四节 春秋战国时期之重要立法活动 …………………… (89)

第四章　法治主义的极点：秦朝的法制 (95)
重要节点：秦国灭六国，秦王称皇帝 (95)
第一节　秦朝法制之形成与发展 (97)
第二节　秦朝法制之基本内容 (101)

第五章　法律儒家化趋势的形成与发展（两汉魏晋南北朝） (113)
重要节点：《春秋》决狱 (113)
第一节　汉代对秦朝法制的匡正 (114)
第二节　法律制度儒家化趋势的形成 (117)
第三节　两汉魏晋南北朝时期法制之基本内容 (138)

第六章　中华法系的形成与延续（隋唐至清末） (148)
重要节点：《唐律疏议》的制定 (148)
第一节　概说 (149)
第二节　中华法系延续与发展期间之社会文化背景 (151)
第三节　中华法系下历代法制之基本内容 (185)

第七章　中华法系的终结（近代） (199)
重要节点：清廷发布法律变革诏书 (199)
第一节　概说 (200)
第二节　中华法系终结之思想背景 (202)
第三节　严复"自由为本"的法律观 (230)
第四节　清末法制变革的发端与背景 (241)
第五节　清末法制变革的指导者——张之洞 (253)
第六节　清末法制变革的执行者——沈家本 (269)
第七节　中华法系之终曲——礼法之争 (280)

主要参考书目 (287)

后　记 (294)

绪　　论

　　中国古代法律传统源远流长，历代相传，不绝如缕，相随中华文明五千载。但在此漫长的过程中，各个时间段，并非清晰如一，重要等同。而是时明时暗，时重时轻。在一些关键的时期，由于出现了关键的人物，经历了关键的事件，形成了决定中国古代传统法律性质的总体趋势，在这种趋势引领下，中国古代传统法律形成了自己的独特形式，这种形式也决定了其内容。

　　概括而言，中国古代传统法律经历了以下若干决定性的时期。其一，中国法律制度形成时期。其二，西周礼法制度的形成与发展时期。其三，礼法相争时期，此时期亦为春秋战国时期的法制化形成时期。其四，秦朝以法制为主导时期。秦朝的法律制度，存续之期间虽短暂，但具有特别的意义。不同于此前的春秋时期的法律，其开始背离西周的礼制，但没有完全确立法制的主导地位。秦朝实行所谓全面的法制，以法为教，以吏为师，法制深入社会文化各个方面。其五，法律儒家化趋势形成时期，亦即礼法制度回归时期。春秋决狱标志着法律之儒家化的开启（从法家化法律扭转）。其六，中华法系创立与延续时期，"一准乎礼"之唐律的制定确立了中国法律发展的方向，此后，包括唐宋元明清历代之法律都沿着这条确定的轨迹继续发展，此时期为中国传统法律发展的主导部分。其七，中华法系开始瓦解时期，晚清之法律变革标志着中华法系的终结。

　　中国古代历史的分期问题，曾经是整个历史学科，乃至整个学术界的重要问题，以经济为标准划分，几乎形成一种潮流。笔者对中国古代法律的历史作以上若干时期之划分，并非意图尝试对其进行一个具有理论意义层面的严格性分期。因为所谓历史分期，多为一种被动式的历史划分，其目的多在于为某种历史理论制造一种架构，以便使这个理论显得比较周延。但实际上其也不过是一种游戏，不外乎自己创造一个规则，然后在此规则中进行某种较量。当有学术以外的力量、权势介入的时候，这种规则就成为一种僵化的教条，它可能为历史的讲述提供了一些方便，但多数时间会成为学术思考的牢笼、精神的束缚。尽管如此，我们在进行中国历史的通史性研究、写作和授课时，仍然不得不根据自己的研究对象，对中国的漫长历史进行必要的划分，这种划分完全可以随着研究的内容作相应的调整和改变。比如，中国音乐史的时期划分与中国绘画史的时期划分肯定并非完全一致；思想史的时期划分与制度史的时期划分也未必完全切合。以往所谓以经济史的划分涵盖一切的划分方法并不能称作最科学的划分方法。基于以上原因，笔者所作中国法律发展进程时期划分完全是根据法律的发展进程而进行的，并没有一种理论上的建构意图，只是从个人角度而言，感觉这种划分可以使中国法律史的讲述更为清晰、顺畅。

即使如此没有学术进取心，笔者仍然感到，中国的历史久远，对此久远的历史进行某种意义上的时期划分既是一件容易的事情，也是一件困难的事情。就法律所产生的影响而言，我们也可以对中国的法律发展史进行一种学术意义上的分期。此种划分，既可以明了法律在中国历史上之作用，也可以使法律发展的历史意义更为鲜明。实际上，以法律之进化发展为标准而进行历史时期的划分，也是有根据的，且具有某种学术意义。董彦斌先生曾进行了一个相当清晰而简洁的划分，即立国时期、立教时期，立宪时期，谓之中国历史的三节点说。① 此说的基本内容是：中国的历史有三个重要的节点，其一为立国时刻，作者定义为尧时代；其二为立教时刻，定义为汉初；其三为立宪时刻，定义为清末民初。笔者对此极为赞同。这个结论对于中国整体历史发展进程而言具有高度的概括性，但对于法律发展史而言，就显得比较宏观，未能充分显示法律在中国古代历史发展过程中的意义和作用。故笔者不揣浅陋，在此学术判断的基础上加以发挥，将中国古代法律发展的历史定为七个关键性节点，并相应划分为七个时期，以明了中国古代法律发展的基本过程。此七个节点为：其一，皋陶作士。其二，周公制礼。其三，李悝作《法经》。其四，秦王朝的建立。其五，汉代的春秋决狱。其六，《唐律疏

---

① 董彦斌：《现代法政的起源》，法律出版社2015年版。

议》的问世。其七，1902年清廷发布改革法制诏书。与此相应的七个时期为：其一，中国法律的起源与创建时期。该时期从尧舜到夏商。其中虽则掺杂有许多不确定的神话传说成分，但其中必有相当程度的确实内容，因为从结果而言，到了商代，中国确实已经有了非常完备的法律体系。此一时期具有代表意义的人物为皋陶，他被认为是中国古代法律的创造者。所谓"孔子垂经典，皋陶造法律"。其后的夏朝与商朝，通常被认为是国家制度已经基本形成的时期，故法律制度的建立亦为必然。史籍记载有所谓"夏有乱政，而作禹刑；商有乱政，而作汤刑"的内容，禹刑与汤刑也可以概括为夏朝与商朝的法律。当然，夏朝的具体情况，到现在为止，还缺乏考古挖掘的支持。其二，西周时期，礼治与德治的创建时期。西周时期所创建的礼法体系，即礼治与德治的创造，对于中国法律的发展具有决定性的影响。此一时期的关键人物为周公，其被认为是西周礼制的创造者。其三，对西周礼治的背离时期。春秋战国时期的法制之义是对礼治的偏离，甚至是一种反动，这种从南辕偏向到北辙的反动使得法律走向一种极端；这种极端到秦朝达到了一个至远点，即完全背弃了礼治与德治，达到了一个法制的极限。这一阶段的核心是所谓"儒家与法家"的思想对立，代表人物有孔子、孟子、荀子；李悝、管仲、商鞅、韩非，重要标志为《法经》。其四，秦代的法制。此一时期，虽则时间极为短暂，但其具有十分重要的意义。它既是前一时期的终结，也是一种新的开始，并且对下一时期兼具正面及负面的影响。这一时期的代表人物为秦始皇，标志为秦律。其五，礼治的回归，中国古代正统法律制度的形成与确立时期。这个时期是对法制主义的一种拨乱反正，是对西周礼治与德治的回归。当然，这种回归在某种意义上也是一种创造。这种回归从西汉董仲舒的春秋决狱开始，至唐代"一准乎礼"的《唐律疏议》的制定结束。这一时期的代表人物为董仲舒。其六，中华法系的确立时期——从唐朝到清末。这一时期的标志为《唐律疏议》，其为此后历代法律制度的发展确立了核心的价值。其七，晚清修律与中华法系的终结。这一时期的标志为1902年清政府颁布的法律变革诏书，由此而展开的法制变革使得中华法系走向完结。法律的历史并非仅由法典或制度呈现出来，而是由人物、思想和事件构成的，它们往往以历史上某个重要节点的形式呈现出来。

不管我们多么痛惜自己的文化传统，一个不可回避的事实是我们已经走在世界格局之内。我们需要引进不同的思想和制度，以便与世界交流。当然，选择闭关锁国也是一种有意义的选择，但这种选择的负面意义远超其正面的意义。我们今天在享受现代化的同时，也饱受其害。从个人生命的有限性而言，过度发达的物质文明可能并不能为我们作为人类个体的生存增加更多的意义。

以往的中国法律史教材中，大多设有专章，名为"学习中国法律史的意义"，作者会很认真地也是很牵强地总结出学习法律史的作用若干条。实际上，这项内容实在缺乏意义，因为学习以外的任何意义都不能归结为学习的意义。任何一种学科的学习都是以获取知识为目的的，而知识本身不存在有用与无用的分别。有时候，看来最无用的东西也许是最有价值的。笔者在授课的时候，也曾被学生们追问学习法律史对于其此后职业的意义。对此，我确实也想不出特别好的回答，只能告诉他们，不能完全以工具主义的眼光看待知识，因为知识除致用以外，其本身也具有难以估量的价值。我对他们说，你们可以回去看看家里什么是最有价值的，多半是那些最没有直接用途的东西。仅就法史研究之学术意义而言，沈家本的论断于今并未失去其意义，其言："当此法治时代，若但征之今而不考之古，但推崇西法而不探讨中法，则法学不全，又安能会而通之以推行于世。"①

应该提及的是，在本书中，引证古籍较多。而上古文献传之即久，几无一字不待辨识而可读，几无一事不待考证而可信。司马迁之时，已须"厥协六经异传，整齐百家杂语"。况古史幽微，典籍繁难，《尚书》有今古之分，《周礼》有汉人拟作之嫌，诸子百家之书，更是真伪相杂，千载以往，聚讼百端，所谓"注释纷纭，圈点不断"。笔者自知学识微浅，于训诂之学亦自阙如，故若干篇章，虽读之再三，亦未敢言尽识其意，辨证真伪。故为叙述连贯有序，笔者据以下两点为依准，其一，以信古为定位，凡古人以为通识定论者，概不质疑；其二，确信今人于典籍之研究，虽则有考古之佐证，有所谓理论为依托，亦未可傲古，概言古人为非者。

本书虽以上古为开端，以近代为结尾，但并未有撰写中国古代法律简要通史之企图，故在内容取舍上比较自由，既不求全，也非偏重某个专

---

① 沈家本：《历代刑法考》，中华书局1985年版，第2223页。

题。读者可以视为对于中国法律发展中重要节点的一种广泛意义上的解说和理解上的延伸。

顾炎武先生称："语曰：'良工不示人以朴'，虑以未成之作误天下学者。"笔者亦惧以拙作示人。然亦自知，浅微著述实不足以误天下学者，误亦自误而已。

第一章　中国法律的起源与初建时期
（尧舜立国至夏商）

重要节点：皋陶作士　《大学》有言："物有本末，事有始终，知所先后，则近道矣。"万事皆有起始，此于中国古代法律而言亦然。但此原点究于何处，已经无可确定。由此，寻求一个最为接近且最有意义的开端也是必要的，而最为贴切者，非皋陶作士莫属。《尚书·尧典》曰："帝命皋陶，蛮夷猾夏，寇贼奸宄，汝作士。五刑有服，五服三就。五流有宅，五宅三居。"皋陶是中国历史上有史记载最早的掌管法律的官员。①

所谓"士"，也称"士师"，为上古执掌法律事务之官员。此种官职在后世很少作为正式的官职名称使用，如在夏朝就改称为"理"。史籍载："理，治狱之官也。有虞氏曰士，夏曰大理。"②此后，又有廷尉等称谓。但"士"沿袭古义，也是一种对司法官员的非正式的称呼。如宋高宗在诏书中称："廷尉，天下之平也。高柔不以明帝喜怒而毁法，游肇不以宣武敕命而曲笔……布告中外，为吾士师者，各务仁平，济以哀矜。"③

中国上古有关法律的记载，多假皋陶之名以传世。也就是说，此时已有主管法律的官员，也有以之适用的法律和适用法律的原则。《书·尧典》记载："象以典刑，流宥五刑，鞭作官刑，扑作教刑，金作赎刑，眚灾肆赦，怙终贼刑。钦哉，钦哉，惟刑之恤

---

① 关于皋陶的形象，史书中也有许多描述，如《荀子》中称："皋陶之状，色如削瓜。"《淮南子》："皋陶马喙。"《白虎通》："皋陶鸟喙。"《山海经》："面似箕萝。"大抵都是丑陋之状，由此也可以看出中国古代对于法律的认识。

② 《礼记·月令》。

③ （宋）王应麟：《困学纪闻》，上海古籍出版社2015年版，第446页。

哉!"从这种记述来看,此时的法律已经有了相当的规模和比较完备的形态。

第一节　尧舜立国与中国法律之起源

中国之历史沿革历来清晰,典籍所载,条分缕析。所谓"自从盘古开天地,三皇五帝到如今"。

据史料记载,远在夏商以前,中国历史有所谓三皇五帝的时代,在那个时候,法律已经开始萌芽了。关于三皇五帝,说法并不相同,《史记》中的记述应该可以代表中国古代对这段历史的认识水平。司马迁的《史记》中有《五帝纪》,记述了黄帝、颛顼、帝喾、帝尧、虞舜的事迹,但在时间上与其他古籍中的记载有诸多矛盾的地方,难以作为信史。故司马迁认为,言中国之历史,应该以尧舜为确定之开端,其言:"学者多称五帝,尚矣。然《尚书》独载尧以来;而百家言黄帝,其文不雅驯,荐绅先生难言之。"[1] 上古有三皇五帝之说,数千年以往,皆被普遍认为是真实之存在。但尧舜以前的黄帝、炎帝、神农、后稷之属还具有传说的成分,他们所领导的社会组织只能称为部落或部族。论及尧舜,其形象鲜明,人物、言论尽皆有述,见于《尚书》及其他典籍。尧舜时期,国家的形态已经具备,有领土,有人民,有分工设职的官员,有具有明确价值观理念的法律。故言此时为中国之立国时期,不可谓言之无据。

虽言清晰,但上古之事多为后人补述,虽有重要参考价值,实难以作为确切史证。这一点,古人也早有论及。如春秋战国时的杨朱就曾言:"太古之事灭矣,孰志之哉!三皇之事,若存若亡;五帝之事,若觉若梦;三王之事,或隐或显,亿不识一。"[2] 而自近世,"疑古"之学风乍兴,其以移植之外来理论,将历史时期简单归类,同时托辞著史必有实据,对古史加以轻率质疑。而所谓实据,往往仅依赖考古发掘一端。以至有贬抑史迁,质疑典籍,不屑正史者,遂使中国上古本来清晰可辨之历史,幻化为重重疑云。但我们可以推知,再多的考古发现,也不能还原古人实际生活

---

[1]　《史记·五帝本纪》。
[2]　马瀛:《国学概论》,中央编译出版社2009年版,第41页。

之万一。考古之实物，有之可证古人记述有据；而无之，也不能推测古人记载为虚妄，不能否定曾经存在的真实历史。

有人以没有文物、文献对三皇五帝之说加以确证为理由，否定这个时期的历史，甚至对于夏代的历史也完全否定。实际上这种认识与完全认同这段历史同样是缺少根据的。社会的成长如同人之个体，亦有正常发育之过程。这个过程有多长，难于确定。而可以确定的是，人类社会的发展是一种加速度的发展趋势。在周口店北京人遗址，我们可以看到处于旧石器时期的"北京人"曾经在这里居住生活了以十万年计的时间，而进化的幅度非常缓慢。所谓早期智人（新洞人）的存续时间超过十万年，而晚期智人的存续时间也超过万年。如果思及人类文明从开启而至今也不过数千年而已，这一切多么让人惊叹。从而我们可以推知，形成中国殷商、西周这样的文明形态，其过程肯定要经过数千年的时间。特别是我们现在基本上可以知道西周已经具有非常完整的国家政治理念和组织架构，具有高度发达的文明形态。这种形态在当时物质条件和文明条件下，非经过几千年的进化难以形成。故而我们可以认定，中国古代关于上古的记述并非全无所据。故过度的疑古，极有可能与其初衷适得其反，成为掩盖真实历史的反学术行为。基于以上立场，笔者选择相信中国古代典籍所载内容大部分是真实存在过的历史。也就是说，起码自尧舜开始，中国古代国家的形态已经基本具备，而夏商王朝更是确定无疑的历史存在。《论语》中记载："子曰：夏礼，吾能言之，杞不足征也；殷礼，吾能言之，宋不足征也。足，则吾能征之矣。"其中之杞国为夏朝之后人，而宋国为商朝之后人。也就是说，及至春秋之时，夏、商两朝之后裔仍以诸侯国的形式沿存。

至于早期国家是如何形成的，当然其途径是多方面的。就中国上古而言，一个重要的特征是地域跨度极大。当有史籍记述之时，已经有上百万平方公里之辽阔。而就上古的交通状况、通信状况及行政手段而言，本没有将疆域拓展到如此地步的能力。故此一过程必定经历了一个长久的历史阶段，而其中的一个基本路径极有可能就是通过史籍中所记述的部落之间战争的方式达成的。在中国古代典籍中记述了多次部落之间的战争，如神农氏与燧人氏之战，黄帝与炎帝之战，黄帝与蚩尤之战，等等。战争的结果就是将战败的部落驱逐于文明的疆域边缘或以外，即《尚书》等史籍中记述的所谓"流共工于幽州，放骧兜于崇山，窜三苗于三危"①。

在其三者中，起码三苗是一个文明形态比较完备的部族，《尚书》中称其祖先为蚩尤，相传最初的比较完整的刑罚体系就是由该部族创造的，即所谓"五虐之刑"。甚至可以说，其已经具备了国家的初级形态。宋人王应麟引述古代文献称："有扈氏有失度，讙兜氏有孤男，三苗有成驹，桀有侯修，纣有崇侯虎，晋有优施，此六人者，亡国之臣也。"②即应视其为方国。而当他们在与尧舜部族的战争中失败后，被驱逐于幽州、崇山、三危，这些在当时都是极为边远的地方，据刘起釪先生考证，幽州为当时北方极远的边裔之地，崇山为南方极远边裔之地，而三危为西方边裔之地。③可以推知，这些相对文明的部族，在被流、放、窜到文明的边缘地区，他们会利用其已经掌握的文明手段，对这些地区加以开发。由此，实际上也扩展了文明的疆域。通过这种方式，上古国家的疆域由此而扩展，文明由此而扩张。当然，除这些被动的疆域扩展方式以外，主动的开发方式可能会占据更重要的地位。

商鞅曾为我们设想出法律起源的场景："神农之世，男耕而食，妇织而衣。刑政不用而治，甲兵不起而王。神农既没，以强胜弱，以众暴寡，故黄帝作为君臣上下之义，父子兄弟之礼，夫妇妃匹之合，内行刀锯，外用甲兵，故时变迁。"④所谓内行刀锯，应该就是适用刑罚的意思。管子也称："黄帝治天下，民不引而来，不推而往，不使而成，不禁而止。"⑤虽然可以凭借其高尚的人格做到"不禁而止"，但法律还是需要的，所谓"藏于官则为法，施于国则成俗"⑥。由此也能约略看出法律的产生实际上是一种自然形成的过程。

如果可以认定尧舜之时已经立国，那么与国家相辅相成的法律也就有了起源之处。典籍所载也证实了这点。这一时期有关法律的记载，我们完全依靠后人带有传说性质的描述。如《尚书·吕刑》中说："苗民弗用灵，制以刑，惟作五虐之刑，曰法。"也就是说，最早制定刑罚的不是华夏族，而是苗族的蚩尤。但华夏族的舜参照这个五虐之刑命皋陶造出了五刑。应

---

① 师古曰：舜受尧禅而流共工于幽州，放骧兜于崇山，窜三苗于三危。
② （宋）王应麟：《困学纪闻》，上海古籍出版社 2015 年版，第 339 页。
③ 顾颉刚、刘起釪：《尚书校释译论》，中华书局 2018 年版，第 185—192 页。
④ 《商君书·画策篇》，引自《商君书锥指》，中华书局 1986 年版，第 108 页。
⑤ 《管子·任法篇》。
⑥ 《管子·立法篇》。

该说，这是中华民族历史上最早的刑法。

《尚书·大禹谟》中有一段帝舜与皋陶的对话，显示了当时法律发展的水平。帝曰："皋陶，惟兹臣庶，罔或干予正。汝作士，明于五刑，以弼五教。期于予治，刑期于无刑，民协其中，时乃功，懋哉。"也就是说，舜指示皋陶，不能滥用刑罚，而是把刑罚当作教化的辅助工具。皋陶也完全以相同的口吻予以回答："帝德罔愆，临下以简，御众以宽；罚弗及嗣，赏延于世。宥过无大，刑故无小；罪疑惟轻，功疑惟重；与其杀不辜，宁失不经；好生之德，洽于民心。"表示要宽于刑罚，不及无辜。同时，重赏轻罚，使人民沐浴德风，心情舒畅。

皋陶由此被认定为法律的创始人。后人有称："孔子垂经典，皋陶造法律。"① 所谓"皋陶造狱，法律存也"。② 因此，我们可以把"皋陶作士"认定为中国古代法律之开端。

第二节 "皋陶作士"

既然我们把"皋陶作士"作为中国法律历史之开端，那么对其人其事其影响作一比较完整的考述，应该是必要的。

一 皋陶其人其事

（一）"皋陶作士"之主要行迹

皋陶（亦称咎繇），尧舜之时任士师，掌法律，其因"作士"而被认为是中国法律之始祖。《史记·五帝本纪》称："禹、皋陶、契、后稷、伯夷、夔、龙、垂、益、彭祖，自尧时而皆举用，未有分职。"即起初这些人没有职责上的分工，也可以认为当时国家之形态未完全具备。而在此以后，开始执掌不同的职责，如所周知，禹掌治水，后稷掌农业生产，而皋陶执掌法律事务。

"孔子垂经典，皋陶造法律。"③ 至少到东汉之时，皋陶还可以与孔子相提并论。如其时之大儒孔安国也称："皋陶，亦圣人也。"即使在宋朝，孔子和皋陶的名字也会被联系在一起。如宋代王应麟曾记载："衢州稽古

---

① 《后汉书·张敏传》。
② 参见史游《急就篇》。《急就篇》为西汉元帝时黄门令史游所作，为当时教学童识字之通俗读物。顾炎武称："汉魏以后，童子皆读史游《急就》习甲子。"
③ 《后汉书·张敏传》，中华书局1965年版，第1503页。

阁书《皋陶谟》于屏,其上梁文云:皋陶若稽古,事三朝稽古之君;孔子与斯文,为万世斯文之主。"① 然而随着时代变迁,孔子之声誉几达于天,而皋陶之名号却渐至澌灭。垂经典,固然可以教民化众;造法律,亦可以禁恶止非,二者造福于民之功本难分轩轾,然在中国固有文化传统之下却所遇绝殊。为师与为士之所遇之不同,可以概见礼与法之地位,德与刑之尊卑。皋陶所居之地位,岂非中国古代法律在社会中地位之真实反映欤?

皋陶本是一个很清晰的历史人物,其主要的活动时间为尧、舜的时代。他是中国古仁人的代表,又因为其所担任的职务为"士",而被认为是中国古代法律的创建者,其明于执法的形象深入人心。由于皋陶作士,他也被认定为中国古代法律的缔造者,也是刑狱之祖。所谓"皋陶造狱,法律存也"。②

皋陶为士师,掌法律,其事迹较为完整之记述见于《尚书》。应该提及的是,研究皋陶,不得不从《尚书》入手。《尚书》之学,其坚且深,自成体系。书有今古之分,论有真伪之识。这些均非笔者学力所能及者,故在本书中不作辨析。但笔者的基本认知是《尚书》不论真伪,已成为后代认识先古中国社会形态,研究中国上古时期政治、法律历史的重要文献,也是数千年间中国人形成人生观、价值观、法律观的重要思想源泉。它对中国学术、中国文化,特别是中国法律发展的深远影响并不因为其真伪而受到质疑。著名学者陈梦家也认为,即使是一向少获质疑的伏生所传二十九篇,也乃是秦时齐鲁儒生所更定。③ 具体到辨识其本来面目之尚书文献学,应该是另外一个范畴的问题。本书所引《尚书》,基本上根据《十三经注疏》本,亦即孔安国传,孔颖达正义者。

检索《尚书》,其中有关"皋陶作士"的记述,大略有如下几处。

其一,《舜典》中,帝舜向皋陶的训诫。帝曰:"皋陶:蛮夷滑夏,寇、贼、奸、宄,汝作士,五刑有服,五服三就。五流有宅,五宅三居。惟明克允。"④

---

① (宋)王应麟:《困学纪闻》,上海古籍出版社2015年版,第549页。
② 《后汉书·张敏传》注,中华书局1965年版,第1504页。
③ 陈梦家:《尚书通论》,中华书局2005年版,第1页。
④ 根据孔安国的解释:五刑,墨、劓、剕、宫、大辟。三就,行刑当就三处,大罪于原野,大夫于朝,士于市。五流有宅:谓不忍加刑,则流放之若四凶者,五刑之流,各有所居。五居之差,有三等之居:大罪四裔,次九州之外,次千里之外。此后注疏《尚书》者多矣,但关于此段文字分歧不多。《归善斋尚书章句集释》收录中国古代《尚书》注疏数十种,未见完全脱离此种解释之论说。

其大意为：有行径野蛮之徒扰害我们的地方，其犯有寇、贼、奸、宄诸种罪恶，你作为执掌法律的士师，要用五刑对其予以惩责，刑罚的适用要恰当，处罚的方式要合理，要根据不同之人所犯不同之罪以三种方式实施。对于一些犯罪行为，可以用流放的方式替代五刑的适用，五种流刑在适用时，要有适当的安置地点，这种安置地点也可以区分为三种规格。总之，执法务必明察而公正。

其二，《大禹谟》中，帝舜对皋陶之赞扬。帝曰："皋陶，惟兹臣庶，罔或干予正。汝作士，明于五刑，以弼五教，期于予治。刑期于无刑，民协于中，时乃功。懋哉！"

其大意为：皋陶，在你们这些大臣的辅助下，我的地位非常稳固。你作为士师，对五刑的把握非常准确，以此对于五教的贯彻辅助作用很大，使国家形成有效治理的局面。刑罚的适用最终导致了无刑的效果，人民在治理下非常舒心，这是很大的功劳。功劳大呀！

皋陶不敢独受此赞美之言，其曰："帝德罔愆，临下以简，御众以宽。罚弗及嗣，赏延于世。宥过无大，刑故无小；罪疑惟轻，功疑惟重。与其杀不辜，宁失不经。好生之德，恰于民心，兹用不犯于有司。"

皋陶虽是归美帝舜之言，却也道出其受命为士之适用法律之原则。其一，适用法律要简单明了，宽于待众。其二，惩罚罪犯，不能涉诸犯者之家人，赏功可以延及子嗣。其三，对于过失犯罪，即使结果严重也可以宥赦；对于故意犯罪，即使结果轻微也要重惩。其四，人有违法，对犯罪情节存疑者适用刑轻之罚；人有功劳，对立功过程存疑者适用赏重之赐。其五，在对案件不能明确处罚的情况下，宁可误放罪人，也不能错杀无辜。其六，适用法律总的原则是以德服人，使施政合乎民心，最终达到民众自觉守法之目的。

其三，《尚书》中其他一些不完整之记述。

《大禹谟》中，"禹曰：'朕德罔克，民不依。皋陶迈种德，德乃降，黎民怀之，帝念哉'！"即皋陶可以做到以德用法，具有大功德。

《皋陶谟》中："天叙有典，敕我五典无惇哉！……天讨有罪，五刑五用哉！"即适用法律实际上是替天行道，《刑典》原是上天伐罪之本，以五刑惩处不同的犯罪行为。

《益稷》中"皋陶方祇厥叙，方施象刑，惟明"，即皋陶适用法律有章法有原则，明于用法。

此外，《史记》中也有有关皋陶的记载，其基本上以《尚书》为原本，① 只是增加了以下三个方面的内容。其一，明确了皋陶为尧的旧臣。《史记·五帝本纪第一》中称："而禹、皋陶、契、后稷、伯夷、夔、龙、倕、益、彭祖自尧时皆举用，未用分职。"② 其二，增加了一些皋陶进行司法活动的实绩，其言："皋陶为大理，平；民各伏得其实。"③ 另外，还有"皋陶于是敬禹之德，令民皆则禹，不如言，刑从之"，也就是说，皋陶用法律手段维护了禹的权威。④ 其三，记述了皋陶的逝世及其后代受封的情况。其言："帝禹立而举皋陶荐之，且授政焉，而皋陶卒。封皋陶之后于英、六，或在许。"⑤ 《史记》集解称：皋陶塚在庐江六县。梁玉绳称："许太岳之后也，姜姓。安得以为皋陶后哉，史误。"⑥

笔者对以上文句的理解没有什么新意可以贡献。孔安国、孔颖达的《尚书正义》，孙星衍的《尚书今古文注疏》和皮锡瑞的《今文尚书考证》等前人著述中已经解说得相当充分。

（二）皋陶其人与历史记述

实际上，历史上的皋陶本有两种形象，其一，"作士"之皋陶；其二，圣贤之皋陶。这两个形象都既清晰又模糊。

史涉远古，缺少足够的史料佐证，其人其事多为后人补述，一些史籍虽有重要参考价值，但不能作为确切史证。这一点，古人也早有论及。从而，今天皋陶的形象在过度疑古的氛围中变得有些模糊。更有一些学者，缺乏必要的学术素养，人为制造了一定的混乱。如何新所著的《大政宪典》⑦ 一书，对皋陶之描述由于其过度解读而歧义纷出，前后矛盾。以下，录述其有关皋陶之描述，以见其难以自圆之处。该书第49页，其称皋陶，"又作咎陶、咎繇，东夷族首领，偃姓，协助大禹治水有功，舜任其为掌刑法的官，民皆服其执法公平，禹欲传位于他，未继任而先卒"。在第65页，其言："皋陶是中国历史上一位极为重要的人物，但也是不幸而死，

---

① 《史记》索隐言：此取《尚书·皋陶谟》为文，断绝殊无次序，即班固所谓"殊略抵牾"是也，今亦不能深考。
② 《史记·五帝本纪第一》，中华书局2014年修订版，第38页。
③ 《史记·五帝本纪第一》，中华书局2014年修订版，第43页。
④ 《史记·夏本纪二》，中华书局2014年修订版，第81页。
⑤ 《史记·夏本纪二》，中华书局2014年修订版，第83页。
⑥ （清）梁玉绳：《史记志疑》，中华书局1981年版，第35页。
⑦ 何新：《大政宪典》，中国民主法制出版社2008年版。

是一位失败的英雄。"第 68 页,又言:"皋陶,上古史中重要人物,又名咎繇,即蚩尤。他曾为舜臣,后来似与禹争位。"第 74 页,作者再次为皋陶增加了新内容:"皋陶至少也是有资格与大禹竞争虞舜继承君帝之位的人物之一,……,舜死后,皋陶与禹发生争夺王位继承权的斗争。皋陶(即蚩尤)失败,并蒙上了千古恶名。"且不言其所描述之内容是否有根据,仅断言皋陶蒙上了千古恶名这种结论也是完全不符合实际情况的。事实上,千百年间,皋陶一直以一种圣贤仁人的形象出现。仅《论语》之所记所传,已使其名垂千古。

《论语·颜渊》:"樊迟问仁。子曰:'爱人。'问知。子曰:'知人。'樊迟未达。子曰:'举直错诸枉,能使枉者直。'樊迟退,见子夏。曰:'乡也吾见于夫子而问知,子曰,举直错诸枉,能使枉者直,何谓也?'子夏曰:'富哉言乎!舜有天下,选于众,举皋陶,不仁者远矣。汤有天下,选于众,举伊尹,不仁者远矣'。"《论语》可谓中国经典之最,其中对皋陶的赞美几无可复加。在《汉书·古今人物表》中,皋陶被列为上中的仁人之列。① 不只是在士人阶层,即使在民间,其形象也是正面的。如世俗小说《狄公案》中也称:"一代之立国必有一代之刑官,尧舜之时有皋陶,汉高之时有萧何。"② 故言皋陶负千古骂名,其不为极谬之言?

当然,从治学而言,对皋陶这个人物进行严谨的探究也是必要的。如武树臣先生曾结合对廌的考证而兼对皋陶其人进行了细密的考证,其推理缜密,史据充足,令人钦佩。他认为:"皋陶不是一个人,而是廌图腾部落的后裔,因长于断讼,工于刑政而世代因袭司法职务。"③ 限于篇幅,本书对武树臣先生的考证过程不多做引述,有兴趣的学人可参考其有关著述。笔者虽对武树臣先生的研究深为叹服,但对其结论稍有不同看法。个人认为,根据史料的广泛记载,皋陶应该是一个真实的人,也可能更大程度上,自己更希望历史上确实存在这样的古仁人。至于其是否是廌图腾部落的后裔,或就是蚩尤部落的后代,笔者没有深入研究,不敢置喙。

如所周知,远古流传至后代的形象,有两种构成方式,其一是结合多

---

① 《汉书·古今人物表》,中华书局 1962 年版,第 876 页。
② 《狄公案》,齐鲁书社 2008 年版,第 1 页。
③ 《中国法制史考证》甲编第一卷,中国社会科学出版社 2003 年版,第 17 页。

种具体形象而构成一个综合的形象,这种结合可能掺杂了真实、神话、传说;其二是在一个具体形象的基础上添加了许多新的内容,甚至分解为多种形象。在皋陶这个历史形象上,笔者认为第二种方式可能更接近真实。也就是说,确实存在皋陶其人,不过后人又根据自己的理解和需要而赋予其新的内容。皋陶因为担任了士师这个具有司法功能的职务,而被后人围绕法律的特质加以附会。这种附会并没有为其形象增加什么光辉,反而因此声名有坠。与其同时代的禹、稷,因为其职责与民生更为密切而声名卓著。而与中国古代所不尊崇的法律、刑罚相关联的皋陶,似乎有些籍籍无名,只有研究典籍与法律者才有所知闻。清季的大臣刚毅曾因误读皋陶之音而为士林腾笑,也可作为皋陶不很出名的反证。笔者认定皋陶为真实人物,盖因史籍中记述明确,而且其后裔也有据可寻。

关于皋陶记述,史籍中可谓多矣,但除上引之《尚书》《史记》以外,记述多细碎芜杂。皋陶之时代,根据记载跨越了尧、舜、禹三代,尧时记载不多,《说苑·君道》:"当尧之时,皋陶为大理。"《春秋元命苞》:"尧为天子,梦马啄子,得皋陶,聘为大理。"

晋人皇甫谧撰有《帝王世纪》,其言:"(舜)东巡狩,登泰山,观河渚,受图书,褒赐群臣,尊任伯禹、稷、皋陶、伯益。"并言"皋陶为士,典刑惟明"。① 其又载:"皋陶生于曲阜,偃地,故帝因之,而以赐姓曰偃。尧禅舜,命之作士。舜禅禹,禹即帝位,以咎繇为贤,荐之于天,将有禅之意,未及禅,会皋陶卒。"引《后汉书·张衡传》注:"皋陶卒,葬之于六,禹封其少子于六,以奉其祀。六故城在今寿州安丰县南也。"②

《世本·氏姓篇》称:"舒蓼,偃姓,皋陶之后。"③

《汉书》也称:"咎繇作士,正五刑。"应劭注:"士,狱官之长。"④

清人梁玉绳曾作"咎繇考",基本上比较完备地汇集了有关皋陶的记述,并加以辨证:"咎繇,始见《离骚》、《尚书大传》、《说文》言部引《虞书》,今本作皋陶。偃姓(本书地理志六安国注、史夏纪正义世纪)。少昊之后(路史),状色如削瓜(荀子非相,而抱朴子博喻云,面如蒙

---

① 《帝王世纪·世本·逸周书·古本竹书纪年》,齐鲁出版社2010年版,第17页。
② 《帝王世纪·世本·逸周书·古本竹书纪年》,齐鲁出版社2010年版,第23页。
③ 《帝王世纪·世本·逸周书·古本竹书纪年》,齐鲁出版社2010年版,第33页。
④ 《汉书·百官公卿表》,中华书局1962年版,第721页。

箕），马喙而瘖（淮南子修务主术、白虎通圣人章、论衡骨相、文子精诚，《困学纪闻》二云：皋陶瘖而为大理，犹夔一足之说。皋陶陈谟赓歌，谓之瘖，可乎？此言似太泥，瘖非哑也，盖其声嘶沙）。亦曰陶叔（易林需之大畜），亦曰瘖繇（路史后纪），年百有六，以壬辰日卒（路史发挥论塗山伯益篇及后纪注），葬庐江六县（水经沘水注，续郡国志注引黄览），唐玄宗天宝二载尊为德明皇帝（唐书本纪）。"①

王国维先生在《今本竹书纪年疏证》中曾考证"（舜）三年，命咎陶作刑"。② 而皋陶死于禹二年，即"（禹）二年，咎陶薨"。③

如前所述，《尚书》中，皋陶有两个形象，一个是贤哲的形象，其言行具有深刻的思想性，其主要言行见于以其为名的《皋陶谟》。实际上，在《皋陶谟》中，基本上没有很多直接有关法律的内容，而是广泛阐述了为政之道，如其认为安邦治国的首要是"在知人，在安民"。而要知人，则应该从"九德"的标准来衡量，等等。《尚书大传》有言，孔子曰："咎繇谟可以观治。"④ 也就是说，《皋陶谟》是治国的经典。宋人王应麟称："观于《谟》而见皋陶之学之粹也。孟子论道之正统，亦曰，若禹、皋陶则见而知之。又曰：'舜不得禹、皋陶为己忧。'"⑤

二 皋陶对中国古代法律传统的影响

皋陶对中国古代传统法律的影响深且广，以下略加论析。

（一）皋陶与中国传统法律的具体形象紧密联系在一起

皋陶之为人，已成为中国法律文化一种符号化的形象，在中国古代社会中深入人心，与钻木取火之燧人氏，尝百草之神农，治水之禹，教民稼穑、树艺五谷之后稷同等而列。实无须深疑，其不因典伪而成伪。

皋陶的形象为世人所认同，特别为士大夫阶层所认可。除上引《论语》外，《孟子》："舜以不得禹、皋陶为己忧。"《汉书·古今人表》把所载人物区别为上上圣人；上中仁人；上下智人；直至下下愚人九类，皋陶

---

① （清）梁玉绳：《汉书人表考》，中华书局1985年出版，第60—61页。
② 《帝王世纪·世本·逸周书·古本竹书纪年》，齐鲁出版社2010年版，第47页。
③ 《帝王世纪·世本·逸周书·古本竹书纪年》，齐鲁出版社2010年版，第50页。
④ 转引自（清）孙星衍《尚书古今文注疏·序》，中华书局1986年版。
⑤ （宋）王应麟：《困学纪闻》卷二，上海古籍出版社2015年版，第45页。

被列为上中的仁人之列。① 董仲舒之《天人三策》："臣闻尧受命，以天下为忧，而未以位为乐也。故诛逐乱臣，务求贤圣，是以得舜、禹、稷、卨、咎繇，众圣辅德，贤能佑职。"②

《淮南子·主术训》："故皋陶喑而为大理，天下无虐刑，有贵于言者也；师旷瞽而为太宰，晋无乱政，有贵于见者也。故不言之令，不视之见。"③

王充的《论衡·是应篇》："圣王莫过于尧、舜，尧舜之治，最为平矣。即屈轶已自生于庭之末，佞人来辄指知之，则舜何难于知佞人，而使皋陶陈知人之术？"④ 屈轶应该是一种传说能辨别佞人的鸟。同篇中还记述："皋陶治狱，其罪疑者令羊触之，有罪则触，无罪则不触。斯盖天生一角圣兽，助狱为验。故皋陶敬羊，起坐事之。此则神奇瑞应之类也。"⑤

《后汉书》中记述，东汉范滂与牢修有嫌隙，被其"诬言钩党，滂坐系黄门北寺狱。狱吏谓曰：凡坐系皆祭皋陶。滂曰：皋陶贤者，古之直臣。知滂无罪，将理之于帝。如其有罪，祭之何益？众人由此而止"。⑥ 由此可知，在东汉之时，皋陶已经被民间祭为牢狱之神。

当然，皋陶的形象也不完全是正面的，他的形象与中国古代对法律的认识结合在一起，被认为是严厉的，甚至是凶暴的。皋陶的圣人形象，因与刑罚相属似略有损。关于皋陶的形象，史书中也有许多描述，如《荀子》中称："皋陶之状，色如削瓜。"《白虎通·圣人》："皋陶鸟喙，是谓至信，决狱明白，察于人情。"《淮南子·修务训》："皋陶马喙。"《山海经》："面似箕萝。"大抵都是丑陋之状，由此也可以看出中国古代对于法律的认识。我们知道，包拯的黑脸形象也与此相类似。司马文公有诗云："法官由来少和泰，皋陶之面如削瓜。"⑦ 但这些与皋陶本人之品质无关，而只是反映了中国古代礼法体系之下，社会民众对法律的认识。实际上皋陶之形象与此后之包公的形象都是一致的，威严而可惧，但绝非酷虐。纵观史籍，论及酷吏，没有以皋陶为比照者。王夫之称："君子所甚惧者，

---

① 《汉书·古今人表》，中华书局版1962年版，第876页。
② 《董仲舒集》，学苑出版社2003年版，第15页。
③ 《诸子集成》七，中华书局1954年版，第129页。
④ （东汉）王充：《论衡》，岳麓书社2006年版，第228页。
⑤ （东汉）王充：《论衡》，岳麓书社2006年版，第228页。
⑥ 《后汉书·范滂传》。
⑦ （宋）王应麟：《困学纪闻》卷二，辽宁教育出版社1998年版，第31页。

以申、韩之酷政，文饰儒术，而重毒天下也。"① 所以，即使皋陶之形象尽显狰狞，其圣人形象亦不能为曲。韩愈称："昔之圣者，其首有若牛者，其形有若蛇者，其喙有若鸟者，其貌有若蒙其者，彼皆貌似而心不同焉，可谓非人邪？"②

（二）有关皋陶的言行记述已成为重要法律文献的必录内容

历数中国古代之典籍，凡涉及法律之事，多提及皋陶。《虞书》云："帝谓皋陶，汝作士，明于五刑以弼五教，期于予治，刑期于无刑，民协于中，时乃功懋哉。"③

《左传》昭公十四年，晋叔向曰："恶而掠美为昏，贪以败官为墨，杀人不忌为贼，昏、墨、贼，杀！皋陶之刑也。"《汉书·礼乐志二》中引刘向言："礼以养人为本，如有过差，是过而养人也。刑罚之过，或至死伤。今之刑，非皋陶之刑也。而有司请定法，削则削，笔则笔，救时务也。"④

《汉书·刑法志》："故曰：善师者不陈，善陈者不败，善败者不亡。若夫舜修百僚，咎繇作士，命以'蛮夷猾夏，寇贼奸宄'而刑无所用，所谓善师者不陈者也。"⑤

《晋书·刑法志》："舜命皋陶曰：'五刑有服，五服三就，五流有宅，无宅三居'。方乎前载，事既参倍。"⑥

唐代杜佑之《通典》基本上承续了《尚书》对皋陶的记述，并把皋陶和咎繇交互使用。⑦ 宋代郑樵之《通志》也有"命皋陶作士，明五刑"之记载。⑧ 元代马端临之《文献通考》基本上也录述了与《尚书》类似之内容。如《刑考一》中有："帝曰：皋陶，蛮夷猾夏，寇贼奸宄，汝作士，五刑有服，五服三就，五流有宅，无宅三居，惟明克允。"及"帝曰：皋陶，惟兹臣庶罔或干予政，汝作士，明于五刑，以弼五教，期于予治，刑期于无刑，民协于中，时乃功懋哉。皋陶曰：帝德罔愆，临下以简。御众以宽，罚弗及嗣，赏延于世。宥过无大，刑故无小。罪疑惟

---

① （明）王夫之：《尚书引义》卷一，中华书局1976年版，第14页。
② 《韩愈选集》，上海古籍出版社2013年版，第243页。
③ （唐）杜佑：《通典·刑一》，浙江古籍出版社"十通本"2001年版，第877页。
④ 《汉书·礼乐志二》，中华书局1962年版，第1034页。
⑤ 《汉书·刑法志》，中华书局1962年版，第1088页。
⑥ 《晋书·刑法志》，中华书局1974年版，第916页。
⑦ （唐）杜佑：《通典·刑一》，浙江古籍出版社"十通本"2001年版，第861页。
⑧ （宋）郑樵：《通志·五帝纪二》，浙江古籍出版社"十通本"2001年版，第37页。

轻，功疑惟重。与其杀不辜，宁失不经。好生之德，恰于民心，兹用不犯于有司"。①

《明史·刑法二》："孝宗末年，刑部尚书闵珪谳重狱，忤旨，久不下。帝与刘大厦语及之。对曰：'人臣执法效忠，珪所为无足异。'帝曰：'且道自古君臣曾有此事否？'对曰：'臣幼读《孟子》，见瞽瞍杀人，皋陶执之之语。珪所执，未可深责也。'帝额之，遂如拟。"②

沈家本认为，皋陶所造五刑，是专门对付蛮夷的，而对内则用象刑。其言："窃以为舜时五刑、象刑盖并行。其命皋陶曰：'蛮夷猾夏，寇贼奸宄，汝作士，五刑有服。'是五刑者，所以待蛮夷者也。"③

（三）"皋陶作士"寄托了中国法律之理想

从《尚书》及其他典籍中有关"皋陶作士"之记述中，我们可以体会到中国古代对法律理想之寄托。

《书·尧典》中也记载："象以典刑，流宥五刑，鞭作官刑，扑作教刑，金作赎刑，眚灾肆赦，怙终贼刑。钦哉，钦哉，惟刑之恤哉！"

《舜典》中，帝曰："皋陶：蛮夷滑夏，寇、贼、奸、宄，汝作士，五刑有服，五服三就。五流有宅，五宅三居。惟明克允。"④

《大禹谟》中，帝曰："皋陶，惟兹臣庶，罔或干予正。汝作士，明于五刑，以弼五教，期于予治。刑期于无刑，民协于中，时乃功。懋哉！""帝德罔愆，临下以简，御众以宽。罚弗及嗣，赏延于世。宥过无大，刑故无小；罪疑惟轻，功疑惟重。与其杀不辜，宁失不经。好生之德，恰于民心，兹用不犯于有司。"

凡此种种，我们所看到的都是中国社会对法律的普遍期待。刑罚的适用最终导致无刑的原则更被孔子表述为"无讼"之理想，对后世影响极为深远。⑤

---

① （元）马端临：《文献通考·刑考一》，浙江古籍出版社"十通本"2001年版，第1405页。
② 《明史·刑法二》，中华书局1974年版，第2324页。
③ 沈家本：《历代刑法考》，"刑制总考一"，中华书局1985年版，第8页。
④ 根据孔安国的解释：五刑，墨、劓、剕、宫、大辟。三就，行刑当就三处，大罪于原野，大夫于朝，士于市。五流有宅：谓不忍加刑，则流放之若四凶者，五刑之流，各有所居。五居之差，有三等之居：大罪四裔，次九州之外，次千里之外。此后注疏《尚书》者多矣，但关于此段文字分歧不多。《归善斋尚书章句集释》收录中国古代《尚书》注疏数十种，未见完全脱离此种解释之论说。
⑤ 《论语·颜渊》："听讼，吾犹人也。必也使无讼乎！"

当人们受到不公的待遇时，会寄希望于正直的皋陶。屈原在《九章·惜诵》中向五帝呼吁让皋陶判定曲直："惜诵以致愍兮，发愤以抒情。所非忠言而言之兮，指苍天以为正。令五帝以折中兮，戒六神与向服。俾山川以备御兮，命咎陶使听直。"顾炎武称："屈原遭子兰之谗，则告五帝以折中，命皋陶而听直。"①

王夫之认为，现实之中法律存而不行，主要在于用法不得其人，如以皋陶作士，则用当世之法也足以惩治世间之奸徒。其称："笞、杖、徒、流以为法而无其人，则今日之天下是已。肉刑以为法而无其人，昔为'羿之彀中'，今其渔之竭泽，故曰择祸莫如轻。贤者创而不肖足以守，乃可垂之百世而祸不延。以舜为君，皋陶为士，执笞、杖、徒、流之法，刺天下之奸而有余。"②

沈家本也认为，皋陶用法"以钦恤为心，以明允为用"，应该为后世所效法。其言："舜之称皋陶曰：'明于五刑，以弼五教'，……是刑者非威民之工具，而以辅教之不足也。以钦恤为心，以明允为用，虞庭垂训，其万世所当取法者欤？"③

（四）皋陶之言行为后人的法律评价提供了参照的标准

古人多以皋陶之言行为论断法律运作的假设前提。最著名的是孟子的瞽瞍杀人论。《孟子·尽心章句上》："桃应问曰：'舜为天子，皋陶为士，瞽瞍杀人，则如之何？'孟子曰：'执之而已矣。''然则舜不禁欤？'曰'夫舜恶得而禁之？夫有所受之也。'然则舜如之何？曰：舜视弃天下犹弃敝也。窃负而逃，遵海滨而处，终身䜣然，乐而忘天下。"④

此段记述对于后世影响很大，甚至在某种情况下，可以成为断案的依据。如以上所引之《明史·刑法志》之内容，帝（明孝宗）曰："'且道自古君臣会有此事否？'对曰：'臣幼读《孟子》，见瞽瞍杀人，皋陶执之之语。珪所执，未可深责也。'帝领之，明日疏下，遂如拟。"⑤

皋陶之言行与思想宗旨也为后代官员、士人、学者评议法制之根据。

---

① 《日知录集释》，中华书局2020年版，第101页。
② （明）王夫之：《尚书引义》，中华书局1962年版，第19页。
③ 沈家本：《历代刑法考》，"刑制总考一"，中华书局1985年版，第9页。
④ 《孟子译注》，杨伯峻译注，中华书局1960年版，第317页。《孟子》中还有两处提到皋陶，一处是《滕文公章句上》："尧以不得舜为己忧，舜以不得禹、皋陶为己忧。"还有一处是间接提到，《公孙丑·章句上》："禹闻善言，则拜。"应该是借用《皋陶谟》中之"禹拜昌言"。
⑤ 《明史·刑法志》。

如东汉张敏对其时"轻侮法"之评价,当为显著之一例。"建初中。有人侮辱人父者,而其子杀之。肃宗贳其死刑而降宥之,自后因以为比。是时遂定其议,以为《轻侮法》。张敏驳议曰:'夫轻侮之法,先帝一切之恩,不有成科班之律令也。夫生死之决,宜从上下,犹天之四时,有生有杀。若开相容恕,著为定法者,则是故设奸萌,生长罪隙。孔子曰:'民可使由之,不可使知之。'《春秋》之义,子不报仇,非子也。而法令不为之减者,以相杀之路不可开故也。今托义者得减,妄杀者有差。使执宪之吏得设巧诈,非所以导'在丑不争'之义。又轻侮之比,浸以繁滋,至有四五百科,转相顾望,弥复增甚,难以垂之万载。臣闻师言:'救文莫如质。'故高帝去烦苛之法,为《三章》之约。建初诏书,有盖于古者,可下三公、廷尉蠲除其弊。'议寝不省。"敏复上疏曰:"臣伏见孔子垂经典,皋陶造法律,原其本意,皆欲禁民为非也。"其结论为"未晓轻侮之法将以何禁。必不能使不相轻侮,而更开相杀之路,执宪之吏复容其奸枉"。[①]

东汉桓帝时,亦曾有一个事例。"延熹七年,南巡园陵,特诏秉(震子)从。南阳太守张彪与帝微时有旧恩,以车驾当至,因傍发调,多以入私。秉闻之,下书责让荆州刺史,以状副言公府。及行至南阳,左右并通奸利,诏书及所除拜。秉复上疏谏曰:臣闻先王建国,顺天制官。太微积星,名为郎位。入奉宿卫,出牧百姓。皋陶诫虞,在于官人。顷者道路拜除,恩加竖隶,爵以货成,化由此败。所以俗夫巷议,白驹远逝。穆穆清朝,远近莫视。宜割不忍之恩,以断求欲之路。于是诏除乃止。"[②] 也就是说,当皇帝的旧时恩人恃宠贪污时,秉震子要求有关官员予以惩处。而当皇帝左右亲随受贿为他人求官的时候,秉震子以皋陶对于官员品质的要求为根据,谏请皇帝不要为旧恩近情而随意授官。

晋朝时"殷仲堪当之荆州,王东亭问曰:'德以居全为称,仁以不害物为名。方今宰牧华夏,处杀戮之职,与本操将不乖乎?'殷答曰:'皋陶造刑辟之制,不为不贤;孔丘居司寇之任,未为不仁。'"[③]

殷仲堪在晋孝武时为荆州刺史。王珣(曾封东亭侯)问他:君子以保全性命为德,以不残害生灵为仁,现在你身为官长,掌用生杀大权,这难

[①] 《后汉书·张敏传》。
[②] 《后汉书·杨震传》。
[③] 《世说新语》政事第三。

道不会与你所遵循的操守相背离吗？殷仲堪回答，皋陶制定法律刑罚制度，不能说他不为贤人，孔子任司法长官，也不能说他缺少仁义。

宋代学者程大昌有言："且夫舜命皋陶作士，而授以制刑之则，类皆差五刑而三其服，即五服而三其就，凡所以测浅深，綦严密，无不曲尽，而概谓示耻可以去杀，固无惑乎！后世之不信也，于是结绳理暴秦之绪，干戚解平城之围，遂为迂古者之口实。抑不思有太古之民，则结绳虽简，岂不足以立信；有舜禹之德，则干戚非武，亦岂有不能屈服强梗之理哉！"①

（五）皋陶的思想为历代学者的法理探讨提供了素材

皋陶之思想与法律实践，也成为后代学者进行法理探究的理论素材。如宋代苏轼与清代钱大昕曾经进行了一场跨越时空的法律论战，其内容就是对于以皋陶为依托之法律实践的评价。

苏轼曾在《省试刑赏忠厚之至论》中对皋陶用法加以论述。此事亦为一颇有趣味之掌故。据《老学庵笔记》卷八记述"东坡先生省试《刑赏忠厚之至论》有云：'皋陶为士，将杀人。皋陶曰杀之三，尧宥之三。'梅圣俞为小试官，得之以示欧阳公。公曰：'此出何书？'梅圣俞曰：'何须出处！'公以为皆偶忘之，然亦大称叹。初欲以为魁，终以此不果。及揭榜，见东坡姓名，始为圣俞曰'此郎必有所据，更恨吾辈不能记耳。'及谒谢，首问之，东坡亦对曰：'何须出处。'乃与圣俞语合。公赏其豪迈，太息不已"。②

如文题所示，此篇文章为苏轼进行省试之题卷。此次考试的总考官为欧阳修，而作为小试官的梅圣俞看到苏轼的试卷时，以为奇特，将之展示给欧阳修。欧阳修问这个典故出自何书之中？梅圣俞说，出自何处并不重要！关键是这种入题方式太独特了。欧阳修认为，此文必有出处，不过是大家都偶然忘记了，但也对此行文大为赞叹。到揭榜之时，方知此文出自苏东坡之手。到苏轼拜谢主考官的时候，欧阳修追问此典出处，而苏轼的回答居然与梅圣俞相同：何须出处！欧阳修对此称赏不已。原来，此典并无出处，乃为苏轼为论述自己的观点而杜撰出来的。王应麟在《困学纪闻》中称："苏氏虽以意言之，考之《书》：'明于五刑，以弼五教'皋陶

---

① （宋）程大昌：《考古编》卷四，中华书局2008年版，第58页。
② 《老学庵笔记》，中华书局1979年版，第119—120页。

所执法也。'与其杀不辜，宁失不经。'舜所操之权也。皋陶执法在下，而舜以其权济于上。刘颂所谓'君臣之分，各有所司。'《王制》曰：'王三又然后制刑'，则苏氏之言，亦有所本。"① 也就是说，苏轼此篇，并非全然没有出处，在一定程度上起意于《王制》，其中称："三公以狱之成告于王，王三又，然后制刑。"

当然，这种杜撰属于合情合理，以致饱学的欧阳修也信以为真。此外，还有一个说法，据《东坡先生墓志铭》中称，欧阳修看到此文，"以为异人，欲以冠多士，疑曾子故所为。子故，文忠门下士也，乃置公第二"②。欧阳修本来想给这篇文章以第一名的成绩，但内心臆测此文可能出自自己学生之手，故为去偏私，只给了第二名。

以下，我们转录一下苏轼文章的一些内容："当尧之时，皋陶为士师。将杀人。皋陶曰'杀之'三，尧曰'宥之'三。故天下畏皋陶执法之坚，而乐尧用刑之宽。……可以赏，可以无赏，赏之过乎仁。可以罚，可以无罚，罚之过乎义。过乎仁，不失为君子；过乎义，则流而入于忍人。故仁可过也，义不可过也。……先王知天下之善不胜赏，而爵禄不足以劝也，知天下之恶不胜刑，而刀锯不足以裁也，是故疑则归之于仁，以君主长者之道待天下，使天下相率而归于君子长者之道，故曰忠厚之至也。……《春秋》之义，立法贵严，而责人贵宽。因其褒贬之义以制赏罚，亦忠厚之至也。"③

苏轼的论点确实对后世认识法律产生了一定的影响，甚至用于适用法律之依据。如清光绪年间在审理太监纠众逞凶刃毙捕人之案时，审案官员在奏折中就引述了苏轼的言论，其折中称："昔宋臣苏轼有云：'当尧之时，皋陶为士，将刑人，皋陶曰杀之三，尧曰宥之三。故天下畏皋陶执法之坚，而乐尧用刑之宽。'臣等愚昧，何敢妄希古贤。而皇上其仁如天，实与帝尧先后同揆。盖水懦而火烈，古有成言，亦雨露之与雷霆道原相济。"④

东坡此文，历来多获后人赞赏。如明代杨慎对此极为推崇："此东坡所作时论也，天才灿然，自不可及。"并称："每段述事，而断以婉言警

---

① （宋）王应麟：《困学纪闻》，上海古籍出版社2015年版，第79页。
② 引自《苏轼集》，凤凰出版社2014年版，第226页。
③ 《苏轼文集》，中华书局2016年版，第33—34页。
④ 《清朝续文献通考》卷二百四十四，刑三。

语,且有章调。"① 但亦有对其内容持否定态度者。清代学术大家钱大昕曾撰《皋陶论》与苏轼进行了跨越时空的商榷。其焦点在于苏轼文中"当尧之时,皋陶为士师。将杀人。皋陶曰'杀之'三,尧曰'宥之'三。故天下畏皋陶执法之坚,而乐尧用刑之宽"这一表述。

钱氏认为:"此非尧与皋陶之言也,苏氏以意度之,而后人多称之。甚矣!苏氏之失言也。……《记》曰:'刑者,侀也;侀者,成也。一成而不可变,故君子尽心焉。'夫所谓'尽心焉'者,准乎情,酌乎礼,而断之以法。审之于用法之先,而持之于定法之后。杀之,法当杀也,非有司所得而杀也;宥之,法当宥也,非天子所得而宥也。天子以三尺法付之士师,而士师即奉斯法以从事,一出一入,民之生杀系焉。法当杀而故出之,是之谓纵;法当宥而故入之,是之谓滥。天子之不可以纵奸,而士师之不可以滥杀也。

夫人而知之矣,且以尧之圣而举皋陶以为士师,非以其用法之公而当乎?如其公而当也,皋陶曰'杀之',尧亦曰'杀之',而天下不病尧之好杀;皋陶曰'宥之',尧亦曰'宥之',而尧亦不咎皋陶之好名。孟子不云乎:'杀之而不怨,利之而不庸'。王者之民,暤暤如也。若夫畏其臣而乐其君,此叔季之事,非至治之世所宜有也。

古之称执法者莫如皋陶,皋陶而曰'杀之',必其法之不得宥者也。而尧乃玩法而宥之,'有官守者,不得其职而去',皋陶亦可辞士师而去矣。

或曰:皋陶非不知其可以宥也,欲恩之出于上耳。夫恩出于上,非大公之治也。帝王之治天下,如天地然:春温秋肃,造物不居其功;赏庆刑威,朝廷不矜其断;惟无私而已矣。人有罪而杀之,可矜而宥之,皋陶之仁,即尧之仁也。士师得其职,而天下无冤民,天子之仁,孰大于是!顾沾沾焉侵有司之权,活数人之命,以市恩于天下,曾谓尧之圣而为之哉?欲恩之出于己,而委怨于有司,是上贼下也。计恩之必出于上,而锻炼周内以入人之罪,四海之大,其丽于法者多矣,天子虽甚圣神,安得人人而平反之?是下贼上也。上下之间,以术相欺,刑罚之不中,必自此始矣。故曰:此苏氏之失言也。

或曰:苏氏之言,盖有所本矣。《记》云:'大司寇以狱之成告于王,

---

① 《苏轼集》,凤凰出版社2014年版,第226页。

王命三公参听之。三公以狱之成告于王，王三宥，然后制刑。'非'宥之三'而何？曰：《周礼》有'三宥'之法，'一宥曰不识，再宥曰过失，三宥曰遗忘'，秋官司刺掌之矣。大司寇告狱成，其合于三宥者，三公与司寇先平断之，而后称王命以宥之耳，非有司欲杀之而王特宥之也。若夫文王世子所云'公曰宥之，有司曰在辟'者，乃公族有罪之法，固不可援以为证也。"①

　　钱大昕的主要观点是，法律的实施必须统一，司法官执法必须具有权威性。君主也不能随意施恩，以损害执法官的威信。通过层层设问，钱大昕的论述有理有据，对苏轼对皋陶的误读进行了学理和义理上的纠错。同时，也表述了其对执法的深刻理解。

　　实际上，苏轼并非赞成司法上的不统一，而是意图阐明法治与人治的结合运用。苏轼对于法制的理解还是非常透彻的，其在《东坡奏议·应制举上两制书》中称："任人而不任法，则法简而人重；任法而不任人，则法繁而人轻。法简而人重，其弊也请谒公行而威势下移；法繁而人轻，其弊也人得苟免而贤不肖均。……人与法并行而相胜，则无不安。"由此可见，苏轼对于法律的认识是非常深刻的。后人多举苏轼所作诗句"读书万卷不读律，致君尧舜知无术"一句，言称苏轼不赞成读法律之书。实际上，这是一种误解。我们品读古人之言，应该考虑到当时的时代背景，当其时，王安石举办新政，其中一项内容就是让士大夫多读法律之书。而苏轼恰为王安石的反对者，他当然不愿意为王安石站台，故有此戏言。甚至，有可能，苏轼也暗指王安石以读律而得幸于宋神宗，以此抱怨自己的不得志。

三　皋陶堪为中国法律之文化符号

　　如前所述，皋陶原本有两重形象，即圣人之道德形象，提出了八德的为政理念，其道德形象一时无两，超越同侪，大禹称皋陶迈仲德。但随着其身份上的转变，即根据种种原因，其未能成为帝舜的继承者，故其道德形象逐渐模糊，其品质也逐渐转移到享有尊位之大禹身上。皋陶的形象逐渐单一化，最后仅余法官的严厉形象。虽然偶有学士在故纸堆中重新发现其美好的道德形象，也难以使其复原，至多把其掺杂于法官形象之中，以此与中国固有法律的道德性相吻合。

---

① 《钱大昕全集》第玖册，江苏古籍出版社1999年版，第23页。

皋陶的形象，由于其身份的限定已经破碎，但后人又根据特定的指认将其黏合，成为一个新的具体形象，这种特定的指认完全是通过其确切的身份，即"士师"来完成的。由此皋陶的形象获得了新生，比那些与其同样具有道德形象的同僚而言，也算是一种幸运。当然，获得这种幸运的并非皋陶一人，如后稷也因植五谷而获得农神之形象。

马克斯·韦伯称："与现实生活的情况相当吻合的是，法律秩序的守护者并不非得是最强大的神……赋予这些神祇特性的是他们的伦理资格。"① 皋陶在中国历史上究竟是否应该被称为一个神有待探讨，但起码具有一定的神性，他确实并非最强大的，以至于在后人的记述中，其形象渐渐变得模糊，而不似其同时代之大禹那样始终清晰。而大禹应该被称为一个神吗？或许中国古代的文化特征就是将本来应该称为神的形象彻底人格化（与人物的神化相反），使其成为彻头彻尾的人，这和其他文明的情况恰恰相反，在那里，往往是把人加以神化，褪去人性而赋予神性。从这个角度而言，实际上中国没有所谓法律之神。这即为中国文化的特质所决定，也为法律在中国古代之地位所决定。笔者认为，皋陶地位之不彰显，与中国古代对法律之认识有直接之关联。如所周知，法律是社会控制的重要手段，也是社会规范之重要形式。在中国古代，因治河文明所决定之农业社会属性，使法律难以成为最佳之社会规范。特别是周朝所树立的礼治和德治理念，深刻地影响了中国传统法律的发展方向，甚至可以说决定了中国古代法律传统的形成和发展。西周初期，周代统治者看到专恃天命的商王朝的灭亡，认识到"天命靡常"，因而提出以"德"，以济"天命之穷"。于是"德"作为一个政治概念出现了。在西周的青铜器铭文中，有很多关于"德"的记载。"德"思想基本贯穿于整个西周时期，是周人所独有的思想。在西周，"德"有多重含义，但大致可以理解为"敬天"和"保民"。所谓"以德配天"是主张"天"或"上帝"并非归哪一族群所独有，是天下各族所共有的神；至于"天命"属于谁，就看谁有能使人民归顺的"德"。"以德配天"思想的提出，在中国思想史上具有重大的意义。礼治与德治的结合反映到法制方面就是要求"明德慎罚"。周朝的慎刑是为了明德，而明德是为了配天，无德就无以配天，也就失去了统治者的资格。明德慎刑思想的提出，对儒家思想的形成有直接的影响。应该指

---

① [德]马克斯·韦伯：《宗教社会学》，广西师范大学出版社2011年版，第45页。

出，周朝的礼治和德治并不是单纯地以礼仪与道德手段进行社会控制，而是以礼治和德治为主要统治方式。礼治和德治在许多层面上与法律手段相结合，甚至是相融合，成为一种特殊形态的法律。这种社会控制方式被认为是最适合中国社会的。春秋以降，礼崩乐坏，法家成为法律发展的主导者。其以实际的活动实现了法家基本的治国理想，并使之成为社会思想的主流。特别是秦国，秦国在春秋时期本不是列国中有称霸实力的诸侯国，其"僻在雍州，不与中国诸侯之会盟，夷翟遇之"①。但自公元前361年秦孝公即位后，任用商鞅，开始大规模的变法，实行"依法治国"，使秦国一跃成为强国，最终达成"六国灭，四海一"的统一局面。秦朝之法治堪称完备，后世对其的指责"秦法繁若秋荼，密如凝脂"也恰恰可以作为反证。然而，秦朝的"二世而亡"对中国历史的发展影响深远。后人反思，归罪于法，所谓"暴秦"者，法之暴也。由此，后世之人对法治主义加以深刻的怀疑，虽然在实际的政治实践中不能废弃法律的作用，即所谓"阳儒阴法"；但在思想理念上对法律的作用自觉或不自觉地加以回避或掩盖，这不能不在客观上阻碍了中国法律与时俱进的脚步。法律在礼法体系下，被认为是"刑乱国"之凶器，以置而不用为治，以事从于法为乱，故孔子的"无讼"之理想被强用于现实之中。盛唐以后千余年，法律只是治世之工具，国家不以此为治国之理念，学者不以此为研究之本源。事实上，在近代以前，中国无法律之专门之学，故失却理论创新之可能。法律仅余刑章之文，法学残剩书吏之语。法律之庙堂渐至破败，法律之祖皋陶渐成隐形。虽然在中国传统社会中，这种对社会规范的认可，对社会控制方式的选择难以以优劣之评加以概括，但仅从法律发展而言，确实多有可喟叹之处。

综上所述，可以看到：皋陶其人对中国传统法律制度、法律文化的形成和发展起到了不可替代的作用。皋陶之言行为历代知识分子用于讨论、评价法律之原始出发点，是判断法制优劣的标准，发表议论的根据，抒发情感的参照。

每个文明所特有的法律形式都有其形象之表征，这种表征可以以不同的形式出现，古希腊有守法的苏格拉底，古罗马有十二铜表法，古巴比伦有汉谟拉比法典。而在中国，其形象应该有三个：一个人：皋陶；一种神

---

① 《史记·秦本纪》。

兽：廌；一个器物：鼎。作为器物的鼎，现在依然存在；而神兽廌，也在法字的解说中被广泛提及。武树臣先生称："廌，这个神奇而古老的图腾，从它产生的时代开始，便作为正义与威严的象征，被中华各民族视为共同的法律文化财产而继承下来。"① 甚至在海外也还存留有确实的形象，如古代朝鲜的法律象征就与中国有相似性，中国的獬豸在古代朝鲜也有类似的对应，其被称为 Haetae，其与中国的獬豸在外貌上稍有不同，有些地方的没有角，如韩国首尔的光化门（GWANGHWAMUN）；有些地方的有角，如景福宫（GYEONGBOK ROYAL PALACE）。附带提一下，日本也有相似的神兽，大约是从古代朝鲜传过去的，因为其名为"朝鲜犬"。② 而那个人，即皋陶，几乎被人遗忘，实际上他才是中国传统法律最早、最确实的形象。因此之故，在倡言法治之今天，我们有必要重新认识皋陶，将其确定为中国法律之形象代表与文化符号。

第三节 夏商时期的法制简述

近一个世纪前，近代中国法律史学的重要创立者杨鸿烈先生曾言道："中国的信史，自殷商以前犹是漆黑一团。经过千余年学者的辨伪功夫，直到如今，都还没有拨云雾见青天的志愿。所以，要说中国的法律起源于何时代，真是难于置答。"③ 在此后的近百年间，中国的考古学取得了重大进展，许多重要的考古挖掘取得了难以想象的成果。但应该说，这些对于中国古代法律的起源认识与理解并没有太多助益。我们对于商周时期以前的法律的基本状况，还是处于一种模糊的认识之中。但通过不懈的努力，我们已经基本上可以认定，中国的历史，从国家形态完全形成来说，应该是从夏朝开始的。

约在公元前 21 世纪，夏王朝建立，此为古代典籍记载最为确定的完整国家形态。据史籍记载，夏朝从其最早之帝王禹传到其子启开始，到桀灭亡，共传十四世，历四百余年。根据我国古代文献和地下发掘的考古成果可以推定，夏初已具备了国家的基本特征。据史书记载，禹在会稽之山

---

① 《中国法制史和考证》甲编第一卷，中国社会科学出版社 2003 年版，第 28 页。武树臣先生在《"法"辨》一文中，对"廌"进行了完整细致的考证，取材丰富，逻辑缜密，推荐参阅。
② See Chongko Choi, *Law and Justice in Korea*, Seoul University Press, 2005。
③ 杨鸿烈：《中国法律发达史》，中国政法大学出版社 2009 年版，第 1 页。

大会部落首领,"防风氏后至,禹杀而戮之"①。此记述多被看作兵刑的起源。《尚书·伊训》:"制官刑儆于有位,曰敢有恒舞于宫,酣歌于室,时谓巫风。敢有殉于货色,恒于游畋,时谓淫风。敢有侮忠直,远耆德,比顽童,时谓乱风。惟兹三风十愆,卿士有一于身,家必丧;邦君有一于身,国必亡;臣下不匡,其刑墨,具训于蒙士。"沈家本训为:"必官府之刑,汤所制也。"②

但应该说,此时的法律还没有达到完备的程度。后人虽有"禹刑"③的称谓,但具体内容已难复原。所谓"禹刑",最早见于《左传》,此后一般作为夏朝法律的总称。我们对夏朝的法律制度了解得并不清楚,但从商朝对夏朝的继承情况看,夏朝的法律制度应该说还是有一定水准的。据文献记载,夏朝的法律颇具神权法特点。《论语·秦伯》说:夏禹"菲饮食而致孝乎鬼神,恶衣服而致美乎黼冕"。可见夏人对鬼神之虔诚、敬重,并且非常重视祭祀。《尚书·甘誓》记载,夏王在讨伐有扈氏时以代天行天意的身份声称"天用剿绝其命,今予惟恭行天之罚",并宣布对违抗王命者要"赏于祖""戮于社",以示替天行罚。

夏朝统治者也往往以承受天命,并获上天护佑而自居。《尚书大传》曰,桀云:"天之有日,犹吾之有民。日有亡哉,日亡吾亦亡矣。"声称其王位永固如日月永在。当然,这一切均为虚幻,夏朝之亡,恰在桀手。

大约公元前16世纪,商族首领汤灭了夏,建立了商王朝,建都于亳(今河南商丘)。到公元前14世纪,商王盘庚迁都于殷(今河南安阳),所以商又称殷,或殷商。商朝从汤到纣,共传十七世,约六百年。

荀子有"刑名从商"④之言。熊公哲先生引《尚书·康诰》中"殷罚有伦"之语,解释为"似殷之刑罚颇为平允"⑤。章太炎也称:"……商律刑名法例最具,是以其言闳扩,可以行远。"⑥

商朝始建,以夏朝灭亡为戒,告诫自己要勤于政事,有功于民。《汤诰》有言:"告诸侯群后,毋不有功于民,勤于乃事,予乃大罚殛女,毋予怨。"

---

① 《国语·鲁语下》,并见《韩非子·饰邪》。
② 沈家本:《历代刑法考》,中华书局1985年版,第818页。
③ 所谓"夏有乱政而作禹刑,商有乱政而作汤刑,周有乱政而作九刑"。
④ 《荀子·正名篇》。
⑤ 《荀子译注》,重庆出版社2009年版,第477页。
⑥ 章太炎:《菿汉微言》,载《章太炎全集》,上海人民出版社2015年版。

当然，刑罚也是当时必不可少的统治工具。《尚书·盘庚篇》说："盘庚教于民，由乃在位，以常旧服，正法度……矧予制乃短长之命……听予一人之作猷……惟予一人有佚罚。"其基本意思是商王宣称自己具有制定法律和掌控刑罚的权力。

商代的法律制度，因为有了传统史料的比较完整的记载和甲骨文等出土文物的佐证，而被比较完整地加以学术意义上的复原。商代的社会组织及国家机制已比较完备，《尚书·酒诰》中有"惟殷之迪诸臣百工（官）乃沉湎于酒"之记载，严耕望先生据此断言："是殷代已有百官之称，组织已相当繁复。"①

相应地，商朝的法律制度，一般认为其形式比较完备，《尚书·多士》中称："惟殷先人，有册有典。"册与典，应该被认定为国家政典的总称，其中也必然包括法制。由此可见，其制度建设已经有了一定的规模。荀子"刑名从商"之说，说明此时的法律已经比较系统化。商代的法律虽然比较完备，但也必然不能尽脱原始的痕迹。商代有以肉刑为刑罚方式的五刑制度，即所谓"殷人执五刑以督奸，伤肌肤以惩恶"②之记述，肉刑似乎是刑罚的主要手段。韩非也称："殷之法，弃灰于公道者断其手。"③可见其刑罚相当严酷。

根据《礼记·王制》中有关殷代刑法的记载，大致可以归纳出殷商法律的若干重要罪名。其称："析言破律，乱名改作，执左道以乱政，杀；作淫声异服，奇技奇器以疑众，杀；行伪而坚，学非而博，顺非而泽以疑众，杀；假于鬼神、时日、卜筮以疑众，杀。"与这四种罪名相对应的犯罪行为是：破坏或变乱法制，使用邪术以扰乱政治，是为"乱政"；用奇异的事物、矫揉造作、貌似博学、狡黠诡诈的言行和装神弄鬼的手段来动摇和蛊惑民心，是为"疑众"。

神权思想仍然是商朝法律思想的主导。《礼记·表记》称："殷人尊神，率民以事神，先鬼而后礼，先罚而后赏。"《礼记·曲礼》也有殷商"敬鬼神畏法令"之记述。概括而言，神权法之原则包括如下几个方面的内容：其一，商王朝之王权来源于神权，商王是按照神意进行统治的。其

---

① 严耕望：《中国政治制度史纲》，上海古籍出版社2013年版，第14页。
② 《汉书·董仲舒传》。
③ 《韩非子·内储说》。

二，商王制定的法律是神意的体现，任何犯罪行为都被视为对神意的亵渎而要受相应的制裁。其三，商王朝的立法活动的支配者是神祇，法律的制定、修改和废止，须经过神祇的决定，而此过程要通过特殊的求神仪式来完成。其四，司法审判要通过特定的仪式祈求神助。

在以上原则指导下，"神判"与"天罚"是商朝司法审判的基本特征。卜者参与司法，伪托神意以断罪，实行所谓神判乃是常态，有不少卜辞为证。如"贞，王闻不惟祟"，"贞，王闻惟祟"等。

从1928年到1976年，中国的考古工作者对殷墟进行了几十次发掘，清理了不少商代的建筑遗址、作坊遗址、墓葬及祭祀坑等，出土了大批的青铜器、玉器和甲骨卜辞等遗物，这些是商代人频繁进行隆重的祭祀活动的绝好见证。

监狱制度似乎可以在某些方面佐证法律制度的发展情况。圜土是夏商周三代对监狱的通称。商朝囚禁人犯的监狱，除称圜土外，还有"牖里""羑里"之称。《史记·殷本纪》有"纣囚西伯（即周文王）羑里"的记述。

第二章　西周：礼治主导下之法制

重要节点：周公制礼　礼于古代中国何等之重要？

《左传·隐公十一年》中言："礼，经国家，定社稷，序民人，利后嗣者也。"

《礼记·礼运》中载，孔子称："夫礼，先王之承天之道，以治人之情。故失之者死，得之者生。"

《礼记·礼运》："是故礼者君之大柄也，所以别嫌明微，傧鬼神，考制度，别仁义，所以治政安君也。"

朱熹言称："礼者，天地之节文。人事之仪则也。"

《韩诗外传》中言："人之命在天，国之命在礼。"[①]

由此而观，礼于古代中国，其重要程度可谓无以复加。"周公制礼"不仅为法律史上最为重大事件，对于整个中国历史和现实都是最为重要的里程碑，甚至可以说，此举塑造了中华文明的形象。

周礼的创制者是周公。周公，姬姓，名旦，文王之子，武王之弟。他被认为是中国历史上第一个提出比较系统的政治法律学说的思想家。因其采邑在周（今陕西岐山东北），故称周公或周公旦。

相传西周初期，周公制定了礼制。《史记·周本纪》中称："成王少，周初定天下，周公恐诸侯畔周，公乃摄行政当国。……兴正礼乐，度制于是改，而民和睦，颂声兴。"在《史记·鲁周公世家》中也记述："成王在丰，周之官政未次序，于是周公作《周官》，官别其宜。"

[①] 《韩诗外传集释》，中华书局2010年版，第6页。

西周初年在周公的主持下，对以往的宗法传统习惯进行了系统的整理、补充，厘定成一套以维护宗法等级制为中心的行为规范以及相应的典章制度、礼节仪式，使之成为治国的最重要依据，并将宗族组织和国家政治组织合二为一，这就是一般所说的"礼"或"周礼"。司马迁称："余至大行礼官，观三代损益，乃知缘人性而制礼，依人性而作仪，其所由来尚矣。"①

此举不但奠定了西周社会政治制度的基本形式，也深远地影响了中国古代的政治社会发展，并创造了相应的礼治文化，其对于中国社会的发展影响至深至远，甚至可以说确定了中国历史的发展进程。

第一节 西周法制概说

西周之法制是在礼治主导之下的，故欲知其法制，必先知其礼制。

如上所言，西周之礼治是由周公所创的。周公自古就有圣贤之名。孔子称时常能够梦见周公。而在春秋战国之时，礼崩乐坏，甚至周公之为人与事迹也似乎逐渐模糊。相传陈贾"见孟子，曰：'周公何人也？'曰：'故圣人也。'"②但从汉代以后，儒家思想逐渐成了社会的主导思想，故周公的形象再度辉煌。

礼作为一种社会规范，其起源似乎早在周朝以前。有些内容是前代已存的，有些是西周时创立的。如，清代学者俞樾称："为人后之礼，当始于周，周之前实未之有也。何以明之，以殷事明之。"③孔子称："殷因于夏礼，其损益可知也；周因于殷礼，其损益可知也；其或继周者，虽百世可知也。"朱熹称："天叙天秩，人所共由，礼之本也。商不能改乎夏，周不能改乎商。所谓天地之常经也。"④但将礼发展成一个严密而完整的社会规范体系者，当属周公。孔子称："周监于二代，郁郁乎文哉，吾从周。"

---

① 《史记·礼书》。
② 《资治通鉴》，中华书局2011年版，第87页。
③ （清）俞樾：《茶香室经说》，凤凰出版社2021年版，第325页。
④ 《论语集注》，上海古籍出版社2013年版，第35页。

朱熹注："三代之礼，至周大备。夫子美其文而从之。"①《周书·明堂解》："……以周公相武王以伐纣，夷定天下。即克纣六年而武王崩，成王嗣，幼弱，未能践天子之位，周公摄政，君天下，弭乱。六年而天下大治。乃会方国诸侯于宗周，大朝诸侯，制礼作乐，颁度量，而天下大顺。万国各致其方贿。七年，致政于成王。"②《春秋·鲁世家》也称："六年制礼作乐。"也就是说，周公根据以往社会状况与环境，制定了以礼为核心的社会规范，而推出这套社会规范之时，通过盛大的典礼形式，将其颁行于天下，使方国诸侯都对此加以认可。流传于今日的周礼之内容，包括《周礼》《礼记》《仪礼》。

现存的《周礼》一书，虽然可能在后世掺入了一些后人附会的内容，但总体而言，在内容和精神上应该都是与周公制礼作乐相吻合的。也就是说，周公制礼之事可信，而《周礼》一书内容存疑。实际上，这种对《周礼》一书的评价，自古就有不同的态度。如"河间献王得《周官》，而武帝谓'末世渎乱不经之书'。唯唐太宗夜读之，以为'真圣作'。曰：'不井田、不封建，而欲行周公之道，不可得也。'"③

所谓《礼记》，就是关于"礼经"的"记"，即对"经"的诠释讲解。颜师古称："《礼》者，礼经也；《礼记》者，诸儒记礼之说也。"今本《礼记》，郑玄以来都认为是西汉时戴圣所编，计四十九篇，是一部以儒家礼论为主的论文汇编。

《礼记》中包括以下重要篇章：

《王制》，记述君王应有的行政制度，其中部分有历史依据，部分则是理想之言。《礼运》，主要叙述礼义、礼制的源流与运行。《明堂位》，记鲁国国君因周公之德而可袭用古代天子衣服、器物之事。《儒行》，记儒者德行的特征。《大学》，记博学而可以为政治国之义。《礼记》中的《大学》《中庸》两篇成为理学家最重要的纲领性著作。

《仪礼》是周礼的具体形式与内容。据清代学者段玉裁考证，《礼》十七篇的标题，在汉代均无"仪"字。东晋元帝时，荀崧奏请置《仪礼》博士，始有《仪礼》之名。最早为《仪礼》全书作注的是郑玄，郑玄《仪

---

① 《论语集注》，上海古籍出版社2013年版，第42页。
② 《吕思勉读书札记》，上海古籍出版社2020年版，第139页。亦见《礼记·明堂位》。
③ （宋）王应麟：《困学纪闻》，上海古籍出版社2015年版，第120页。

礼》的特点是：文字精审，要而不繁，发明义例，去取谨慎。

关于《仪礼》是否为周公所作之原本，历史上广有争论。认为周公所作者称："周公践天子之位，以治天下。六年，朝诸侯于明堂，制礼作乐。"即周公损益三代之制而成。而司马迁、班固等则认为《仪礼》是孔子慨叹周室衰微，礼崩乐坏，乃追迹三代之礼而作。《仪礼》的文字风格与《论语》颇有相同处，内容也与孔子的礼学思想相一致。

《周礼》之成书于何人、何时，从汉代一直争论至现代。现在倾向于《周礼》为汉儒之作。但在很长时间内，众多学者认其为真。如清代著名学者顾栋高，曾著有《春秋大事表》。乾隆曾赐御制诗两首。其中称"一语还淳足起予"，并明谕为其修传："儒林亦史传所必，果其经明学粹，虽韦布之士不遗，又岂可拘于品位。使近日如顾栋高辈，终使淹没无闻耶？"而即使学问深湛如此，他"年轻时坚信周礼、仪礼为周公所作。'见有人斥周礼为伪者，心辄恶之。'及至中年，对自己的看法产生怀疑。到了晚年，便改变了早期的看法，察觉了周礼出自汉儒，仪礼也不是周公的原本"①。

关于《周礼》之成书问题，在某种意义上已经超过了学术争论的范围，其也表达出不同的社会思想倾向和个体价值观的体现，以下简单加以介绍。

周公手作说认为《周礼》是周公亲自撰作。刘歆首创此说。所谓"周公致太平之迹，迹具在斯"。东汉末年，经学大师郑玄因袭其说，在《周礼·天官·叙官》"惟王建国"之下注曰："周公居摄而作六典之职，谓之《周礼》。营邑于土中。七年，致政成王，以此礼授之，使居雒邑，治天下。"其后，如唐代的孔颖达、贾公彦，宋代的王安石、张载、李觏、曾巩、司马光、朱熹，清代的魏源、汪中、惠士奇、江永、孙诒让等也都力主此说。唐贾公彦在《序周礼废兴》中说："唯有郑玄遍览群经，知《周礼》者乃周公致太平之迹，故能答林硕之论难，使《周礼》义得条通。"朱熹明确指出："《周礼》是周公遗典也。"称其"盛水不漏"，认为非周公不能作。孙诒让《周公正义·序》曰："粤昔周公，缵文武之志，光辅成王，宅中作雒，爰述官政，以垂成宪，有周一代之典，炳然大备"；又在《周礼正义·略例十二凡》中说："此经为周代法制所总萃，闳章缛曲，经曲毕晐。"

---

① （清）顾栋高：《春秋大事表》，中华书局1993年版，第4页。

周公手作说自始就受到诸多质疑，而非周公亲作说，又有诸多不同。如：1. 作于西周，作者不详说。近人蒙文通认为，《周礼》"虽未必即周公之书，然必为西周主要制度，而非东周以下之治"。2. 作于周室东迁之后，平王至惠王之间说。3. 作于春秋说。刘起釪先生称："《周礼》一书所有官职资料，都不出春秋时期承自西周的周、鲁、卫、郑四国官制范围。……所以《周官》一书，最初作为官职之汇编，至迟必成于春秋前期。" 4. 成书于春秋战国之际，孔子及其弟子为写定者说。5. 成书于战国说。林孝存认为《周礼》是"末世渎乱不验之书"，何休认为，《周礼》是"六国阴谋之书"。6. 成书于秦朝说。南宋魏了翁在《鹤山文钞·师友雅言》中认为，《周礼》为"秦汉间所附会之书"。清代毛奇龄在《经问》卷二中云："此书系周末秦初儒者所作。" 7. 成书于汉初，专人写成说。8. 成书于西汉末年，由刘歆伪造说。胡宏在《皇王大纪论·极论周礼》中认为，刘歆伪造《周礼》，是为"附会王莽，变乱旧章，残贼本宗，以趋荣利"。[①]

不论现存之《周礼》是否是周公亲自撰定，在周礼的指导下，西周创制了完整的制度是不容置疑的，而这套制度又对中国的历史起到了决定性的作用。

夏曾佑称："盖中国一切宗教、典礼、政治、文艺。皆周人所创也。中国之有周人，犹泰西之有希腊。"[②] 此言虽有偏颇之处，但大意可取。吕思勉论中国古代法律，径以西周时期为开端。他的这种论述方式，在一定程度上而言是有道理的，因为对后世法律有着深刻影响的制度建设是从西周开始的。其言："中国法律之进化，盖可分为数端。礼与法之渐分，一也；古代各种法律，混而为一，至后世则渐分析，二也；古代用刑，轻重任意，后世则法律公布，三也；刑罚自残酷而趋宽仁，四也；审判自粗疏而趋精详，五也；而法律必与道德合一，刑之所期为无刑，故郅治之隆，必曰刑措象刑之制，意主明耻，而不必加戕贼于人之体肤，虽未易行，要不失为极高之理想也。"[③]

对此也可以理解为，在中国法律的源头，礼与法并未区分得非常清

[①] 以上有关《周礼》之成书各说，引自徐正英、常佩雨译注《周礼》，中华书局2014年版，第3—7页。
[②] 夏曾佑：《中国古代史》，中华书局2015年版，第29页。
[③] 吕思勉：《中国制度史》，上海三联书店2009年版，第465页。

晰。实际上，西周的礼与法是不同的两套社会调整规范，是两种不同的社会治理体系。但礼治是具有主导地位的，而法律并没有像后世那样占据重要地位，特别是像在现代社会中占据最重要的社会规范地位。也就是说，当时的社会核心价值体现在礼制，而非法律。礼是最能体现社会核心价值观的社会规范方式。礼与法俱为人类社会发展至一定的文明阶段而产生的。"至夫太古之初，物性犹淳，无礼教而能辑正，弗施刑罚而自治。"① 荀子言："礼由人起，人生而有欲，欲而不得，则不能无忿，忿而无度，则争，争则乱。先王恶其乱也，故制礼义以分之。"② 礼规范社会中之所有人，朱熹称："制为礼法，以及天下。……周公成文、武之德，追乎大王、王季，上礼先公以天子之礼，斯礼也，达乎诸侯、大夫，及士、庶人。"③

  法律的基础有两个层次，一为理想，二为现实。中国法律制度在很大程度上，可以说是建筑于社会理想上，《洪范》中称："天子作民父母，为天下王。"这是一种非常理想化的统治方式，即统治者爱民如子。这与西方法律的理念有相当的区别。西方的法律制度的基础是社会现实。或者由思想家很明智地区分了理想与现实的法律，把理想的成分归入"自然法"的范畴中，这种自然法一般与现实法律是没有关系的，也不是一般的法律渊源。仅在特殊情况下，这种自然法才能充当现实的法律渊源，如在第二次世界大战后的纽伦堡审判中，一些纳粹战犯宣称他们的行为是遵行德国的法律，而法庭宣称，自然法应该被认为是高于国内立法的法律渊源，邪恶的法律不能对抗自然法。而在英国的普通法中，自然法似乎也有机会进入实际的法律实践之中。

  在殷商的甲骨文中还未发现有"法"字。但金文中有"法"字，写作"灋"，这是"法"的古体，但应该说明，此灋字在西周之时与法律并不是完全同一语义。但由此可见，周朝的法律制度已经从社会存在的层面上升到社会意识的层面。

  关于"灋"的解释，以《说文解字》最为著名："灋，刑也。平之如水，从水，灋所以触不直者去之，从去。"这是从灋的字形上加以解读的，

---

① 《弘明集校笺》，上海古籍出版社2013年版，第383页。
② 《荀子·礼论篇》。
③ 《论语·大学·中庸》，上海古籍出版社2013年版，第280页。

水字偏旁意味着如水一样公平，而廌是传说中的一种独角神兽，其性正直，用于裁判案件时，对理屈不直的一方就用角顶触。这种解读有两种意义，其一是法是保障社会公平的一种手段，其二是中国古代的法律中有神明裁判的因素。从文献记载来看，大量引用"法"字是后来的事。但从文字发展的漫长性而言，似可断言，殷商时期的神权法思想对金文中"法"字的形成肯定不是毫无影响的。

严耕望认为："在封建与宗法两种制度相结合的统治下，周民族虽然分散在广大的区域，但能够团结成一贵族社会，这些贵族君临居民之上，用城邑控制散住在乡野的一般人民。"① 应该说，这种分析是正确的，但仅仅用城邑是不能控制一般人民的，其还需要有某种内在的手段和统治方法，而其中最为重要的方式是礼治与德治。

西周的法律制度与礼治和德治密不可分，它们不但是周朝法制的基本特征，也深刻影响了中国古代法制发展，甚至可以说决定了中国古代法律传统的形成和发展。

中国古代法律传统在儒家化的法律中占据主导地位。依瞿同祖先生的论断，其主要特征是家族制度和等级制度。② 这种法律传统的根源可以追溯到周朝。周本身只是中国西部的诸侯小邦，其在推翻商纣暴政的战争中取得了领导天下诸侯的盟主地位，并最终取而代之，开创了周朝八百年的基业。姬周由一个方圆百里的小邦，灭商之后主宰了一个"邦畿千里"的大国，对广大的商殷遗民和诸多诸侯国怎样进行统治，这是周人面临的一个万分棘手的问题，周武王为此"皇皇若天下之未定"，寝食不安。

在当时的自然环境与社会状况下，建立统一国家的条件并不成熟，从而只能采取分封的统治方式，加之周在天下众多诸侯国中，只属于小诸侯，要领导众多大诸侯，不敢如殷商自称授命于天，而不得不推出以德配天的说法，即不得不采取德治的方式。另外，周朝的建立是在推翻暴虐的商朝基础上的，所以，其必然要与商朝的严酷法制划清界限。应该提到的是，这种物极必反式的法制兴废，在中国历史上反复上演。如汉代对秦朝法制在形式上的彻底抛弃，新中国对六法全书的全盘否定，等等。可以

---

① 严耕望：《中国政治制度史纲》，上海古籍出版社2013年版，第22页。
② 请参阅瞿同祖先生的名著《中国法律与中国社会》。

说，西周开创了一种全新的政治制度模式，在这种模式下，法律被置于次要的位置，这种政治形态对中国古代社会影响至为深远。

第二节 西周的礼治与德治

一 西周的礼治

周朝对于中国古代政治体制构成的最大贡献是制定了周礼，并以此作为治理国家的基本方式。王国维先生称："中国政治与文化之变革，莫剧于殷周之际，……周人之大异于商者：一曰立子立嫡之制，……二曰庙数之制，三曰同姓不婚之制。此数者皆周之所以纲纪天下，其旨则在于纳上下于道德，而合天子、诸侯、大夫、士、庶民成一道德之团体。"[①] 应该说，以上所述三个方面都是礼的核心内容。

由于采取分封制，周朝的最高统治者并不完全对其疆土享有控制权，故而，其统治地位的保持基本上需要诸侯的认可，而诸侯地位的保持，也需要大臣的认可。因此，等级制度就成为礼制的核心内容。周初实行分封，首先确立周王是天之子，即天子，是天下的共主；其次在姬姓家族内部按照同周王血缘关系的亲疏远近来分配国家权力。具体做法是周王除将京城附近的地区（称作王畿）留作自己直接管辖统治外，将全国其他的土地及土地上的民众分封给诸侯去进行统治，称"封邦建国"。此即为原初意义上的所谓封建制。其相对于秦以后之中央集权政体而言，与我们现在广泛运用之封建社会这个政治经济学意义上的名词意义有别。诸侯受封之后，除保留一块直辖封地（称作公室）外，将其余的封地又同样封给其属下的卿大夫。卿大夫的封地叫采邑。卿大夫以下还有士，由卿大夫分给其食地。"士"是最低层贵族，不再分封。分封的同时，还明确规定了上下级之间的权利与义务。下级必须服从上级，须缴纳贡赋，定期朝觐、述职，提供劳役，接受军事调遣、指挥，服从裁判等，上级则有保护下级和排除纠纷的责任。这样，通过层层分封，在全国范围内建立起了"王臣公、公臣大夫、大夫臣士"的宝塔式等级结构。这种封建的形式，要以什么基本原则来维系呢？周朝的统治者创造了一套在当时社会条件下极其完美的社会规范，以此作为政治统治的基础，这套社会规范就是周礼，其于

---

① 王国维：《殷周制度论》，载《观堂集林》，河北教育出版社2001年版，第287—288页。

社会个人及国家政治都极为重要。班固言:"《六经》之道同归,而《礼乐》之用最急。治身者斯须忘礼,则暴嫚入之矣;为国者一朝失礼,则荒乱及之矣。"[1] 特别是对于统治者,其为为政之本,孔子称:"为政先礼,礼其政之本与!"[2]

周礼包括礼法与礼义两方面内容。在周礼的规范下,宗法制和等级制结合起来,形成了一套完整而严格的君臣、上下、父子、兄弟、亲疏、尊卑、贵贱的礼制。各级贵族的衣、食、住、行和婚姻、丧葬、祭祀、会盟等都要严格遵守礼制的规定。违犯者受到处罚。周礼所确立的全部规范和制度,始终贯穿着"亲亲""尊尊""长长""男女有别"四个原则。

"礼学包括礼法和礼义两大元素。礼法,是指仪式的过程与物质形式,包括人物、仪节、礼器、服饰、辞令、场所等。礼法是供操作用的,具有严格的规定性,必须处处遵行,否则就不成其为礼。礼义,是指制作礼法的人文内涵,每一个细节的设计,背后无不寓有深意。礼义是礼法的灵魂,是礼的精神之所在,礼法是礼义的外在形式,是礼义的展现。"[3]

礼既是一套仪范规则,所谓"礼仪三百,威仪三千",但更是一种发自内心的行为准则。《论语·阳货》中载:"子曰:礼云礼云,玉帛云乎哉?乐云乐云,钟鼓云乎哉?"朱熹注称:"敬而将之以玉帛,则为礼;和而发之以钟鼓,则为乐。遗其本而专事其末,则岂礼乐之谓哉?"[4]

"礼治"实施的基本原则是"礼不下庶人,刑不上大夫"。"礼不下庶人"是指礼所赋予各级贵族的世袭特权,平民和奴隶一律不得享受;"刑不上大夫"是指刑罚在实施过程中,贵族具有特权。"礼不下庶人,刑不上大夫",不仅是西周"礼治"的特点,也是西周指导立法、司法的重要原则。

礼治还有"止刑"的作用。在礼的规范中,对于罪犯予以社会层面上的歧视,对此形成对于犯罪的限制。因为一个人犯罪,会形成对于整个族群的羞辱。荀子称:"送死不忠厚,不敬文,谓之瘠。君子贱野而羞瘠。……刑余罪人之丧,不得和族党。独属妻子。棺椁三寸,衣衾三领。不得饰棺,不得昼行,以昏殣;凡缘而往埋之。反,无哭泣之节,无衰麻

---

[1] 《汉书·礼乐志》。
[2] 《礼记·哀公问第二十七》。
[3] 彭林译注《仪礼》,中华书局 2012 年版,第 14 页。
[4] 《论语·大学·中庸》,上海古籍出版社 2013 年版,第 207 页。

之服，无亲疏月数之等；各反其平，各复其始；已埋葬，若无丧者而止，夫是之谓至辱。"① 在礼治的社会中，不能以礼相待，被视为奇耻大辱。而犯法受刑之人，即使死去，也不能按照丧礼的要求为其送终。由此，以使人尽量远离被刑责的耻辱。

西周的礼治成为后世的楷模，《周礼》为实现法制的依据，不但制定法典以遵循周礼为内在的价值追求，即使在具体的法律实施过程中，周礼的内容也成为一种实在的依据。如宋代，君主、大臣在处理如何对荒年饥民劫掠仓廪之适用刑罚的问题上，也以周礼为依据进行讨论。

《宋史》载："凡岁饥，强民相率持杖劫人仓廪，法应弃市，每具狱上闻，辄贷其死。……因谕之曰：平民艰食，强取糇粮以图活命尔，不可从盗法科之。"

因诏："民劫仓廪，非伤主者减死，刺隶他州，非首谋又减一等。"

司马光时知谏院，言曰："《周礼》荒政十有二，散利、薄征、缓刑、弛力、舍禁、去几，率皆推宽大之恩以利于民。独于盗贼，愈更严急。盖以饥馑之岁，盗贼必多，残害良民，不可不除。顷年尝见州县官吏，有不知治体，务为小仁。……今若朝廷明降敕文，豫言与减等断放，是劝民为盗也。……臣恐国家始于宽仁，而终于酷暴，意在活人而杀人更多也。"事报闻。

"帝尝御迩英阁经筵，讲《周礼》大荒大札，薄征缓刑。"②

二　西周的德治

本来，夏商以来形成君权神授之观念非常适合于一种古代国家宗教的形成。但在西周的德治下，人事压倒了天命，避免了古代中国走上一条依靠宗教进行社会控制的道路。

面对比自己本来领地大了千倍的国土，面对比自己实力强大得多的众多诸侯，周朝统治者起初不敢如夏商王朝那样宣称自己的权力是神授的，而是把自己放在一个较低的位置。要用自己的德来顺从天的旨意，实际上也就是迎合天下诸侯的意志。从而，在周朝的法律中，现实的成分远大于所谓上天意旨的内容，其事人的成分远大于事神的成分。这种事人的法律

---

① 《荀子·礼论篇》。
② 《宋史·刑法志》。

与世界上其他的文明发展中的法律有很大的区别,即几乎完全摆脱了神权法,甚至自然法。这种区别甚至深刻地影响了中国社会与思想的发展进程。周朝的法律摆脱了神权的控制,从求天问神转向满足社会本身的行为准则。它基本上没有掺入宗教的内容,却与礼相结合,成为内容广泛的社会规范,而与礼治相伴而行的是德治。

西周初期,周代统治者看到专恃天命的商王朝的灭亡,认识到"天命靡常",因而提出以"德",以济"天命之穷"。于是"德"作为一个政治概念出现了。在西周的青铜器铭文中,有很多关于"德"的记载。"德"之思想基本贯穿于整个西周时期,是周人所独有的思想。"德"在西周有多重含义,但大致可以理解为"敬天"和"保民"。所谓"以德配天"是主张"天"或"上帝"并非归哪一族群所独有,是天下各族群所共有的神;至于"天命"属于谁,就看谁有能使人民归顺的"德"。所谓"皇天无亲,惟德是辅"。①"以德配天"思想的提出,在中国思想史上具有重大的意义。礼治与德治的结合反映到法制方面就是要求"明德慎罚"。

周人对刑的认识,较为集中地体现在周公的言论和《尚书·吕刑》②篇中。《尚书·吕刑》认为,刑罚在实践中既有"止乱"的作用,又有"作乱"的作用;不可用之过度,又不能弃之不用。"止乱",有所谓的"祥刑";"作乱",有所谓的"虐刑"。

西周统治者主张德与刑并用,反对专任刑罚,周金文之中,亦有"明刑"与"明德"并举的例子。如"秦公钟"之铭文:"德刑政事典礼不易,不可敌也。……伐叛,刑也;柔服,德也。德、刑、详、义、礼、信,战之器也。德以施惠,刑以正邪,详以事神,义以建利,礼以顺时,信以守物。……御奸以德,御轨以刑。德刑不立,奸轨并至。"

周朝的慎刑是为了明德,所谓"黍稷非馨,明德惟馨"。而明德是为了配天,无德就无以配天,也就失去了统治者的资格。"明德慎刑"思想的提出,对儒家思想的形成有直接的影响。

周朝的礼治和德治并不是单纯地以礼仪与道德手段进行社会控制,而

---

① 《尚书·周书》。
② 据记载,周穆王接受吕侯的建议,制定了《吕刑》,虽然不能确定其为周朝的基本法律制度,但很大程度上反映了当时的法制状况。今文《尚书》中存有《吕刑》一篇,内容相当细致、广泛。

是以礼治和德治为主要统治方式。当然，周朝德治的适用还是有一定范围的，也就是说，德治的实施仅限于周王朝所控制的领域，而对待那些所谓蛮夷只能用刑罚来加以震慑。《左传》所载仓葛的话"德以柔中国，刑以威四夷"①，此之谓也。

礼治和德治在许多层面上与法律手段相结合，甚至是相融合，成为一种特殊形态的法律。武树臣教授称："礼不断被国家上升为法律，从而获得更高的权威。在西周和春秋，礼在很大程度上发挥着法律的作用。只不过常常以习惯法的形式出现而已。"② 礼的这种作用，虽然起到了法律难以达到的广泛的社会控制作用，但从另一方面来说，它也决定了中国古代法律的内容和形式与现代意义上的法律产生了重要差别。也就是说，礼在许多情况下，"越俎代庖"地行使着法律的功能，调整了许多本应该由法律调整的社会事务，挤压了法律的空间，其后果是，礼使"法无处容身了。它不断萎缩，最后堕落成为毫无理论色彩的赤裸裸的暴力手段——刑罚"③。这种后果，也在很大程度上使得中国的法学理论没有机会充分发育。在中国封建社会的两千年历史中，绝大多数时间内，在社会通常的认知上，对于礼的研究与探讨是高尚的，而对刑的认识与钻研是卑下的。从而，经学与律学在品格上的高下，无须判断已有定论。在这种背景下，中国法学为何难以发达也就是显而易见的了。

第三节　西周时期法制的基本内容

有关记述西周法制状况的典籍最主要者为《尚书》与《周礼》。《尚书》中集中记述法制状况的篇章为《吕刑》，而《周礼》中集中记述法制状况的部分为《周礼》（周官）中的《秋官》。研究周朝法律制度者，其主要参考材料为此二者，以下分别加以介绍。

一　《吕刑》中所记述的西周法制的基本内容

关于《吕刑》之初作，有称吕侯为其封国所作，有称吕侯受周王命而

---

① 《左传·僖公二十五年》。
② 武树臣：《中国法律思想史》，法律出版社2004年版，第32页。
③ 武树臣：《中国法律思想史》，法律出版社2004年版，第37页。

作。所谓"周道既衰，穆王眊荒，命甫侯度时作刑"。① 笔者倾向于后者，其主要原因为，《吕刑》从形式到内容都更接近于所谓"天下之法"，而不似只以一小诸侯国为范围。

《吕刑》之文，古奥难懂，不依靠诸多文献互相引证，难寻真义。两千年来，为之注疏者多矣，其中多有睿智饱学之士，但学说纷纭，莫衷一是，大义可知，而细微难察。司马迁对此加以概括，字句简约，不失大意："诸侯有不睦者，甫侯言于王，作修刑辟。王曰：'吁，来！有国有土，告汝祥刑。在今尔安百姓，何择非其人，何敬非其刑，何居非其宜与？两造具备，师听五词，五词简信，正于五刑。五刑不简，正于五罚。五罚不服，正于五过。五过之疵，宜狱内狱，阅实其罪，惟钧其过。五刑之疑有赦，五罚之疑有赦，其审克之。简信有众，惟讯有稽。无简不疑，共严天威。黥辟疑赦，其罚百率，阅实其罪。劓刑疑赦，其罚倍洒，阅实其罪。膑辟疑赦，其罚倍差，阅实其罪。宫辟疑赦，其罚五百率，阅实其罪。大辟疑赦，其罚千率，阅实其罪。墨罚之属千，劓法之属千，膑罚之属五百，宫罚之属三百，大辟之罚二百。五刑之属三千。'命曰甫刑。"②

笔者学疏才浅，难以辨正文辞之深意，字句之差异。故所述多依照顾颉刚、刘起釪先生所著之《尚书校释译论》及马小红先生《吕刑考释》中之注释及今译之文。

以下择《吕刑》中主要内容加以叙述。

（1）苗民之五虐之刑。《尚书》首先提到："苗民之君不行善道，只知制订重刑，创作了五虐之刑叫作'法'，以滥行杀戮无辜，殃及没罪的人。"③

（2）伯夷降典。"上帝为了降福于民，就命令三位臣神下来降福于民之功；伯夷降下刑典，治理人民惟以详善之刑；禹平治水土，为山川之主；后稷下教民播种，勉力种植嘉谷。"④

（3）"非终"与"惟中"。"人有犯大罪而非故意，实出于偶然因

---

① 《汉书·刑法志》。
② 《史记·周本纪》。
③ 顾颉刚、刘起釪：《尚书校释译论》，中华书局2018年版，第2195页。
④ 顾颉刚、刘起釪：《尚书校释译论》，中华书局2018年版，第2196页。

素的，属于'非终'之列；人有犯小罪而出于蓄意犯罪，且不坦白认罪，则属于'惟中'之列。"

（4）五刑与三德。此五刑与上述之"五虐之刑"（劓、刵、椓、黥、大辟）是不同的。是尧所作，分为墨刑、劓刑、刖刑、宫刑、大辟。① 此五刑与苗民的"五虐之刑"虽在形式上相近，但在适用过程中大为不同，"治狱讯德其真情本可欣喜，但应哀矜而勿喜。惟应敬于五刑之用，以成三德：刑当轻为柔德，刑当重为刚德，刑不轻不重为正直之德"②。

（5）五辞、五刑、五罚、五过及五过之疵。"诉讼双方都到庭，诸狱官共听狱讼中有关口供，以其涉及五刑故称'五辞'。五辞经简核其情属实，信无可疑，就按五刑定罪，……如果定为五刑罪的囚犯经覆审不合已简核的结果，就是所犯情状不确切，不适合五刑的规定，就应降等定从五罚，令罪犯出罚金赎罪。如果定了五罚而罪犯仍然不服，应重加简核，倘使确不是五刑之罪而只是五刑方面的过失，这叫作'五过'。如果发现所定的罚与过失不相应，就应将五罚改定按五过处理，按过失赦免他的罪。……在处理五过的过程中往往发生五种弊病，叫作'五过之疵'"。③ 马小红先生将"五过之疵"归结为审判中的五害：官官相护、私报恩怨、暗中牵制、敲诈勒索、贪财受贿。④

（6）慎刑。《吕刑》中以上所有的规定，其宗旨就是"慎刑"。要重视证据，"两造具备，师听五辞。五辞简孚，正于五刑"，要体现威恩兼具，"简孚有众，惟貌有稽，无简不听，具严天威"，在审理案件时必须仔细听取原被告双方的证词，以辞听、色听、气听、耳听、目听之法来辨别真假，根据具体情况酌情量刑。

（7）罪疑惟轻，罪疑从赦。"五辞简孚，正于五刑，五刑不简，正于五罚。五罚不服，正于五过。"即"断狱一定要注意核实事实。

---

① 参见马小红《吕刑考释》，载《中国法制史考证》甲编第一卷，中国社会科学出版社2003年版，第222页。
② 顾颉刚、刘起釪：《尚书校释译论》，中华书局2018年版，第2197页。
③ 顾颉刚、刘起釪：《尚书校释译论》，中华书局2018年版，第2198页。
④ 参见马小红《吕刑考释》，载《中国法制史考证》甲编第一卷，中国社会科学出版社2003年版，第224页。

以五刑定罪,证据尚嫌有疑问的,则宽宥入于五罚。按五罚定罪,证据尚嫌有疑问的,则宽免入于五过。"①

(8) 五刑之数:墨刑的条款一千,劓刑的条款一千,刖刑的条款五百,宫刑的条款三百,大辟的条款二百,五刑的条款共三千。

《吕刑》对后世法制的影响深远,甚至在一定条件下成为后世衡量法制状况的标准。如汉成帝曾下诏,其中称:"《甫刑》云'五刑之属三千,大辟之罚其属二百。'今大辟之刑千有余条,律令烦多,百有余万言,奇请它比,日以益滋,自明习者不知所由,欲以晓喻众庶,不亦难乎!"② 而制定修改法律,也以《吕刑》为准则。如后汉时"(陈)宠又钩校律令条法溢于甫刑大辟二百,五刑之属三千。礼之所去,刑之所取。失礼则入刑,相为表里者也。今律令死刑六百一十,耐罪千六百九十八,赎罪以下二千六百八十一,溢于甫刑者,千九百八十九,其四百一十大辟,千五百耐罪,七十九赎罪。《春秋·保乾图》曰:'王者三百年一蠲法。'汉兴以来,三百二年,宪令稍增,科条无限。又律有三家,其说各异。宜令三公延尉,平定律令应经合义者,可使大辟二百,而耐罪赎罪二千八百,并为三千,悉删除其余。令与礼相应"。③

以《吕刑》的"五刑之属三千"为准则,删除多余的刑罚种类。沈家本称"宠以大辟犹多,欲复《吕刑》之数,惜其事为施行也"。④

二 《周礼》中有关西周法制的内容

现存之《周礼》,从典籍的意义上讲,包括《周礼》《礼记》和《仪礼》。其中《周礼》又称为《周官》,记述了有关西周法制状况的许多内容。沈家本称:"古来法制之书,莫详于《周官》。"⑤《周礼》的理刑思想重在未犯罪前的纠治,其立足点是以教立国。《秋官·士师》的"五禁"(宫禁、官禁、国禁、野禁、军禁)是为防患于未然。《周礼》对案情的

---

① 参见马小红《吕刑考释》,载《中国法制史考证》甲编第一卷,中国社会科学出版社2003年版,第224页。
② 《汉书·刑法志》。
③ 《后汉书·陈宠传》。
④ 沈家本:《历代刑法考》,中华书局1985年版,第872页。
⑤ 《寄簃文存》,商务印书馆2017年版,第212页。

审定十分审慎,订有三刺(讯群臣、群吏、万民,查明实情)、三宥(宽恕因"不识""过失""遗忘"而杀人,区分有意行凶、误杀)、三赦(赦免幼弱、老耄和蠢愚)之法。对于万民之间的诉讼,《周礼》依据券书和契约决断。其刑法还体现出恤刑的意向。① 当然,我们也不可能认为《周礼》中所记述的内容是对于周朝法制状况完全真实的反映,但其中也必有一定程度上的吻合度。因为即使《周礼》为汉代所作,其绝非凭空臆想,而必有某些典籍的支持和春秋战国诸侯国的司法实践为参照,如前引刘起釪先生之言:"《周礼》一书所有官职资料,都不出春秋时期承自西周的周、鲁、卫、郑四国官制范围。"

《周礼》的基本框架是政治制度、设官分职。所谓"惟王建国,辨方正位,体国经野,设官分职,以为民极"。其中有关周朝法制的内容,集中在《周礼·秋官》中②,其以对执掌法律事务之官职的设置及其所关联的职责范围的规定而体现,即"乃立秋官司寇,使帅其属,而掌邦禁,以佐王刑邦国"。

秋官为"刑官",即执掌刑法之官。据孙诒让《周礼正义》的统计,秋官之属计有卿一人,中大夫四人,下大夫八人,上士二十六人,中士百六十四人,下士二百五十一人,府七十人,史百五十九人,胥百六十五人,徒二千二百八人,贾四人,五隶六百人,凡正官自卿至庶人,总三千六百六十人。

刑官之属:大司寇,卿一人;小司寇,中大夫二人;士师,下大夫四人;乡士,上士八人中士十有六人;旅,下士三十有二人、府六人、史士有二人、胥十有二人、徒百有二十人。其中最为重要者为大司寇、小司寇和士师,他们属于大夫的身份。以下简单列举一些主要的有关法律事务的官名与职责,以知其大概。

(一)大司寇

大司寇的主要职责是在大的原则上掌刑法相关之事,大司寇之职,掌建邦之三典,以佐王刑邦国,诘四方:一曰刑新国用轻典,二曰刑平国用中典,三曰刑乱国用重典。

---

① 徐正英、常佩雨译注《周礼》,中华书局2014年版,第11页。
② 《周礼·秋官》以外,也有其他掌管部分法律事务的官员,如《地官》中的司徒;《天官》中的冢宰,等等。

以五刑纠万民：一曰野刑，上功纠力；二曰军刑，上命纠守；三曰乡刑，上德纠孝；四曰官刑，上能纠职；五曰国刑，上愿纠暴。

以圜土聚教罢民。凡害人者，置之圜土而施职事焉，以明刑耻之。其能改者，反于中国，不齿三年。其不能改而出圜土者，杀。

以两造禁民讼，入束矢于朝，然后听之。以两剂禁民狱，入钧金，三日乃致于朝，然后听之。

以嘉石平罢民。凡万民之有罪过而未丽于法，而害于州里者，桎梏而坐诸嘉石，役诸司空。重罪，旬有三日坐，期役；其次九日坐，九月役；其次七日坐，七月役；其次五日坐，五月役；其下罪三日坐，三月役。使州里任之，则宥而舍之。

正月之吉，始和布刑于邦国都鄙，乃县刑象之法于象魏，使万民观刑象，挟日，而敛之。

据"三典"惩治违法诸侯，以"五刑"惩罚犯法民众，建造"圜土"（监城）以聚教不良顽民，行"两造"之法以防禁诉讼中的诬告，又有罚坐"嘉石"和服苦役的方法惩办刁民，还立有"肺石"使穷困之民的冤情得以上达，等等。

（二）小司寇

小司寇之职，掌外朝之政，以致万民而询焉：一曰询国危，二曰询国迁，三曰询立君。

小司寇主掌法律的具体事务。

以五刑听万民之狱讼，附于刑，用情讯之，至于旬乃弊之，读书则用法。

以五声听狱讼，求民情：一曰辞听，二曰色听，三曰气听，四曰耳听，五曰目听。

以八辟丽邦法，附刑罚：一曰议亲之辟，二曰议故之辟，三曰议贤之辟，四曰议能之辟，五曰议功之辟，六曰议贵之辟，七曰议勤之辟，八曰议宾之辟。

以三刺断庶民狱讼之中：一曰讯群臣，二曰讯群吏，三曰讯万民。听民之所刺宥，以施上服、下服之刑。

（三）士师

士师负责法律事务的具体实施。

士师之职，掌国之五禁之法，以左右刑罚：一曰宫禁，二曰官禁，三曰国禁,四曰野禁,五曰军禁。皆以木铎徇之于朝,书而县于门闾。

以五戒先后刑罚,毋使罪丽于民:一曰誓,用之于军旅;二曰诰,用之于会同;三曰禁,用诸田役;四曰纠,用诸国中;五曰宪,用诸都鄙。

用五戒辅助刑罚而预先告诫民众,不要使民众因不知戒令而犯罪:一是誓,用之于军旅;二是诰,用之于会同;三是禁令,用之于田猎和劳役;四是纠,用之于都城中;五是宪,用之于采邑。

掌官中之政令,察狱讼之词,以诏司寇断狱弊讼,致邦令。

(四) 其他执掌具体法律事务的官员

乡士掌国中,各掌其乡之民数而纠戒之,听其狱讼,察其辞,辨其狱讼,异其死、刑之罪而要之,旬而职听于朝。司寇听之,断其狱,弊其讼于朝。群士、司刑皆在,各丽其法,以议狱讼。狱讼成,士师受中。协日刑、杀,肆之三日。若欲免之,则王会其期。

遂士掌四郊,各掌其遂之民数,而纠其戒令,听其狱讼,察其辞,异其死、刑之罪而要之。

县士掌野,各掌其县之民数,纠其戒令,而听其狱讼,察其辞,辨其狱讼,异其死、刑之罪而要之,三旬而职听于朝。

方士掌都家,听其狱讼之辞,辨其死、刑之罪而要之,三月而上狱讼于国。即方士掌管采邑的诉讼,审理吏民的讼辞,分辨死罪或施刑之罪而制成判决意见文书,过三个月以后把案件判决文书上报给王朝。

讶士掌四方之狱讼,谕罪刑于邦国。即讶士掌管四方诸侯的诉讼,向各个诸侯国晓谕刑法条文及制定刑法的本意。

朝士掌建邦外朝之法,即朝士掌管建立国家的外朝之法。

此外,还有:

司刑,掌管五刑之法以量刑定罪,协助司寇判决狱讼。

司刺,掌管三刺、三宥、三赦之法,协助司寇判决狱讼。

司约,掌管邦国及万民契约券书。

司盟,掌管订立盟约、记载盟辞的法式。

职金,掌管金玉锡石等矿产的戒令,兼管接受金罚、货罚。

司厉,掌管罚没盗贼的兵器、偷盗的财物。

司圜,掌管收教不从化之恶人。圜,即圜土,即监狱。

掌囚,掌管囚禁罪犯,"囚,拘也。主拘系当刑杀之者。"

掌戮,掌管斩杀、刑戮罪犯。

司隶，掌管从事劳役的犯人。

罪隶，凡罪犯之家属没为官奴者，皆谓之罪隶。盖指掌管罪隶之官。

布宪，掌管颁布天子之刑法禁令。

禁杀戮，掌管侦查罪犯、制止庶民互相杀戮。

禁暴氏，掌管禁止庶民的违法乱暴行为。

雍氏，掌管剪除野草。

衔枚氏，掌管禁止人说话、喧哗。

象胥，掌管语文翻译。郑《注》曰："通夷狄之言者曰象。胥，其有才智者也。"

《礼记》中也有关于周朝法律制度的记述，特别集中于《王制》中。《王制》中称："假于鬼神、时日、卜筮以疑于众者，杀也。""爵人于朝，与士共之；刑人于市，与众弃之。""公家不畜刑人，大夫弗养，士遇之途，弗与言也。"《曲礼》曰："刑人不在君侧。"

《周礼》为汉以后许多朝代实行法制之根据，甚至在有些时期，《周礼》被当作法制的基本内容，如西汉末年之王莽，及南北朝时期之北周，都意图按照《周礼》进行法制上的变革，但都没有获得成功。但《周礼》对于法律适用能起到实质性的作用。如宋代对于荒年饥民劫掠仓廪的具体处理，曾经引发法律上的争论。当时，尽管皇帝主张采用减轻刑罚的用法方针，但以司马光为首的一些官员反对这种做法，他们特别引用《周礼》荒政的内容为其依据。

第三章　对礼治的背离——法治主义的极盛时期（春秋战国至秦）

重要节点：李悝作《法经》　春秋战国时期为中国历史上社会最为动荡之时期，同时为思想发展最为伟大之时期。诸子纷出，百家争鸣，纵观人类思想之发展史，也很少有如此辉煌之时代。特别是儒家、法家、道家都为人类贡献了最宝贵的思想成果。

孔子之思想对中国影响深远，甚至从世界历史范围而言，其对于人类的影响也堪称重大。黄宗羲称："孔子之道，非一家之学也，非一世之学也，天地赖以常运而不息，人纪赖以接续而不坠。世治，则巷吏门儿莫不知仁义之为美，无一物不得其生，不遂其性；世乱，则学士大夫风节凛然，必不肯以刀锯鼎镬损立身之清格！"①

余录此言，不觉掩卷太息。苍茫大地，赤县神州，孔子之学尚得传乎？学士大夫之清格尚得存乎？

《法经》的制定标志着以法治替代礼治成为一种社会主导性的统治方式。

以法治代替礼治，是春秋战国时期的主要趋势。而这一历史阶段的重要节点为《法经》的制定，其标志着法治主义在这一历史时期成为社会的主流，法治取代了礼治。

史籍记载"魏文侯师于李悝，集诸国刑典，造《法经》六篇"。也就是说，魏国宰相李悝所造的《法经》，是在总结了各国的立法经验基础上制定的。关于李悝，除了有关其制定《法经》的记述，关于其人之情况，只有很少一些阐述其思想主张的文字

---

① 《黄宗羲全集》第一册，浙江古籍出版社2005年版，第193页。

留存。李悝（亦称李克），相传为子夏之弟子，相魏文侯，其主张"为国之道，食有劳而禄有功，使有能而赏必行，罚必当"，其举措为"夺淫民之禄，以来四方之士"。①

《资治通鉴》中记载了一个有关他的故事。据胡三省之注解，李氏出自颛顼曾孙皋陶，为尧大理，以官命族为理氏。商纣时，裔孙利贞逃难，食木子得全，改为李氏。"文侯谓李克曰：'先生尝有言曰：家贫思良妻，国乱思良相。今所置非成则璜，二子如何？'对曰：'卑不谋尊，疏不谋戚。臣在阙门之外，不敢当命。'文侯曰：'先生临事勿让！'克曰：'君弗查故也。居视其所亲，富视其所与，达视其所举，穷视其所不为，贫视其所不取，五者足以定之矣，何待克哉！'文侯曰：'先生就舍，吾之相定矣。'李克出，见翟璜。翟璜曰：'今者闻君召先生而卜相，果谁为之？'克曰：'魏成。'翟璜作色曰：'西河守吴起，臣所进也。君内以邺为忧，臣进西门豹。君欲伐中山，臣进乐羊。中山以拔，无使守之，臣进先生。君之子无傅，臣进屈侯鲋。以耳目之所睹记，臣何负于魏成！'李克曰：'子言克于子之君者，岂将比周以求大官哉？君问相于克，克之对如是。所以知君之必相魏成者，魏成食禄千钟，什九在外，什一在内；是以东得卜子夏、田子方、段干木。此三人者，君皆师之；子所进五人者，君皆臣之。子恶得与魏成比也。'翟璜逡巡再拜曰：'璜，鄙人也，失对，愿卒为弟子。'"②

大意为：魏文侯问李悝，在魏成与翟璜两个人之间选择一人为相，如何取舍？李悝推辞不言，而文侯一再追问。李悝只好提出了一个行为准则，居家是否亲睦；富贵是否可以给予；闻达能否举贤；穷困是否能够不亏名节；贫寒是否可以不取不义之财。文侯听闻，称他心中已经确定人选了。李悝出了官殿，恰好遇到了翟璜。翟璜问，今天君上召先生进官，肯定是问由谁出任相职一事，那么先生认为谁会得到任命呢？李悝答：应该是魏成。翟璜面露不悦之色，说："我曾经为大王举荐了吴起、西门豹、乐

---

① 《说苑·政理》，中华书局2019年版，第352页。
② 《资治通鉴》卷一，中华书局1956年版，第20页。

羊、先生您及屈侯鲋。我哪里不如魏成呢？"李悝说："魏成以他的俸禄之九成用于周济他人，自己只留用一成。而为君上举荐了卜子夏、田子方和段干木。此三人均为君上之老师。而您举荐的五个人，不过是君上的臣子。那么您怎么能够与魏成相比呢？"翟璜对此心悦诚服，自承卑陋，愿以师事悝。此处所言为君师者三人，均为著名儒家人物。从李悝之言谈中，对其评价极高。但李悝也绝非儒家思想之信奉者。吴起为一刻毒之人，其曾求师于曾子，因母死而不奔丧，被曾子逐出门墙。齐国伐鲁，鲁国欲拜吴起为将以拒齐师，然因其妻为齐人，有些疑惑，吴起为获将位，不惜杀妻以自明。当吴起欲投靠魏文侯时，魏文侯问李悝吴起是否可用，李悝说："起贪而好色，然用兵，司马穰苴弗能过也。"于是魏文侯以吴起为将。由此观之，李悝还是信奉法家的现实主义者。《汉书·艺文志》的法家类中，记有《李子》三十二篇，可惜这些文字没能传世。

关于《法经》的内容，史籍中有比较详细的记述。"秦汉旧律，其文起自魏文侯师李悝。悝撰次诸国法，著《法经》。以为王者之政，莫急于盗贼。故其律始于盗贼。盗贼须劾捕，故著网、捕二篇。其轻狡、越城、博戏、借假不廉、淫侈逾制，以为杂律一篇。又以具律具其加减，是故所著六篇而已。商君受之以相秦，汉承秦制。"①

如此看来，《法经》已经开始使用中国古代修律的基本分类方法和基本的立法技术，对后代法律影响深远。梁启超甚至认为："秦律即李悝之原文也。"② 也就是说，商鞅到秦国所实施的法律，不过是照搬了《法经》，而秦国的法律也为秦汉所继承，成为中国古代传统法律的开端。后世典籍中论述法典之始作，多溯及《法经》。如《晋书》中称："天子又下诏改定刑制，命司空陈群、散骑常侍刘劭、给事黄门侍郎韩逊、议郎庚嶷、中郎黄休荀诜等，删约旧科，傍采汉律，定为魏法，制新律十八篇。……今制新律，宜都总事类，多其篇条。旧律因秦《法经》就增三篇，而《具律》

---

① 《晋书·刑法志》，此外，《唐律疏议》《唐六典》等古籍中也都有相类似的记述。
② 《梁启超法学文集》，中国政法大学出版社2004年版，第128页。

不移,因在第六。罪条例既不在始,又不在终,非篇章之义,故集罪例以为《刑名》,冠于律首。"①

《清史稿》称:"魏李悝著《法经》六篇,流衍至于汉初,萧何加为《九章》,历代颇有增损分合。至唐《永徽律》出,始集其成。虽沿宋迄元明,而面目一变。然科条所布,于扶翼世教之意,未尝不兢兢焉。君子上下数千年间,观其教化之昏明,与夫刑罚之中不中,而盛衰治乱之故,綦可睹矣。"② 由此可见,其视中国传统法律以《法经》为始,《唐律》为成。

第一节　礼治与法治之分野

西周时期,以周王室为宗主,以"亲亲""尊尊"为基本原则,建立了以血缘为纽带的宗法等级社会,实行"礼治"。这个时期社会的特点,用孔子的话来说,就是"天下有道,则礼乐征伐,自天子出"。而东周时期,周王室已经没有了号令天下的实力。迨至春秋末期,周天子早已失去了昔日驾驭诸侯的权势,王室衰微,王权旁落,各大诸侯国争夺霸权;各诸侯国内部也是上下相攻,"天下无道,则礼乐征伐,自诸侯出",出现了一个"礼崩乐坏"的局面,所谓"邪说暴行有作,臣弑其君者有之,子弑其父者有之"。从某种角度而言,即从"王政"演进为"霸政"。即"因王室衰微,政治、军事上,有力之诸侯代之而起,但仍以尊周王室为号召,成立联盟,即所谓霸政"。③

从法制角度而言,周朝统治者已经失去了法律的控制权。顾栋高在《春秋刑赏表叙》中称:"余观春秋二百四十年,知天子所以失其柄而旁落于诸侯;诸侯之所以失其柄而僭窃于大夫陪臣者,皆由刑赏之失政。"④

所谓东周,为周幽王将王室从镐京东迁至洛邑,故得名。从其法制而言,西、东周并无不同。唯东周之时,诸侯并起,周王室虚悬,失去了天下共主的地位,其所构建的礼治主导下的法制并不能通行于天下,甚至周

---

① 《晋书·刑法志》。
② 《清史稿·刑法志》。
③ 严耕望:《中国政治制度史纲》,上海古籍出版社2013年版,第28页。
④ (清)顾栋高:《春秋大事表》,中华书局1993年版,第1379页。

第三章　对礼治的背离——法治主义的极盛时期（春秋战国至秦）

王室也处于岌岌可危的境地。而此时，诸侯开始了互相兼并的局面，社会的基本状况开始急剧变化，社会政治、经济、文化的形态与以往大不相同，人们的世界观与社会的价值观也随之出现重大变化。

春秋战国时期[①]，诸侯国家走向独立发展的道路，它们纷纷抛弃了西周的治国理念，而根据现实的需要创造出一套统治方略，或以国力实现霸主之尊，或保家守土意图不被兼并。社会的基本秩序从所谓以德治为主的"王道"走向以法治理的"霸道"。[②] 至战国时期，诸侯国更是不承认"尊王"之霸主，而自行称王。周烈王三十五年，魏国与齐国会于徐州，相互承认为王。周烈王四十四年，秦亦称王。当然，也有诸侯国曾有游移，如赵武灵王称："无其实，敢处其名乎？"但在时代潮流之下，也选择了对周王室之背离。此后，赵、韩、燕、中山、楚等相继称王。秦、齐更自称西帝与东帝，周王室所谓"徒具衣冠"。

在这种情况下，很多诸侯国都主动或被动地选择了"法治"这个最为有效的强国之策。因之，春秋战国时期是中国法律制度建立的关键时期，在此期间，中国传统意义上的法律理念和法律制度开始建立。中国传统法律制度与法律文化的基本内容都在这一时期形成。

由此，中国社会进入一个制度转型时期，一方面，有推崇周礼，意图维持周王室"宗主"体制者；也有视周礼为过时的制度模式，而思以另外的方式为治国手段者。前者坚持礼治，而后者倡言法治，形成了礼治与法治的分野。与此同时，还有其他许多思想体系纷纷建立，中国进入所谓百家争鸣时期。在这一时期，学术思想大兴，形成了诸多流派，司马迁把主要的流派归结为六家，即儒家、法家、道德家、阴阳家、墨家和农家。此六家各有其优点与欠缺，在《论六家要旨》中，司马迁对其进行了精妙的点评，其言："天下一致而百虑，同归而殊途。夫阴阳、儒、墨、名、法、道德，此务为治者也，直所从言之异路，有省不省耳。尝窃观阴阳之术，大祥使人拘而多所畏。然其序四时之大顺，不可失也。儒家博而寡要，劳而少功，是以其事难尽从。然其序君臣父子之礼，列夫妇长幼之别，不可易也。墨者俭而难遵，然其强本节用，不可废也。法家严而少恩，然其正

[①] 关于春秋战国的时间划分，一般而言，春秋为公元前770—前476年；战国为公元前475—前221年。

[②] 《荀子·王霸篇》中称："故用国者，义立而王，信立而霸，权谋立而亡。"

君臣上下之分,不可改也。名家使人俭而善失真,然其正名实,不可不察也。道家无为,精神专一,动合无形,赡足万物。"实际上,关于诸子百家的分类,除司马迁以外,还有多种不同的分类法,如《庄子·天下篇》中对诸家学派加以评说,在《荀子》的《非十二子》一篇中,仅被非议者已有十二家之多。如荀子评价慎到:"尚法而无法,下修而好作,上则取听于上,下则取从于俗,终日言成文典,反紃察之,则倜然无所归宿,不可以经国定分,然而其持之有故,其言之成理,足以欺惑愚众,是慎到、田骈也。"

而班固在《汉书·艺文志》中归为:儒、墨、道、名法、阴阳、农、纵横、杂、小说十家;此外,历史上又有七略、六艺之分,涉及的学派上百家。

近人也有以地域作为划分诸子之标准者,如蒙文通认为:"论周秦诸子,推论北方之学为史学、为法家,南方之学为文学、为道家,东方之学为六艺、为儒家。儒家之学以中庸为贵,居于北人注重现实,南人注重神秘之间。盖齐鲁为中国文化最古之发祥地,又为南北走集之中枢,固能甄陶于两大民族之间,而文质彬彬矣。"[①] 此亦可聊备一说。

司马迁对各家的评价,精辟而切中要害,而以道家为尚。从中我们可以知道,他认为最为关注国家政治发展的是儒家和法家,而最为推崇的是道家。而在诸子百家中,真正对中国社会体制有根本性影响的也的确是儒家和法家。当然其余诸家对中国社会的影响也是很大的,如道家对汉初社会经济政策的确立起到了极大作用,而阴阳家的阴阳五行说更被儒家所改造,成为儒家思想的重要内容。

儒家是对中国古代法律制度、法律思想影响最大的一个学派,由春秋时期的孔子所创立。"儒"者,在西周时期是指掌握一定文化知识,懂得周礼,并以教育及"相礼"为业的人士。

儒家的代表人物有孔子、孟子和荀子。儒家坚持礼治理想,认为社会秩序应该是由社会等级的确立而获取的。而法家虽然也认可君臣上下之分,但他们坚持这种区分应该是在法律的统治下获得的。法家的代表人物有李悝、商鞅和韩非,等等。儒家和法家思想的形成,既有社会现实的要求,也有地域文化的影响。武树臣先生认为,"大体而言,儒家是鲁国文

[①] 蒙文通:《古史甄微》,商务印书馆2020年版,第91页。

化即中原农耕文化的代表;法家则是晋秦文化即西北游牧文化的代表"。①最终,这一时期,法家在社会中占据了统治地位。

礼治与法治,在春秋时期开始成为两种对立的思想主张,这种对立对中国古代的法律制度的构建和发展影响巨大而且深远。可以说,中国古代法律制度的特点,就是被这种对立所决定的。儒家与法家的对立,使得两者在不同的历史时期显现出此消彼长的形态,也形成了中国古代法律发展的基本脉络。

春秋战国时期,法家成为法律思想发展的主导者,亦为法律转型的实行者。其以实际的活动实现了法家基本的治国理想,并使之成为社会思想的主流。甚至通过焚书坑儒这种极端的手段钳制思想,使其以法治国的思想主张成为国家唯一的思想基础和指导方针。法家思想成为这一时期的主流思想,与法家人物在各国掌握权力有重要关系。法家人物有一个共同的特点,他们大多数为实干家,而非坐而论道者,他们非常执着地要直接掌握国家的权力,这点与其他诸子流派有所不同。如道家人物就不用说了,给官也不当,庄子曾把做官这件事说得很惨,他认为当官就像是太庙中准备祭祀的猪,吃得好,干干净净,自己觉得挺美。但它最终要被杀死供在祭台上;到那时,你想在臭沟中打滚都没机会。儒家人物其实是很愿意从政为官的,但他们为自己留了后路,做不成官,就做做学问、游历山川。而法家人物就不同了,他们没有后路,必须掌握权力,将其思想主张付诸实施。而实际上,许多法家人物都身居高位,从而有机会实现自己的治国理念。这种态度导致了法家把自己的学术思想转化成国家的政治主张。当然,我们也可以从另外一个角度去理解,即春秋战国时期的政治环境更适合法家施展其所学。

第二节 儒家之法律思想

儒家法律思想,因为有了孔子、孟子、荀子等思想大家的建构和发展,对中国古代的法律制度起到了决定性的作用。

---

① 武树臣:《中国法律思想史》,法律出版社2004年版,第79页。

一 孔子

孔子（公元前551—前479年，另一说生于公元前552年），名丘，字仲尼。春秋时鲁国昌平乡陬邑（今山东曲阜南）人。孔丘先祖原为宋国贵族，后避居鲁国，至孔丘时家已败落。史载孔丘年少好礼，"十有五而志于学"，三十岁便以知礼而闻名于鲁国，并招收弟子办私学。孔丘做过"委吏"（管理仓库）、"乘田"（管理牛羊）等家臣。五十岁以后任过鲁之中都宰、司空、司寇等职务，他怀着"天下无道"的忧患意识，意图"克己复礼"，他周游列国，宣传自己的政治主张，但在当时的社会政治环境下，难遂其志。司马迁称："孔子闵王路废而邪道兴，于是论次《诗》、《书》，修起礼乐。……自孔子卒后，七十子之徒散游诸侯，大者为师傅卿相，小者友教士大夫，子夏之论为王者师。是时独魏文侯好学。后陵迟以至于始皇，天下并争于战国，儒术既绌焉。然齐鲁之间，学者独不废也。"[①] 从这段记述中，我们知道，儒家的创始人孔子主要做了两件事情，其一，整理、保存了古代的典籍；其二，授徒教学，培养了诸多的儒家人才，使儒学得以发展和传播。古籍中称，孔子逝世后，儒家分为八派。《韩非子·类学》列举这八个派系分别是：子张之儒，子思之儒，颜氏之儒，孟氏之儒，漆雕氏之儒，仲良氏之儒，孙氏之儒，乐正氏之儒。

后人辑有《论语》一书，记录了孔子的一些言行。另外，相传《诗经》《易经》是假孔子之手而成，其也被认为是《春秋》的编纂者，此为鲁国之编年史，也记载了同时期各国的历史事件，所谓孔子作春秋，而乱臣贼子惧。后经左丘明等人为《春秋》作传而传世。

孔子继承周礼之精神，并非偶然，其为鲁国人，而所谓"周礼尽在鲁矣"[②]。孔子对礼的继承不限于停留在外在仪式上，还进而推寻礼的价值本原，即开始寻找如何能使"礼"的秩序得到自觉遵守的心理与情感基础，从而使礼治社会的实现拥有长久稳定的保证。这个心理与情感的基础便是"仁"。"仁学"是孔子思想体系的核心，是孔子思想体系的逻辑起点和价值取向。朱熹称："孔门之教，所以必使学者汲汲于求仁也。"[③] 仁与礼相

[①] 《史记·儒林列传》。
[②] 《左传·昭公二年》。
[③] 《黄宗羲全集》第四册，浙江古籍出版社2005年版，第836页。

第三章 对礼治的背离——法治主义的极盛时期（春秋战国至秦）

辅相成，互相成就，《论语》："颜渊问仁，子曰：'克己复礼。一日克己复礼，天下归仁焉。为仁由己，而由人乎哉？'颜渊曰：'请问其目。'子曰：'非礼勿视，非礼勿听，非礼勿言，非礼勿动。'颜渊曰：'回虽不敏，请事斯语矣'。""仁"包括慈爱、智慧、心胸，所谓"仁者安仁，知者利仁"。而忠恕不只是仁的内容，还是仁的方法。

对于中国古代政治与法律制度的构造与发展而言，孔子的最大贡献就在于其阐发了仁的理念。在礼崩乐坏的社会现实条件下，在礼治的治国方式逐渐被各个诸侯国放弃的历史阶段，儒家的仁的思想成为对抗法家思想严酷性的一剂良药，也从而保证了儒家思想的连续性。可以说，是仁的思想使得儒家的面貌焕然一新，并在仁的理念下薪火相传。这种巨大的生命力，使得儒家思想没有在秦朝法治主义毁灭性的打击下灰飞烟灭，反而积聚了更大的能量。在秦朝灭亡以后，儒家思想逐渐复苏，并最终成为社会的主流思想。而在这种前提下，礼的精神也获得了复兴，礼法体系成为中国古代法律发展的主要内容。

孔子着重于仁、义、礼、智、信。仁是最高的，社会为仁人所统治是最为理想的。所谓"三代"就是仁人治理下的理想社会。仁即是值得期待的，也是难以实行的，孔子深知此点，有人问及颜回其人是否达到了仁的高度，孔子回答说颜回也只能做到"三月不违仁"。朱熹称："仁是天地之生气，义、礼、智于其中分别。"[①] 即义、礼、智都是由仁派生出来的。义也是一种高尚品质，能够被称为义人的可谓少矣。礼是最为现实的统治手段，也是西周时期最基本的社会控制方式，其基本内容是亲亲与尊尊。这种社会控制手段，随着周王室的衰微而逐渐丧失了控制力，"礼崩乐坏"是当时的现实。在这种情况下，孔子仍然认为礼是最好的社会控制手段，是维持社会秩序的最有效的手段，他想要恢复礼的秩序，这也成为儒家的一个基本标准。虽然"智"更多是一种个人品质，比"礼"要差很多，但也是一种可贵的品质，是学习的基础。而处于末端的"信"实际上是一种退而求其次的品质，但其与法律的品质最为接近，也是礼法的契合之处。

《论语》中有关法律思想之内容并不多，但对于中国古代的法律发展影响深远。以下对此加以列举。

《论语·为政》："为政之道，譬如北辰，居其位而众星拱之。"

[①] 《黄宗羲全集》第四册，浙江古籍出版社2005年版，第835页。

朱熹称："'为政以德'非是不用刑罚号令，但以德先之耳。以德先之，则政皆是德。"① 也就是说，以德为先，则刑罚亦是德。所谓"专用刑政，只是霸王事"。

《论语·为政》："导之以政，齐之以刑，民免而无耻。道之以德，齐之以礼，有耻且格。"

朱熹解读此章句为："圣人之意，只为当时专用政刑治民，不用德礼，所以有此言。谓政刑但使之远罪而已；若是格其心，非德礼不可。圣人为天下，何曾废刑政来。"②

"先之以法制禁令，是合下有猜疑关防之意，故民不从。又却'齐之以刑'，民不见德而畏威，但图目前苟免于刑，而为恶之心未尝不在。告知以明德，则有固有之心者，必观感而化。然禀有厚薄，感有浅深，又'齐之以礼'，使之有规矩准绳之可守，则民耻于不善，而有以至于善。"朱子又补充言："'导之以政，齐之以刑，民免而无耻。道之以德，齐之以礼，有耻且格。'此谓庶民耳，若所谓士者，'行己有耻'，不待上之命也。"③

《论语·子路》："仲弓为季氏宰，问政。子曰：'先有司，赦小过，举贤才。'"

朱熹注：过，失误也，大者，于事或有所害，不得不惩；小者，赦之则刑不滥，而人心悟矣。范氏曰：不赦小过则无全人矣。

对照管子之言："文有三情，武无赦。"沈家本按称："管子之旨与孔子之言正相反，此王霸之分也。"④

《论语·子路》："名不正则言不顺。言不顺则事不成。事不成则礼乐不兴。礼乐不兴则刑罚不中。刑罚不中则民无所措手足。故君子，名之必可言也，言之必可行也。君子于其言，无所苟而已矣。"

法度要实副其名，为政者的"言"才可以付诸实施。为政者的"言"既可以实施，则为政者所令于人民的"事"才可以成。如此便可以兴礼乐，依礼乐而定刑罚。刑罚得当则人世行为才有确定的标准。

朱熹注曰：礼乐不兴，则施之政事皆失其道，故刑罚不中。⑤

---

① 《朱子语类》，中华书局2020年版，第534页。
② 《朱子语类》，中华书局2020年版，第547页。
③ 《朱子语类》，中华书局2020年版，第549页。
④ 沈家本：《历代刑法考》，中华书局1985年版，第523页。
⑤ 《论语·大学·中庸》，上海古籍出版社2013年版，第152页。

第三章 对礼治的背离——法治主义的极盛时期（春秋战国至秦）

《论语·颜渊》："听讼，吾犹人也，其必使无讼乎。"此一言，对于中国法律之发展影响至深。"无讼"成为中国的法治理想，而非法律之良好治理。

朱熹注曰："圣人不以听讼为难，而以使民无讼为贵。"① 在注《大学》中所引同一章句时，其称："无情者不得尽其辞，大畏民志，此谓知本。"

张之洞称："百战百胜，不如偃兵而民安；百讼百直，不如无争而人服。且讼则终凶，未闻以此致富者。"②

《论语·尧曰》：子张问于孔子曰："何如斯可以从政矣？"子曰："尊五美，屏四恶，斯可以从政矣。"子张曰："何谓五美？"子曰："君子惠而不费，劳而不怨，欲而不贪。泰而不骄，威而不猛。"子张曰："何谓惠而不费？"子曰："因民之所利而利之，斯不亦惠而不费乎。择可劳而劳之，又谁怨。欲仁而得仁，又焉贪。君子无众寡、无大小、无敢慢，斯不亦泰而不骄乎。君子正其衣冠，尊其瞻视，俨然人望而畏之，斯不亦威而不猛乎。"子张曰："何谓四恶？"子曰："不教而杀谓之虐；不戒视成谓之暴；慢令致期谓之贼；犹之与人也，出纳之吝，谓之有司。"

据毛子水先生解读，四恶：不先施教导便行诛杀，叫作虐；不预先告诫而要责成功，叫作暴；随便定个日期而迫使人民做好一件事，叫作贼；始终要给人的，却不痛痛快快地给人，叫作有司。③

《论语·子路》："叶公语孔子曰：'吾党有直躬者。其父攘羊，而子证之。'孔子曰：'吾党之直者异于是：父为子隐，子为父隐。'——直在其中矣。"孔子主张以礼作为法的指导，其认为父为子隐是慈，子为父隐是孝，慈孝是礼的要求，因而，合礼的也就是合法的。此段语录，亦成为后世历代法律中"容隐制度"形成的主要理论依据。

《论语·里仁》：子曰："君子怀德，小人怀土；君子怀刑，小人怀惠。"

毛子水先生释为："君子怀念着一个德化好的国家，小人则怀念着一个生活容易的地方；君子做一件事，必想到这件事的合法不合法，小人做

---

① 《论语·大学·中庸》，上海古籍出版社2013年版，第146页。
② 《张之洞全集》，河北人民出版社1998年版，第9776页。
③ 《论语》，毛子水注释，重庆出版社2009年版，第328页。

一件事，只想到这件事对自身有没有利益。"①

朱熹注曰："君子思念固有之善，小人溺于所安之处；君子畏法，小人贪利。所谓君子、小人趋向不同，公私之间而已。"②

朱子还称："'君子怀刑'言思刑法而必不犯之，如惧法之云尔。"③

《论语·子张》："孟氏使阳肤为士师，问于曾子。曾子曰：'上失其道，民散久矣。如得其情，则哀矜而勿喜。'"

大意为：曾子的学生阳肤被孟氏任命为司法官员，他向曾子请教如何可以胜任。曾子说：天下无道，百姓早已失去了是非善恶的标准。在审理案件的时候，如果查清了犯罪事实，这个时候，不应该沾沾自喜，而是要对犯罪之人产生深切的怜悯。朱熹注曰："故其犯法也，非迫于不得已，则陷于不知也。故得其情，则哀矜而勿喜。"④ 朱子此解，并未深入孔子之内心。

此言虽然出于曾子之口，但无疑可以代表孔子及先圣的思想实质。此番语言，深刻动人，显示了孔子及其弟子贤人之博大心胸。实际上，伟大的人物都是悲世悯人的，他们对于世人给予了巨大的同情之心。如在《尚书·泰誓》中曰："百姓有罪，在予一人。"再如，于《圣经》中，耶稣曾经说过一句非常著名的话"富人要进天堂，比骆驼穿过针眼还要难呀"。此言，多被曲解为耶稣对于富人的嘲讽。实际上，参阅《圣经》之前后文，我们可以知道，耶稣说此话时，表达了对于那些困守财富而不能进入天堂之人的巨大同情。⑤"如得其情，则哀矜而勿喜"中所蕴含的恤刑理念对于中国古代的司法实践影响至深至远。

还有一些言语，《论语》中并没有收录，而是出现在其他典籍中，如《春秋》，这些语言出处明确，比较可靠，也被广泛引用。而在其他许多古代典籍中，也有诸多孔子的言行记述内容，但大多都是难以辨伪之作，也有一些完全可以肯定是后人将寄托自己社会理想之思想附会为孔子之言论。如《汉书·刑法志》中称："孔子曰：'如有王者，必世而后仁；善人为国百年，可以胜残去杀矣。'言圣王承衰拨乱而起，披民以德教，变

---

① 《论语》，毛子水注释，重庆出版社2009年版，第55页。
② 《论语·大学·中庸》，上海古籍出版社2013年版，第52页。
③ 《朱子语类》，中华书局2020年版，第664页。
④ 《论语·大学·中庸》，上海古籍出版社2013年版，第227页。
⑤ 请参阅《新约·马太福音》中有关章节。

而化之，必世然后仁道成焉；至于善人，不入于室，然犹百年胜残去杀矣。此为国之程式也。"①

"孔子曰：古之知法者能省刑，本也；今之知法者不失有罪，末矣。"

"又曰：今之听狱者，求所以杀之；古之听狱者，求所以生之。与其杀不辜，宁失有罪。"②

《春秋繁露》中有"仲尼曰：'国有道，虽加刑，无刑也；国无道，虽杀之，不可胜也。'"③ 等。

虽则这些语言不能确定是孔子的原话，但意旨并无二致，符合孔子的仁治与无讼的思想主张。

二　孟子

孟子（公元前 372—前 289 年），名轲，邹国（今山东邹县）人，鲁国贵族孙氏的后代。有关孟子的生卒年代，众说纷纭，除此说外，尚有公元前 390—前 305 年之说等。孟子早年丧父，其成长得力于母教。早年从孔子之孙子思求学，开创思孟学派。三十岁左右开始收徒讲学，先后有学生数百人。

孟子生逢乱世，即所谓"圣王不作，诸侯放恣，处士横议，杨朱墨翟之言盈天下"之时代。他周游列国，游说诸侯，推行其"仁政"主张。晚年，他退居故乡，潜心著书立说，在弟子万章等的协助下，编写有《孟子》七篇。

孟子继承和发展了孔子的思想。特别是他把孔子的仁政思想落实到民本与爱民的具体层面上，对后代的思想者影响深远。

孟子仁政学说的核心是"爱民"，他认为民是国家之本。孟子说："民为贵，社稷次之，君为轻。"④ 为此，他设计的君民关系是"民贵君轻"，主张统治者要养民、富民、教民，少使用刑罚，而君臣关系是：君贤则恪守臣职相辅弼，君不贤，则谏则诤，谏而不听，异姓之臣可弃而"去之"，

---

① 《论语·子路》中没有"如有王者，必世而后仁"一句。朱熹注曰："王者，谓圣人受命而兴也。三十年为一世。仁，谓教化浃也。"

② 《汉书·刑法志》。

③ 《春秋繁露·身之养重于义第三十一》。有研究者今译此言为："国家政治清明，即使施行刑法，却没有可以处刑的人；国家政治不清明，尽管要杀戮人民，却杀也杀不尽"。参见《春秋繁露》，中华书局 2012 年版，第 335 页。

④ 《孟子·尽心章句下》。

贵戚之臣可将君"易位"。他甚至主张对于昏君、暴君，可以"放逐"，可以"诛伐"。

德之盛，如舜禹者，应有天下；反之，德之败，如桀纣者，应失天下。孟子依据当时流传汤放桀及武王伐纣的传说而发挥他的暴君放伐论。《孟子·梁惠王下》载："齐宣王问曰：'汤放桀，武王伐纣，有诸？'孟子对曰：'于传有之。'曰：'臣弑其君，可乎？'曰：'贼仁者谓之贼，贼义者谓之残；残贼之人谓之独夫。闻诛一夫纣矣，未闻弑君也。'"

其又言："桀纣之失天下也，失其民也。失其民者，失其心也。得天下有道：得其民，斯得天下矣。得其民有道：得其心，斯得民矣。得其心有道：所欲与之聚之，所恶勿施，尔也。民之归仁也，犹水之就下，兽之走圹也。故为渊驱鱼者獭也，为丛驱爵者鹯也；为汤武驱民者，桀与纣也。"①

孟子主张"省刑罚"，从而认为"重刑罚"即为"虐政"，他把"杀人以政"与"杀人以梃""杀人以刃"同样看待，甚至认为可以等同为"率兽而食人"。②

孟子还主张要善于教育人民，他认为教育可以得到民心，这与历代统治者所奉行的愚民政策是格格不入的。其言："仁言不如仁声之入人深也，善政不如善教之得民也。善政，民畏之；善教，民爱之。善政得民财，善教得民心。"③

孟子绝对不主张臣下如奴才般地侍奉君主，其称："君之视臣如手足，则臣视君如腹心；君之视臣如犬马，则臣视君如国人；君之视臣如土芥，则臣视君如寇仇。"④ 此言可以视为对孔子"君使臣以礼，臣事君以忠"的更进一步的发挥。杨伯峻先生称："这种思想比后代某些'理学家'所谓'君要臣死，不得不死'高明而先进不知多少倍啦！"⑤

可惜，这种伟大的精神在后代没有继续弘扬。汉代的贾谊称："故主上遇其大臣如遇犬马，彼将犬马自为也；如遇官徒，彼将官徒自为也。"他将君臣关系比喻为殿堂与梯阶之关系，君主之所以能够高高在上，在于有层层阶梯，设若没有这些阶梯，殿堂不过仅为平地上的一所房屋而已。

---

① 《孟子·离娄章句上》。
② 《孟子·梁惠王上》。
③ 《孟子·尽心章句上》。
④ 《孟子·离娄章句下》。
⑤ 杨伯峻：《孟子译注》，中华书局2010年版，"导言"第12页。

其称："人主之尊譬如堂，群臣如陛，众庶如地，故陛九级上，远地则堂高，陛亡级，则堂卑，高者难攀，卑者易陵，理势然也。"故君主不能自毁阶梯，要善待臣下："遇之有礼，故群臣自憙，婴以廉耻，故人矜节行。上设廉耻礼义以遇其臣，而臣不以节行报其上者，则非人类也。"①

由此而观，后代士人不知廉耻，谄君媚上，又献虐民、愚民之策，自甘下贱，口称奴才，真与圣人之道天差地别。黄宗羲称："后世君骄臣谄，大略视臣如犬马，视国国君如国人者，居其七八。顾亦有视之如土芥，而视君如腹心者。"②

孟子曾当面讽谏君王，为后世留下一段佳话。《孟子·梁惠王章句下》中生动描述了这一场景。

"孟子谓齐宣王曰：'王之臣有讬其妻子于其友而之楚游者，比其反也，则冻馁其妻子，则如之何？'王曰：'弃之。'曰：'士师不能治士，则如之何？'曰：'已之。'曰：'四境之内不治，则如之何？'王顾左右而言他。"

孟子是中国历史上最具有理想主义精神的思想家，他的许多思想跨越时代，至今仍然可以作为创造人类美好社会的指引。《史记》中记述："当是之时，秦用商君，富国强兵，楚魏用吴起，战胜弱敌；齐威王、宣王用孙子、田忌之徒，而诸侯东面朝齐。天下方各合纵连横，以攻伐为贤，而孟轲乃述唐虞三代之德，是以所如者不合。"③司马迁也为孟子的理想主义而感动，其言"余读孟子书，至梁惠王问何以利吾国。未尝不废书而叹也。曰：嗟乎，利诚乱之始也！夫子罕言利者，常防其原也，故曰：放于利而行，多怨。自天子至庶人，好利之弊何以异哉"。④

孟子也为知识分子树立了一个基本的行为准则，即具有独立的精神，所谓"得志，与民由之；不得志，独行其道。富贵不能淫，贫贱不能移，威武不能屈"⑤。惜乎，此志气已经在专制主义的压迫下丧失殆尽。张栻称："嗟呼！秦汉以来，士贱君肆，正以在下者急于爵禄，而上之人持此以为真足以骄天下之士故也。"⑥

---

① 《汉书·贾谊传》。
② 《黄宗羲全集》第一册，浙江古籍出版社2005年版，第105页。
③ 《史记·孟子荀卿列传》。
④ 《史记·孟子荀卿列传》。
⑤ 《孟子·滕文公下》。
⑥ 《南轩集》卷一六"张子房平生出处"。

三 荀子

荀子（约公元前313—前238年），名况，字卿，战国末年赵国郇（今山西临猗）人，据传系周郇伯公孙后裔。也称孙卿，为避汉宣帝刘询之讳而改。

据《风俗通义》所记，"荀卿，赵人。年五十，始来游学于齐。邹衍田骈之属皆已死，齐襄王时，而荀卿最为老师。齐尚修列大夫之缺，而荀卿三为祭酒焉。齐人或谗荀卿，荀卿乃适楚，而春申君以为兰陵令。春申君死而荀卿废，因家尝陵"。大约公元前262年荀子应春申君之邀任楚国兰陵令，公元前238年，春申君被杀，他亦归隐，著书立说，直至所终。

荀子在各国普遍开始实施法治的社会条件下，与时俱进地改造了儒家思想，使得礼法有了结合的理论前提。

荀子一生著述颇丰，流传至汉，经刘向校定为三十二篇，名《孙卿新书》，唐以后，始改称为《荀子》。后经历代学者考证认为前二十六篇大体上是荀子自作，后六篇，即《大略》《宥坐》《子道》《法行》《哀公》《尧问》，则出于门人之手。荀子的思想从主体上讲属于儒家，其主旨是弘扬孔孟的德礼之教和王道仁政。但与孔孟相比，荀子重法，他以性恶论为理论基础论证了法律在矫治人性、维持社会秩序方面的重要作用，但似乎此重法思想再进一步就走到了儒家思想的反面。荀子从教多年，弟子众多，其中最为著名的是韩非和李斯，其二人均为法家人物。韩非走到了儒家的对立面，其认为"儒以文乱法"；而李斯相秦，终有坑儒之事。由此看来，他们都没有接受荀子思想的本质内容，跨过了礼的界限而走进了法的领地。荀子的思想没有孔孟那么纯粹，故后人对于荀子多有非难之语。如王安石称："荀卿生于乱世，而遂以乱世之事量圣人。后世之士尊荀卿，以为大儒而继孟子者，吾不信也。"①

四 儒家法律思想之主要内容

（一）礼治、德治与人治

儒家法律思想之主要特征为礼治、德治与人治。

儒家重礼，强调"为国以礼"。礼是最重要的社会规范，所谓"非礼

---

① 《王安石文集》，中华书局2021年版，第1110页。

勿视，非礼勿听，非礼勿言，非礼勿动"①，主张以礼作为根本，以礼作为判断是非的标准。而且，礼具有规范社会之功能，"夫礼，所以整民也。故会以训上下之则，制财用之节；朝以正班节之义，帅长幼之序。征伐以讨其不然。"② 礼也是个人行为的重要准则，所谓："恭而无礼则劳，慎而无礼则葸，勇而无礼则乱，直而无礼则绞。"③

孔子所言之"导之以政，齐之以刑，民免而无耻；导之以德，齐之以礼，有耻且格"，完整而准确地表达了儒家关于德、礼、刑之间的关系。

在儒家看来，法律应该是实现礼治的一种手段，其目的在于"胜残去杀"，最终达到无讼的目的，也即孔子所言："听讼，吾犹人也，必也使无讼乎。"又认为，法律不能独立运用，而必须以礼为指导、为原则。孔子说："礼乐不兴，则刑罚不中"；荀子亦言："礼者，法之大分，类之纲纪也"。但儒家也承认，礼需要用法律来维护，孔子说："名不正，则言不顺；言不顺，则事不成；事不成，则礼乐不兴；礼乐不兴，则刑罚不中；刑罚不中，则民无所措手足。"只有君的名分正，制定出来的法律才能具有权威，才能令行禁止。

孟子继承了孔子的德与刑并用，以刑辅德的观点，进一步强调仁义原则应成为制定法令和政策的依据，反对单纯使用刑罚等暴力手段。"徒善不足以为政，徒法不能以自行。"先秦儒家不仅主张重德轻刑，而且在刑罚的使用上亦坚持恤刑慎杀。《论语》之记述："子张问于孔子曰：'何如斯可以从政矣？'子曰：'尊五美，屏四恶，斯可以从政矣。'……'不教而杀谓之虐；不戒视成谓之暴；慢令致期谓之贼'。"孟子主张"省刑罚"，斥责"重刑罚"是"虐政"的主要表现，把"杀人以政"与"杀人以梃""杀人以刃"同样看待，甚至认为与"率兽而食人"没有什么区别。《荀子·富国》篇云："故不教而诛，则刑繁而邪不胜；教而不诛，则奸民不惩。"

荀子对礼与刑的关系加以调和，他认为明分和正名，都要以政治权力施行。政治权力所用以施行礼义的制裁，便是刑。荀子说："古者圣人以人之性恶，以为偏险而不正，悖乱而不治，故为之立君上之势以临之，明

---

① 《论语·颜渊》。
② 《左传·庄公二十三年》。
③ 《论语·泰伯》。

礼义以化之，起法正以治之，重刑罚以禁之，使天下皆出于治，合于善也。是圣王之治，而礼义之化也。今当试去君上之势，无礼义之化，去法正之治，无刑罚之禁，倚而观天下民人之相与也。若是则夫强者害弱而夺之，众者暴寡而哗之，天下之悖乱而相亡，不待顷矣。"① 也就是说，礼与刑不是对立的，乃是相辅相成的。

儒家坚持人治论，他们认为良好的执法者比徒有优良的法律更重要。孔子称"为政之道，譬如北辰，居其位而众星拱之"，非常重视为政者的表率作用。荀子从历史经验的角度予以说明："有良法而乱者有之矣；有君子而乱者，自古及今，未尝闻也。"② 他得出的结论是："法不能独立，类不能自行。得其人则存，失其人则亡。"③

《荀子·君道》中称："有治人无治法。……法不能独立。……得其人则存，失其人则亡。……君子者法之原也。故有君子，则法虽省，足以遍矣。无君子，则法虽具，失先后之施，不能应事之变，足以乱矣。"梁启超认为，荀子的这种思想主张是中国法律虚无主义盛行的根源，其言："荀卿有治人无治法一言，误尽天下，遂使吾中华数千年，国为无法之国，民为无法之民，并立法部而无之。"④ 荀子的思想，不似孟子那样具有革命性，实际上成为后世儒法合流的思想基础，其法后王之理论，被附会为效忠于当世的君王，成为专制思想的主要渊源。即谭嗣同所谓"二千年来之政，秦政也，皆大盗也；二千年来之学，荀学也，皆乡愿也"。⑤

春秋战国之时，礼治逐渐式微。而儒家却要极力坚持礼治的思想主张，孔子更阐发了仁的理念。由此，儒家的仁政主张成为对抗法家酷政的主要力量，从而保证了儒家思想的连续性。在汉代以后，儒家思想逐渐复苏，并最终成为中国社会的主流思想。而在这种前提下，礼的精神也在法律制度中获得了复兴，礼法体系成为中国古代法律发展的主要内容。

（二）儒家之人性论

儒家坚持礼治而法家坚持法治，两者间最重要的思想分歧在于他们的人性论有别。就总体而言，先秦儒家大都持性善论。在中国哲学史上，孔

---

① 《荀子·性恶》。
② 《荀子·王制》。
③ 《荀子·君道》。
④ 《梁启超法学文集》，中国政法大学出版社2004年版，第109页。
⑤ 《谭嗣同全集》，中华书局1998年版，第37—38页。

子第一个提出了关于人性的命题:"性相近也,习相远也。"尽管孔子没有直接提出"性本善"的观点,但他将"性"和"习"区分开来的做法,却又为他在道德品质和文化修养方面强调后天的培养、学习提供了方便,并进而为"仁学"的产生,强调治国需行"礼治"提供了逻辑上的起点。

孟子在此基础上,明确提出了"性善"的理论。后人称:"'性善''养气',前圣所未发也。"[①] 孟子是人性善的最大鼓吹者,其称人皆有不忍之心。他举例说明:"今人乍见孺子将入于井,皆有怵惕之心,非所以内交于孺子之父母也,非所以要誉于乡党朋友也,非恶其声而然也。"[②] 但孟子也知道实际上有许多人并无恻隐之心,他没有说明这些人的人性是否为恶,而是把这些人斥之为非人,也就是直截了当地称这些人没有人性,完全没有资格谈性善或性恶。没有恻隐之心的人不能称为人,"无恻隐之心,非人也;无羞耻之心,非人也;无辞让之心,非人也;无是非之心,非人也"[③]。除去这些非人之人,其他的人都是性善之人。

孟子认为人性善是自然形成的,其称:"人性之善也,犹水之就下也。"他还进而指出人天生便具有四心,即恻隐之心、羞恶之心、恭敬之心、是非之心。这"四心"的发扬光大,就是仁、义、礼、智:"恻隐之心,仁也;羞恶之心,义也;恭敬之心,礼也;是非之心,智也。"应该说,孟子的这种人性善的理论是有局限性的,因为,在当时甚至现代社会中,没有以上四心之人的数量完全有可能多于具有四心之人。由此而观,在法律思想的范畴内言人性善者都须附带一定的条件,而言人性恶者,都比较清晰,因为法律所指者,基本上都是缺少"四心"之人。

荀子意图弥补孟子性善理论的欠缺。他主张"人之性恶,其善者伪也"的性恶论。他说:"今人之性,生而有好利焉,顺是,故争夺生,而辞让亡焉;生而有疾恶焉,顺是,故残贼生,而忠信亡焉;生而有耳目之欲,有好声色焉,顺是,故淫乱生,而礼义文理亡焉。"[④] 尽管荀子断言人的本性是恶的,但他认为,人是具有为善能力的,可以通过后天的努力达到性善。也就是说,利用礼义教化的作用,将没有"四心"之人劝化改造成为具有"四心"之人。

---

① (宋)王应麟:《困学纪闻》,上海古籍出版社2015年版,第164页。
② 《孟子·公孙丑上》。
③ 《孟子·公孙丑上》。
④ 《荀子·性恶》。

荀子的思想在根本立场上是儒家的，但也与法家之理论并没有完全隔绝，最为主要的地方就是其人性论。其不同于儒家主流之性善论，也不同于法家之性恶论，而是游移于两者之间。

与孔子从人性上区别君子与小人不同，荀子认为，人在本性上是一致的。"凡人有所一同，饥而欲食，寒而欲暖，劳而欲息，好利而恶害，是人之所生而有也，是无待而然者也，是禹桀之所同也。"① 而以物质欲望为根本的这种人性，在本质上是一种恶。故其得出结论"人之性恶"。但与法家不同，他又认为这种人性恶不必然会导致恶的结果，人如果在后天加以改造是可以去恶为善的。即所谓"人性本恶，其善者伪也"。此处之伪，同为，即后天之作为。所谓"心虑而能为之动，谓之伪"。② 其称："不可学，不可事，而在人者，谓之性。可学而能，可事而成之在人者，谓之伪。"③ 他认为，即使是圣人，他们的善心善为也是后天形成的，而不是先天人性中固有的。"圣人积思虑习伪，故以生礼义而起法度，然则礼义法度者，是生于圣人之伪，非故生于人之性也。""凡礼义者，是生于圣人之伪，非故生于人之性也。"④

荀子的这种人性论，使其成为沟通儒法的一座桥梁。"荀子的礼治论是从人治到法治的过渡学说。由荀子的思想到韩非李斯的思想，只不过一步前进。"⑤

凡当一种学说为时所用之时，其必有趋向极端之倾向，追求纯而不杂，以此摒弃它说，如法家即有如此倾向。当管仲、吴起之初期法家，尤倡德政，不弃礼治。而到了后期之韩非、李斯之时，则倡导纯任法治。反之，当一种学说不为时所用时，其学说会趋于宽弛，驳而非纯，甚至杂糅它说，界限模糊。如儒家，当孔、孟之时，倡德礼而摒弃兵刑。《论语》中记述："卫灵公问陈于孔子。孔子对曰'俎豆之事，则尝闻之矣；军旅之事，未尝学也。'"⑥ 孟子被问兵事，孟子答曰不知。而到了晚期的荀子，则"尝与临武君论兵于赵孝成王之前。王曰：'请问兵要'。临武君对曰：

---

① 《荀子·荣辱》。
② 《荀子·正名》。
③ 《荀子·性恶》。
④ 《荀子·性恶》。
⑤ 陶希圣：《中国政治思想史》上册，中国大百科全书出版社2009年版，第156页。
⑥ 《论语·卫灵公》。

'上得天时，下得地利，观敌之变动，后之发。先之至，此用兵之要术也。'荀卿曰：'不然。臣所闻古之道，凡用兵，攻战之本，在乎一民。弓矢不调，则羿不能以中；六马不和，则造父不能以致远；士民不亲附，则汤、武不能以必胜也。故善附民者，是乃善用兵者。故兵要在附民而已。'"① 荀子亦崇尚仁、义，而不弃谈兵事，此缘于战国之时，兵事已经成为各诸侯国最为紧要之国家事务，不谈兵事，则不可能打动君主之内心。

故而，虽然荀子所谈仍为明德保民的儒家思想内容，但已经不拒绝谈论兵事了。其于刑政亦是如此。孔子与孟子，谈及刑政之语甚少，而至荀子，多有所论。故其弟子李斯、韩非甚至弃礼法而专论刑政，成为法家思想之代表。由此看来，并非偶然。《荀子》中有言："非其人而教之，赍盗粮，借贼兵也。"宋人王应麟就此而发议论："独不知李斯、韩非乎？"②

（三）"法先王"的国家治理主张

儒家提倡法先王，即按照"先王"的既定思想方针治理国家。所谓先王与后王，本来其意甚明，也就是以尧舜禹汤文武周公为先王。迨至战国，歧义纷出，一是在先王中再分先后，以尧舜禹汤为先王，以文武周公为后王；二是以西周以后可以效法之圣明君主为后王；三是以当今之君主为后王。

前期儒家基本上坚持第一种选择，就是以尧舜禹汤文武周公为先王，要依照他们的方式治理国家。孔子特别推崇周制，以周公为楷模。孟子称："规矩，方圆之至也；圣人，人伦之至也。欲为君，尽君道；欲为臣，尽臣道。二者皆法尧舜而已矣。"③

荀子对此的思想主张有些模糊，其称："人道莫不由辩，辩莫大于分，分莫大于礼，礼莫大于圣王。圣王有百，吾孰法焉？"④ 也就是说，荀子在坚持礼治这一点上完全遵循儒家传统，但具体该效法哪家，则不限于尧舜禹汤文武周公，而是有更多的选择，即所谓"圣王有百"是也。而且，荀子又明确宣称，应该法后王，其言："故曰：欲观圣王之迹，则于其粲然者矣，后王是也。"⑤

---

① 《资治通鉴》，中华书局1956年版，第188页。
② （宋）王应麟：《困学纪闻》，上海古籍出版社2015年版，第319页。
③ 《孟子·离娄上》。
④ 《荀子·非相》。
⑤ 《荀子·非相》。

荀子所言之后王，后人解释不同。司马迁称："法后王者，以其近己而俗相类，议卑而易行也。"大意就是接近自己时代的盛德君主。至于这个后王为何者，并没有明确指称。清代学者俞樾称："此自得《荀子》之意。"① 而后世之儒家努力将其解释为荀子所称后王为文武周公，也就是以上所称在先王之中再分先后。如王念孙在检索《荀子》全书有关后王之文后称："后王二字，本篇一见，《不苟篇》一见，《儒效篇》二见，《王制篇》一见，《正名篇》三见，《成相篇》一见，皆指文武而言。"俞樾认为，他们"皆有意为《荀子》补弊扶偏，而实非其雅意。"他根据《荀子》中之上下文而断定："彼后王者天下君也。舍后王而道上古，譬之是犹舍己之君而事人之君也。"② 而法家者则将其解释为效忠当今之君主，如他的学生李斯与韩非就是采取如此解释方式。"李斯相秦，废先王之法，一用秦制，后人遂以为荀卿罪。不知此固时为之也。"③ 也就是说，荀子的法后王是时代所要求，此时的历史大势，已经不能再以先王之制加以遏制。即"上胡不法先王之治，非不贤也，为其不可得而法"。④

翻检《荀子》一书，推寻荀子之本意，可以察知，荀子之论述，确实有模棱之处，或有中间地带，故为法家所用也就不足为奇了。韩非即明确将"法后王"释为以当今君王为至尊，其言："贤者之为人臣……顺上之力，从主之法，虚心以待令而无是非也。故有口不以私言，有目不以私视，而上尽制之。"⑤ 如顾颉刚先生所言："把王道德准则，推演成为'绝对的王权'。"⑥

但也必须看到，荀子之时代，比孔子晚了两百余年，距孟子也有近百年。而这段历史时期是中国历史上变动最为剧烈的时代之一。社会现实与社会思想都发生了翻天覆地的巨大变化，荀子不可能再延续孔孟的儒家原教旨的思想主张，而必须与时俱进，才能保障儒家思想传统的延续性。如果说，在战国末年儒家还能保持一定的社会影响力，全赖荀子对于儒家思想的继承和改造。应该说，继承是主要的，而改造只是应时而变而已。后

---

① （清）俞樾：《诸子平议》，凤凰出版社2020年版，第299页。
② （清）俞樾：《诸子平议》，凤凰出版社2020年版，第299页。
③ （清）俞樾：《诸子平议》，凤凰出版社2020年版，第300页。
④ 《吕氏春秋·察今》。
⑤ 《韩非子·有度》。
⑥ 顾颉刚、刘起釪：《尚书校释译论》，中华书局2018年版，第1242页。

人以历史静态的观点看待荀子，以荀子为儒家之罪人，甚至欲将其排除于儒家以外，实在是不知思想进化之必要性。俞樾认为，时代即变，欲法所谓先王之道是一种徒劳的行为，其言："后人不达此义，于数千年后欲胥先王之道耳复之，而卒不可复，吾恐其适为秦人笑矣。"[①]

第三节　法家之法律思想

　　法家之思想与儒家恰成对立，而且其内容随着时代之发展，越发单一纯粹，早期法家如管仲，其言行介乎礼治与法治之间，到了晚期之法家，则完全倾向于法治，对应儒家之礼治，法家提倡法治；对应儒家之德治，法家提倡法治，对应儒家之人治，法家仍然提倡法治。

　　法家学派的构成远比儒家学派的构成更为杂博，学说也是多种多样，不似儒家学派对于礼治、德治与人治那么统一。实际上，这种多样性只是一种表面的现象，法家人物虽则思想倾向各不相同，但对于反对儒家的以礼治国、以德治民的治国主张是一致的。也就是说，他们共同的特点是反对既有的礼治主义和德治主义。因为在春秋时期，对于礼治、德治和人治的认识是确定的，它们是周王朝所确立的统治方式，也就是说，是社会上确立的正统思想和核心价值观。而意图打破这种统治方式的人所采取的方法是多种多样的，而无论强调势、术或法，其目的都在于摆脱礼治与德治的思想与方法。而舍弃礼与德而治国，其必归于以法治国之一途。因为，无论势与术，只是不同的统治手段，它们都与礼和德是对立的，而与法是容易结合的。所以，当韩非这位法家思想之集大成者，把"术"与"势"一概纳入其思想体系之后，法、术、势已经结合为一体，而这种思想体系在被秦国乃至秦朝用于指导法律制度的建立与适用后，人们已经不能将其中任何一个因素剥离出来了。

　　法家之范围很广，管仲、李悝、吴起、慎到、申不害、商鞅、李斯、韩非等人都被归于法家人物之列。其中以慎到、申不害、商鞅与韩非为有独到建树者。后世言及法家之思想主张，多以商韩之法、申韩之法、韩非之法言之。

---

① （清）俞樾：《诸子平议》，凤凰出版社2020年版，第300页。

实际上，早期法家如管仲①之思想并非如后期法家那样单一，而是与儒家思想有许多的切合之处。如管子所行的"九惠"之教："一曰老老，二曰慈幼，三曰恤孤，四曰养疾，五曰合独，六曰问疾，七曰通穷，八曰振困，九曰接绝。"②其行与儒家所倡无异。

《史记》载："管仲既任政相齐，以区区之齐在海滨，通货积财，富国强兵，与俗同好恶，故其称曰：仓廪实而知礼节，衣食足而知荣辱。上服度则六亲固。四维不张，国乃灭亡。下令如流水之源，令顺民心。故论卑而易行，俗中所欲，同而予之；俗之所否，因而去之。"③其中"四维不张，国乃灭亡"一言，后世儒家也奉为经典。

管子之时，为春秋早期，未若后期法家之尊君如天，其言："故下与官列法，而上与君分威。"管子教民颇具人文情怀，也非似后期法家之刻薄，而是要如秋云动人，如夏云及人，如高山动人意，如流水使人思。④

这些言论实际上与儒家思想相当接近。孔子对于管仲的某些行为，曾大加赞赏："微管仲，吾其披发左衽矣。"⑤

管子的许多法家思想是后人附会于他的，宋人王应麟称："《管子》书，过半是后之好事者所加，《轻重篇》尤鄙俗，古史谓：多申韩之言，以智欺其民，以术倾邻国。有不赀之宝，石壁青茅之谋，使管仲信然，何以霸哉！"⑥

一 重势、重术与重法

（一）慎到之重势

所谓"势"，即由君主之位而形成的一种影响力、控制力。慎到认为，

---

① 管仲（？—前645年），名夷吾，字仲，春秋时期著名的政治家。齐国颍上（今属安徽）人。公元前689年因鲍叔牙推荐，被齐桓公任命为卿，在齐国进行变法改革。他根据齐国的风俗习惯，明申法令，强调礼仪教化，主张有功必赏，有罪必罚。不过数年，齐国便国富兵强，成了春秋时期的第一个霸主。史称："齐桓公以霸，九合诸侯，一匡天下，管仲之谋也。"今存《管子》一书，部分为战国时齐国各派学者托名而作。
② 《管子·入国》，中华书局2021年版，第777页。
③ 《史记·管晏列传》。
④ 管子之原文，后世相传颇有文字上之错讹，某些文字，即使古人也称未见。俞樾对此加以疏解，训之大意如此。见（清）俞樾《诸子平议》，凤凰出版社2020年版，第68页。
⑤ 《论语·宪问》。孔子又称："管仲之贤而不能得此三权者，亦不能使其君南面而称伯。"此处所谓三权，即所谓"贱不能临贵，贫不能使富，疏不能制近"。
⑥ （宋）王应麟：《困学纪闻》，上海古籍出版社2015年版，第325页。

君主所拥有的力量是由其身份地位所决定的,故君主要巩固并利用这种势位,以进行统治。即所谓"人主者,天下之利势也"。

慎到认为,君主如果没有势位,就没有进行统治的力量,其言:"故腾蛇游雾,巨龙乘云,云霁雾霁,与蚯蚓同。则失其所乘也。故贤者而屈于不贤者,权轻也;不肖而服于贤者,位尊也。尧为匹夫,不能使其邻家,至南面而王,则令行禁止。由此观之,贤不足服不肖,而势位足以屈贤矣。"①

法家至韩非、李斯,将崇尚君主抬至一个绝对的高度,而前期法家之独立性比儒家甚至还要明确一些。如慎子称:"古者立天子而贵之者,非以利一人也,曰天下无一贵,则理无由通。通理以为天下也,故立天子以为天下,非立天下以为天子也。立国君以为国,非立国以为君也,立官长以为官,非立官以为长也。"② 在重势的前提下,法的作用可以充分发挥。

慎到认为,君主虽然依靠势位,但也不能没有法:"法虽不善,犹愈于无法,所以一人心也。"③ 法律具有其特定的社会治理功能:"法制礼籍,所以立公义也,所以弃私也。明君动事分功必由慧,定赏分财必由法,行德制中必由礼。故欲不得干时,爱不得犯法,贵不得逾亲,禄不得逾位,士不得兼官,工不得兼事。"④

在法的治理下,君主依靠势位而驭群臣,不必事必躬亲,可以垂手而治:"君臣之道,臣事事,而君无事。君逸乐而臣任劳,臣尽智以美其事,而君无与焉。"⑤ 但此后在法制主义极端发展下,君臣实际上形成了一种事实上的对立,君主不得不对臣下时刻提防,完全没有慎子所预言的局面。

法家并不赞成所谓孝子忠臣,慎子认为依靠所谓的忠孝是不可靠的:"孝子不生慈父之家,而忠臣不生圣君之下。故明主之使其臣也,忠不得过职,而职不得过官。"⑥

人治也是不能解决问题的:"君人者,舍法而身治,则诛赏与夺从君心出矣,然则受赏者虽当,望多无穷;而受罚者虽当,望轻无已。君舍

---

① 《慎子·威德》。
② 《慎子·威德》。
③ 《慎子·威德》。
④ 《慎子·威德》。
⑤ 《慎子·民杂》。
⑥ 《慎子·知忠》。

法，而心裁轻重，则同功殊赏，同罪殊罚矣。怨之所由生也。是以分马者之用策，分田者之用钩，非以钩策为过于人智也，所以去私塞怨也。故曰：大君任法而弗躬，则事断于法矣。法之所加，各以其分，蒙其赏罚而无望于君也。"①

国家的一切事务都要依靠法治，君主要牢牢掌握法权："据法倚数以观得失，无法之言，不听于耳，无法之劳，不图于功，无劳之亲，不任于官，官不私亲，法不遗爱，上下无事，唯法所在。"② 这与儒家非礼勿听，非礼勿言，非礼勿视之言可为参照。

重势还与儒家所提倡的尊贤相对立，慎到称："法之功，其大于使私不行；君之功，莫大于使民不争。今立法而行私，是私与法争。其乱甚于无法；立君而尊贤，是贤与君争，其乱甚于无君。故有道之国，法立则私议不行，君立则贤者不君。民一于君，事断于法，是国之大道也。"③ 此与儒家之贤人政治恰成对立。儒家所谓"举直错诸枉，而枉者直"的可能性是不现实的，任何人为的因素都应该被限定在法的范围内："法者，所以齐天下之动，至公大定之制也。故智者不得越法而肆谋，辩者不得越法而肆议，士不得背法而有名，臣不得背法而有功。"④ 在法的统治下，任何人为的奸诈都可以被根除："有权衡者，不可欺以轻重；有尺寸者，不可欺以长短；有法度者，不可诬以诈伪。"⑤

（二）申不害之重术

所谓"术"之进行统治的方式，特别着重于使用"诈"的手段取得利益。其与法相结合，被认为是一种最有效的统治方式。代表人物是申不害。

申不害（公元前385—前337年），郑人而相韩昭侯。《史记》载："申不害者，京人也。故郑之贱臣。学术以干韩昭侯，昭侯用为相。内修政教，外应诸侯，十五年，终申子之身，国治兵强，无侵韩者。"⑥

申不害倡"术治"，可谓身体力行，《韩非子·内储说上》载："赵令

---

① 《慎子·君人》。
② 《慎子·君臣》。
③ 《慎子·逸文》。
④ 《慎子·逸文》。
⑤ 《慎子·逸文》。
⑥ 《史记·老子韩非列传》。

第三章 对礼治的背离——法治主义的极盛时期（春秋战国至秦）

人因申子于韩请兵，将以攻魏。申子欲言之君，而恐君之疑已外市也，不则恐恶于赵。乃令赵绍、韩沓尝试君之动貌而后言之。内则知昭侯之意，外则有得赵之功。"

大意为，赵国通过申不害请求韩国出兵，共同攻击魏国。他想去游说韩昭侯，但又怕君上怀疑自己有受贿于赵国的嫌疑；如果不去劝说，又怕得罪赵国。于是唆使赵绍和韩沓先去试探韩昭侯的意思，然后根据君主的内心倾向而决定说辞。这样，既可以了解君主的想法，又可以向赵国邀功。由此可见，即使对待自己的君主，申不害也会采取以术行事的方法。当然，术更是一种君主操纵臣下的手段。

"故有术而御之，身坐于庙堂之上，有处女子之色，无害于治；无术而御，身虽瘁臞，犹为有益。"① 也就是说，以术而为政，神清气爽而国治；无术而为政，身形憔悴而无益。

有论者称："穷极申不害的所有言论，依然没有明确的证据表明他是法家，或者对法律作为政府工具给予关注。"② 胡适也曾称："申不害虽是一个有手段的政治家，却不是主张法治主义的人。"③ 实际上，正如以上所论及的，春秋战国时期，虽则所谓百家争鸣，诸多思想流派都具有一定的社会影响，但就政治主张而言，已经形成了礼治与法治之两极，即赞成以固有礼治方式治理国家的儒家和主张以法治主义治理国家的法家，其他的思想流派，或为儒家所吸收，或为法家所改造，而意图游移于二者之间者完全没有存在的余地。儒家坚持礼治、德治与人治。而申不害的思想中对此三点均没有明确赞同的表达，而其"术治"完全是对此的偏离，故为法家所用，成为法家思想的重要组成部分。后人言法家者，多以"申韩"代称，并非无据。实际上，在春秋战国时期，并没有人自称为儒家或法家，诸子被后世归为儒家或法家的依据不仅有现在已经灭失的诸多文献，更是根据其思想中所体现出的价值观倾向。这种主体性的归结，不仅依靠其表面性的语言，更有着语言背后复杂而微妙的思想联系。这种归结历经两千年而居于主导地位，并非由于古人之浅薄无识或逻辑混乱。如此看来，近代以来，那些以西方法治观为基准对中国古代的儒法之别所作出的学术判

---

① 《韩非子·外储说左上》。
② 顾立雅：《申不害》，马腾译，江苏人民出版社2019年版，第127页。
③ 胡适：《中国哲学史大纲》，商务印书馆2017年版，第263页。

断，确实有浅见寡识之感，其于中国古代的思想传统缺乏深刻的理解力与辨识力。

(三) 商鞅之重法

商鞅（公元前390—前338年）是先秦法家的代表人物，秦国变法的设计师。他本是卫国人，公孙氏，名鞅；因是卫公的同族，亦称卫鞅；入秦后因功被封于商（今陕西商县东南商洛镇）而号商君，史称商鞅。史籍中记载，商鞅"少好刑名之学"，曾任魏相公叔痤的家臣，他熟悉李悝、吴起在魏国变法的理论与实践。公元前361年，秦孝公即位，为富国强兵，下令求贤。商鞅携带李悝的《法经》入秦，并取得秦孝公信任，初任左庶长，后升为大良造。他总结、继承了其他国家的变法经验，开始大规模的变法运动，商鞅在法律制定层面上进行的主要变法内容是：改法为律，增连坐、分户、军爵等内容，并加以充实完善。这些法律成果，经过秦国长期的实践，终于形成独特的秦律。根据《史记·商君列传》记载：商鞅"令民为什伍，而相牧司连坐。不告奸者腰斩。告奸者与斩敌首同赏，匿奸者与降敌同罚。民有二男以上不分异者倍其赋。有军功者，各以率受上爵。为私斗者，各以轻重被刑"。这些举措也成为其他国家法家变革的主要内容。可以说，商鞅是秦律的主要缔造者。由此也开创了秦国变法图强、称霸诸侯的新时代。

严耕望先生归纳商鞅变法之内容有以下几个方面：其一，剥夺贵族特权，增强君主的领导地位；其二，政治上爵禄尊卑之差，以军功大小为标准；其三，按照因军功而获得的爵位，分配经济利益；其四，开裂阡陌（废井田制），提倡父子分居之小家制，使各自谋生，以提高生产率；其五，编制户籍，普立郡县，以加强政治之统治力，并建立大规模之首都于咸阳，以加强全国对中央政府之向心力。[①]

《史记》中称其变法："行之十年，秦民大悦。道不拾遗，山无盗贼，家给人足。民勇于公战，怯于私斗。乡邑大治。秦民初言令不便者，有来言令便者。卫鞅曰：'此皆乱化之民也。'尽迁之于边地。其后民莫敢议令。……于是太子犯法。卫鞅曰：'法之不行，自上犯之。将法太子，太子君嗣也，不可施刑。'刑其傅公子虔，黥其师公孙贾。……商君相秦十年，宗室贵戚多怨望者。"

[①] 严耕望：《中国政治制度史纲》，上海古籍出版社2013年版，第38页。

商鞅开重刑主义之先河。《新序》中言："卫鞅内刻刀锯之刑，外深铁钺之诛，步过六尺者有罚，弃灰于道者被刑。一日临渭，论囚七百余人，渭水尽赤。号哭之声动于天地，畜怨积仇于丘山。"其认为重刑可以使人们对法律产生敬畏恐惧之心，而不敢犯法。这种思想主张也获得许多人的赞同，韩非更使其具体化、理论化。《韩非子》中以一个故事为之说明："董阏于为赵上地守，行石邑山中，见深涧峭如墙，深百仞。因问其旁乡左右。曰：'人尝有入此者乎？'对曰：'无有。'曰：'婴儿、盲袭、狂悖之人尝有入此者乎？'对曰：'无有。''牛马犬彘尝有入此者乎？'对曰：'无有。'董阏于喟然太息曰：'吾能治矣。使吾法之无赦，犹入涧之必死也。则人莫之敢犯也。何为不治。'"① 其喻重法为百仞深涧，不但正常人不敢轻入，即使婴孩、盲人、疯癫也不会临近，甚至牛羊、猪狗都会躲避而行。

商君重刑止奸之说，代有回响。后汉建武十四年，议复肉刑时，其一个重要依据就是重刑可以止罪。群臣上言："古者肉刑严重，则人畏法令。今宪律轻薄，故奸轨不胜，宜增科禁，以防其源。"②

后世对商鞅评价不一，有人认为其开创了秦国严刑峻法的法制传统，是秦朝暴虐统治的始作俑者。如苏轼称："秦之所以富强者，孝公务本力稽之效，非鞅流血刻骨之功也。而秦王所以见疾于民，如豺虎毒药，一夫作难而子孙无遗种，则鞅实使之。"③ 但也有很多人对其治国的方式与理念持赞赏的态度。如宋代王安石曾有诗称：自古驱民在信诚，一言既出百金轻；众人未可非商鞅，商鞅能使令必行。

二 韩非：集法家思想之大成者

法家思想通过不断发展，到战国末年，韩非集法、术、势于一体，可谓集法家思想之大成者。后人言之法家，或称商韩，或称申韩，又或直接言之为韩非之术。其对于中国古代政治与社会，在某种程度上与孔孟有着同样大之影响。这种影响是通过两种方式形成的，其一是以正面的方式为统治者提供了统治方法；其二是以反面教材的方式为统治者提供了统治的借鉴。

关于韩非，我们可以从《史记》中的《老子韩非列传》中获得有关他

---

① 《韩非子·内储说上》。
② 《后汉书·杜林传》。
③ 《东坡志林》，中华书局1981年版，第108页。

的生平的一些信息。虽然信息量不多，但我们还是可以从这些史料中知道关于韩非的以下几方面情况，通过分析这些信息，我们大致可以还原出这个历史人物。

其一，他是韩国的贵族子弟，所谓"韩之诸公子也"。从他给韩王上书及作《存韩》来看，这一点似乎没有什么疑问。他曾上书韩王要求变革政治，但未获采用；与其他法家著名人物相比较，他从没有获得政治上的成功，而李悝、吴起、商鞅、申不害、慎到、李斯等人都曾拜将入相，把其思想运用于政治实践中。

《史记·老子韩非列传》记载：韩非"喜刑名法术之学，而其归本于黄老。……非见韩之削弱，数以书谏韩王，韩王不能用。于是韩非疾治国不务修明其法制，执势以御其臣下，富国强兵而求人任贤，反举浮淫之蠹而加之于功实之上。以为儒者用文乱法，而侠者以武犯禁。宽则宠名誉之人，急则用介胄之士。今者所养非所用，所用非所养。悲廉直不容于邪枉之臣，观往者得失之变，故作《孤愤》《五蠹》《内外储》《说林》《说难》十余万言"。

韩非虽然拜在儒家人物荀子的门下，但他对法家的思想更感兴趣，同时在他的思想中也有相当多的道家内容，这也是《史记》中把他与老子同传的原因。当时，韩国已非常衰落，国家不能建立良好的法治，君主不能很好地实现统治，不能任用有能力的人才而力图富国强兵，反而任用那些愚蠢浮夸的人，韩非为此十分忧愤。他认为，当时国家的混乱状况是：文人用言辞和文章扰乱人们的思想，而所谓的侠客用武力破坏国家的法制。在情况缓和的时候，尊崇那些徒具虚名的人，而在情势危急的时候又仅仅任用那些粗鲁的武夫。国家在用人方面是有用的不用，而无能的人却占据重要的职位。正直的人被奸邪的人所压制。在这种情况下，韩非总结历史的经验，写出了许多文章。

其二，荀子可以说是当时最著名的学者，韩非是荀子的弟子，"与斯俱事荀卿"，即曾与李斯一起师从于荀子。关于韩非师从荀子，史料中没有交代得像李斯那么清楚。我们从《史记·李斯列传》中起码可以知道李斯为什么要跟随荀子学习，其"从荀卿学帝王之术"，以及为什么离开荀子到秦国去，即"今秦王欲吞天下，称帝而治，此布衣驰骛之时而游说者之秋也"，他要去秦国建功立业。在《史记·荀卿列传》中也提到了李斯曾为他的弟子，但没有谈到韩非。

第三章 对礼治的背离——法治主义的极盛时期（春秋战国至秦）

其三，秦王读到韩非的文章，非常赞赏，极力要得到这个人才。关于韩非入秦，有两种说法。一种是秦国似乎为得到韩非而发动对韩国的战争，韩国把他交给了秦国。另一种是韩王安之五年，韩非奉命出使秦国，被扣留于秦国。其实，入秦就韩非个人而言，也许并不是什么坏事，更可能是一个机会。因为秦王嬴政对韩非推崇备至，在读了他的文章后曾大为赞赏，言之：嗟乎，寡人得见此人与之游，死不恨矣。

其四，韩非到秦国后未获重用，反获罪下狱，终死于秦。韩非最终没有抓住秦王对他极为欣赏的这个机遇，但这个机遇没有被韩非抓住可能倒不是韩非自己的错，而是受到别人的陷害，害他的人也不是别人，正是他的同门师弟李斯。

比较通俗的说法是李斯嫉贤妒能，生怕比自己有才能的韩非抢了自己的荣华富贵。在同学期间，李斯就承认自己的才能不如韩非。他进谗言，使韩非下狱。也有一种说法是：李斯对秦王说，韩非是韩国的贵族子弟，现在秦国要灭掉所有的诸侯国，实现统一，从人的本性考虑，韩非不会真心为秦国出力，最终还是要帮助自己的国家。他到秦国来，也许真实的目的是挽救韩国被灭亡的命运。如果他不能为秦国所用，那么留着他，万一他得到机会回到韩国，对秦国是很不利的，不如找个借口杀了他。秦王听从了李斯的话，把他下了狱。①

韩非入狱后，李斯怕夜长梦多，急于置其于死地。《史记·老子韩非列传》载："李斯使人遗非药，使自杀。韩非欲自陈，不得见。秦王后悔之，使人赦之，非已死矣。"常言道：害人终害己。这句话恰恰落在李斯的头上。若干年后，李斯自己也为赵高所害。设若李斯不害韩非而大力推荐，使韩非在朝廷中获一高位，与自己相互帮衬，也许赵高就不能肆虐，自己不至于死于非命，秦王朝也可能不至于二世而亡。这些都不过是历史的假设，但如果历史不能假设，将失去很多趣味。

秦王枉杀韩非，也非无因。实际上，韩非也可能确实有"弱秦之意"。其曾上著《存韩》，为保全韩国，他不惜损人利己，祸水它引，劝诱秦国去攻打赵国。这篇文章也成为李斯等人陷害他的口实。实际上，这篇文章在《韩非子》中的确属于水准比较低的，这并不是说它的文辞与逻辑有问

---

① 《史记》载：李斯言于秦王："韩非，韩之诸公子也，今王欲并诸侯，非终为韩，不为秦，此人之情也，今王不用，久留而归之，此自遗患也。不如以过法诛之。"

题，而是意图太过明显，其中为韩国的生存而担忧的心情跃然纸上。这恰恰犯了说服君主的大忌讳。而在《说难》中他把说服君主的忌讳与方法都论述得头头是道。可以说他的这篇文章是在授人以柄，据说李斯、姚贾就是以此为口实而劝诱秦王杀韩非的。司马迁曾为此扼腕叹息："余独悲韩子为说难而不能自脱耳。"韩非即使写出了《说难》这样的文章，也不能自保其身呀！宋代人赵蕃的诗中也有"韩非说难竟死说"之句。

其五，《史记》中称："韩非口吃，不能道说，而善著书。"关于韩非的口吃到什么程度，我们现在无法考证，是仅仅不善言辩，还是严重到不能与人正常交谈。笔者推测可能属于后一种，因为史记中甚至把它记述下来，可见其口吃这件事是有某种决定性意义的事情。不能道说这四个字很重要，可能当他到秦国后根本无法与秦王正常交谈。我们知道，秦王是个爱惜人才的君主。秦国有这个传统，当年商鞅曾数次与秦孝公谈，在前两次谈得很不得要领的情况下，还是获得了第三次机会。李斯入秦后也有向秦王阐述自己政治见解的机会，他们都不过是靠了不算特别显要的介绍人。而韩非是秦王嬴政亲自看中的，前面已经提到，秦王在读了他的文章后曾大为赞赏，言之："嗟乎，寡人得见此人与之游，死不恨矣。"评价之高，难以复加。而秦王在得到韩非后，连见也没有见，有些不可思议。可以猜测，韩非可能由于口吃未能与秦王有深入的交流。甚至可能被诬获罪后，也由于口吃不能为自己辩护，以至于惨遭杀身之祸。

因为有《韩非子》存在，所以韩非善著书这一点似乎是不言自明的。现存《韩非子》五十五篇，据考证，其中有些篇章可能不出于韩非之手。如前所述，法家发展到韩非之时，已经为一种非常纯粹的法家学说，无须掺杂其他学派，特别是儒家的人物、学说而佐证自己的思想观点。而在《韩非子》中的有些篇章，多引孔子之言，恐难为真。如《韩非子》中称："殷之法，刑弃灰于街者。子贡以为重。问之仲尼，仲尼曰：知治之道也。"对此，后儒难以容忍，其言："以商鞅之法为殷法，又托于仲尼，法家侮圣言至此。"[①] 但可以肯定，除少数篇章外，大多数为韩非亲著。

《韩非子》一书有着深刻的智慧、清晰的思辨和优美的文体。其不但具有独到的思想，还能用浅显的语言把自己的思想交代得脉络清楚，首尾贯通。《韩非子》的文辞很优美，远过于同时代人，在先秦诸子的留存著

---

① （宋）王应麟：《困学纪闻》，上海古籍出版社2015年版，第339页。

作中，似乎只有《庄子》可以与其匹敌。

韩非使用了多种多样的写作手法，使其著作生动可读。他使用最多的三种方法是：数字标题法、史事评点法、寓言说明法。在数字标题法中，他把一些特定人物、社会现象归纳出来，用数字为题目，给人以深刻印象，如《二柄》《三守》《五蠹》《六反》《八经》《八说》《八奸》《十过》等。在《二柄》中，他把"刑与德"称为君主治理官吏的两种方式。其言："明主之所导制其臣者，二柄而已矣。二柄者，刑德也。何谓刑德？曰：杀戮之谓刑，庆赏之谓德。为人臣者，畏诛罚而利庆赏，故人主自用其刑德，则群臣畏其威而归其利矣。"在《五蠹》中，他把以古非今、标榜仁义的学士，游说君主、心怀私欲的纵横家，纠聚党徒、以武犯禁的带剑游侠，私行贿赂、逃避兵役的患御者，以及制造粗略产品、图谋重利的商工之民称为危害国家的五种蠹虫。

在《八奸》中，他又把臣下行八种奸谋的人称为八奸。这八种奸谋为：同床、在旁、父兄、养殃、民萌、流行、威强、四方。这八种奸谋，不但古代有，我们现在对它们也不陌生。同床就是通过君主身边的女人迷惑君主；在旁是结交君主身边的弄臣、奸小；父兄是利用君主的亲属择时为自己进言以获取利益；养殃就是给君主提供享乐，满足其不当的欲望，以达到个人的目的；民萌是指散发公家的财物来取悦民众，以博取自己的名望；流行是编造谣言来迷惑民众；威强是搜罗侠客，聚集亡命之徒为自己所用；四方就是借用他国的力量威吓君主。

在史事点评法中，韩非用对古代人物及事件进行点评的方法，进以阐述自己的观点。如在《外储说右下》中，他讲了这样一个故事：春秋时期有一个赵国的官员叫薄疑，当他见到晋国的执政三卿之一的赵简主时对他说："在我看来，你的国家是一个中饱的国家。"赵简主以为这是一种夸奖，很是高兴，他问："怎么解释中饱呢？"薄疑回答："府库空虚于上，百姓贫饿于下，然而官吏富矣。"韩非由此来讥讽不严于治理官吏的状况。"中饱"一词，也就变成贪污的同义语。

在《奸劫弑臣》中，韩非讲了一个民谚叫"厉怜王"，意思是患了麻风病的人也可以可怜君王。为说明这个谚语，他举了历史上的几个实例。

其一，曾有一个楚国的国君生了病，王子趁进宫探视的机会用帽带勒死了他的父亲，自立为君。

其二，齐庄王与大臣的妻子私通，被大臣的家臣追杀，他在请求自杀不成的情况下被杀死。

其三，赵武灵王被叛臣围困在沙丘宫而被饿死。

其四，齐湣王被臣下抽筋后吊在房梁上痛苦了一个夜晚后才死去。

这些死于非命的君主的确比麻风病病人更可怜。由此，韩非说明，君主如果不能很好地运用"法、术、势"，他的下场会是很惨的。

春秋以降，诸侯之国多废灭。国与国战，君与臣战，诸侯权失而国灭者所在多有。齐湣王悬之于后梁，赵主父困饿于沙丘，盖"君专授政于臣"之故，以此为教训，必要以权势法术以绳天下。故韩非之学说为秦王所用，也是一种历史的必然。

在以"难"为题的四篇中①，韩非列举了古代之事，然后以自相论辩的方式加以分析说明，形成自己的观点。对同一故事作不同的评价，以阐发其思想。如其中之踊贵履贱的故事，儒家人物述之，以明"尚德去刑"之主张，而法家人物述之，则以此而明重刑之作用。韩非的结论是"夫刑当无多，不当无少。……而以太多说，无术之忠也……即治乱之刑如恐不胜，而奸尚不尽……夫惜香茅者耗禾穗，惠盗贼者伤良民，今缓刑罚行宽惠，是利奸邪而害善人也。此非所以为治也"。② 而后来儒家学人对此亦表赞同，其言："乱用重典，岂恶刑多。在当与不当耳，不在多少。"③

在寓言说明法中，韩非用寓言把自己的思想更形象地表述出来。比如著名的矛与盾的寓言就是说明势也比贤人要重要。势生于高位，势与贤类乎矛与盾，而其结论是"存势去贤"。按照贤治的原则，贤人是不受约束的，而按照"势治"的原则，是没有什么不能约束的，不受约束的贤人与约束一切的势恰恰是矛盾的，是不能相容的。国家要重势，就不能重贤。《韩非子》中的寓言还有很多，其中广为人知的郑人买履、买椟还珠、滥竽充数、曾子杀猪等都出于《韩非子》一书。

韩非的许多思想主张，实际上也获得后代许多儒家人士的认可。如宋人王应麟称赞韩非的"吏者，民之本纲也，圣人治吏不治民"一语，称"斯言不可以韩非废"④。

---

① 分别题为《难一》《难二》《难三》与《难四》。
② 《韩非子·难二》。
③ 《韩非子集解》，中华书局2013年版，第357页。
④ （宋）王应麟：《困学纪闻》，上海古籍出版社2015年版，第235页。

三　法家法律思想的主要特征

在法律实践的基础上,春秋末期,一些政治家主张通过变法或立法的途径来顺应历史的潮流,如齐国的管仲,郑国的子产、邓析,晋国的赵盾、赵鞅、范武子,宋国的子罕,晋国的叔向等。其中管仲的思想可以说基本上初步具备了一定的学说体系。管仲认为法律不是礼乐的从属,而是礼乐的主导,其称:"所谓仁义礼乐者,皆出于法。此先圣之所以一民者也。"① 有此一言,判定管子为法家应该说是有根据的。管子相当准确地描述了法制的各个方面,其言:"有生法,有守法,有法于法。夫生法者,君也;守法者,臣也;法于法者,民也。君臣上下贵贱皆从法,此谓为大治。"②

他还总结了法律的基本特征,其认为,法律的品质应该是"坚如磐石、信如四时",法律的主要功能是"兴公惧暴",等等。此外,一些极具特点的法家人物也为法家思想的形成贡献了其理论内容,如慎到的"重势"与申不害的"重术"。而真正把法律思想上升为一种具有基本治国理念,并形成影响深远的思想流派的,应该是商鞅和韩非。他们不但在实践中实行法家的主张,更注重法家思想的理论化和系统化,形成了完整的法家思想学说体系。

秦国变法的基本方略是实行国家的法治化,即在治理国家的各个方面都实行法制。秦国是战国时期实行法治最坚决、最彻底的诸侯国,在当时的社会环境下,这种变法是成功的。应该指出,秦国的社会条件与社会环境都是商鞅变法成功的现实基础。古人对此早有非常客观而准确的认识:"秦国之俗,贪狠强力,寡义而趋利,可威以刑而不可化以善;可劝以赏而不可厉以名。被险而带河,四塞以为国,地利形变,蓄积殷富。孝公欲以虎狼之势而吞诸侯,故商鞅之法生焉。"③ 也就是说,商鞅的法律思想是在秦国的地理、风俗和统治者的实际需要下最终形成的。

可以说,商鞅是秦律的主要缔造者。根据《史记·商君列传》记载:商鞅"令民为什伍,而相牧司连坐。不告奸者腰斩。告奸者与斩敌首同

---

① 《管子·任法》。
② 《管子·任法》。
③ 《淮南子·要略》。

赏，匿奸者与降敌同罚。民有二男以上不分异者倍其赋。有军功者，各以率受上爵。为私斗者，各以轻重被刑"。商鞅不但是先秦法家中变法最有成效者，而且是法家思想体系的奠基者之一，以重"法"而著称。商鞅作为先秦法家的代表人物，被后世正统学说视为异端，出于儒家思想的立场，对商鞅予以否定，汉代的贾谊甚至把秦朝灭亡的原因追溯到商鞅的头上，其言："商君遗礼义、弃仁恩，并心于进取。行之二岁，秦俗日败。……终不知反廉耻之节，仁义之厚，天下大败。"① 但实际上，他的思想和实践都对后人，特别是改革者影响至深。

法家法律思想的基本特征包括：强调法的作用，主张以法治国，一断于法。注重实力，倡导以奖励务农、参战的途径来富国强兵。强调君主专制，鼓吹集中行政、立法、司法等大权于专制君主手中。

法家人物基本上都坚持人性本恶的观点。在法家看来，"好利恶害""趋利避害"是人固有的本性。管子就说："夫凡人之性，见利莫能勿就，见害莫能勿避。其商人通贾，倍道而行，夜以继日，千里而不远者，利在前也。渔人之入海，海深万仞，就波逆流，乘危万里，宿夜不出者，利在水也。故利之所在，虽千仞之山，无所不上；深源之下，无所不入焉。"② 也就是说，人总是把自身的利益放在首位，为了获取利益，人可以无所不用其极。这种好利恶害的本性，也是国家制定法律的出发点。商鞅断言："人生而有好恶，故民可治也"，"人情者有好恶，故赏罚可用"。③ 正因为"人性好爵禄而恶刑罚"，所以只能用赏罚的法律手段而不能用仁义德教来进行统治。韩非则把"好利恶害"的人性论进一步发展为自私自利的"自为心"，韩非说："父母之于子也，产男则相贺，产女则杀之。此俱出父母之怀衽，然男子受贺，女子杀之者，虑其后便，计之长利也。"④ 也就是说，即使是父母之爱也是受利益控制的。既然父母与子女之间尚且如此，那么君民、君臣之间则更无例外。韩非子说："今夫君臣，非有骨肉之亲。"由此，君主和臣民之间的关系也完全是一种利益的关系，所谓"臣尽死力以与君市，君垂爵禄以与臣市"。

在这种关系下，治国要靠法治，而法治的出发点在于人性，《管子·

---

① 《汉书·贾谊传》。
② 《管子·禁藏》。
③ 《商君书·错法》。
④ 《韩非子·六反》。

形势解》说："人主之所以令则行，禁则止者，必令于民之所好，而禁于民之所恶也。"《商君书·错法》称："人情好爵禄而恶刑罚，人君设二者以御民之志，而立所欲焉。"韩非得出的结论是："凡治天下，必因人情。人情者有好恶，故赏罚可用；赏罚可用，则禁令可立而治道具矣。"① 所以，法律就是要限制人性中的私情，达到治国的目的："夫立法令者，以废私也。法令行而私道废矣。私者，所以乱法也。"②

在对人性加以利用的基础上，法家尊崇"法治"的治国理念。即所谓"以法治国"，以"法"作为治理国家、统一天下的主要方法，这是法家法律思想的核心。《商君书·修权》强调："法者，国之权衡也。"《韩非子·定法》中也说："法者，宪令著于官府，赏罚必于民心。赏存乎慎法，而罚加乎奸令者也。"

法家主张法治，主要针对礼治、德治和人治。法家针对儒家"礼治"所维护的宗法等级制度，主张"法治"，要求"不别亲疏，不殊贵贱，一断于法"。商鞅推出了其"壹刑"的主张，其称："所谓壹刑者，刑无等级，自卿相将军以至大夫庶人，有不从王令、犯国禁、乱上制者，罪死不赦。有功于前，有败于后，不为损刑；有善于前，有过于后，不为亏法。忠臣孝子有过，必以其数断。守法守职之吏，有不行王法者，罪死不赦，刑及三族。周官之人，知而讦上者，自免于罪。无贵贱，尸袭其官长之官爵田禄。"③ 也就是说，国家没有差别性的法律，而实行统一的法治。

针对儒家所推崇的德治，法家认为在现实情况下也不可用，只有"法治"才能达到富国强兵的目的，而"德治"难以起到作用。商鞅称："善治者刑不善而不赏善，故不刑而民善。……赏善之不可也，犹赏不盗。"④

法家认为，"人治""心治"或"身治"，都是依靠个人的智慧和好恶，不能达到治国的目的。如慎到就说："君人者舍法而以身治，则诛赏予夺从君心出矣。然则受赏者虽当，望多无穷；受罚者虽当，望轻无已。君舍法而以心裁轻重，则是同功殊赏，同罪而殊罚矣。怨之所由生也。"⑤

---

① 《韩非子·八经》。
② 《韩非子·诡使》。
③ 《商君书·赏刑》。
④ 《商君书·画策》。
⑤ 《慎子·君人》。

韩非甚至认为,即使是仁义如尧舜禹,也不能不用法律来规范社会生活。

法家认为,法律要适应时代的变化而有所发展。《管子·正世》说:圣君之治"不慕古,不留今,与时变,与俗化"。《商君书·更法》说:"当时而立法。"《韩非子·心度》说:"法与时移而禁与能变。"

法家奉行现实主义的法律观。其认为法律的首要作用就是"定分"以"止争"。用法律的手段达到统一社会规范,减少并解决社会矛盾的目的。通过确定性要求与禁止性规定来要求人们必须做有利于国家的事情而不去做损害国家的事情。为了达到依法治国的目的,法家主张法律公开,使国家的法律政令家喻户晓、人人皆知,从而明白应当做什么、不应当做什么。运用官方教育的手段使人们增强法制观念,自觉服从法律,达到用法律来统一人们言行的目的。法家认为法律的推行需以重刑为手段。商鞅特别主张实行"重刑"。其方法是重刑轻罪,就是对轻微的犯罪施以重的惩罚,从而使人们出于利害得失的考虑而不敢犯罪。

商鞅称:"不刑而民善,刑重也。刑重者,民不敢犯,故无刑也。而民莫敢为非,是一国皆善也。"① 重刑的目的不是伤害人民,而是使人民不敢犯法,故可以最终避免为法所伤害。应该说,商鞅的理论与实验都取得了一定的社会效果。此后韩非在提出"轻刑伤民"的"重刑"说时,也以商鞅的立法经验作为其理论基础。

韩非虽没有明确采取性恶说,却仍以"人情有好恶"为推论的基点。如上所引其言:"凡治天下,必因人情。人情者有好恶,故赏罚可用。赏罚可用则禁令可立,而治道具矣。"他认为,人治是可遇而不可求的,必待有圣人而可得施,而法治遇到暴君也没有作用。在大多数情况下,君主都是中人资质,即非尧舜,也非桀纣。对于他们而言,最好的方法就是依据自己的统治地位而实行法治。其言:"中者,上不及尧舜而下亦不为桀、纣,抱法处势则治,背法去势则乱。今废势背法而待尧、舜,尧舜至乃治,是千世乱而一治也;抱法处势而等桀纣,桀纣至乃乱,是千世治而一乱也。"② 实行法治,虽然不能保证遇到桀纣这样的暴君不被破坏,但也是千世治而一世乱,比实行人治千世乱而一世治要好得多。而即使是所谓圣人之治,也要有规矩,即"释法术而任心治,尧不能正一国。去规矩而妄

---

① 《商君书·画策》。
② 《韩非子·难势》。

意度，奚仲不能成一轮。废尺寸而差短长，王尔不能半中。使中主守法术，拙匠守规矩尺寸，则万不失矣。君人者能去贤巧之所不能，守中拙之所万不失，则人力尽而功名立"①。由此而观，韩非对于人治非常不信任，即是圣贤如尧舜也不能无法而治。从而，对于国家而言，法律是最为重要的，"治民无常，惟治为法。法与时转则治，治与世宜则有功"②。有了法律，治理国家就是轻而易举的事情。其言："法不信则君行危矣，刑不断则邪不胜矣。故曰：巧匠目意中绳，必先以规矩为度。上智捷举中事，必以先王之法为比。故绳直而枉木斫，准夷而高科削，权衡县而重益轻，斗石设而多益少。故以法治国，举措而已矣。"③ 从而，治国必须实行法治，而法律应该具有以下品质："法者，宪令著于官府，刑罚必于民心：赏存乎慎法，而罚加乎奸令者也。"④

既然确定了以法治国的方针，就要让国家中的所有人都认识法律，学习法律，其方法是："明主之国：无书简之文，以法为教；无先王之语，以吏为师。"⑤

第四节 春秋战国时期之重要立法活动

成文法之出现，是这一时期的重要事件，也是中国法律发展中具有决定意义的环节。严耕望先生称："有了成文法律，既可加强最高统治者（君主）的地位，同时贵族不得随意压迫平民，亦抬高了平民地位。"⑥

春秋之时，虽然周朝之礼治与德治尚在形式上占据主导地位，但是实际上礼治基础上的法制已经难以施行，故各诸侯国纷纷依照法治的原则加以立法。沈家本称："春秋时期各国多自为法，如晋之被庐、刑鼎，郑之刑书、竹刑，楚之仆区，皆非周法。"⑦ 以下，简要列述此一时期各诸侯国公布成文法之情况。

楚之仆区法：《左传》昭公七年："吾先君文王，作仆区之法，曰'盗

---

① 《韩非子·用人》。
② 《韩非子·心度》。
③ 《韩非子·有度》。
④ 《韩非子·定法》。
⑤ 《韩非子·五蠹》。
⑥ 严耕望：《中国政治制度史纲》，上海古籍出版社 2013 年版，第 36 页。
⑦ 沈家本：《历代刑法考》，中华书局 1985 年版，第 835 页。

所隐器，与盗同罪'，所以封汝地。若从有司，是无所执逃臣也。"

楚之茅门法："荆（楚）庄王有茅门之法，曰：'群臣大夫诸公子入朝，马蹄践霤者，廷理斩其辀，戮其御。'"①

晋之被庐法：《汉书·刑法志》中记述："晋文接之，先定其民，作被庐之法。"应劭注：搜于被庐之地，作执秩以为六官之法，因以名之也。师古注：被庐，晋地名。

晋之刑书刑鼎：赵宣子为政，《左传》文公六年："晋蒐集于夷，舍二军。……宣子于是乎始为国政，制事典，正法罪，辟刑狱，董逋逃，由质要，治旧洿，本秩礼，续常职，出滞淹。既成，以授太傅阳子与太师贾陀，使行诸晋国以为常法。"②《春秋左传》载：昭公二十九年，晋国至赵鞅为政，铸刑鼎。"冬，晋赵鞅、荀寅帅师城汝滨，遂赋晋国一鼓铁，以铸刑鼎。著范宣子所为刑书焉。"③

孔子对于晋国"铸刑鼎"之举持反对态度，其言："晋其亡乎！失其度矣。夫晋国将守唐叔所受法度，以经纬其民，卿大夫以序守之，民是以能尊其贵，贵是以能守其业。贵贱不愆，所谓度也。文公是以作执秩之官，为被庐之法，以为盟主。今弃是度也，而为刑鼎，民在鼎矣，何以尊贵？贵何业之守？贵贱无序，何以为国？"④

郑之刑书：《左传》昭公六年，郑国执政子产铸刑书。《春秋左传》中称：三月，郑人铸刑书。杜注：铸刑书于鼎，以为国之常法。

关于郑国铸刑鼎，曾有非常著名之叔向与子产的书信往复，于此可见当时之人对于公布成文法之不同态度。

"六年……三月，郑人铸刑书。叔向使诒子产书，曰……昔先王议事以制，不为刑辟，惧民有争心也。犹不可禁御，是故闲之以谊，纠之以政，行之以礼，守之以信，奉之以仁；制为禄位，以劝其从。严断刑罚，以威其淫。惧其末也，故诲之以忠，耸之以行，教之以务，使之以和，临之以敬，莅之以强，断之以刚。犹求圣哲之士、明察之官、忠信之长、慈惠之师，民于是乎可任使也，而不生祸乱。民知有辟，则不忌于上。并有争心，以征于书，而徼幸以成之，弗可为矣。……今吾子相郑国，作封

---

① 《韩非子·外储说右上》。
② 杨伯峻：《春秋左传注》，中华书局2009年版，第544—546页。
③ 杨伯峻：《春秋左传注》，中华书局2009年版，第1504页。
④ 杨伯峻：《春秋左传注》，中华书局2009年版，第1504页。

洫，立谤政，制参辟，铸刑书，将以靖民，不亦难乎？……民知争端矣，将弃礼而征于书，锥刀之末，将尽争之。乱狱滋丰，贿赂并行。终子之世，郑将败乎。"①

叔向洋洋洒洒描绘了一番放弃礼治而公布成文法之后的悲惨之状，对此，子产的回信相当简要。复书曰："若吾子之言。侨不才，不能及子孙，吾以救世也。既不承命，敢忘大惠！"也就是说：您说得都对呀，但我实在无可奈何，我铸刑书，只为拯救当前之危局，难以顾及后世之事了。您的情义我领受了，但您的言语我不能领受。

孔子虽则曾反对晋国铸刑鼎之举，但对于郑国子产其人却称赞有加。《论语》中记述："子谓子产，有君子之道四焉：其行己也恭，其事上也敬，其养民也惠，其使民也义。"②荀子称："子产，取民者也，未及为政也。管仲，为政者也，未及修礼也。故修礼者王，为政者强，取民者安，聚敛者亡。"③

宋人桂馥称："昔子产治郑，铸刑书，作丘甲。我夫子称之，一则曰惠人，再则曰遗爱。又曰孰谓子产不仁？吾不信也。若与其行事不相符者，及闻火烈水溺之言，然后知惠爱仁，即寓于刑法之内。"④

竹刑：《左传·定公九年》：郑驷颛杀邓析，而用其竹刑。注云："邓析作刑律，书之于竹简，故名曰《竹刑》。鲁昭六年，子产曾铸刑书，竹刑后出，或较子产所铸为强，故驷颛用之。"⑤

关于邓析，典籍中记载很少。杜预称："邓析，郑大夫，欲改郑所铸旧制，不受君命而私造刑法，书之于竹简，故言'竹刑'。"⑥他还被认为是中国最早从事讼师职业并传授法律知识的人。《吕氏春秋》中说：邓析"与民之有讼者约，大狱一衣，小狱襦裤。民之献衣而学讼者，不可胜数"。

魏国之《法经》：《法经》堪称战国时期立法的最高成就。史籍载，李悝"集诸国刑典"，造《法经》六篇：一盗法，二贼法，三囚法，四捕法，五杂法，六具法。《法经》达到了战国时期成文法之最高水准。李悝

---

① 《汉书·刑法志》。
② 《论语·公冶长》。
③ 《资治通鉴》，中华书局1956年版，第132页。
④ （宋）桂馥：《札樸》，中华书局1992年版，第424页。
⑤ 杨伯峻：《春秋左传注》，中华书局2009年版，第1571—1572页。
⑥ （宋）张洽：《春秋集注》，中华书局2021年版。

其人，为魏文侯之相。《韩非子》中曾记述其以善射而决疑讼之事。"李悝为魏文侯上地之守，而欲人之善射也。乃下令曰：'人有狐疑之讼者，令之射的，中者胜，不中者负。'令下而人疾习射，日夜不休。乃与秦人战，大胜之，以人之善射也。"从李悝之作《法经》之举及一贯之所为，这个故事的真实性似可存疑。实际上，在许多古代文献中，李悝作《法经》并没有被特别重视。沈家本称："《史记·孟子荀卿列传》，魏有李悝尽地力之教，《汉书·食货志》亦言李悝为魏文侯尽地力之教，所述尽地力之事甚备，而《法经》则无述之者，此学之不讲，自古然矣。"[1]

《法经》虽以李悝之名以传世，而魏文侯之作用亦不能视而不见。因为，李悝不过是魏文侯之相，如欲立法，必依君主之势方可行。而魏文侯确实是当时的一个具有伟略胸怀的君主。"乐羊攻中山"之事可见其任人不疑之胸襟，"魏文侯令乐羊将而攻中山，三年而拔之。反而论功。文侯示之谤书一箧。乐羊再拜稽首曰：此非臣之功，君之力也。"[2] "虞人期猎"之事可见魏文侯重信用之品质，"文侯与虞人期猎，是日饮酒乐，天雨。文侯将出，左右曰：'今日饮酒乐，天又雨，公将焉之？'文侯曰：'吾与虞人期猎，虽乐，岂可不一会期哉？'乃往，身自罢之。魏于是乎始强。"[3] 其"与田子方论乐"之事，可见其虚心纳谏之诚意，"魏文侯与田子方饮酒称乐，文侯曰：'钟声不比乎？左高。'田子方笑。文侯曰：'奚笑？'子方曰：'臣闻之，君明则乐官，不明则乐音。今君审于声，臣恐君之聋于官也！'文侯曰：'善，敬闻命。'"[4]

《史记》中称："文侯受子夏经艺，客段干木，过其闾，未尝不轼也。秦尝欲伐魏，或曰：'魏君贤人是礼，国人称仁，上下相合，未可图也。'文侯由此得誉于诸侯。"魏文侯享国三十八年，治魏颇有成效，其所用之李悝、西门豹、段干木、田子方、卜子夏，皆为春秋名士。由此可知，《法经》之造，既有李悝之能，更得魏文侯之贤也。《法经》出于魏国，实非偶然。

如前所述，夏商周的法律制度，虽然可以称日近完善，但基本上没有一部在社会上公布的法典。中国古代最早的形式与内容均称完善的成文法

---

[1] 沈家本：《历代刑法考》，中华书局1985年版，第841页。
[2] 《资治通鉴》，中华书局1956年版，第101页。
[3] 《战国策·魏策》。
[4] 《战国策·魏策》。

典,一般认为是《法经》。日本学者浅井虎夫曾有论述,其言:"顾中国法典之编纂,果始于何朝乎?学者或引唐虞制令、皋陶法律、夏政典、禹法、汤令、殷刑书、三王法令等,名目为证,而谓当时已有法典者。然此等名目,究皆出于后世所假托,非正确之史实也。征之历史,则战国时,魏李悝撰《法经》六篇,当为中国编纂法典之始。"[①]

应该说,春秋战国时期的法律发展成就,从实践的意义上而言,基本上由法家人物所达成。这些成果包括成文法的制定与颁布,以法治国理念的推行,最终达到完善的法律制度的初步建成。这些都是法家"法治"思想的实践与实现。

在中国的现代语境中,法治至少有两种含义,其一是字面上的,即法的治理;其二是现代意义上的,指法治文明。中国的古代,也有法治的概念。但这与现代意义上的法治有本质上的区别,其基本是与礼治对立的一种政治统治方式,即以法作为国家的根本统治手段。

法律是一种社会控制手段,但不是唯一的社会控制手段。在中国古代社会中,在很长的时间内,法律并没有作为最重要的统治工具。西周最主要的社会规范就不是法,而是礼。也就是说,礼治是最主要的社会控制手段。春秋以降,周王室的控制力大为减弱,形成了天下诸侯争霸的局面。在这种形势下,西周社会所倡导的礼治秩序开始崩塌,也就是史籍所言的礼崩乐坏。在这种情况下,必然需要一种新型的社会规范来代替礼的社会作用。这时,在一些诸侯国开始逐渐以法律替代礼乐而成为主要的社会规范,其标志就是公布成文法。如以上所列楚之仆区法、楚之茅门法、晋之被庐法、晋之刑书刑鼎、郑之刑书、郑之竹刑。成文法的公布,给社会造成巨大的震动。坚持礼治的儒家对此表示坚决的反对。如孔子针对晋国铸刑鼎一事很不以为然,其认为这样的做法势必会造成"民在鼎矣"的社会后果。也就是说,国家的百姓会以法律为依归,而不再重视礼的指引。在这场成文法运动中,最彻底、最全面,也是影响最深远的立法活动是魏国李悝所制定的《法经》。

应该指出,《法经》并非春秋战国时期法制建设的终极产物,而只是一个开端。当时的许多诸侯国都开始推行法治,而且都根据不同的社会条件和

[①] [日]浅井虎夫:《中国法典编纂沿革史》,陈重民译,中国政法大学出版社2007年版,第5—6页。

自然条件而具有自己的特色。特别是秦国，在商鞅携《法经》入秦以后，坚决推行法治，虽然商鞅功成身死，但其开创的以法治国的方针得到了长期而有效的贯彻和执行。秦国法制的完备，我们可以从秦朝的法制状况而推想出来。但由于秦朝二世而亡，为天下所不齿。故后世立国者都避之唯恐不及，不愿意充当秦朝法律的继承者，故都声称其法制出自《法经》，这也使得后人误以为《法经》代表了春秋战国时期法制的最高水平。实际上，从现在已经掌握的情况看，秦国的法制已经远远高于《法经》的水平了。

第四章 法治主义的极点：秦朝的法制

重要节点：秦国灭六国，秦王称皇帝　《尚书·汤诰》：惟皇上帝。传：皇，大。上帝，天也。

《尚书·序疏》：称皇者，以皇是美大之名。言大于帝也。

《周书》中称："危言不干德曰正，正及神人曰极，世之能极曰帝。"

《淮南子》中称："四海之内，莫不系统，故曰帝也。"

《新论·王霸篇》："夫上古称三皇五帝，而次有三王无伯，此天下君之冠首也。故言三皇以道治，而五帝用德化，三王由仁义，五伯以权智。无制令刑罚谓之皇，有制令而无刑罚谓之帝。"

皇帝之称谓，虽则《尚书》中有见，但在现实之中，以此为名号者，秦始皇为第一人。

司马迁曰："秦起襄公，章于文、缪、献、孝之后，稍以蚕食六国，百有余载，至始皇乃能并冠带之伦。以德若彼，用力如此，盖一统若斯之难也。"[1]

此一时期的节点为秦国统一中国，秦王嬴政登上皇帝之位。《史记》中记载："秦初并天下，令丞相、御史曰：'……寡人以眇眇之身，兴兵诛暴乱，赖宗庙神灵，六王咸伏其辜，天下大定。今名号不更，无以称成功，传后世。'其议帝号，丞相绾、御史大夫劫、廷尉斯等皆曰：昔者五帝地方千里，其外侯服夷服诸侯或朝或否，天子不能制。今陛下兴义兵、诛残贼，平定天下，海内为郡县、法令由一统，自上古以来未曾有，五帝所不及。臣等谨与博士议曰：古有天皇，有地皇，有泰皇，泰皇最

---

[1]　《史记·秦楚之际月表》。

贵。臣等昧死上尊号，王为泰皇。命为制，令为诏，天子自称朕。王曰：去泰，著皇，采上古帝位号，号曰皇帝，他如议。"①众臣认为位居三皇之上为至尊，不意秦王还要兼并五帝，故如司马迁言"始皇自以为功过五帝，地广三王，而羞与之侔"，故称皇帝。②并意欲传之万世："朕为始皇帝。后世以计数，二世、三世以至于万世，传之无穷。"③ 实际上，从当时的历史环境来看，秦朝不敢说传之万世，但似乎也会享国长久。其对内，"振长策而御宇内，吞二周而亡诸侯，履至尊而制六合。执棰拊以鞭笞天下，威震四海"。其对外，"却匈奴七百余里，胡人不敢南下而牧马，士不敢弯弓而报怨"。④

秦王由此成为秦始皇，开创了两千年中国统一的封建专制国家的历史。

秦朝（公元前221—前207年）的建立，标志着中国封建统一专制国家的确立。相应地，封建法律制度也开始确立。秦朝虽然享国日短，但对后世影响深远。春秋战国，天下混乱相沿五百余年。诸侯之国交互兼并，君臣上下交互相争。兼并而国灭，相争而王权失。故秦国自商鞅始，坚定不移地用法家之治国方针，终至兼并六国，完成统一。并且，完全废弃了夏商周沿用的分封制，而形成大一统的郡县制国家形态。虽则秦人于天下而言，构恶已久，亡人国，灭人家，天下怨望，然此后之历朝历代，皆恶秦之政而不改其制，天下一统而尊王之大势不可动摇。

所谓改制、改正朔，其意为本朝得天下，非由前朝，而是得自天命，故须与前朝划清界限。"所以明易姓非继人，通以己受之于天也。"⑤

---

① 《史记·秦始皇本纪》。
② 清代学者苏舆考索诸多古籍之记述后称："孔子称天子之德感天地，洞八方，是以化合神者称皇，德合天地者称帝，仁义合者称王。案：秦称皇帝，据此则皇帝连称，自古所无。"载《春秋繁露义证》，中华书局2019年版，第177页。
③ 《史记·秦始皇本纪》。
④ 《史记·秦始皇本纪》。其为贾谊《过秦论》之语。
⑤ 《春秋繁露·三代改制文》，中华书局2012年版，第223页。

第四章 法治主义的极点：秦朝的法制

第一节 秦朝法制之形成与发展

秦朝的法律制度几乎完全因循其秦国时代的制度模式。秦国在春秋时期本不是列国中有称霸实力的诸侯国，其"僻在雍州，不与中国诸侯之会盟，夷翟（狄）遇之"[①]。经济文化相对中原诸国要落后得多。但自公元前361年秦孝公即位后，任用商鞅，开始大规模的变法，实行"依法治国"，并推行郡县制、中央集权制、制定成文法等措施。变法的成功使秦国一跃成为强国，并通过一百多年的发展，最终达成"六王灭，四海一"的统一局面。秦国变法的理论设计师是商鞅。他总结、继承了其他国家的变法经验，挟《法经》而入秦，开创了秦国变法图强、称霸诸侯的新时代。他在法律制定层面上进行的主要变法内容是：改法为律，增连坐、分户、军爵等内容，并加以充实完善，经过长期的实践，终于形成独特的秦律。在秦国几代人为实行国家法制化的不断努力下，终于建立了统一的秦王朝。秦律也成为通行"天下"的法律。

秦国变法的基本方略是实行国家的法治化，即在治理国家的各个方面都实行法制。秦国是战国时期实行法治最坚决、最彻底的诸侯国，在当时的社会环境下，这种变法应该说是成功的。至秦始皇统一中国，创建了秦王朝，由商鞅开创的极端法制达到了顶点。《汉书》中称："至于秦始皇，兼吞战国，遂毁先王之法，灭礼谊之官，专任刑罚；躬操文墨，昼断狱，夜理书，自程决事，曰县石之一，而奸邪生赭衣塞路，囹圄成市，天下愁怨，溃而叛之。"[②]

秦朝在极端专制主义的立法思想指导下，其采用的法律原则是：其一，法令由一统，皇帝具有最高的法律权威；其二，事皆决于法，礼教和道德被排斥于治国安邦的基本规制方式之外；其三，重刑主义，秦朝沿用了秦国时期推行的所谓"重其重者，则轻刑不至"的重刑主义原则。

秦律是具有鲜明时代特征的法律，它极力保护中央集权，打击分割势力。秦朝建立后，就采取废封建、设郡县、统一度量衡等各种统治手段，加强中央集权。秦朝厉行法治，法律成为最为重要的社会控制规范，以镇

[①] 《史记·秦本纪》。
[②] 《汉书·刑法志》。

压为主要手段。其所谓"以法为教,以吏为师",实行极权专制,最终导致焚书坑儒,在肉体上消灭异己的力量,在文化上禁绝一切不同的声音。有研究者认为,秦朝的法律缺乏立法的科学化,条目繁杂,体系不严谨。有些法律概念不够清晰,内容比较混杂,界限不清,内容重复者多有之。但我们应该认识到,现在我们所见之秦律,究竟只是整体秦律的一小部分内容,其真实面目还有待考古发现继续予以澄清。再者,秦王朝建立时间不长,针对统一后的社会状况必然要作相当规模的法律调整,故也难以说明秦律的真实情况,如秦简所出之睡虎地当地的情况与秦国腹地的法制环境有别,法律的内容和形式肯定有所不同。

秦朝的法律制度总体上来说在当时的社会条件下是相当发达的。这种成就不可掩盖,它主要体现在以下几个方面:第一,秦律调整的范围相当广泛。秦朝在法治的前提下,要求一切"皆有法式",社会关系中的方方面面都被法律所规范,不但刑法发达,而且在民事、经济、行政等各个方面都有比较完备的法律予以调整。第二,秦律的内容详细且具体。我们在秦律中可以看到,其法律规定的内容非常细致,这就减少了法律操作时的误差。第三,秦律语言精确,通俗易懂。这也是秦律立法的原则之一。商鞅在《商君书·定分》中就把这个原则说得很清楚,其言:"微妙意志之言,上智之所难也。"那些微言大义的语言,高贵的聪明人也难懂,所以立法要"必使之明白易知,名正,愚智遍能知之"。第四,秦朝创造了多种法律形式,这些法律形式互相补充,形成了比较完整的法律体系,同时也为后世的立法提供了样板,成为中国封建社会立法的一个特色。

秦朝的法律如此完备,却二世而亡,虽未可归咎其法制,但从法律制度上而言,以下几个方面确实给社会造成了比较大的损害。

第一,以法为教、以吏为师使社会文化受到极大的破坏。

在法家思想的主导下,秦国推行了绝对法制主义的治国方略,所谓"明主之国,无书简之文,以法为教;无先王之语,以吏为师"[1]。以法令为民众教育的主要内容,摒弃了其他学说,以明习法令的官吏为老师,杜绝人们对法律的私议。这样做的目的是用国法统一人们的思想言行,实行高度的文化专制。秦始皇统一中国后,丞相李斯上言曰:"今天下已定,

---

[1] 《史记·秦始皇本纪》。

法令出一,百姓当家则力农工,士则学习法令禁辟,今诸生不师今而好古,以非当世,惑乱黔首。……私学而相与非法教,人闻令下,则各以其学议之,入则心非,出则巷议,夸主以为名,异取以为高,率群下以造谤。如此弗禁,则主势降乎上,党舆成乎下。臣请史官非秦记皆烧之。非博士官所值,天下敢有藏《诗》《书》、百家语者,悉诣守、尉杂烧之。有敢偶语《诗》《书》者弃市,以古非今者族。"① 秦始皇采纳了李斯的建议,焚书坑儒,将《诗》《书》及诸子百家的著述统统付之一炬,对中国文化造成了的极大破坏。应该看到,在法家的思想主张中,早已埋下了焚书坑儒的种子。韩非曾言:"居学之士,国无事不用力,有难不披甲,礼之则惰修耕战之功,不礼则周主上之法,国安则尊显,危则为屈公之威,人主奚得于居学之士哉。"② 实际上,中国古代,意图废除百家之言者,非独秦朝。吕思勉先生称:"焚书之议,不外乎欲齐众说,夫欲齐一众论者,不独始皇、李斯也。"董仲舒对此亦然。"特斯欲一齐之当世之法律辟禁,而仲舒则一齐之以孔子之道耳。"③

第二,"事统上法",开创了绝对专制主义的先河,禁锢了人们的思想,破坏了社会的和谐,阻碍了社会的发展。

所谓"事统上法",可以归结为以下几个方面:其一,以五行说论证尊崇法律是符合天意的。秦始皇称帝后,自命继承帝统。"始皇推终始五德之传,以为周得火德,秦代周德,从所不胜。"④ 其以黄帝为始,黄帝为土德,夏朝为木德,商朝为金德,周朝为火德,秦朝为水德,正应五行之相生相克之理。水德属阴,尚北方,寒冷而严酷。故秦政必然要以"水德"为本,主刑杀,应该尚法而不尚德。其二,"事统上法"必须有法可依。秦朝的法律齐备,所谓诸事皆有法式。秦始皇二十八年,上邹峄山,刻石颂秦德,其中有"治道运行,诸产得宜,皆有法式"之言;于琅琊台立石刻,也有"六亲相保,终无贼寇,欢欣奉教,尽知法式"之句。其三,体现在司法实践中,专任刑罚,以严刑酷罚震慑官吏和民众。在"事统上法"原则下,国家的一切事务都必须以法律规定为依据,以法治国,尊崇法令,彻底摒除了德治的教化作用。董仲舒称:"至周之末世,大为

---

① 《史记·秦始皇本纪》。《史记·李斯列传》中也有相类似的记述。
② 《韩非子·外储说左上》。
③ 《吕思勉读史札记》,上海古籍出版社2020年版,第574页。
④ 《史记·秦始皇本纪》。

亡道，以失天下。秦继其后，独不能改，又益甚之。重禁文学，不能挟书。弃捐礼谊而恶闻之。其心欲尽灭先王之道，而专为自恣苟简之治。故立为天子十四岁而国破亡矣。自古以来，未尝有以乱济乱，大败天下之民如秦者也。"①

第三，极端的重刑主义对社会造成极大的伤害。

秦自商鞅始，以重刑为法律适用的基本原则，并形成一套理论方针。李斯对此加以概括："商君之法，刑弃灰于道者。夫弃灰，薄罪也，而被刑，重罚也。彼唯明主为能深督轻罪，夫罪且轻且深督，而况有重罪乎？故民不敢犯也。"② 其认为，用严酷的刑罚进行震慑，可以达到安定社会的目的。秦二世称："凡所为贵有天下者，得肆意极欲，主重明法，下不敢为非。"③ 由此，秦朝的重刑达到了无以复加的高度，所谓税民深者为明吏，杀人众者为忠臣，官吏每以苛毒为本分。其后果是社会受到极大的破坏，"刑者相半于道，而死人日成积于市"④。这种极端的重刑主义，是激起天下反叛的重要原因。有人认为，秦朝二世而亡，标志着重刑主义的彻底失败，这种说法虽则过于片面，但的确为后世的法制建设树立了一个反面的样板。

《汉书·刑法志》称："陵夷至于战国，韩任申子，秦用商鞅，连相坐之法，造参夷之诛，增加肉刑、大辟，有凿颠、抽胁、镬亨之刑。至于秦始皇，兼吞战国，遂毁先王之法，灭礼谊之官，专任刑罚，躬操文墨，昼断狱，夜理书，自程决事，日县石之一。而奸邪并生，赭衣塞路，囹圄成市，天下愁怨，溃而叛之。"⑤

秦国以法治国，致使殄灭六国，四海归一，建立秦朝，不可谓不成功。但终于走向了极端，法治被抬高到了虚幻的高度，被认为是无往而不胜的利器。秦朝之覆灭，虽非全由法制之过，但极端之法制主义也的确难辞其咎。

---

① 《汉书·董仲舒传》。
② 《史记·李斯列传》。
③ 《史记·秦始皇本纪》。
④ 《史记·李斯列传》。
⑤ 《汉书·刑法志》。

第二节　秦朝法制之基本内容

一　睡虎地秦简

秦朝的法律是秦国多年推行法治的成果，它在各个方面都堪称完备。后世对其的指责也恰恰可以作为反证，所谓："秦法繁若秋荼，而密于凝脂。"① 杜甫之《述古》诗云："舜举十六相，身尊道何高；秦时任商鞅，法令如牛毛。"或因为年代久远，或因为后世王朝对其的否定，秦朝法律的内容在历史文献中并没有留下许多记载。由于后世历朝历代都对秦朝法制采取否定之态度，故对于秦朝法制之记述很少。《史记·萧相国世家》中称："沛公至咸阳，诸将皆争走金帛财物之府分之，何独先入收秦丞相御史律令图书藏之。"沈家本据此称："此秦有律有令之证，汉之有律有令，承秦之名也。"

即使如沈家本这样的法律大家，对于秦朝法制的基本状况，也只能依靠有限的典籍中之记述加以猜测。其言："春秋战国之时，诸侯各自为法令，势难统一。秦并天下，改封建为郡县，法令由一统，当必有统一之法令之书。史不详也。《李斯传》言'定律令，同文书'，《始皇纪》言'欲学法令，以吏为师'，其有书也明矣。"②

但幸运的是出土文物大大地弥补了这一缺失。1975年，在湖北省云梦县出土了大批秦代的竹简，由于其发掘于睡虎地11号秦墓中，故定名为"睡虎地秦墓竹简"。经过考古工作者的整理，这批竹简相当完整地被保留下来，可供现代的学者们进行深入而细致的研究。在这批数量为1155支的竹简中，大部分是有关秦律的内容。据考证，它们是墓主人田喜出于工作的目的抄录的。根据内容，可以分为《编年纪》《语书》《秦律十八种》《效律》《秦律杂抄》《法律答问》《封诊式》《为吏之道》等。应该看到，这些法律只是秦律的一小部分内容。因为墓主人田喜不过是一个中下层官吏，这些随葬的竹简不过是他在日常工作中所需要的相关法律文件，显然范围有限。同时，此墓葬之所在的湖北省云梦县并非秦国故地，原为楚国

---

① 《盐铁论·刑德》。
② 沈家本：《历代刑法考》，中华书局1985年版，第848页。

疆域，其在所谓白起拔郢①后才兼并入秦，时间并不久远，故这批法律文件也显然并非秦律的全部。

在属于法律范畴的《秦律十八种》《效律》和《秦律杂抄》中，共提及了如下几种律名：《田律》《厩苑律》《仓律》《金布律》《关市律》《司空律》《徭律》《工律》《均工律》《传食律》《行书律》《工人程》《置吏律》《尉杂律》《效律》《游士律》《除吏律》《军爵律》《藏律》《戍律》《捕盗律》《屯表律》《公车司马猎律》《属邦律》《牛羊律》《傅律》《中劳律》《除弟子律》《内史杂》。此外，《法律答问》《封诊式》和《为吏之道》也广泛涉及法律的内容。

《法律答问》是对秦律的解释和说明。说明的对象是某些术语、律文的立法意图、诉讼程序中的问题，等等。

《封诊式》是对官员审理案件的原则要求、治狱程式、调查勘验等方面的规定，其中还有具体的案例。

《为吏之道》规定了官员应遵守的原则要求，类似后世的官箴书。

睡虎地秦简的出土，大大丰富了我们对于秦朝法律的认识。

除睡虎地以外，还有其他一些有关秦朝法律内容的秦简出土。

四川青川郝家坪木牍，其于1979年至1980年出土于四川省郝家坪第50号战国墓中，共两枚，内容为秦国之《更修田律》。

甘肃天水放马滩秦简，其于1986年6月出土于甘肃放马滩一号秦墓，此次出土秦简共460枚，主要内容为《日书》和《墓主志》。

湖北云梦龙岗秦简，出土于1989年，共150余枚，"该批秦简记录了秦统一后颁布的法律"②。

湖南龙山里耶秦简，出土于2002年，共有37000余枚，其中有关于民事纠纷处理的内容。

湖南岳麓山书院藏秦简，2017年，该批秦简为从海外购回，共2098枚，后又得香港收藏家捐赠76枚，其中有《奏谳书》《律令杂抄》《官箴》等有关法律的内容。

北大秦简，2010年年初，香港冯燊均国学基金会出资从海外购回了一批秦简，包括760枚竹简，21枚木简，6枚木牍，4枚竹牍等。其中有

---

① 白起拔郢约在公元前278年，距秦统一不过五十余年。
② 夏利亚：《睡虎地秦简文字集释》，上海交通大学出版社2019年版，第11页。

《为吏之道》等有关法律的内容。

二 秦朝法制的基本内容

根据原有史料记载和新发现之秦简中记述的内容，我们可以把秦朝的法律内容归为以下几个方面。

（一）秦朝法律的形式

秦朝法律的形式有以下几类：

律：律是秦朝成文法的最主要、最基本的法律形式。根据睡虎地秦简反映的情况，秦律至少有三十余种。

令：令是律的重要补充形式，是根据特定的情势而由皇帝（统一前由秦王）发布，如《焚书令》《挟书令》《吏见知不举令》等，其法律效力要高于律。在秦朝建立后，根据规定，皇帝的命令可作以下区分，即所谓"命曰制，令曰诏"。制以宣示百官，诏以布告天下。

式：式作为一种法律形式，其内容是程式、格式。如《封诊式》是有关勘验、调查、审讯的法律文书格式。

法律答问：法律答问实际上是一种具有法律效力的法律解释。它以问答的方式对法律进行解释。解释的内容包括律文、法律术语的含义，同时也包括阐释立法意图、诉讼程序等。

廷行事：廷行事是具有法律效力的判案成例。所谓廷，应指官廷而言，行事指已行之事。可以说，这是判例法的一种表现形式。

从秦简的内容中，可以看到，秦朝的法制的确相当完备，司马迁所称秦朝一切社会事务"皆有法式"断非虚言。

（二）秦朝的刑名

秦朝的刑罚以种类繁多、手段残忍而著称。概括而言，其包括以下内容：

1. 死刑：秦朝的死刑范围很广，执行方式有多种，其中特别残忍的有：

族诛：据《史记》记载，秦国在秦文公时就有族刑。所谓"法初有三族之罪"。到商鞅变法时，更扩大了族刑的范围，"令民为什伍，而相牧司连坐。不告奸者腰斩。告奸者与斩敌首同赏，匿奸者与降敌同罚"[1]，将族

---

[1] 《史记·商君列传》。

诛的范围扩大到亲属以外之"什伍"邻人。

具五刑：这是一种将多种刑罚手段同时用于同一个受刑者的残酷刑罚。据《汉书·刑法志》记载："当夷三族者，皆先黥、劓、斩左右趾，笞杀之，枭其骨肉于市。其诽谤詈诅者，又先断舌，故谓之具五刑。"即被执行死刑的犯人，要先被刺面、割鼻、斩足，然后棒杀，并将骨肉剁碎。如果犯人叫骂，还要将舌头割掉。后世的凌迟刑可溯源于此。

车裂：车裂也就是俗话所称的"五马分尸"，具有讽刺意味的是秦国变法的主持者商鞅最终即被处车裂而亡。

弃市：这是一种当众处斩的死刑执行方式。《资治通鉴》胡三省注言："秦法，论死于市，谓之弃市。"

此外，秦朝的死刑执行方式还有腰斩、戮、枭首、定杀、囊扑、凿颠，等等。

2. 肉刑：肉刑是古老的刑罚方式，在秦朝，肉刑也是主要的刑罚手段。其范围与以往之五刑中肉刑相似，大致包括以下种类。

墨：即在罪犯脸部或额上刺刻后涂以墨迹的刑罚。《法律答问》中有"黥颜畀主"的记载。

劓：即割掉罪犯鼻子的刑罚。

斩左右趾：即截断罪犯的左右脚。

宫：是一种破坏犯人生殖器的刑罚。所谓"男人割势，妇人幽闭，次死之刑"。

3. 劳役刑：劳役刑是限制罪犯的人身自由并强迫其服劳役的刑罚方式。根据记载，在秦朝，主要的劳役刑有以下几种。

城旦舂：城旦舂实际上包括两种刑罚方式，它是对应受六岁刑处罚[①]的男女犯人的不同的处罚方法，即男为城旦，女为舂。据《汉旧仪》记载："凡有罪，男髡钳为城旦，城旦者，治城也。女为舂，舂者，治米也。"由此可知，男犯从事筑城墙等体力劳动；女犯的主要劳役方式是舂米。

鬼薪、白粲：鬼薪、白粲是对应受五岁刑处罚的男女犯人的不同处罚方法，即男为鬼薪，女为白粲。据《汉旧仪》记载："鬼薪，男当为祠祀鬼神伐山之薪蒸也。女为白粲者，以为祠祀择米也。"即男犯为宗庙祭祀

---

① 城旦舂在秦朝为六岁刑，在汉朝为四岁刑。

伐取薪木，女犯为宗庙祭祀择米。实际上，这只是刑名的概括称谓，男女犯人的劳役不限于此。

隶臣妾：秦朝时的四年刑①，即犯人被没入官家为奴，男为隶臣、女为隶妾。

司寇：司寇在秦朝为三岁刑，而从城旦舂减刑为司寇者，刑期为两年。《汉旧仪》称："罪为司寇，男守备。"即强迫罪犯到边地服劳役，兼备防御职责。

候：秦朝时的一岁徒刑，《秦律杂抄》中记载："当除弟子籍不得，置任不审，皆耐为候。"《说文解字》："候，伺望也。"这种刑罚的方式是被判刑的人要伺望敌情，监管刑徒。

4. 财产刑：财产刑是指剥夺罪犯财产的刑罚，主要有赀和没两种方式。

赀：判处罪犯缴纳财物或以力役抵罪，可分为赀布、赀甲、赀盾、赀徭、赀戍等方式。

没：没收罪犯的财产以充官府。

5. 身份刑：指对有官职或爵位的犯罪者处以夺爵或免官的处罚，主要有废和夺爵两种方式。

废：废除犯罪者的官籍永不叙用。根据法律规定，任用废官者要受到处罚："任废官为吏，赀二甲。"

夺爵：剥夺犯罪者的爵位尊号及由此而享有的特权。

6. 其他刑罚方式：除以上列举的刑罚方式以外，秦朝还有其他许多刑罚手段，如：迁刑、赎刑、耻辱刑，等等。

迁刑：迁刑是一种类似后世流放的刑罚，它是将受刑者遣送到指定地区落户、服役的刑罚方式。其对象不仅针对罪犯本人，有时也包括受刑者的家属。

赎刑：指犯罪人以缴纳一定财物替代本刑的刑罚方式，见于秦简的有赎耐、赎迁、赎黥、赎宫、赎死，等等。

耻辱刑：耻辱刑一般是附加刑，其目的是对犯罪者的人格加以贬抑，以示羞辱的刑罚方式，主要有髡和耐两种方式。髡是剃除受刑者的头发，而耐是剃除受刑者的鬓须。

---

① 也有学者考证"隶臣妾"为不定期刑。

（三）秦朝的罪名

秦朝的罪名繁多，见诸史料的有几十种，除与后世大体相同的杀人、盗窃、强奸、诽谤、纵火等罪名外，还有一些罪名是比较有特点的，其中一些是秦朝特有的，反映了秦朝专制主义的本质，并为以后的专制法律开了先河。以下分类择要列举，以观大概。

1. 触犯皇帝的权威，威胁朝廷的统治秩序

这类犯罪主要有谋反、不道、泄露皇帝行止，等等。

谋反，即谋图反叛。这是一种最严重的犯罪，违反者一律被处以极刑。

不道，指操纵国家政务，倒行逆施的犯罪行为。如嫪毐、吕不韦都罗此罪名。《史记·秦始皇本纪》有"操国事不道如嫪毐、吕不韦者，籍其门"的记载。

泄露皇帝行止，即泄露皇帝的行踪。当其时，六国新灭，意图复仇者多以秦始皇为对象，刺杀事件屡有发生，而泄露皇帝的行止，是对皇帝安全的极大威胁，故列为重要的罪名。《史记·秦始皇本纪》载："行所幸，有言其处者，罪死。"

诽谤妖言罪，即妄议国政，散布谣言。秦始皇坑杀儒生、方士即以此而定罪名。

以古非今罪：秦始皇三十四年下诏："以古非今者，族。"[1]

妄言罪：《史记·郦生列传》载："秦法：不可妄言，妄言者无类。"所谓无类，就是满门抄斩，无留余类的意思。

2. 有关官吏的职务犯罪罪名

秦朝十分重视对官吏的管理，有许多罪名都是与官吏职务犯罪有关的，如不直与纵囚、犯令与废令罪，等等。

所谓不直是指司法官吏故意重罪轻判或轻罪重判的行为；纵囚是故意放纵犯人，使其免受刑罚的行为。

所谓犯令与废令均指官吏的渎职行为。根据秦简记载："令曰勿为，而为之，是谓犯令；令曰为之，弗为，是谓废令。"[2]

3. 其他罪名

秦朝之法律特别全面而严密，其罪名几乎涵盖了所有违法犯罪的社会

---

[1] 《史记·秦始皇本纪》。
[2] 夏利亚：《睡虎地秦简文字集释》，上海交通大学出版社2019年版。

行为，除以上提及的以外，还有许多其他罪名，以下仅举几例，以观大概。

杀、伤人不救援罪：这项罪名指见死不救的行为。在秦简《法律答问》中有明确的解释："贼入甲室，贼伤甲，甲号寇，其四邻、典、老皆出不存，不闻号寇，问当论不当？审不存不当论，典、老虽不存，当论。"① 这里所说的情况是有强盗进入甲家抢劫，甲呼救，而邻里及地方官吏都没有出面相救，问对他们是否应该问罪？而官方的解释是，如果四邻是出门不在，就不追究他们的责任，如果在家而不出手救援，就要追究其责任。但负有地方治安责任的典、老，即使不在家，也要追究其责任。

投书罪：这是有关不实举报的罪行。秦律规定："有投书，毋发。见辄燔之，能捕者购臣妾二人。"即对于内容不实的匿名信，不能扩散，要尽快销毁，对于能查明下落的人员要进行物质奖励。

逋事与乏徭罪：就是关于逃避徭役的罪行。所谓逋事就是被征服役而不到的行为；所谓乏徭是指当事人虽到服役之处报到，但后又逃亡者。

（四）秦朝之定罪量刑原则

从制度建构的角度上而言，秦朝的法律制度已相当完备，这从其关于定罪量刑的原则上也可以得到证明。概括而言，秦朝的刑罚原则有以下几方面内容。

1. 刑事责任年龄。秦以身高确定责任年龄，这大概与当时的人体发育基本情况相适应。根据秦简记述，秦律对成年人的标准为男达六尺五寸身高以上，女达六尺二寸身高以上者为成年人，要负刑事责任。当时之一尺约合现在的六寸。在此标准以下者，一般为未成年人，可以不负刑事责任。据学者考证推测，在当时的发育状况下，这个身高标准大约为 16 岁。

2. 以有无犯罪意识作为认定是否构成犯罪的标准。在《法律答问》中讨论了两个案例，可以清楚地看到这项原则在司法实践中的应用。案例一："甲盗，赃值千钱，乙知甲盗，受分赃不盈一钱，问乙何论？同论。"在这个案例中，乙明知甲盗窃的事实，但还是接受了甲的赃物，虽价值无几，也要与甲相同论罪。这是因为甲有犯罪的动机。

案例二："甲盗钱以买丝，寄乙；乙受，弗知盗，乙论何也？毋论。"

---

① 夏利亚：《睡虎地秦简文字集释》，上海交通大学出版社2019年版。

在此案件中，甲用盗窃来的钱买了丝交乙保管，而乙由于不知道丝是用赃款购得，没有犯罪的动机，故不问罪。

3. 区分故意和过失。在秦律中，故意叫"端"，过失叫"不端"。故意从重，过失从轻。《法律答问》载："甲告乙盗牛若贼伤人，今乙不盗牛、不伤人，问甲何论？端为，为诬人；不端，为告不审。"这里将甲的行为先加以定性，如果是故意，则构成诬告罪；如果不是故意，则为控告不实罪。

4. 确定免予追究刑事责任的条件。秦朝法律对于刑事责任的时效并没有明确的时间规定，它确定对于两类犯罪行为可以不予追究，其一是罪发时被告已死亡的，其二是被赦令赦免的。

5. 累犯加重。根据秦简的记述，秦朝在法律上区别初犯和累犯，并且规定，对于累犯要加重处罚。在《法律答问》中有这样的记载："当耐为隶臣，以司寇诬人，何论？当耐为隶臣，有（又）系称旦六岁。"就该罪犯本应处以耐为隶臣的刑罚，但其又犯有诬告罪，故除本刑外，要另外加重刑罚。

6. 数罪并罚原则。根据秦朝法律的有关规定，在同一案犯犯有数罪的情况下，要将数罪合并在一起加以处罚。

7. 共同犯罪要加重刑罚。秦朝特别重视对团伙犯罪的打击力度，对于共同犯罪在处罚上要比个人犯罪严厉得多。《法律答问》载："五人盗，臧（赃）一钱以上，斩左止（趾），有（又）黥以为城旦；不盈五人，盗过六百六十钱，黥鼻以为城旦；不盈六百六十到二百廿钱，黥为城旦。"由此可见，秦朝对于共同犯罪的处罚极为严厉。

8. 自首减刑。秦律中的"自出"就是今天所讲的"自首"。据《法律答问》记载："隶臣系城旦舂，去亡，已奔，未论而自出，当笞五十，备系日。"根据秦律，罪犯逃亡要被处以重刑，而由于逃犯自首，仅处以轻刑。同时，秦律还规定，罪犯自身及主动消除犯罪影响者可以获得刑罚的减免。《法律答问》中也有关于这项规定的记载："将司人而亡，能自捕及亲所知为捕，除无罪。"即所监管的罪犯逃亡，如能将其抓获归案，就可以免除罪责。

9. 诬告反坐。即对故意捏造事实，向司法机关控告他人，使无罪者入于罪，使罪轻者入于重罪者，依律处以相应的刑罚。在《法律答问》中有这样的记载："完城旦，以黥城旦诬人，何论？当黥。"

10. 教唆犯与现行犯同罪。《法律答问》载："甲谋遣乙盗，一日，乙且往盗，未到，得，皆赎黥。"同时，秦律还规定对教唆未成年人犯罪者要加重处罚。《法律答问》中有此类记述："甲谋遣乙盗杀人，受分十钱，问乙高未盈六尺，甲何论？当磔。"即教唆未成年人盗杀人者要受到肢裂身体的重刑。

（五）秦律民事、行政法律简述

秦律的内容十分丰富，除以上所介绍的刑事法律制度以外，秦律在经济法律、行政法律和民事法律方面也相当完备。

1. 经济法律

秦朝统治者很重视用法律手段调整和管理经济，秦律中有很多规定类似于现在的经济法规。主要针对自然资源保护、农业、畜牧业生产管理和手工业管理方面。

关于自然资源保护方面，秦律中规定春天二月不准砍伐木材，不准堵塞水道；不到夏天，不准烧草做肥料；不准捉取幼兽等。关于农业生产管理方面，规定下了及时雨和谷物抽穗时，要书面上报；遇到灾害，也要上报。关于畜牧业管理方面，规定每年定期评比耕牛。关于手工业管理方面，对产品的品种、规格、质量、定额、劳动力调配方法、徒工培训等都做了具体而明确的规定。关于市场贸易管理方面，对价格、质量标准都有规定。

2. 司法、行政法律

秦朝设有三公，丞相是最高行政长官；太尉主掌军政；御史大夫掌管臣下的奏章和下达皇帝的诏令，并负有监察的职责。

在三公下设九卿：奉常、郎中令、卫尉、太仆、廷尉、典客、宗正、治粟内史、少府。

对于官员的行政处分有以下几种形式：淬、赀、免、废。

秦在战国时已设有"廷尉"，为最高司法审判机关。统一六国后，廷尉为全国最高司法审判机关。

秦朝的诉讼形式大体有两种：一是官吏纠举犯罪，提起诉讼，类似于今天的公诉人；二是平民当事人，类似于今天的自诉人。但任何人都有告发犯罪的义务。

秦律中有"公室告"和"非公室告"之分，它都属于自诉范围，是秦朝根据案件性质对当事人告发犯罪所作的一种划分。公室告：指控告非家庭成员间的盗窃、伤害、杀人等行为的案件，对此，有审判权的官府必须受理，这类自诉受国家保护。非公室告：指控告本家庭成员间某些行为的案件，如子女盗窃自家财产，家长伤害子女等，司法机关不受理。若当事人坚持控告，则告诉者有罪。

秦朝的审讯方式大致是，首先，听取当事人口供；其次，根据口供中矛盾和不清处提出诘问；最后，对多次改口供，不老实认罪者施以刑讯，然后作出判决并"读鞠"即宣读判决书。当事人若称冤，可请求再审，叫"乞鞠"，既可由当事人提出，也可由第三人提出。

3. 民事法律

在民事方面，秦律中也有许多规定。确定了特殊的权利主体"户"；对所有权关系进行比较明确的分类，区分国家所有权与私人所有权；对所有权进行严格的保护；对债权有相当明确的规定，无论是债的发生、债务的担保，还是债务的履行，秦律中都有细致的规定；在婚姻家庭方面，秦律的规定也很详尽，其中包括了结婚、离婚、夫妻间的权利与义务、家长与子女间的权利与义务、继承等各个方面的内容。

三　秦朝法制简议

通过以上论述，我们可以看到秦朝的法律是非常完备的。但秦朝的"二世而亡"对中国历史的发展影响深远，秦朝以后的历朝历代都以其覆灭作为前车之鉴，由此对法治主义加以深刻的质疑。虽然在实际的政治实践中不能废弃法律的作用，即所谓"阳儒阴法"；但在思想理念上对法律的作用自觉或不自觉地加以回避或掩盖。这不能不在客观上阻碍了中国法律与时俱进的脚步。

秦朝之法制达到中国历史上的一个高峰，但后人多或视而不见，或效法而不言。《汉书》之作，其时距秦未远，但即使在刑法志中，也几乎对秦朝的法制具体情况没有提及，更没有对秦国厉行法制对统一大业之完成所起的正面作用有所评价，而是将其作为秦朝速亡的直接原因。秦朝也被描述成一个完全实行法治而蔑弃德治的国家。桓范称："德多刑少，五帝也；刑德相半者，三王也；刑多德少，五伯也；纯用刑而亡之者，秦也。"[①] 实际上，法制发达肯定是秦国一统天下的重要原因，而秦王朝丧失

---

① 《太平御览》卷六三六。

天下，未必是法制的罪责。但严刑峻法是最容易被直观认识的社会现实，也对社会民众形成最直接的伤害，最容易引发社会冲突，故而也最容易成为一个标志性的因素。《汉书·刑法志》给秦朝的法制下了如下的判断："至于秦始皇，兼吞战国，遂毁先王之法，灭礼谊之官，专任刑罚；躬操文墨，昼断狱，夜理书，自程决事，日县石之一。而奸邪并生，赭衣塞路，囹圄成市，天下愁怨，溃而叛之。"这个判断不断为后人所重复，以至于秦朝的法律成就渐被忘却。如果没有"睡虎地秦简"这些真实历史材料面世，秦朝的法律之具体情况恐怕会长久地消失在遗忘之河。由此，秦朝法制被全盘否定，以至于其法制的成功经验也被视若无睹。检索历代刑法志，均将其法律沿革上溯至上古尧舜时期之皋陶，禹商、周礼、春秋时期之法经，汉代所谓三章、九章，而讳言秦朝法制。当局者，皆以厉行法制为为政之末端，所谓"议者以为隆刑峻法，非明王急务"①。

许多史家把法制酷烈均归罪于秦。"秦政酷烈，违牾天心；一人有罪，延及三族。"② 实际上，三族之诛，并非秦国或秦朝独行之制，而是当时通行之制。秦朝强盛，与六国皆为敌国，合力对抗，非其对手，月消岁侵，荼毒各国。及至兼并六国，四海一统，更为天下之仇人。六国之人，莫不切齿。这种敌对的情绪，只能通过长期的统治，采取软硬兼施的手段才能慢慢消除，如清朝虽则在进关以后受到整个社会严重敌视和对抗，但通过镇压和安抚两方面的手段，形成了社会秩序基本稳定的局面，并通过这种秩序的建立，形成社会的稳定和初步繁荣，故形成相对的长治久安。而秦朝享国日短，更没有如清朝初期顺治和康雍乾三代帝王的政治手段。秦朝灭亡之时，仍在天下痛恨的情势之中。故其对秦朝的否定是全方位的，甚至可能是超过正常限度的，所有的坏事都由秦朝做尽，甚至非其所恶，也归于其身。由此，秦朝的法制虽则达到了很高的水平，却也遭到了全盘的否定。顾炎武称："秦之任法虽过，而其坊民正俗之意固未始异于三王也，汉兴以后，承用秦法以至今日者多矣。世之儒者言及于秦，即以为亡国之法，亦未之深考乎？"③ 从某种意义上来说，此种态度改变了中国古代法律发展的进程。有学者称："毫无疑问，秦朝的法律观念和实践是其统一中

---

① 《后汉书·杜林传》。
② 《后汉书·杨终传》。
③ 《日知录集释》，中华书局2020年版，第678页。

国后仅持续十五年就灭亡的主要原因……随着秦朝的昙花一现，法家也被尘封起来了……因此，在获益于法家思想的同时，中国人予以拒斥。通过将法律仅限制为刑法，包括对违反公序良俗者的制裁，曾由法家在法律与道德之间开辟的鸿沟，再次被架起桥梁。于是，法律再次被牢牢嵌入道德中。"[1]

秦朝以后，法律被认为是"盛世所不尚"的统治工具，反言之，即为乱世所能尚。而在专制主义之言论环境下，末世也会被赞为盛世，纵观中国之历史，虽则乱局不断，但几无一朝不被赞为明君，故盛世不绝。如此，尊尚法律之时何得而可有！

---

[1] 顾立雅：《申不害》，马腾译，江苏人民出版社2019年版，第121页。

第五章　法律儒家化趋势的形成与发展（两汉魏晋南北朝）

重要节点：《春秋》决狱　董仲舒云："是故为《春秋》者，得一端而多连之，见一空而博贯之，则天下尽矣。"

王夫之称："孟子曰：'春秋成而乱臣贼子惧。'惟其片言而折，不待繁言而彼诈遁之游辞不能复逞。"①

《春秋繁露·精华》："春秋之听狱也，必本其事而原其志。志邪者，不待成；首恶者，罪特重；本直者，其论轻。"

《盐铁论·刑德篇》："法者缘人情而制，非设罪以陷他，故《春秋》之治狱，论心定罪，志善而违于法者免，志恶而合于法者诛。"

此一时期最重要之历史节点为春秋决狱，其代表人物为董仲舒。春秋决狱是儒家正统地位确立在法律之理念与实践上的反映。此种具有历史意义之法律行为，在中国古代历史上有着重要地位。甚至在当时，董仲舒的言行也被神化，所谓"董仲舒梦蛟龙入怀乃作春秋繁露词"②。《汉书·应劭传》中记述了董仲舒创造春秋决狱的基本过程，其言："胶东相董仲舒老病致仕，朝廷每有政议，数遣廷尉张汤亲至陋巷，问其得失，于是作春秋决狱二百三十二事，动以经对。"

---

① 《读通鉴论》卷末。
② 《西京杂记校注》，中华书局2020年版，第91页。

第一节　汉代对秦朝法制的匡正

无疑，秦朝过度采取的严刑峻法是其二世而亡的一个重要原因，故汉朝立国伊始就对秦朝之法制进行了某种程度的纠正，其方法是在立法上科条简明，在司法上宽严结合。

汉朝建立之初，社会生活与生产状况极其衰败。多年的战乱，使社会经济受到极大的破坏。在这种条件下，继续采取秦朝的重刑政策只会导致社会的贫困和混乱进一步加剧，因此，汉初的统治者采取了合乎时宜的删除繁苛法律的策略。

史称："汉兴，高祖初入关，约法三章，曰杀人者死，伤人及盗抵罪，蠲削繁苛，兆民大悦。其后四夷未附，兵革未息，三章之法，不足以御奸，于是相国萧何攈摭秦法，取其宜于时者，作律九章。"[①]

虽然汉初统治者采取的"轻平刑罚"举措缓解了社会矛盾，特别是汉文帝，继续坚持汉高祖创建的"轻刑薄罚"的策略，但对秦代法制只是在形式上加以变异，而在制度层面上并没有根本的改变，因循秦朝的法律制度是主要的。如当时还保留了"夷三族""具五刑"等残酷的刑罚，《汉书·刑法志》记载："汉兴之初，其大辟尚有夷三族之令。令曰：当三族者，皆先黥，劓，斩左右趾，笞杀之，枭其首，菹其骨肉于市。其诽谤詈诅者，又先断舌。故谓之具五刑。"

在这种情况下，汉初的统治者认识到必须对繁苛的秦法进行深入的变革，在黄老无为而治思想的指导下，他们形成了独特的立法主张，这种立法思想可以概括为以下内容：其一，更秦之法。汉初统治者认为，秦朝灭亡的主要原因是法网太密，刑罚太酷。要稳定社会局势，安抚人心，避免秦朝覆灭的下场，必须对秦法加以更改。故汉高祖甫一入关，就做出废除秦朝苛法严刑的姿态，以示与秦朝的不同。但实际上，汉初对秦法的更易，只是在形式上、程度上的改变，在实质内容上还是对秦法多有沿用。其二，轻刑薄罚。在黄老思想的影响下，汉初统治者在法律的执行上采取了轻刑薄罚的原则。他们提倡"刑不厌轻、罚不患薄"，努力纠正秦朝重刑主义所造成的社会危害。基于轻刑薄罚的原则，他们还主张罪疑从赦，

[①] 《汉书·刑法志》。

赏疑从重。在没有确凿证据的情况下，不可妄杀；而在对有功者进行奖赏的时候，即使有疑问也不能随便加以取消。这项主张是对秦朝"无罪见诛""有功无赏"的纠正。其三，约法省禁。汉初诸帝对于秦朝覆灭的教训时刻加以汲取。他们认为秦朝的覆灭恰恰就是"事愈繁，天下愈乱，法愈滋而奸愈炽，兵马益设而敌人愈多。秦非不欲为治，然失之者，乃举措暴众，而用刑太极故也"①的例证。从而，他们主张在制定法律的时候，应该以简约的立法为原则。

通过以上努力，汉代逐渐形成了自己的法律制度体系和特点。《后汉书》中对西汉法律沿革做了一个小结："高帝受命诛暴，平荡天下，约令定律，诚得其宜。文帝惟省除肉刑相坐之法，它皆率由，无革旧章。武帝征伐四方，军役数兴，豪杰犯禁，奸吏弄法，故重首匿之科，著知从之律。宣帝聪明正直，臣下奉宪，无所失坠，因循先典，天下称理。至哀平继体，而即位日浅，听断尚寡，王嘉轻为穿凿，亏除先帝旧约成律。"②从这里，我们可以知道汉代法律发展的基本脉络，即汉高祖刘邦初创法制，法律以《九章律》为代表。而文帝继承了高祖的轻刑政策，更在此基础上废除了肉刑。到汉武帝时，国力日强，社会稳定，他放弃了汉初所执行的无为而治的政策，对外大张旗鼓地推行攻伐，与匈奴进行了多次征战。对内，他也大幅度地对法律制度进行了修正，这种修正包括两个方面的内容：其一，大规模制定法律，并加大对违法犯罪的打击力度；其二，用"春秋决狱"的方式将儒家思想的精神实质注入法律制度之中。

汉文帝废除肉刑可以被认为是汉代对秦朝法制进行纠正的代表性标志。

肉刑是一种古老的刑罚方式，也是一种重要的刑罚方式。实际上，在秦代以前，徒刑并不是正式的刑罚方式，也就是说残人肌肤、毁人肢体的肉刑是主要的刑罚方式。

汉朝初期，肉刑被沿用。根据史料记载，当时的肉刑包括黥、劓和斩趾。斩趾包括斩左趾和斩右趾。《汉书·刑法志》称："今法有肉刑三。注，孟康曰：黥劓二，刖左右趾合一，凡三也。"

汉文帝实际上是比较崇尚法家之学的，史载："文帝初立，闻河南守

---

① 《新语·无为》。
② 《后汉书·梁统传》。

吴公治平为天下第一，故与李斯同邑，而尝学事焉。征以为廷尉。"① 即拔擢李斯的学生为廷尉。其对刑制的改革，有一个渐进的过程。根据《汉书·文帝纪》记载：元年，"尽除收帑相坐律令"。② 二年，诏曰："今法有诽谤妖言之罪，是使众臣不敢尽情而上无由闻过失也，将何以来远方之贤良？其除。"③

值得一提的是，"刑不上大夫"之礼的精神，也在汉文帝时期得到某种程度上的回归，其契机是通过"周勃下狱之事"。此事于法制史上颇可一书。周勃追随汉高祖，屡立战功被授太尉。其后，又在诛诸吕复汉室之时立有首功，"文帝即位，以勃为右丞相，赐金五千斤，邑万户"。后"人有上书告勃欲反，下廷尉，逮捕勃治之。勃怒，不知置辞。吏稍侵辱之。勃以千金与狱吏，狱吏乃书牍背示之，曰'以公主为证'。"其时，周勃之子娶公主为妻，故通过公主向太后求助。太后为周勃说情，称："绛侯绾皇帝玺，将兵于北军，不以此时反，今居一小县，顾欲反耶！"文帝释放周勃出狱，周勃说出了一句令人感慨良多之语："勃既出，曰：'吾尝将百万军，安知狱吏之贵也！'"④

《汉书·贾谊传》中称："是时，丞相绛侯周勃免就国，人有告勃谋反，逮系长安狱治，卒之事，复爵邑，故贾谊以此讥上。"四年，贾谊上奏疏于帝，上纳之，是后大臣有罪皆自杀，不受刑。

文帝刑制改革最主要的内容是废止肉刑制度，其始于著名的"缇萦救父"。《汉书·刑法志》中完整地记载了此一事件之始末：

"齐太仓令淳于公有罪当刑诏狱逮系长安。淳于公无男，有五女，当行会逮，骂其女曰：'生女不生男，缓急非有益。'其少女缇萦，自伤悲泣，乃随其父至长安。上书曰：'妾父为吏，齐中皆称其廉平，今坐法当刑。妾伤夫死者不可复生，刑者不可复属，虽后欲改过自新，其道亡由也。妾愿没入为官婢，以赎父刑罪，使得自新。'书奏天子，天子怜悲其意。遂下令曰：'制诏御史：盖闻有虞氏之时，画衣冠异章服以为戮，而民弗犯，何治之至也！今法有肉刑三，而奸不止，其咎安在？非乃朕德之薄而教不明与？吾甚自愧。故夫训道不纯而愚民陷焉。诗曰：'恺弟君子，

---

① 《汉书·贾谊传》。
② 应劭注：帑，子也。秦法，一人有罪，并其家室，今除此律。
③ 师古注曰：高后元年诏除妖言之令，今此又有妖言之罪，是则中间重复设此条也。
④ 《汉书·张陈王周传第十》。

民之父母',今人有过,教未施而刑已加焉,或欲改行为善,而道亡由至,朕甚怜之。夫刑至断肢体,刻肌肤,终身不息,何其刑之痛而不德也!岂称为民父母之意哉?其除肉刑,有以易之。'"简述之,官家女缇萦之父因罪被下狱,或被肉刑,缇萦上书为其父请求宽减,自愿没入官婢为父赎罪。汉文帝为之感动,下令废除肉刑。

汉文帝十三年五月诏令废除肉刑,其内容是以笞刑、劳役刑和徒刑取而代之。《汉书·刑法志》记载:"当黥者髡钳为城旦舂;当劓者,笞三百;当斩左止者,笞五百;当斩右止,及杀人先自告,及吏坐受赇枉法,守县官财物而即盗之,已论命复有笞罪者,皆弃市。"

汉景帝即位后,对文帝的所为大加赞颂,诏曰:"孝文皇帝临天下,通关梁,不异远方,除诽谤,去肉刑,赏赐长老,收恤孤独,以遂群生;减耆欲,不受献,罪人不孥,不诛亡罪,不私其利也;除宫刑,出美人,重绝人之世也。"[1]

其后,汉景帝又进一步减轻了替代肉刑的刑罚。中元六年"又惟酷吏奉宪失中,乃诏有司减笞法,定箠令"。[2]

汉文帝及景帝对刑制的改革,在中国法制史上意义重大,它是中国古代刑制进入较为文明阶段的转折点。这一改革为固有刑制向新"五刑"的过渡奠定了基础。

第二节 法律制度儒家化趋势的形成

汉朝初建,首先所做之事就是向礼治进行有限之回归。如所周知,礼的一个重要作用就是别贵贱长幼。在礼的规范中,个人之身份固定,社会等级明确。而春秋战国之时,这种等级秩序遭到自下而上的破坏。"诸侯逾越法度,恶礼制之害己,去其篇籍,遭秦灭学,遂以乱亡。"[3] 庶人欲破贵族之礼,贵族欲破诸侯之礼,诸侯欲破天子之礼,由此而产生社会身份的变动。秦朝建立,其欲以法治之功能取代礼治的功能,以法来确定个人的社会身份。依靠秦国多年施行的法治经验,其有能力达成这一效果。而

---

[1] 《汉书·景帝纪》。
[2] 《汉书·景帝纪》。
[3] 《汉书·礼乐志》。

在汉朝初建时,其法制水平很低,不足以维护君主之尊严,故欲重修礼仪,史称:"汉兴,拨乱反正,日不暇给,犹命叔孙通制礼仪,以正君臣之位。"①《汉书》中将此过程描述得相当精彩:"汉王已并天下,诸侯共尊为皇帝于定陶……高帝悉去秦仪法,为简易。群臣饮争功,醉或妄呼,拔剑击柱,上患之。"叔孙通"说上曰:'夫儒者难以进取,可与守成。臣愿征鲁诸生,与臣弟子共起朝仪'"。此后,叔孙通受命与儒者学士制定礼仪,并令群臣演练。"汉七年,长乐宫成,诸侯群臣朝十月。"在礼仪的规制下,一切都依礼而行,"自诸侯王以下莫不震恐肃静。……御史执法举不如仪者辄引去。竟朝置酒,无敢讙哗失礼者。于是高帝曰:'吾乃今日知为皇帝之贵也'"②。

礼的作用如此显著,君王岂能不用。他们从统治者的地位上认识到,国家欲治理,必须发挥礼的作用,所谓"治身者斯须忘礼,则暴嫚入之矣;为国者一朝失礼,则荒乱及之矣"③。经过汉初对秦朝法制的纠正,汉朝逐渐形成了自己的礼制与法制的基础与准则。汉朝的统治者也逐渐放弃了黄老无为而治、与民休息的思想主张,进而采取更为积极的统治策略。汉文帝尽管实行仁政,废除肉刑,但其并非儒家思想的信奉者,而更倾向于法家的观点,所用之人也多文法之士。汉景帝时,对于严刑重罚有所纠正,中元五月曾下诏曰:"法令度量,所以禁暴止邪也。狱,人之大命,死者不可复生。吏或不奉法令,以货赂为市,朋党周比,以苛为察,以刻为明,令亡罪者失职,朕甚怜之。有罪者不服罪,奸法为暴,甚亡谓也。诸疑狱,若虽文致于法而人心不厌者,辄谳之。"④至汉武帝以后,才逐渐形成了以儒家思想为指导的统治方针。皮锡瑞称:"元、成以后,刑名渐废,上无异教,下无异学。皇帝诏书,群臣奏议,莫不援引经义以为据依。"⑤在法制层面,通过春秋决狱这种司法原则的广泛适用,儒家的思想主张被融入封建法制的具体活动中,并形成了封建正统法律思想。应该说,春秋决狱奠定了正统法律思想之基础。

---

① 《汉书·礼乐志》。
② 《汉书·叔孙通传》。
③ 《汉书·礼乐志》。
④ 《汉书·景帝纪》。
⑤ 《经学历史》,中华书局2018年版,第225页。

一 《春秋》之义

春秋决狱的依据是所谓《春秋》之义。所谓《春秋》之义,就是从《春秋》等儒家经典中归纳出来的诸多原则。王夫之称:"《传》曰:'为人君而不知《春秋》,前有谗而不见,后有贼而不知。'《春秋》之义何义也?适庶明,尊卑别,刑赏定,重农抑末,进贤远奸,贵义贱利,端本清源,自治而物正之义也。"①

《春秋》本身是一部春秋时期关于鲁国之编年史。相传为孔子所作,其中记述了春秋时期以鲁国为中心的诸侯国历史,起自鲁隐公元年(公元前722),终达鲁哀公十四年(公元前481),时间跨度达231年,涉及诸侯国近百数,而字数只有不到两万字,其内容简约,文辞艰涩。后人对其解释众多,其中最为主要的有《春秋左氏传》,司马迁称:"孔子明王道,干七十余君,莫能用,故西观周室,论史记旧闻,兴于鲁而次《春秋》,上记隐,下至哀之获麟。约其辞文,去其烦重,以制义法,王道备,人事浃。……鲁君子左丘明惧弟子人人异端,各安其意,失其真,故因孔子史记具论其语,成《左氏春秋》。"② 此外,《春秋公羊传》和《春秋谷梁传》也是传释《春秋》的重要著述。

《春秋》之文义简疏,有非常大的解释空间,使得后人易于附会,将自己的思想主张,假古人之口说出。汉代之儒家将此发扬光大,使《春秋》之义无处不在,成为无往而不利、放之四海而皆准的行为准则。《春秋》之义成了儒家原教旨的解释工具,但有时候,往往与《春秋》之原意不符。对此,朱熹也深感无奈,其言:"某尝说与学《春秋》者曰:今如此穿凿,说亦不妨,只恐一旦地中得夫子家奴,出来说夫子当时之意不如此尔。"③ 清代学者顾栋高也认为,所谓《春秋》字字寓褒贬是不可能的,其言:圣人"光明正大,绝不如此。《春秋》只须平平看下去,自如冈峦之起伏"④。但更多人认为《春秋》微言大义,蕴含着圣人之深刻道理,统治者必须加以学习。

---

① 《读通鉴论》卷二十。
② 《史记·十二诸侯年表》。
③ 《朱子语类》卷八十三。
④ (清)顾栋高:《春秋大事表》,中华书局1963年版,第53页。

《史记》中称："上大夫董仲舒推《春秋》义，颇著文焉。"① 董仲舒言："《春秋》之文，求王道之端，得之于正……夫道之大者在阴阳，阳为德，阴为刑；刑主杀而德主生。"所谓"《春秋》之道，大得之则以王，小得之则以霸"。② 汉代刘向称："公扈子曰：'有国者不可以不学《春秋》，生而尊者骄，生而富者傲；生而富贵，又无鉴而自得者鲜矣。《春秋》，国之鉴也。《春秋》之中，弑君三十六，亡国五十二，诸侯奔走，不得不保其社稷者甚众，未有不先见而后从之者也。'"③ 宋人王应麟记述："胡文定夫子奏疏，以《春秋》之义扶世道，正人心，可以立懦夫之志。此义不明，人欲横流，始也不知邪正，终也不知顺逆。"④

这些可以体现《春秋》之精神实质的思想内容被称为"《春秋》之义"。《春秋》之义在形式和内容上都是非常宽泛的。

董仲舒提出了《春秋》之义的范畴，其言："《春秋》之义，天子祭天地，诸侯祭社稷，诸山川不在封内不祭。有天子在，诸侯不得专地，不得专封，不得专执天子之大夫，不得舞天子之乐，不得致天子之赋，不得适天子之贵。君亲无将，将而诛。大夫不得世，大夫不得废置君命，立适以长不以贤，立子以贵不以长。故立夫人以适不以妾。天子不臣母后之党。亲近以来远，未有不先近而致远者也。故内其国而外诸夏，内诸夏而外夷狄，言自近者始也。"⑤ 苏舆称："此篇所举，确为《春秋》特立之义，余以此慎推之可也。"⑥

当然，董仲舒所举，仅为《春秋》之义中最为核心的内容。为进一步明了"《春秋》之义"的基本内涵，以下仅从史籍中摘录若干史料，对于《春秋》之义的表述加以列举，其中有些明确标明《春秋》之义，有些虽没有明示，但实质上表达了《春秋》之义的内涵。

"《春秋》之义，臣不讨贼，非臣也；子不复仇，非子也。"⑦

"《春秋》之义，意恶功遂，不免于诛。"⑧

---

① 《史记·十二诸侯年表》。
② 《汉书·董仲舒传》。
③ 王天海、杨秀岗译注：《说苑》上，中华书局2019年版，第146—147页。
④ （宋）王应麟：《困学纪闻》，上海古籍出版社2015年版，第458页。
⑤ 《春秋繁露·王道》。
⑥ （清）苏舆：《春秋繁露义证》，中华书局2019年版，第99页。
⑦ 《春秋繁露·王道》。
⑧ 《汉书·薛宣传》。

"《春秋》之义，有正春者无乱秋，有正君者无危国。"①

"春秋之义，选人所长，弃其所短；录其小善，除其大过。"②

"春秋之义，功在元帅，罪止首恶。"③

"春秋之义，善善及子孙，恶恶止其身，所以进人于善也。"④

"春秋之义，母以子贵。"⑤

"《春秋》之义，责知诛率。"⑥

《春秋》书宗人衅夏公云"无以妾为夫人之礼"。齐桓誓命于葵丘，亦曰："无以妾为妻。"⑦

左氏云："虽有姬姜，不弃憔悴；虽有丝麻，不弃菅蒯。"

"既非《周礼》设官之意，又非《春秋》十等之义也。"⑧

《春秋》之义何以能够成为施政判案的准则呢？当然是其与儒家思想的核心价值观相一致。宋人称："《春秋》立法谨严，而宅心忠恕。"⑨并言"为人臣不知《春秋》之义，其祸天下极矣"。⑩

当然，《春秋》以外之其他儒家经典，也可以称为司法活动的理论依据。所谓"《易》称赦法，《书》著祥刑。一人有庆，兆民赖之，慎法狱之谓也"。⑪

二 《春秋》决狱之基本内容

如前所言，所谓《春秋》决狱，即以儒家经典，特别是《春秋》之精神实质作为用法量刑之根据，《春秋》决狱实际上可称为春秋决事，即不仅仅限于司法适用层面。汉武帝时，董仲舒奏曰："（秦）行韩非之说，憎帝王之道，以贪狼为俗，诛名而不察实，为善者不必免而犯恶者未必刑

---

① 王天海、杨秀岚译注：《说苑》上，中华书局2019年版，第121页。
② 《后汉书·第五伦传》。
③ 《后汉书·梁商传》。
④ 《后汉书·刘般传》。
⑤ 《后汉书·梁竦传》。
⑥ 《潜夫论·断讼篇》。
⑦ 《后汉书·文德郭皇后传》。
⑧ 《三国志·魏·程晓传》。
⑨ （宋）王应麟：《困学纪闻》，上海古籍出版社2015年版，第195页。
⑩ （宋）王应麟：《困学纪闻》，上海古籍出版社2015年版，第220页。
⑪ 《后汉书·王朗传》。

也。"① 应该说,此即为春秋决狱的思想根源,即匡正秦之法,诛而不循名而察实,为善者可免而狂恶者必刑。史称:董仲舒"少治《春秋》,孝景时为博士,进退容止,非礼不行,学者皆师尊之"②。当其时,能够通晓《春秋》者,可获社会及朝廷的认可,如"博士赵博、校书郎班固、贾逵等,以终深晓《春秋》,学多异闻,表请之"③。

以所谓《春秋》之义作为定罪量刑的依据,实质上是将这种《春秋》之义视为一种法律渊源,但基本上限于司法层面,而且,极为有可能只是限定于那些公认的通晓《春秋》之人,但也可以确定,这种做法是一种普遍的司法断案的方式。沈家本称:"汉人多以《春秋》决狱……乃其时风尚如此,仲舒特其著焉者耳。"④

《春秋》决狱是以董仲舒为代表之儒家人物根据当时的社会条件与法制状况而倡立的一种审判方式。汉武帝时,开始推崇儒家的思想主张,但汉代当时的法律与儒家的思想有相当多的不协调之处。虽然汉代初期采取"更秦之法""约法省禁"的种种方法对秦朝严峻法律加以匡正,汉文帝更废除肉刑,使汉代的法律比秦律要轻简得多,但他们的改革并没有从根本上对秦法加以改造,而实际上继承了秦法的基本内容。这就使法律的存在与法律的实施之间出现了矛盾,而春秋决狱在很大程度上解决了这一矛盾,使儒家的思想渗透于法律运用过程中。即在法无明文规定,或原有法律不符合儒家的思想主张时,运用儒家经典,特别是《春秋》中的事例和原则,即所谓"春秋之义",来指导案件的审判。春秋决狱的基本精神是"原心定罪",即不仅要考虑犯罪行为人的客观行为,还要注意行为人的心理状态,包括其行为时的动机和目的。《春秋繁露·精华》中称:"春秋之听狱也,必本其事而原其志。"此外,"为亲者讳""子为父隐,父为子隐""善善及子孙,恶恶止其身""妇人无专制擅恣之行""君亲无将,将而诛之"⑤ 等也是春秋决狱的适用原则。春秋决狱的实行,对于矫正秦朝以来法律严酷的实际情况,缩小刑罚的范围起到了一定的作用。但也过分

---

① 《资治通鉴》,中华书局1956年版,第557页。
② 《资治通鉴》,中华书局1956年版,第562页。
③ 《后汉书·杨终传》。
④ 沈家本:《历代刑法考》,中华书局1985年版,第881页。
⑤ 这是董仲舒提出的一种用刑主张,即在主张"亲亲相隐"的同时,帝王对危及皇权的犯罪,虽是亲属也要绳之以法。所谓"君亲无将"是指君主的亲属不得擅自招兵买马,怀反叛之心。关于此条,也有其他的解释。

地将判断行为人主观动机之权委诸法官之手,为徇私枉法打开了方便之门。章太炎曾评价道:"仲舒之《决事比》,援附经谶,有事则有例。……后之廷尉,利其生死异比,得以因缘为市……儒之戾也,法制弊也。"①

《汉书·应劭传》中记述了董仲舒创造春秋决狱的基本过程,其言:"胶东相董仲舒老病致仕,朝廷每有政议,数遣廷尉张汤亲至陋巷,问其得失,于是作春秋决狱二百三十二事,动以经对。"《晋书·刑法志》也详载此事:"献帝建安元年,应劭又删定律令以为汉议,表奏之曰:'夫国之大事,莫尚载籍。载籍也者,决嫌疑、明是非。赏罚之宜,允执厥中。俾后之人,永有鉴焉。故胶东相董仲舒老病致仕朝廷。每有政议,数遣廷尉张汤亲至陋巷问其得失。于是作春秋折狱二百三十二事,动以经对,言之详矣。'……臣窃不自揆,辄撰具律本章句,尚书旧事,廷尉板令,决事比例,司徒都目,《五曹诏书》,及《春秋决狱》,凡二百五十篇,蠲去复重,为之节文。"②

《春秋》还对汉代整体立法具有影响,即法律的制定要"与礼相应"。《晋书·刑法志》中记述:"《春秋保乾图》曰:'王者三百年一蠲法。'汉兴以来三百二年,宪令稍增,科条无限。又律有三家,说个驳异。刑法繁多,宜令三公廷尉,集平律令,应经合义可施行者,大辟二百,耐罪赎罪二千八百,合为三千,与礼相应。"③

程树德先生称:"汉时大臣,最重经术,武帝且诏太子受公羊春秋。《盐铁论》谓春秋治狱,论心定罪,志善而违于法者免,志恶而合于法者诛。故其治狱,时有出于律之外者。古义纷纶,迥异俗吏,固不独仲舒是也。"④ 即他认为,春秋决狱在西汉武帝时期是一种很流行的做法,而董仲舒是一个代表性的人物。

以上提及的董仲舒所作春秋决狱的三百三十二事,文献阙如,今只存有寥寥几则,但从中可以看出春秋决狱的基本方式和精神实质。以下摘录三则以供参考。⑤

---

① 章太炎:《訄书·儒法》,上海古籍出版社2017年版,第70页。另外,章太炎在《检论·原法》中称:"董仲舒为春秋决狱,引经附法,……上者得以重秘其术,使民难窥,下者得以因缘为市。"
② 《晋书·刑法志》。
③ 《晋书·刑法志》。
④ 程树德:《九朝律考》,中华书局1963年版,第163页。
⑤ 以下案例,引自程树德《九朝律考》,中华书局1963年版,第164页。

其一：时有疑狱曰：甲无子，拾道旁弃儿乙养之，以为子。及乙长，有罪杀人，以状语甲，甲藏匿乙，甲当何论？仲舒断曰：甲无子，振活养乙，虽非所生，谁与易之。诗云：螟蛉有子，蜾蠃负之。《春秋》之义，父为子隐，甲宜匿乙而不当坐。

其二：甲有子乙以乞丙。乙后长大，而丙所育成。甲因酒色谓乙曰：汝是吾子，乙怒杖甲二十。甲以乙本是其子，不胜其忿，自告县官。仲舒断之曰：甲生乙，不能长育，以乞丙，于义已绝矣。虽杖甲，不应坐。

其三：君猎得麑，使大夫持以归。大夫道见其母随而鸣，感而纵之。君愠，议罪未定。君病恐死，欲托孤，乃觉之。大夫其仁乎，遇麑以恩，况人乎，乃释之，以为子傅。于议何如？仲舒曰：君子不麛不卵，大夫不谏，使持归，非义也。然而中感母恩，虽废君命，徙之可也。

春秋决狱是儒家思想染指和支配司法的开端，使中国法律开始了它的儒家化进程，此后，历经魏晋南北朝数代立法中"以礼入律"的漫长过程，直至发展到"一准乎礼"的《唐律疏议》而完成其历史使命。

三　王道与霸道

从历史发展过程而言，在西周时期周王室为天下之主，诸侯共尊崇其宗主地位，此时之政治秩序由周王室确立，称为王政，其国家治理之道为王道；春秋以降，周王室衰微，此时之政治秩序由有势力之大诸侯，亦即诸侯中之霸主所确立，春秋时期有所谓"五霸"，称为霸政，其国家治理之道为霸道。

从政治制度所依托之意识形态而言，周王室进行政治与社会控制之手段为礼治与德治，故王道之统治理念为礼治与德治；而霸主进行政治与社会控制之手段为武力与法治，故霸道之统治理念为强力与法治。管子曰："强国众，合强以攻弱以图霸；强国少，合小以攻打以图王。强国众而言王势者，愚人之智也；强国少而施霸道者，败事之谋也。"[①] 管子把这个事情说得非常明白。战国之时，强国言霸道而倡导实行新的政治秩序，而弱国言王道意图维护旧的政治秩序。

春秋时期的霸道，并不完全背弃周王室，而是继续"使供周室"，甚至也不会采取灭绝其他诸侯国的方式，而是"存亡继绝"，维持分封并存

---

① 《管子·霸言》。

的局面。齐桓公之实行的霸道具有代表性："齐桓南服强楚，使贡周室，北伐山戎，为燕开路，存亡继绝，功为伯首：所谓善战不败者也。"①

春秋之际形成王道与霸道这两种对立的治国方式后，究竟采用何者为治国方针策略一直为历代思想家所讨论。

以王道为治国方式者，孔子行其实，而孟子阐其义。所谓："孔子明王道，干七十余君莫能用。"② 孔子虽则劝说诸侯行王道，但并没有对于王道之内容详加解释。

孟子则多次阐发王道与霸道之区别与内涵。其曰："以力假仁者霸，霸必有大国；以德行仁者王，王不必大。汤以七十里，文王以百里。以力服人者，非心服也，力不赡也；以德服人者，中心悦而诚服也，如七十子之服孔子也。《诗》云：'自西而东，自南而北，无思不服。'此之谓也。"③ 那么，王道与霸道有什么区别呢？孟子曰："霸者之民驩虞如也；王者之民皞皞如也。"也就是说，霸道之下的民众欢娱，而王道之下的民众畅达。霸主之民自得其乐，圣王之民心胸开阔。其又称："五霸者，三王之罪人也；今之诸侯，五霸之罪人也。"④ 春秋时期的第一个霸主齐桓公虽称霸，但与诸侯立盟约五条，其内容是重申礼制的根本内容，尊从周王室，故尚可称次好的政治秩序。五霸者，挟诸侯以伐诸侯，破坏以往之王道秩序，故曰三王之罪人也。而后之诸侯，皆犯齐桓公之五禁，破坏了霸道之政治秩序，故曰，今之诸侯，五霸之罪人也。

但在孟子看来，霸道亦行仁义。其言："尧舜，性之也；汤武，身之也；五霸，假之也。久假而不归，恶知其非有也。"⑤

黄宗羲在《孟子师说》中加以解说："霸者只在事功上补凑，王者在心术上感动。民之应之，亦截然不同。驩虞者，民为法制所缚，无争斗作乱之事。皞皞则孝弟忠信，相感而化，所谓'必世而后仁'者也。王者未必不行霸者之事，而霸者不能有王者之心。"⑥

以后诸代多有言王霸之别者。汉初陆贾称："杖圣者帝，杖贤者王，

---

① 《汉书·刑法志》。
② 《史记·十二诸侯年表》。
③ 《孟子·公孙丑章句上》。
④ 《孟子·尽心章句上》。
⑤ 《孟子·尽心章句上》。
⑥ 《黄宗羲全集》第一册，浙江古籍出版社 2005 年版，第 152 页。

杖义者强，杖谗者灭，杖贼者亡。"①

董仲舒称："夫仁人者，正其谊不谋其利，明其道不计其功。是以仲尼之门，五尺之童羞称五伯，为其先诈力而后仁谊也。苟为诈而已。故不足称于大君子之门也。五伯比于他诸侯为贤，其比三王，犹武夫之与美玉也。"②

桓谭称："五帝以上久远，经传无事，唯五霸二盛之美，以定古今之理焉。夫王道之治，先除人害，而足其衣食，然后教以礼仪，而威以刑诛，使知好恶去就。是故大化四凑，天下安乐，此王者之术。霸功之大者，尊君卑臣，权统由一，政不二门，赏罚必信，法令著明，百官修理，威令必行，此霸者之术。"③ 由此可见，王道更接近理想，而霸道更趋近现实。其中尊君卑臣一点，在此后的专制制度发展过程中愈演愈烈，臣下终至自称奴才，此为王道所不尚也。崇信王道或必能成为霸道，而崇尚霸道则会终成恶政。

唐代陈子昂称："臣闻古之御天下者，其政有三：王者化之，用仁义也；霸者威之，任权之智也；强国胁之，务刑罚也。"④《旧唐书》中也录有相似内容："古今御天下者，其政有曰：五帝尚仁，体文德也；三王仗义，立武功也；五霸崇信，取威令也；七雄任力，务刑罚也。"⑤

朱熹从法律的角度对此加以解说，其称："专用刑政，只是霸王事。"他继而解释道："政刑能使懦者畏，不能使强者革，此之谓失其本心。"⑥

王霸之分虽则明晰，但于不同的时代，从不同的角度加以衡量，则认识会有所不同。如陈亮就不同意朱熹的观点，并与其展开激烈的论争，各持所据，都不能使对方折服。黄宗羲称："昔朱子、陈同甫义利王霸之辩，不能归一，朱子既不能绌同甫，同甫亦终不能胜朱子。"⑦ 对此，黄宗羲也给出了自己的答案："王霸之分不在事功而在心术。事功本之心术者，所谓'由仁义行'，王道也；只从迹上模仿，虽件件是王者之事，所谓'行仁义'者，霸也。不必说到王天下，即一国所为之事，自有王霸之不同。

---

① 《新语・辅政》。
② 《汉书・董仲舒传》。应劭注：武夫，石而似玉者也。
③ 《新辑本桓谭新论》，中华书局 2009 年版，第 3 页。
④ 《旧唐书・刑法志》。
⑤ 《旧唐书・酷吏传》。
⑥ 《朱子语类》，中华书局 2020 年版，第 550 页。
⑦ 《黄宗羲全集》第一册，浙江古籍出版社 2005 年版，第 193 页。

第五章　法律儒家化趋势的形成与发展（两汉魏晋南北朝）　　127

奈何后人必欲说'得天下方谓之王'也！譬之草木，王者是生意所发，霸者是剪采作花耳。"①

以往有学人认为，倡导礼治与法治，为儒法之分野，儒家倡王道，法家倡霸道。故以礼治与德治为统治方式者称为王道；以法治为统治方式者称为霸道。实则不然，法家自始不行霸道，如秦国所行之富国强兵之道，与霸道相距甚远，其不敬奉周王室，不讲礼义，不存亡绝续，不可称为霸道。因为，要称为霸道，除实行法治以外，还有其他的要求。《韩诗外传》中称："君人者降礼尊贤而王，重法爱民而霸，好利多诈而危，权谋倾覆而亡。"② 即重法之外还须爱民。如秦国之苛虐待民，不可称霸道。即秦国不但不用王道，也弃用霸道。

秦国弃绝霸道自秦孝公始。司马迁对此有一段精彩描述："孝公既见卫鞅，语事良久，孝公时时睡，弗听。罢而孝公怒景监曰：'子之言，妄人耳，安足用邪！'景监以让卫鞅。卫鞅曰：'吾说公以帝道，其智不开悟矣。'后五日，复求见鞅。鞅复见孝公，益愈，然而未中旨。罢而孝公复让景监，景监亦让卫鞅。鞅曰：'吾说公以王道而未习也。'请复见鞅。鞅复见孝公，孝公善之，而未用也。罢而去。孝公谓景监曰：'汝客善，可与语矣。'鞅曰：'吾说公以霸道，其意欲用之矣。诚复见我，我知之矣。'卫鞅复见孝公，公与语，不自知膝之前于席也。语数日不厌。景监曰：'子何以中吾君？吾君之欢甚也。'鞅曰：'吾说君以帝王之道，比三代，而君曰：久远，吾不能待。且贤君者，各乃其身显名天下，安能邑邑待数十百年以成帝王乎？故吾以强国之术说君，君大说之耳，然亦难于比德于殷周矣。'"③

商鞅入秦，说秦孝公以"帝道"与"王道"，孝公昏昏欲睡。说以"霸道"，孝公虽然认可其说，但认为难以此为治国之道。直到商鞅说以强国之道，孝公大悦而领受。所谓强国之道，即法家以法治国之道。

当然，关于王道与霸道，自古以来也有不同的认识和定义。如王道之上，还有帝道，商鞅曾以此说秦孝公。霸道之下，还有强国之道。汉代刘向称："政有三品：王者之政化之，霸者之政威之，强国之政胁之。夫此三者各有所施，而化之为贵矣。夫化之不变，而后威之；威之不变，而后

---

① 《黄宗羲全集》第一册，浙江古籍出版社 2005 年版，第 51 页。
② 《韩诗外传集释》，中华书局 2010 年版，第 6 页。
③ 《史记·商君列传》。

胁之；胁之不变，而后刑之。夫至于刑者，则非王者之所贵也。是以圣王先德教而后刑罚。"① 其后，他又加以进一步解释："治国有二机，刑德是也。王者尚其德而希其刑，霸者刑德并凑，强国先其刑而后德。"②

宋代的叶适以分封与郡县来分别王霸。其称："夫以封建为天下者，唐、虞、三代也；以郡县为天下者，秦汉、魏晋、隋唐也。法度立于其间，所以维持上下之势也。唐、虞、三代，必能不言其封建而后王道行；秦汉、魏晋、隋唐，必能不言其郡县而伯政举。"③ 他进一步加以解说："秉威明权，簿书期会，课计功效，核虚实。验勤惰，令行禁止，役省刑清，秦汉、魏晋、隋唐之所谓法度也。至于一一郡行其一郡，一县行其一县，赏罚自用，予夺自专，刺史之间有条，司隶之察不烦，此所以不害其郡县而行伯政也。"④

王道与霸道本为两种治理国家的方式，采用礼治与德治的王道与采用法治的霸道在治国理念的层面上并没有高低之分，在不同的历史条件和社会环境中采用其中最适合的一种都可能达到治国安邦的目的。

荀子称："粹而王，驳而霸，无一焉而亡。"也就是说在不同的条件下，可以选择其中任何一种，而在此二者之外是不可能成功的。汉代以后，"王道与霸道"从义理之争转变为现实之争，即倾向于采用何种治国理政的方式。所谓立场不同，观点不同，持有不同政治主张者，都从理论与现实的层面对于王道与霸道进行不同的解说。当然，采取不同的治国方略，其效果还是有差别的。但在儒家思想成为社会主流以后，王道被当作一种高尚的社会理想，而霸道则似乎有些过于现实。扬雄的《长杨赋》中称："今朝廷纯仁，遵道显义……普天所覆，莫不沾濡，士有不谈王道者，则樵夫笑之。"⑤ 汉代接受秦朝灭亡之历史教训，在名义上要向王道作有限之回归，但出于实行建立稳定的政治秩序的考量，这种回归并不完全，从汉武帝实行"罢黜百家，独尊儒术"开始，以王道立国之观点无疑占据了社会之主流地位，但在政治实践中并非如此，而是采取了一种王霸并存的折中方略。

---

① 王天海、杨秀岗译注：《说苑》，中华书局2019年版，第310页。
② 王天海、杨秀岗译注：《说苑》，中华书局2019年版，第312页。
③ 《叶适集》，中华书局2010年版，第787页。
④ 《叶适集》，中华书局2010年版，第787页。
⑤ 《文选》，中华书局2019年版，第531页。亦见《汉书·扬雄传》。

第五章 法律儒家化趋势的形成与发展（两汉魏晋南北朝）

汉宣帝的一段著名表述，把这个问题说得非常清楚。《汉书》记载："孝元皇帝……柔仁好儒，见宣帝所用多文法吏，以刑名绳下。……尝侍燕从容言：'陛下持刑太深，宜用儒生。'宣帝作色曰：'汉家自有制度，本以霸王道杂之，奈何纯任德教，用周政乎？'"① 孟子及诸多思想家都把王霸说得有些虚玄、复杂，反而是汉宣帝说得更为直接，王道就是所谓"周政"，即西周以德治国、以礼治国那一套而已。

有人因宣帝有此言，据此认为其不好儒家之术，其实也不尽然，汉宣帝因父涉案被黜，生于民间，"具知闾里奸邪，吏治得失"。及即位，对于法制狱政尤为关心，其诏曰："狱者万民之命，所以禁暴止邪，养育群生也。能使生者不怨，死者不恨，则可谓文吏矣。今则不然，用法或持巧心，析律贰端，深浅不平，增辞饰非，以成其罪。奏不如实，上亦亡由知。此朕之不明，吏之不称，四方黎民将何仰哉"！他曾于地节四年下诏确立容隐制度，诏曰："父子之亲，夫妇之道，天性也。虽有患祸，犹蒙死而存之。诚爱结于心，仁厚之至也，岂能违之哉！自今子首匿父母，妻匿夫，孙匿大父母，皆勿坐。其父母匿子，夫匿妻，大父母匿孙，罪殊死，皆上请廷尉以闻。"由此可见，堪称有识之君。史称其："亦足以知吏称其职，民安其业也。……功光祖宗，业重后嗣，可谓中兴，侔德殷宗周、宣矣。"②

汉代虽则标称以儒家的治国理念为唯一之治国方略，但实际上，其中也掺杂有许多法家思想的内容，即汉宣帝所言之"以霸王道杂之"。实现王道与霸道杂而用之的直接后果就是法律在社会治理过程中仍然要占据重要地位。"明帝即位，觊奏曰：'《九章》之律，自古所传。断定刑罪，其意微妙。百里长吏，宜皆置律。刑法者，国家之所贵重，而私议之所轻贱。狱吏者，百姓之所县命，而选用者之所卑下，王政之弊，未必不由此也。'"③ 其坚持杂糅王道与霸道的原则，使法律的儒家化之进程，在两汉时期仅限于春秋决狱之范围内。

在汉代以后，中国法律的发展进入儒家化的趋势中，而在唐代以后，更是要"一准乎礼"，王道继续扮演其高尚的角色，而霸道已不只是现实

---

① 《汉书·元帝纪》。
② 《汉书·宣帝纪》。
③ 《后汉书·卫觊传》。

选择那么中立的选项了，而是逐渐在思想层面上成为相当负面的东西。迨至宋代，已经把王道与霸道视为治道的两极，张栻说："学者要须先明王伯之辩，而后可论治体。"①

四 正统法律思想的形成

所谓正统，就是在社会上树立起一种具有独一性的、排他性的思想观念。而正统法律思想就是这种思想在法律制度上的体现。

史籍载："孝武初立，卓然罢黜百家，表章六经。遂畴咨海内，举其俊茂，与之立功。兴太学，修郊祀，改正朔，定历数，协音律，作诗乐，建封禅，礼百神，绍周后，号令文章，焕然可述。"② 其"罢黜百家，独尊儒术"是形成正统思想之开端。后人对"罢黜百家"之事有存疑者，谓汉武之后，百家不废，诸子犹存。此为对于"罢黜百家"的一种误读。实际上，当时对诸子百家书确实加以禁绝。《汉书》中记载，汉元帝时，东平王刘宇曾"上疏求诸子及太史公书"，被拒绝，其贵为藩王，而不能得诸子之书，可见"罢黜百家，并非虚言"。③ 有人认为，此举与秦朝焚书坑儒无有二致，对此王夫之认为，秦朝之焚书坑儒，是灭绝文化传统的行为，而董仲舒的主张与李斯不同，因为，其所保存之六艺之科、孔子之术，已经涵盖了古代文化的主流，沿循了先王的圣道。其言："仲舒之策曰：'不在六艺之科，孔子之术者，皆绝其道。'此非三代之法也，然而三代之精义存矣。何也？六艺之科，孔子之术，合三代之粹而阐其藏者也。"④ 事实也是如此，汉代的罢黜百家，并非灭绝百家之言，而是取缔了儒家以外思想的正统地位，这是有明确指向的，因为在汉武帝之前的汉朝诸帝王，或崇黄老，或尊法家，正统思想难以确立。而汉武帝以后，儒家思想占据了正统的地位，其不以个别帝王的好恶为转移，虽则也有不甚推崇儒家之君主，但没有取代儒家之思想。

思想的发展较之制度之形成具有超前性，也可以说是思想促使了制度的形成与发展。此一现象在中国古代的法律发展历史过程中体现得尤为显著。也就是说，先形成了正统的法律思想，然后才形成了正统的法律制

---

① 《南轩先生文集》卷十六《论汉家杂伯》。
② 《汉书·武帝纪》。
③ 《汉书·宣元六王传》。
④ 《读通鉴论》卷三。

度。从某种角度而言，中国的法律制度是在正统法律思想的指导下逐渐形成的。

若论中国古代之正统法律制度，当以唐代中华法系的形成为标志，其形成比西汉时期所形成的正统法律思想几乎晚了七百年。但我们看到，自正统法律思想形成以后，中国法律制度的发展，无论经过何种曲折，都会回归于正统法律思想所指向的道路之上。也就是说，形成于汉代的正统法律思想指明了中国古代法律的发展方向，在这种思想的推动下，中国法律儒家化的趋势由此形成，且越发明显、明确，不断在法律的运行与制度的构建过程中为正统法律制度的形成添砖加瓦，终至在唐代构筑起中华法系之大厦。

汉代通过对秦朝"法治主义"的扬弃，通过贾谊、董仲舒等人的儒家理论构造，通过汉武帝"罢黜百家、独尊儒术"的政治文化政策的推行，更通过春秋决狱司法实践的运用，儒家思想在融合了黄老思想、五行学说等思想主张之后，终于形成了封建正统法律思想。在其后的近两千年的中国封建社会中，它一直是封建法制的根本指导思想。正统法律思想的主要内容有以下几个方面：

（一）注重教化之礼法并用说。对于法的作用，汉武帝曾提出疑问："殷人执五刑以督奸，伤肌肤以惩恶。成康不式，四十余年天下不犯，囹圄空虚。秦国用之，死者甚众，刑者相望，耗矣哀哉！"也就是说殷商时期重用法律刑罚以维持社会秩序，而西周初期曾经有很长时间都不用刑罚的手段，而犯法的人很少，到了秦国，严刑重罚，社会惨伤。法的作用为什么会有这种不同呢？董仲舒据此对曰："臣闻圣王之治天下也，少则习之学，长则材诸位，爵禄以养其德，刑罚以威其恶，故民晓于礼谊而耻犯其上。武王行大谊，平残贼，周公作礼乐以文之，至于成康之隆，囹圄空虚四十余年，此亦教化之渐而仁谊之流，非独伤肌肤之效也。至秦则不然，师申商之法，行韩非之说，憎帝王之道，以贪狼为俗，非有文德以教训于（天）下也。诛名而不察实，为善者不必免，而犯恶者未必刑也。是以百官皆饰（空言）虚辞而不顾实。外有事君之体，内有背上之心。造伪饰诈，趣利无耻；又好用憯酷之吏，赋敛亡度，竭民财力，百姓散亡，不得从耕织之业，群盗并起。是以刑者甚众，死者相望，而奸不息，俗化使然也。"[①] 董仲舒认为，为政必须礼法并用，注重礼谊教化的作用，其言

---

① 《汉书·董仲舒传》。

"夫万民之从利也，如水之走下，不以教化隄防之，不能止也。是故教化立而奸邪皆止者，其隄防完也；教化废而奸邪并出，刑罚不能胜者，其隄防坏也"，故为政者应该"渐民以仁，摩民以谊，节民以礼。故其刑罚甚轻而禁不犯者，教化行而习俗美也"。①

（二）德刑并施之德主刑辅说。德主刑辅是正统法律思想的核心内容，它的思想渊源是西周时期"明德慎罚"和先秦儒家"为政以德"的思想主张。汉朝建立以后，德治思想逐渐有所复兴，更强调要德刑并施。贾谊称："夫仁义恩厚，人主之芒刃也；权势法制，人主之斤斧也。"② 汉武帝采取"罢黜百家，独尊儒术"的思想方针后，在法律实践中逐步排除了法家的事决于法的极端做法。特别是董仲舒以"阴阳五行说""天人感应说"和"性三品说"为依据对先秦儒家"为政以德"的重新解说，奠定了"德主刑辅"思想的理论基础。其一，他以阴阳变化论证德主刑辅是合于天意的。董仲舒认为，在自然界中，万物的存在和变化是井然有序的，而万物的演化与流变根源于阴阳的变化。上天以阳哺育万物生长，体现了好生之德。而以阴清肃残败，体现了上天威严的一面。二者交互运行，不可或缺。根据这种天意的安排，君主在治理国家的时候，也必须采取阴阳交互运用的方式。其中，德为阳而刑为阴。德，体现了君主仁慈爱民之心；刑，则体现君主的权威，用于惩恶决罚。而在阴阳之中，二者并不是可以等量齐观的，要以阳为主，以阴为辅；同样，体现在治国方式上也相应要以德为主，以刑为辅。再者，自然界有春夏秋冬的四季交替，春夏在先而秋冬继之。春夏时阳气上升，万物赖以生长，此时，统治者应实行德政，以应阳气；秋冬时阴气上升，万物肃杀，此时正适合统治者断狱行刑，以应阴气。所以，统治者也应该先德而后刑以符合天意。其二，董仲舒以"性三品"说论证德主刑辅是符合人性的。他认为，人生来并不是没有差别的，而根据天生的禀赋不同，可以分为上、中、下三品。上品是生而性善者；中品是生来性兼善恶两者；下品是生而性恶者。这种区分与孔子所言的生而知之、学而知之和学而不知的三种人有其对应性。在三品中，上品是极少数的，他们负有教化百姓群盲的使命；下品者也是很少的，他们一般不足以教化，难以劝善，故须以刑罚予以威慑；中品之人在

---

① 《汉书·董仲舒传》。
② 《汉书·贾谊传》。

社会中占据绝大部分,他们可以被教化,应该以德政进行引导。根据中品与下品人众的多寡,统治者应该以德治为主要统治方式,而以法治为次要方式,即所谓"大德而小刑"。

(三)顺天则时之司法时令说。顺天则时的司法时令说与德刑关系联系密切。董仲舒称:"天道之大者在阴阳,阳为德,阴为刑;刑主杀而德主生。……以此见天之任德不任刑也。……王者承天意以从事,故任德而不任刑。刑者不可任以治世,犹阴之不可任以成岁也。为政而任刑,不顺于天,故先王莫之肯为也。"[1]那么在必须适用刑罚的时候怎么办呢?就要顺天则时。其认为,天地万物的演化始于阴阳的变化。就一年四季而言,春夏为阳,秋冬为阴。阳主生长化育,而阴主肃杀凋零。治国之道与此相适应,春夏万物生长,体现上天的好生之德,应行德治,不宜于进行刑罚;而秋冬之时万物肃杀,正好进行司法活动,以体现上天的威严。这种思想主张在秦朝时被否定,在以法制为唯一统治方式的秦朝,司法行刑在所有时间内都适用,而不管什么季节的更替。到汉武帝时,顺天则时的思想在法律制度的层面上开始确立,并成为正统法律思想的有机组成部分,它对其后中国封建社会的立法、司法活动具有指导意义。顺天,就是要求统治者在立法行刑时要符合天意,以阳为主,适合万物的生长,君主也要以德为主,体现仁慈的一面;而则时,就是要求君主"设赏行刑"要根据阴阳四季的流转规律而行。春夏为阳,要行赏行善,要表彰忠臣孝子、贞妇烈女;并对在押的囚犯停止拷问刑讯。秋冬为阴,要断狱行刑,惩罚犯罪的人。汉代以后,春夏行赏、秋冬断狱成为一种定制,并根据它发展变化出许多相应的规定和制度。

(四)崇尚君权之法自君出说。虽然儒家思想对法律的改造构成了中国封建社会的正统法律思想,但他们对于君主独掌国家立法权这一点,与法家的主张并无相悖之处。司马迁称儒家"序君臣父子之礼,列夫妇长幼之别",而法家"正君臣上下之分",他们在尊崇君主这一点上是一致的。其都认为,立法权必须由君主掌握,君主的命令就是法律。同时,皇帝具有凌驾于法律之上的特权,法律必须体现皇帝的意志,甚至要"专以人主之意为狱"。这也是儒法两家的契合之处,但此时,儒家的"列君臣父子之礼"已经完全让位于法家的"尊君卑臣"了。对君主的无限尊崇,将其

---

[1]《汉书·董仲舒传》。

视为国家法律的最终渊源，这是封建正统法律思想的根本点，也是所谓"阳儒阴法"之根本所在。

可以看出，正统法律思想的内容基本上由董仲舒所构造。但也应该指出，董仲舒所提倡之"儒术"已经不完全是原教旨的"孔孟之道"，而是根据时代发展和现实需要，掺入了许多其他成分，特别是阴阳家的许多思想内容。其所著之《春秋繁露》中，阴阳五行之说占据了很大的篇幅。顾颉刚先生论曰："我们若是承认《论语》《孟子》《荀子》等书为儒家学说的标准的，我们还能承认他的学说是属于儒家吗？但是汉武帝时的儒家是确是如此的了。"①

董仲舒甚至与方术有某些相近的地方，《春秋繁露》中有求雨、止雨两篇。其不但于义理层面加以发挥，甚至落实到行为上。《汉书·董仲舒传》载有一事："辽东高庙、长陵高园殿灾，仲舒居家推说其意，草稿未上，主父偃候仲舒，私见，嫉之，窃其书而奏焉。上召视诸儒，仲舒弟子吕步舒不知其师书，以为大愚。于是下仲舒吏，当死，诏赦之。仲舒遂不敢复言灾异。"这个故事颇有荒谬感。大意为：辽东高祖庙及长陵高园中的大殿遇有天灾，或雷击或雨冲或风毁。董仲舒闻知，于家中推衍天意所示，其中或有为上所不满意的内容。主父偃恰至其家，偶然发现此手稿，出于嫉妒，他窃得此稿而奏上皇帝。皇帝于是召见若干儒士讨论此事。董仲舒的弟子吕步舒也在其中。他见此书内容，不知道为乃师所为，认为愚昧至极，于是董仲舒因此被捕入狱，被判处死刑，后得皇帝诏令赦免。从此以后，董仲舒不敢再轻言灾异之事。董仲舒为何如此呢？或者是信古弥笃，或者是意欲出语惊人，或者真的以为天意可以推衍。从其一贯之言行而看，其似乎真心相信天人感应之说。即"仲舒治国，以《春秋》灾异之变推阴阳所以错行，故求雨，闭诸阳，纵诸阴，其止雨反是。行之一国，未尝不得其欲"。② 由此，后人多有认为董仲舒之学杂乱并非纯儒，如夏曾佑称："仲舒之学，实合巫蛊厌胜、神仙方士而一之。"③ 实际上，这种看法实有偏颇，董仲舒之学，其主体还是儒家的基本思想，其混杂之处，完全是时势所趋，盖由于当时自帝王而至士庶之人，多言神鬼之事，汉武帝

---

① 《顾颉刚古史论文集》卷三，中华书局 2018 年版，第 202 页。
② 《汉书·董仲舒传》。
③ 夏曾佑：《中国古代史》，中华书局 2015 年版，第 362 页。

对于神仙之说、长生之术可谓孜孜以求,汉元帝亦称:"盖闻安民之道本由阴阳。"① 故凡欲推行自己的思想主张者,上达君听,不得不以巫蛊之说、神鬼之事为依托,以动人耳目,迎合上意尔。

五 魏晋南北朝时期法律儒家化之进一步发展

西汉武帝以后,中国法律儒家化的趋势渐次形成。虽则王莽篡汉只是一段短暂的时间,但其所谓向周礼回归的幅度堪称巨大,但这种速度与此前形成的回归趋势不符,故未能形成真正意义上的改变。东汉复立,中国又恢复了统一的王朝统治。但紧接着却是中国古代历史上最长时间的社会分裂状态。从"三国"到隋朝建立,其间300余年只有西晋时有短暂的统一局面。但这段时期却是中国封建法律制度形成的关键时期。

汉魏以降,礼治作为一种有效的统治手段,其作用被认识,对于礼的研究也达到了一个高潮。有学者认为,"五礼作为国家制度萌生于魏晋之间"。②

贾谊认为,秦朝之所以失天下,重法律、弃礼乐是一个重要原因,其言:"秦王之欲尊宗庙而安子孙,与汤、武同,然而汤、武广大其德行,六、七百岁而弗失,秦王治天下,十余岁则大败。……汤、武置天下于礼乐,而德泽洽,……秦王置天下于法令刑罚,德泽亡一有,而怨毒盈于世,下憎恶之如仇雠,祸几及身,子孙诛绝,此天下之所共见也。"③

三国时期,诸葛亮主张治国要礼与法并用,德与刑并举,其称:"礼有所任,威有所施。"④ 曹魏的杜恕,曾著有《体论》一书,其认为,礼是万物之体,其言:"人伦之大纲,莫重于君臣;立身之基本,莫大于言行;安上理民,莫精于政法;胜残去杀,莫善于用兵。夫礼也者,万物之体也,万物皆得其体,无有不善,故谓之《体论》。"⑤ 他把礼看作政法的根本。西晋时的阮仲认为:"政刑之宣,故由乎礼乐之用。昔之明王,唯此之务,所以防过暴慢,感动心术,制节生灵,而陶化万姓也。"⑥ 东晋王

---

① 《汉书·元帝纪》。
② 梁满仓:《论魏晋南北朝时期的五礼制度化》,《中国史研究》2001年第4期。
③ 《汉书·贾谊传》。
④ 《诸葛亮集》,《便宜十六策·治军》。
⑤ 《三国志·魏书·杜畿附杜恕传》。
⑥ 《晋书·阮仲传》。

导称:"苟礼义胶固,纯风载洽,则化之所陶者广,而德之所被者大,义之所属者深,而威之所震者远矣。"① 北魏文成帝六年,征南将军刁雍上表,其中言:"臣闻有国有家者,莫不礼乐为先。……臣识昧儒先,管窥不远,谓宜修礼正乐,以光大圣之治。"② 孝文帝时,平东将军辛雄上疏,其中称:"帝王之道,莫尚于安民,安民之本,莫加于礼律。"③ 南朝梁武帝"诏求硕学,治五礼,定六律,改门历,正权衡。"④

由此,法律也与礼结合得愈加紧密。这一时期的立法,在法律内容上有重大的改变,如颁布"均田令"、推行租调法令,等等。而其最重要的内容是"以礼入律",礼的内容通过立法确认之方式,正式成为法律的内容。

概括而言,汉代以后的魏晋南北朝的刑事立法有以下重大发展:

八议、官当入律。三国时期之魏律以周礼"八辟"为据,规定了八议制度,即议亲、议故、议贤、议能、议功、议贵、议勤、议宾,这八类人犯罪依法享有免刑或减刑的特权。

北魏和南陈还创立了官当制度,即允许以官品或爵位抵罪。

在律典中创立"重罪十条"之内容。此举始于北齐律,其将危及王朝根本利益的十条最严重的罪名,置于律首,以强调主要打击。犯有十条重罪之人不在八议及论赎之列。

六 律学的发展

程树德先生称:"汉世律学最盛,何休注《公羊》,郑司农注《周礼》皆以汉律解经。"⑤ 这一时期是中国封建法律制度和律学长足发展时期,在中国法制史上有重要地位。法律的内容发生了巨大的变化,以吏为师不足以对法律的意义加以阐明,故需要具有经学功底的人对法律加以解说。从而,出现了许多律学家。这些律学家不仅具有法律知识,更是具有经学造诣的学者。故而这个时期也是法律理论最有体系、最具逻辑性的时期。

魏晋南北朝时期是中国古代律学发展的重要阶段。在这一时期,正值

---

① 《宋书·礼志一》。
② 《魏书·刁雍传》。
③ 《魏书·辛雄传》。
④ 《梁书·儒林传》。
⑤ 程树德:《九朝律考》,商务印书馆2019年版,第3页。

中国的法律制度面临重大变革，中国法律的儒家化进程在这一期间走向完善，同时许多朝代兴灭踵续，立法频繁也是顺理成章的事情。魏晋之律学一方面是汉代律学的继承和发展，另一方面，其自身也有特点，即摆脱了经学的束缚，形成了相对独立的法律之学。可以说，这种历史背景造就了许许多多的立法家，也造就了众多的律学家。程树德先生在《九朝律考》中提及各朝的律学家有数十人之多，其中比较知名的有：三国时期魏国的刘劭、陈群、钟繇、卫觊；晋朝的贾充、郑冲、张斐、杜预、刘颂；南北朝时期的王冲、羊祉、封述、徐招；等等。以下对几个有代表性的人物和他们的主要观点进行简要的介绍。

（一）刘颂

刘颂是晋代著名律学家，曾提出"律无明文不为罪"的法律主张，其与法家"缘法而治"的思想有继承关系。他认为，在法律已经有明确规定的条件下，应该严格遵行，其言："律法断罪，皆当以法律令正文；若无正文，依附名例断之；其正文、名例所不及，皆勿改。"执法者要坚决遵守法令，不能"议事以制"。"生死以之，不敢错思于成制之外。"刘颂的律学思想对后世立法有积极影响，《唐律》有关"断罪须引律、令、格、式"的规定，反映了这一主张。

（二）杜预

杜预也是晋代的律学家，与张斐齐名，有"张杜"之称。杜预赞成简化律令，他认为立法的原则应该是简明扼要、使人易晓，提出"刑之本在于简直"。立法简直，易于百姓守法、官员执法。其言："例直易见，禁简难犯；易见则人知所避，难犯则几于刑厝。"

（三）张斐

张斐是晋代最为著名的律学家，他的著述和观点也存留下来得最完整。其最基本的法律主张是"理直刑正"。所谓"理直"，就是指法理正确，符合纲常名教；"刑正"就是用刑准确、轻重适当。张斐认为，"理直"是立法最基本的原则，只有"理直"，所立之法才是与社会基础、统治目的相一致的法律。而在理直的基础上制定的法律，必能恰当、准确，充分发挥"尊卑叙、仁义明、九族亲、王道平"的根本作用。

两汉魏晋南北朝时期之律学，已经完全不同于秦朝以前之刑名法术之学，其主流是在儒家思想为根本原则的前提下对法律进行研究与解释，其所研究之成果，也为中国古代法律儒家化的趋势形成助力甚多。

第三节　两汉魏晋南北朝时期法制之基本内容

一　汉朝法制之基本情况

（一）汉代之立法

汉初之立法，吸取秦朝灭亡之教训，在斟酌秦朝法律的基础上，制定了简单明确的法律。"汉兴，高祖初入关，约法三章曰'杀人者死，伤人及盗抵罪'，蠲削烦苛，兆民大悦。其后四夷未附，兵革未息，三章之法不足以御奸，于是相国萧何捃摭秦法，取其宜于时者，作律九章。"①《九章律》被认为是在《法经》六篇"盗、贼、囚、捕、杂、具"的基础上增加了《户律》《兴律》《厩律》三章，合为九章。但具体内容上与《法经》之异同，已难以考据。此外，还制定了《傍章》十八篇，《晋书·刑法志》称："叔孙通益律所不及，傍章十八篇。"《傍章》是参照先秦和秦代的礼仪而制定的礼仪制度。此外，汉武帝时期还制定了两部法律：《越宫律》和《朝律》②，《越宫律》是有关宫廷警卫的法律；而《朝律》是有关朝贺制度的法律。这四部法律，共六十篇，合称为"汉律六十篇"。

汉武帝为了加强中央集权的需要，陆续修订旧律，并颁布一些新律和大量诏令，其中许多都以严酷著称，如见知故纵、监临部主之律。

《晋书·刑法志》中记述："张汤、赵禹始作见知故纵之例，其见知而不举劾，各与同罪；失不举劾，各以赎论。其不知不见不坐。"

《汉书·刑法志》颜师古注曰："见知人犯法不举告为故纵，而所监临部主有罪并连坐也。"

推恩令，规定将先君分封诸侯王的恩典，推及其众子孙，而不能由嫡长子独自继承，这样就削弱了诸侯王的割据势力。

左官律，所谓"左官"是指在诸侯处供职的官员，左官律是对这些官员在身份上、职责上的规定，其目的在于限制诸侯私自任用官员，培植个人势力。

阿党附益律，所谓阿党，即诸侯的官员与诸侯结为死党，为诸侯隐瞒

---

① 《汉书·刑法志》。
② 《晋书·刑法志》中称："张汤越宫律二十七篇，赵禹朝律六篇。"

罪行，损害中央的利益，"诸侯有罪，傅相不举奏，为阿党。"① 所谓"附益"，指朝廷大臣与诸侯结交。

酎金律，这是关于诸侯在皇帝酎祭宗庙时缴纳贡金的法律，如诸侯的贡金成色不足，要被重罚。朝廷以此为口实打击诸侯。

汉代的立法还有很多，《魏书·刑罚志》中称：汉宣帝时，于定国奉旨修律，其"集诸法律，凡九百六十卷，大辟四百九十八条，千八百八十二事"。汉律的庞杂由此可见大概。

（二）汉代的法律形式包括律、令、科、比

1. 律

律是汉朝的基本法律形式，即法典；它不是针对某一事项颁布的，也不是随时修订的，所以具有相对的稳定性和适用的普遍性。

2. 令

令是皇帝的命令，也叫诏或诏令，是根据需要，随时颁布的单行法规，其效力在律之上，可变更或代替律的规定。

汉朝的"律"和"令"的区分比秦朝略为明显。以下是史料中有关律令关系的一些解释。

《汉书·宣帝纪》文颖注曰：天子诏所增损不在律上者为令。

《史记·杜周传》：前主所是著为律，后主所是疏为令。

《唐六典》：律以正刑定罪，令以设范立制。

《太平御览》卷六百四十一引杜预律序：律以正罪名，令以存事制。

3. 科

科是针对某类事的一个方面制定的单行法规。汉朝的"科"由秦朝的"课"发展而来，数量很多。《释名》中称："科，课也，课其不如法者罪责之也。"

《后汉书·陈宠传》中称："汉兴三百二年，宪令稍增，科条无限。"

4. 比

谓之类例，即可以用来比照断案的典型判例，也叫"决事比"。

《礼记·王制》注称："已行故事曰比。"《汉书·刑法志》中引汉高帝七年诏："廷尉所不能决，谨具为奏，傅所当比律令以闻。"

由于比的适用有很大的灵活性，如果用之不当，会有负面的效果。

---

① 《汉书·高五王传》注。

《汉书·刑法志》称："其后奸猾巧法，转相比况，禁网寖密，死罪决事比万三千四百七十二事，文书盈于几阁，典者不能遍睹，是以郡国承用者驳，或罪同而论异，奸吏因缘为市，所欲活则傅生议，所欲陷则予死比。"增加了法律的不确定性，使执法者可以随心所欲将法律条文为我所用。

5. 法律解释

西汉时有杜周、杜廷年父子，经他们解释的法律，世称"大杜律""小杜律"。这些解释如符合朝廷要求，也被采用为断案的根据。法律解释盛行于东汉，律家众多。

（三）汉代其他法律制度之简要介绍

汉代的法律制度包括的范围极广，几乎可以涉及社会生活的一切方面，以下只介绍一些基本的内容，以知概要。

1. 民事法律

在民事法律方面，根据规定，男子从23岁起便要在官府登记，开始服徭役，直到56岁。

在汉代初期，口赋的年龄早于服徭役的年龄，即15岁起直到56岁。

在两汉时期，所有权的主要内容是土地，同时也包括其他财物。根据法律规定，除国家掌握一部分土地所有权即所谓"官田"外，大量土地掌握在官僚贵族及大商人手中。为保护土地所有权，汉律严禁盗卖土地，注重保证"官田"和"私田"的租税收入。

汉律对以皇帝为代表的封建国家和官僚贵族的其他财物也严加保护，同时也在法律中规定了对一般财物的损害需赔偿。

汉律规定，凡拾得遗失的财物及家禽家畜，要送到乡亭或县廷地方官府招领，十日内无人认领者，贵重物件由政府收为公有，小物件则归拾得人。

汉代买卖契约叫券书。凡建立买卖关系要订立契约，一式两份，买卖双方各执其一，日后发生纠纷，则以契约为证。汉律注重保护债权人利益，规定债务人违期不还，要承担法律责任。汉律还明确规定利率，超过法定利率者叫"取息过律"，要受到惩罚。

根据规定，婚姻关系的成立要以履行"六礼"的程序为必要条件。

在婚龄上，要求女子在15—30岁内出嫁，否则采取多出口赋的办法予以惩罚。

在离婚方面，汉律规定要以"七去""三不去"为离婚的基本原则。丈夫提出离婚，允许女方将陪嫁财物带走。

在家庭关系方面，汉代宣称以孝立国，故汉代法律严格维护父权，汉律中有"不孝罪"的罪名。

2. 司法制度

在行政司法方面，汉代法律规定也很完备，中央与地方的职责划分很清晰。

皇帝掌握最高司法审判权。中央最高司法长官是廷尉。

汉代的诉讼制度规定得很严密，汉代的起诉叫"告劾"，一方面是指当事人自己直接到官府告诉，另一方面是政府官吏举劾犯罪。在一般情况下，必须按司法管辖逐级告劾，但有冤狱也可上书皇帝。汉律对身份不同的犯人在逮捕、羁押方面采取不同的程序，对普通人犯罪，有人告发或官吏告劾，随时逮捕；对官员的犯罪，如需逮捕，"有罪先请"，即报请皇帝批捕，也不加刑具。对民间轻微争讼，一般不逮捕。汉代有"鞫狱"和"断狱"，即对被告人进行审讯和判决，宣读判决叫"读鞫"。除谋反、大逆外，一般情况下不准卑幼告发尊亲长，告者要受到惩处。

汉代还有上书复审制度，也称乞鞫，即对当事人原司法机关的判决不服，可以上书请求复审。

在司法机关判决后，重大案件经皇帝裁决后交司法机关执行。一般案件由郡县执行，而郡有执行死刑权。

3. 刑罚原则

汉律中定罪量刑的原则，基本承袭秦制，但有所变化：其一，刑事责任年龄。与秦律以身高确定刑事责任不同，汉律规定以年龄确定，而且有最低和最高年龄的区别，这一点为后世封建法所采纳。大体为8岁和80岁；在此年龄上下，根据罪行情况，一般都处以轻刑或免刑。其二，确立容隐制度，亲亲得相首匿。法律允许在一定亲属范围内，除犯谋反、大逆以外，均可互相隐匿犯罪行为，而减免刑罚。此一原则与春秋决狱之精神相符合，也为后世法律所沿用。其三，先自告除其罪。指罪行未被发现前，自己到官府报告其犯罪事实，这样可免除其罪。一人犯数罪，只免"自告"之罪，其余未自告者，仍依律科刑。其四，贵族有罪先请。即如贵族犯罪，治狱之吏通常须上请皇帝裁决，然后再下法司。凡上请，一般都会减免刑。

4. 诸多新罪名

汉朝还出现了一些新的罪名。如：事国人过律罪，即诸侯王每年役使吏民超过限额；非正罪，即非嫡系正宗而继承爵位要免为庶人；僭越罪，两汉的器用、服饰等，诸侯、臣下各有规制，逾制即构成本罪；出界罪，即诸侯擅自出越其封国国界；漏泄省中语罪，即泄露朝廷机密事宜；左道罪，左道，就是邪道，以左道蛊惑民众者依律处死刑；废格诏书罪，就是官吏不执行皇帝诏令。此外还有欺谩、诋欺、诬罔罪，非议诏书、毁先帝罪，怨望诽谤政治罪，不敬、大不敬罪，阑入宫门罪，大逆无道罪，群饮罪，首匿罪，通行饮食罪，等等。

5. 文物中所见之汉代法律

（1）居延汉简

汉武帝时，在居延设都尉，归张掖郡太守管辖。[①] 自武帝太初三年（公元前102）至东汉建封六年（公元30），居延一直是汉代的重要边关要塞。王维写有著名《使至塞上》诗：单车欲问边，属国过居延；征蓬出汉塞，归雁入胡天。大漠孤烟直，黄河落日圆；萧关逢候骑，都护在燕然。

1930年，西北科学考察团的瑞典学者F.贝格曼在额济纳河流域，对汉代烽燧遗址进行挖掘，出土了一万余支简牍。居延汉简是研究汉代社会政治、经济、军事、法律的重要文物资料。

（2）张家山汉简

1983年12月至1984年1月，湖北江陵清理了张家山二四七号汉墓，出土大量汉代竹简，计1236枚。其中有许多关于汉代法律的内容，集中在《二年律令》和《奏谳书》中。

二年律令，所谓二年被认为应是吕后二年，即汉高祖五年至吕后二年施行的律令。律二十七种，其中包括：贼律、盗律、具律、告律、捕律、收律、杂律、钱律、置吏律、均输律、传食律、田律、行书律、复律、赐律、户律、效律、置后律、爵律、兴律、傅律、金布律、秩律、史律等；令一种：津关令等。[②]

《奏谳书》，竹简原有之标题。其共有227支简，记载了22件案件。

《汉书·刑法志》中记载：谳：议罪也。汉制"县道官狱疑者，各谳

[①] 《汉书·武帝纪》中记述："将军去病、公孙敖出北地二千余里，过居延。"师古曰：居延，匈奴中地名也。张掖所置居延县者，以安处所获居延人而置此郡。

[②] 关于二年律令，朱红林著有《张家山汉简"二年律令"集释》，社会科学文献出版社2005年版，可参阅。

所属二千石官，二千石官以其罪名当报之。廷尉所不能决，具为奏，所当比律令以闻"。

随着科学技术的发展，考古学也进入一个新的阶段，文物的发掘成果不断出现，其中汉简的发现令人瞩目。一时之间，简牍研究成为一个学术热点，简帛研究的成果可谓层出不穷。但我们也应该认识到简牍之学是专业程度相当高的一门学问，需要有考古学、文字学的功底，而现在大多数参与研究者实际上不具备这些条件，致使许多成果错漏很多，不具备起码的学术价值。同时，也应该指出，在学术研究过程中，再多的出土文物，也不能替代正史的地位和作用。况且，现在所出简牍，相当散乱而不完整，属于所谓"残篇断简"，且大多出自边地，并不能成为历史研究的主要资料，而只能起到补充文献不足的作用。

二 曹魏之《新律》

三国时期，鼎足而立的魏蜀吴三国，一方面沿用汉代的法律，另一方面也根据自身的情况创建自己的法制。在曹魏，曹操提出："治定之化，以礼为首；拨乱之政，以刑为先。"① 他认为，在当时纷乱的社会现实情况下，必须严格实行法制。在他统治期间，制定了《甲子科》等法律。此外，同时期，蜀国的诸葛亮有"以法治蜀"的主张。吴国也有二次立法。

三国时期，最为重要的立法是魏国制定的《魏律》，魏初沿用汉朝法律，魏明帝曹睿即位后，命司空陈群、散骑常侍刘劭、给事黄门侍郎韩逊等"删约旧科，傍采汉律"，制新律十八篇。魏明帝太和三年（公元229）颁行。大略而言，它删除了《九章律》中的《厩律》；将原居于第六篇的《具律》更名为《刑名》，冠于律首，以统诸篇；改《兴律》为《擅兴律》；保留《捕律》《户律》二篇；对《盗律》《贼律》《囚律》《杂律》中的条文进行重新编排、组合；增加了许多新的条文，以此形成《劫略律》《诈伪律》《毁亡律》《告劾律》《系讯律》《断狱律》《惊事律》《请赇律》《偿赃律》《免坐律》；形成十八篇的法律新形式。由于《新律》的具体内容至隋代已亡佚，故后世对其记载有一定的出入。在《唐六典》中注谓："魏律十八篇，增萧何劫掠、诈伪律、毁亡律、告劾、系讯、断狱、

---

① 《三国志·魏书·高柔传》。

请赇、惊事、偿赃等九篇。"而《晋书·刑法志》则称："凡所定增十三篇，故就五篇，合十八篇。"

魏国除《新律》以外，还制定了许多令，与律并行，如《州郡令》《尚书官令》《军中令》等；此外还有科，也是重要的法律形式。

概括而言，《魏律》对两汉旧律进行的改革，主要有以下几项：一是增加了篇条；二是改具律为刑名，并置于律首，成为后世立法的范例；三是吸收律外的傍章科令，调整、归纳各篇内容，使魏律"文约而例通"；四是在律中正式规定了"八议"条款；五是在刑罚制度方面进行了一些改革，比如限定了族诛的范围，"家属从坐，不及祖父母、孙"，等等。

三 中国法律儒家化之重要过渡：《晋律》

西晋时期的《泰始律》是中国古代法律儒家化中具有重要过渡作用的法典。自汉代以来，法律儒家化的推进主要依靠司法实践来实现，在法律条文中体现得不充分。而在《泰始律》中，礼的许多内容被引进法典，成为法律的实际内容，"以儒家大族司马氏为首的统治集团认为魏律未能充分体现儒家思想，而且条文犹繁，科网仍密。于是命车骑将军贾充等人重加删革，删革的重点有二：一是引礼入律，'峻礼教之防，准五服以制罪'，实现法律内容的儒家化；二是删繁去冗，'蠲其苛秽，存其清约'，推进法律条文的简约化。"[1] 晋文帝司马昭为晋王时，曾命贾充、郑冲、杜预等十四人参酌汉魏旧律，制定新律。晋武帝泰始三年（公元267）修律完成，并于次年颁行全国。《晋律》共二十篇，六百二十条。晋律已亡佚，关于晋律的内容，史书中有不尽相同的记载。《晋书·刑法志》称其："就汉九章增十一篇，仍其族类，正其体号，改旧律为《刑名》《法例》，辨《囚律》为《告劾》《系讯》《断狱》，分《盗律》为《请赇》《诈伪》《水火》《毁亡》，因事类为《卫宫》《违制》，撰《周官》为《诸侯律》。"《唐六典》注谓："晋命贾充等十四人增损汉魏律为二十篇：一刑名、二法例、三盗律、四贼律、五诈伪、六请赇、七告劾、八捕律、九系讯、十断狱、十一杂律、十二户律、十三擅兴律、十四毁亡律、十五卫宫、十六水火、十七厩律、十八关市、十九违制、二十诸侯。"

晋律比较魏律有重大发展：一是严格区分律令界限，提高了正律地位；

---

[1] 刘俊文：《唐律疏议笺解》，中华书局1996年版，第5页。

二是篇章设置更加合理,法律条文简要得体;三是法律概念更规范化;四是从内容看,"礼律并重",所谓"峻礼教之防,准五服以制罪";五是规定了一系列保护士族和官僚特权的法律。《晋律》曾经由杜预、张斐分别解释,因此后人也称其为"张杜律"。陈寅恪先生对《晋律》的历史地位评价极高,甚至认为其开创了中国儒家化法律制度的先河,其言:"古代礼律关系密切,而司马氏以东汉末年之儒学大族创建晋室,统制中国,其所制定之刑律尤为儒家化,既为南朝历代所因袭,北魏改律,复采用之,辗转嬗蜕,经由(北)齐隋,以至于唐,实为华夏刑律不祧之正统。"[1]

四 《北魏律》

北魏由鲜卑贵族立国,初用鲜卑习惯法,"置四部大人坐庭决辞讼,以言语约束,刻契记事,无囹圄考讯之法。……昭成建国二年,当死者,听其家献金、马以赎;犯大逆者,亲族男女无少长皆斩;男女不以礼交皆死;民相杀者,听与死家马牛四十九头,及送葬器物以平之,无系讯连逮之坐;盗官物,一备五,私则一备十,法令明白,百姓晏然"[2]。北魏建立国家政权后,迅速汉化,其历代君主都十分重视法制建设。如道武帝命王德定律令;太武帝命崔浩定刑名,命游雅、胡方回定刑制;孝文帝太和年间命高闾等修律文;宣武帝正始元年(公元504),命太师彭城王勰等撰成《正始律》,但未言议定颁行。沈家本称:"正始定律,史不言议定,如何?不可考矣。"[3] 北魏《正始律》共二十篇,律文已佚,篇目亦存不全,程树德先生根据史料中散见之内容,考证出十五篇篇名,即刑名、法例、宫卫、违制、户律、厩牧、擅兴、贼律、盗律、斗律、系讯、诈伪、杂律、捕亡律、断狱律。其余五篇推断可能为:请赇、告劾、关市、水火和婚姻。[4] 其刑罚原则有:八议、官当、老小残废减刑免罪、公罪与私罪的区别、再犯加重等;其刑名有:死刑、流刑、宫刑、徒刑、鞭刑、杖刑;其罪名有:大不敬、不道、不孝、诬罔、杀人、掠人、盗窃、隐户口及官吏贪赃枉法等。其特点为"纳礼入律"。

总体而言,北魏的法制比较清明。顾炎武曾言:"燕蓟之地,陷于契丹

---

[1] 陈寅恪:《隋唐制度渊源略论稿》,三联书店2001年版,第112页。
[2] 《魏书·刑罚志》。
[3] 沈家本:《历代刑法考》,中华书局1985年版,第913页。
[4] 程树德:《九朝律考》之"后魏律考",中华书局1963年版。

且百年，而民亡南顾心者，以契丹之法简易，盐麦俱贱，科役不烦故也。"①

五 《北齐律》

北齐文宣帝命群臣编修《齐律》，至成武帝河清三年由高睿等修定完成了齐律。《隋书·刑法志》记载："河清三年，尚书令、赵郡王睿等，奏上《齐律》十二篇，……又上《新令》四十卷，……大抵採魏。晋故事，是后法令明审，科条简要。又敕仕门子弟，常讲习之。齐人多晓法律，盖由此也。"《北齐律》共十二篇，949条。其篇目为：名例、卫禁、户婚、擅兴、违制、诈伪、斗讼、贼盗、捕断、毁损、厩牧、杂律。

沈家本评价言："魏、晋分析法律，篇名遂多，北齐省并为十二，隋氏代周，开皇律不用周律而就齐律改定之者，以其简要也。唐、宋与迄明初，并承用开皇篇目。"②

《北齐律》还确立了"重罪十条"，为后世"十恶"提供了范例；此外，它确立了死、流、徒、鞭、杖五刑，为封建刑罚体系奠定了基础。它以"法令明审，科条简要"著称，隋唐法典均以其为蓝本。总之，北齐律是上承汉魏律之精神，下开隋唐律之先河的重要法典。北齐除律以外，还有令和格。

六 《北周律》

北周武帝宇文邕先后命赵肃、拓跋迪撰修法律，保定三年（公元563）完成，号《大律》，共二十五篇，一千五百三十七条。律文已佚，二十五篇篇目为：刑名、法例、祀享、朝会、婚姻、户禁、水火、兴缮、卫宫、市廛、斗竞、劫盗、贼叛、毁亡、违制、关津、诸侯、厩牧、杂犯、诈伪、请求、告言、逃亡、系讯、断狱。《隋书·刑法志》称："其大略滋章，条流苛密，比于齐法，烦而不要。"

北周声称要尽复周制，以《周礼》为政制基准，官制以此而设，法律也以此为参照，所以，其法律与当时其他法律有许多不同的地方，故隋朝虽然由北周人创建，但法律并没有因循。沈家本称："北周时颁行周官，是以官制多依周礼，刑法亦略参古制，与魏、晋流派稍殊，故开皇律舍周

---

① 《日知录集释》，中华书局2020年版，第1482页。
② 沈家本：《历代刑法考》，中华书局1985年版，第916页。

而从齐也。"① 程树德先生对周律持否定态度，其言："周律命曰《大律》，盖即《大诰》之意。其文体之规模《大诰》，又可意得之。……今必欲以科刑之典，丽以《尚书》《周礼》之文，削足适履，左支右绌。"②

七　同时期其他立法

除以上列举的朝代立法以外，魏晋南北朝时期还有许多的朝代立法活动。但它们多为因循，少有创造，故在中国法制发展史上意义不甚重要，以下只简单加以介绍。

南朝齐武帝曾修订《永明律》，凡二十卷，一千五百三十二条，篇目及刑名与晋律无殊，这部法律似未颁行。《隋书·刑法志》曰："事未施行，其文殆灭。"

南朝梁代亦修有《梁律》。梁武帝萧衍命蔡法度等参酌魏、晋、齐律制定法律，天监二年完成。共二十篇，其篇目为：刑名、法例、盗劫、贼叛、诈伪、受赇、告劾、讨捕、系讯、断狱、杂律、户律、擅兴、毁亡、卫宫、水火、仓库、厩律、关市、违制。梁除修律以外，还有"梁令"和"梁科"。

南朝陈武帝曾命范泉等修订法律，修成《陈律》《陈令》各三十卷。《隋书·刑法志》称其："条流冗杂，纲目虽多，博而非要。"显然成就并不高。

东魏孝静帝于兴和三年命群官议定新法，"以格代科"。因是在麟趾殿删定的，故叫《麟趾格》。

---

① 沈家本：《历代刑法考》，中华书局1985年版，第919页。
② 程树德：《九朝律考》，商务印书馆2019年版，第545页。

第六章　中华法系的形成与延续
（隋唐至清末）

重要节点：《唐律疏议》的制定　清末律学大家薛允升称："讲求斯道者，莫不以唐律为最善。"①《唐律疏议》可以视为中国古代法律发展的最高峰。

《唐律疏议》堪为世界最伟大的法典，也是世界范围内最完整存世的古代法典之一。在秦朝以后，隋唐以前，据典籍记载，《九章律》以外，汉朝并没有修成一部统一的法典，此后，曹魏的新律、晋朝的泰始律、北魏律及北齐律虽然都比较完备，但并没有留存下来。隋朝的法典在形式上具有很高的水平，但法律的精神体现得并不突出。而《唐律》，虽然其在形式上大体继承了隋律的传统，但其通过"疏议"的形式将唐律的内在精神进行了高度的阐发，使得《唐律疏议》成为一部形式极为完整、精神高度统一的法典。其"一准乎礼"的宗旨使得西汉以后所形成的向西周礼法制度回归的过程得以完成，并达到了一个新的高度，形成了具有实质意义的礼法体系。《唐律疏议》的形式和内容，体现了高超的立法水平和思想水准，成为中华法系的奠基石。其确定了此后五代、宋、元、明清法律的精神实质及其内容。虽然此后各朝的法典在形式与内容上有所改变，但其中的核心价值恒久保持。它的影响不仅体现于中国此后近1300年的法律发展进程中，也对于东亚诸多国家法律的发展起到了至关重要的影响。古代日本、朝鲜、暹罗等东亚国家都直接或间接受到《唐律疏议》的深刻影响，这使得《唐律疏议》成为在罗马法后影响范围最广

---

① 《唐明律合编》序，中国书店2010年版。

的法律，开创了具有深远影响的中华法系。

刘俊文先生称："唐律的出现绝不是偶然的，而是春秋战国以来历代封建法典相承发展的结果。其中特别是作为第一部封建法典的《法经》、第一部集罪律、事律于一体的综合性法典汉《九章律》、第一部儒家化的法典晋泰始律、第一部简练精粹的法典北齐律以及集南北朝诸律之大成的法典隋开皇律五者，对于唐律的孕育最具关键的意义。"[1]

第一节 概说

陈寅恪先生在论述隋唐法律制度的渊源时写道："隋唐刑律之渊源，其大体固与礼仪、职官相同，然亦有略异者二端：其第一事即元魏正始以后之刑律虽其所采用者谅止于南朝前期，但律学在江东无甚发展，宋齐时代之律学仍两晋之故物也。梁陈时代之律学亦宋齐之旧贯也。隋唐刑律近承北齐，远祖后魏，其中江左因子虽多，止限于南朝前期，实则南朝后期之律学与其前期无大异同。故谓'自晋氏而后律分南北两支，而南朝之律至陈并于隋，其祀遽斩'（程树德先生后魏律考序所言）者固非，以元魏刑律中已吸收南朝前期因子在内也。但谓隋唐刑律颇采南朝后期之发展，如礼仪之比，则亦不符事实之言也。其第二事即北魏之初入中原，其议律之臣乃山东士族，颇传汉代之律学，与江左之专守晋律者有所不同，乃正始定律，既兼采江左，而其中河西之因子即魏晋文化在凉州之遗留及发展者，特为显著，故元魏之刑律取精用宏，转胜于江左承用之西晋旧律，此点与礼仪、职官诸制之演变稍异者也。"[2]

以上论述可基本概括为：隋唐法律制度的主要渊源为北齐，其更远一些的渊源为北魏。这与隋唐礼仪的发展脉络略有不同。北魏的法律吸收了南朝前期的一些内容，而南朝后期的法律与前期比较并没有什么进步。所以，程树德先生所断言的南朝法律已完全消失殆尽，似乎有些过分。因为北魏法律中已吸收了南朝前期的一些内容，这些内容已经体现在隋唐的法

---

[1] 刘俊文：《唐律疏议笺解》，中华书局1996年版，第10页。
[2] 陈寅恪：《隋唐制度渊源略论稿》，三联书店2001年版，第112页。

律中。但若言称隋唐法律如礼仪的沿革一样吸收了许多南朝后期的内容，也不符合事实。再者，北魏入主中原后，制定法律的大臣多为山东的士族，他们传承了汉代法律的内容与精神，这与南朝固守晋朝法律有所区别。到北魏正始年间制定法律时，他们既吸收了南朝法律的部分内容，更保留了凉州士族所保存的魏晋文化的内容。这种多方的借鉴，使得北魏的法律比仅因袭晋朝法律的南朝更完备。①

隋唐时期的法律虽然渊源于魏晋南北朝时期，但它们并没有限于简单的继承，而是在此基础上进行了彻底的变革，完成了中国法律的儒家化，使中国古代法律体系最终形成。此一法系采取西汉所形成的所谓正统法律之观念，又吸收了汉以后在立法、法律形式、法律解释等方面的进步因素。

隋朝虽享国日短，但其在法律发展史上具有举足轻重之地位。隋朝结束了中国三百余年的分裂状态。北周曾经试图全面恢复周礼，但情势不同，变古过甚会使包括法律在内的社会制度难以施行。所以，在统一中国后，隋朝并没有延续北周的以周礼为归一的法律，而是采用了其敌国的法律形式与内容，即采取了北齐的法律形式。唐律在法律形式和内容上几乎完全继承于隋律，但其在务本与务实之间找寻到更为有效的方式，即采用"疏议"的方式使得蕴含于法典之中的礼的精神得以完全阐发。

唐律的编纂始于唐高祖武德，定于唐太宗贞观，从唐高宗永徽起至唐宪宗元和间又曾多次修改、勘正，仅明诏颁布并史志收录者即有武德律、贞观律、永徽律、垂拱律、开元律等五部。

沈家本："名疏者，发明律及注意，云议者，申律之深义及律所不周不达，……盖自有《疏议》，而律文之简质古奥者始可得而读焉。"②

《唐律疏议》的制定与颁行，确立了中国法律儒家化之基本特征，即一种礼、律结合的法制形态，儒家思想中之礼治、德治、人治的精神贯穿于立法及法律实践的各个层面，成为法律制度中确定不移之思想与制度建设的基础。此后的宋、元、明、清各个朝代的法律制度都在此基础上得以建立和巩固发展，任何有关法律的理论探讨也在此基础上进行，不得偏

---

① 陈寅恪先生认为隋唐的礼仪制度多因袭南朝。
② 沈家本：《历代刑法考》，中华书局1985年版，第2208页。

移,否则即为离经叛道。此一过程跨越多个朝代,历经一千余年,直到清末的法制变革,中华法系才开始解体。

第二节　中华法系延续与发展期间之社会文化背景

在中华法系形成以前,正统法律思想早经确立,其以儒家思想为主导的内容在很大程度上决定了中国古代法律的走向与趋势,也为形成中华法系提供了思想和理论上的支持。而在中华法系形成以后,则需要有更加明确、更加能体现中华文化传统核心价值观的思想体系保障中华法系的稳定与发展。自唐代韩愈起,就开始了这一思想体系的建构,迨至宋代朱熹,这个思想体系最终确立。此思想体系,不仅要保障正统法律制度的运行,还要保障其不被内部与外来思想的侵扰,这些侵扰甚至可能来自王权,故这一思想体系在某种程度上要与王权保持一定的距离。据此,诸多思想家进行了不断的努力。到朱熹,提出了"道统说",即中华文明的传承不但其来有自,可以追溯到尧舜禹汤,而且势必会代代相传,任何对此加以威胁,不论其是来自王权,还是来自外来思想,都应该被视为对中华文明的背离,对中国社会普遍价值观的否定。由此,这个道统甚至与王权所代表的"治统"相抗衡,且任何"治统"都不应该偏离道统。

一　正统法律制度与正统法律思想之平衡发展

如上所言,汉代确立了正统法律思想,但正统的法律制度并没有完全建立,即法律思想与法律制度没有达成一种平衡的发展。经过汉代的《春秋》决狱,以及魏晋南北朝的"以礼入律",迨至《唐律疏议》修成颁布,终于完成了礼与律的融合,正统法律制度与正统法律思想形成了平衡发展的局面。唐宋以降,正统法律制度也已经完全确定,正统法律思想落到了实处,得到实际的应用。正如王安石所言:"先王之道可以传诸言,效诸行省,皆其法度、刑政,而非神明之用也。"[①] 同时,根据制度与思想的结合,特别是"道统"的最终确立,正统法律思想也得到进一步的确立与发展。至中国近代社会开启前,儒家思想的正统地位基本上没有受到任何有决定意义的思想挑战,而其对于社会政治与法律制度的影响是决定性

[①] 《王安石文集》,中华书局2021年版,第873页。

的。自此以后，社会思想与活动，终不敢超越此范围。

在这种制度与思想的平衡发展过程中，上自君主，下至士人，都基本上坚持在礼治与仁政的要求下认识法律、检讨法律、适用法律。其中以唐太宗堪为垂范之君：其"初即位，有劝以威刑肃天下者，魏徵以为不可，因为上言：'王政本于仁恩，所以爱民厚俗之意。'太宗欣然纳之，遂以宽仁治天下，而于刑法尤慎"。①《新唐书·刑法志》记载：太宗尝览明堂针灸图，见人之五脏皆近背，针灸失所，则其害致死，叹曰："夫棰者，五刑之轻；死者，人之所重。安得犯至轻之刑，而或致死？"遂诏："罪人无得鞭背。"

以下择《贞观政要》所载唐太宗有关论述数则，以观其对法律之认识。

"太宗谓群臣曰：'贞观初，人皆异论，云当今必不可以行帝道、王道，唯魏徵劝我。既从其言，不过数载，遂得华夏安宁，远戎宾服。'"②

"为国之道，必须抚之以仁义，示之以威信。因人之心，去其苛刻，不作异端，自然安静。"③

"贞观十六年，太宗谓大理卿孙伏伽：'作甲者欲其坚，恐人之伤；作箭者欲其锐，恐人不伤。何别？各有司存，利在称职故也。朕常问法官刑罚轻重，每称法网宽于前代。仍恐主狱之司，利在杀人。危人自达，以钩声价。今之所状，正在此耳。深宜禁止，务在宽平。'"④

除唐太宗所论恤刑、慎刑之言论以外，《贞观政要》还收录魏徵等人的疏文若干，其中多有论法之内容，这些内容，都是与正统法律思想相一致的，都是遵循礼治、德治之要求的。应该说，《唐律》在形式上大体因袭了隋律，但因其《疏议》而焕然一新，在理念层面上远远超过了隋律。而这种理念层面的诸多内容，都可以在《贞观政要》中找到其思想渊源之所在。

宋代历朝也以明德慎罚为适用法律的基本原则。"宋兴，承五季之乱，太祖太宗颇用重典，以绳奸慝；岁时躬自折狱虑囚，务底明慎，而以忠厚为本。海内悉平，文教浸盛。士初试官，皆习律令，其君一以宽仁为治。

---

① 《新唐书·刑法志》。
② 《贞观政要集校》，中华书局2021年版，第31页。
③ 《贞观政要集校》，中华书局2021年版，第296页。
④ 《贞观政要集校》，中华书局2021年版，第506页。

故立法之制严，而用法之情恕。"① 宋仁宗对于用法更是采取慎重的态度，史载："仁宗深悯夫民之无知也，欲立赎法，以待薄刑，乃诏有司曰：'先王用法简约，使人知禁而易从。后代设茶酒盐税之禁，夺民厚利，刑用滋章。今之《编敕》皆出律外，又数改更。官吏且不能晓，百姓安得闻之？一陷于理，情虽可哀，法不得赎。岂礼乐之化未行而专用刑之弊与？'"②

王安石称："盖君主之为政，立善法于天下，则天下治；立善法于一国，则一国治。如其不能立法，而欲人人悦之，则日亦不足矣。"③

明太祖虽则有重刑之名，但其对于法律的认识完全是在正统思想的范围中："平武昌，即议律令。吴元年冬十月，命左丞相李善长为律令总裁官，参知政事杨宪传……等二十人为议律官，谕之曰：'法贵简当，使人易晓。若条绪繁多，或一事两端，可轻可重，吏得因缘为奸，非法意也。夫网密则水无大鱼，法密则国无全民。卿等悉心参究，日具刑名条目以上，吾亲酌议焉。'"④

《明史·刑法志》载："参政杨宪欲重法，帝曰：'求生于重典，犹索鱼于釜，得活难矣！'御史中丞陈宁曰：'法重则人不轻犯，吏察则下无遁情。'太祖曰：'不然！古人制刑以防恶卫善。故唐虞画衣冠，异章服以为戮，而民不犯。秦有凿颠抽胁之刑，参夷之诛，而囹圄成市，天下怨叛。未闻用商韩之法，可致尧舜之治也。'宁惭而退。又尝谓尚书刘惟谦曰：'仁义者，养民之膏粱也。刑罚者，惩恶之药石也。舍仁义而专用刑罚，是以药石养人，岂得谓善治乎？'盖太祖用重典以惩一时，而酌中制以垂后世。故猛烈之治，宽仁之诏，相辅而行，未尝偏废也。"

在这种正统法律思想的指导下，唐代以后的法律也延续着唐代开创的方向发展，法律的精神与内容都是一脉相承的。

二 朱熹之道统说及其有关法律思想

封建正统法律思想发展到宋代时，形成了一个重要的发展阶段，由朱熹完成了对正统法律思想的哲理化。武树臣先生称："朱熹集前人思想之大成而确立了客观唯心主义理学体系，以思辨的精致的理论形式取代了粗

---

① 《宋史·刑法志》。
② 《宋史·刑法志》。
③ 《王安石文集》，中华书局 2021 年版，第 1110 页。
④ 《明史·刑法志》。

糙浅陋的'天人合一'说,使儒家具备了比其他思想更为完整的理论体系,真正获得了独尊地位,并牢牢统治了封建后期的意识形态领域。同时,也使正统法律思想步入了新的发展阶段。"①

朱熹继承了儒家的传统学说,特别是吸收、总结了孟子、董仲舒与韩愈的思想,完善了儒家之道统说,黄宗羲称:朱熹"尝谓圣贤道统之传,散在方册,圣经之旨不明,而道统之传始晦,于是竭其精力,以研究圣哲之经训"②。他把儒家的思想传统确定为中国古代社会的核心价值,由此将儒家思想完全提到了一个绝对的高度,所谓天不变,道亦不变。自此以后,凡不合道统者都是歪理邪说,都是偏离圣人之道的。

在唐宋元明清历代,因为中华法系的基本原则已经完全确立,使得在西汉时期由董仲舒开创的中国古代正统法律思想得以延续和发展,这种思想上的稳定也加强了法律制度的稳定,二者相互维系,使得中华法系不断发扬光大,影响及于东亚各国,为人类文明之发展贡献甚巨。虽则自汉代"独尊儒术"之后,儒家思想获得了社会上的主导地位,但所谓"罢黜百家"实际上已不可行。其所能做到的不过是对于以往的学派加以抑制,而不能阻止新的思想流派相继诞生,这些思想不时会挑战儒家的一统地位,其中最为重要的挑战来源于宗教。黄老思想经过宗教的改造形成了道教,其思想对于社会之影响甚至超过以往,由统治者阶层延伸到社会的各个层面。而佛教更是自远而来,初时弱小,但迅速发展,对中国社会产生了前所未有的巨大影响。明人谢肇淛称:"汉唐而下,莫盛于佛老。然而道教已非柱史之旧。而世之惑溺者,不过妄意神仙,或贪黄自以图利耳,固无甚见解,而亦不足辩也。惟释氏之教,入人骨髓。……而排之者,动以吾儒之粗攻释氏之精,如以赢兵敌强虏,宜其不能胜,而反炽其焰也。"③ 继之,由其以上二者结合而成的魏晋"玄学"也对儒家思想产生过相当大的破坏作用。南北朝时期,儒释道即使在官方地位上也仅有排序上的差异,而没有正统与旁支的区别。虽则儒家基本上没有落至下风,但也受到不断的冲击。特别是武则天时期,出于对其女性皇权的认可,佛教几乎被认定为国家宗教,大有压制儒家之趋势,统治的合理性完全脱离了儒家的思想

---

① 武树臣:《中国法律思想史》,法律出版社2004年版,第208页。
② 《黄宗羲全集》第四册,浙江古籍出版社2005年版,第828页。
③ (明)谢肇淛:《五杂俎》,中华书局2021年版,第273页。

轨道。故从唐代起，抑制外来思想与稳固儒家思想的正统地位就是相辅相成的，其中两个代表性的人物为韩愈与朱熹。他们都对于佛教进行排斥，而为确立儒家思想的至尊地位不遗余力。到宋代朱熹时，终于完成了这个过程。其将儒家思想以"道统"的方式确立为永恒不移的社会核心价值观，由此确定了中国文化发展的方向。其使整个中国社会形成某种共识：这个"道统"，纠合天人，跨越古今，垂之久远。对于这个"道统"的背离，就是对于中国历史传统的背离，对中华文明的背离，对社会核心价值的背离，也就是对民心的背离。故自"道统"之说形成，上自君王，下至黎庶，都唯恐对此有所偏离，因为偏离就是离经叛道，就是社会的异端，就是非我族类的夷狄之人。

据余英时先生考证，最早正式界定"道统"一词者，为朱熹之《中庸章句序》，其中称："《中庸》何为而作也？子思子忧道学失其传而作也。盖自上古圣神继天立极，而道统之传有自来矣。其见于经，则'允执厥中'者，尧之所以授舜也；'人心惟危，道心惟微，惟精惟一，允执厥中'者，舜之所以授禹也。"① 有些学者把"道统"的起源"想象成朱熹为回应禅宗而建构的传宗谱系"②。这种判断亦不可称为无据，因为佛教宗派的传承，特别是禅宗的"传灯"体系对于当时的社会思想确实有着较大的影响。但也要看到，朱熹的"道统"之说，并非其一时所创，而是对于儒家思想的一种继承与总结。当然，也有人认为道统之名的最先提出者另有其人，如钱大昕在《十驾斋养新录》中称："道统二字始见于李元纲《圣门事业图》。其第一回曰：'传道正统以明远，伊川承孟子。'其书成于乾道壬辰，与朱文公同时。"③

从字义上而言，所谓道统即为道之传统，而此处所言之道，并非泛泛而谈之道，即非老子自然之道，也非所谓天道，而是儒家所称之圣人之道。在儒家看来，此道为上古圣人所创，源远流长，不绝于世，渐成为国家民族之精神寄托，成为社会公认之核心价值观。其内容即儒家之根本原则，其内涵被确立为具有排他性的、全社会共同信奉之道德准则，社会中所有成员都不得违背。统治者要在此原则下进行统治，而普通民众要在此原则下生存。

---

① 余英时：《朱熹的历史世界》，三联书店 2011 年版，第 11 页。
② 田浩：《朱熹的思维世界》，江苏人民出版社 2011 年版，第 260 页。
③ 《钱大昕全集》第七册，江苏古籍出版社 1997 年版，第 492 页。

儒家经典中称："天命之谓性，率性之谓道，修道之谓教。道也者，不可须臾离也，可离非道也。"①

孟子认为，儒家所奉行之根本价值观可以称为道，其自尧舜开始一脉相传。"由尧舜至于汤，五百有余岁。若禹、皋陶则见而知之，若汤则闻而知之。由汤至于文王，五百有余岁。若伊尹莱朱则见而知之，若文王则闻而知之。由文王至于孔子，五百有余岁。若太公望散宜生则见而知之，若孔子则闻而知之。由孔子而来至于今百有余岁。去圣人之世若此其未远也，近圣人之居若此甚远也，然而无有乎尔，则亦无有乎尔。"② 当其时，孟子就表示，他要成为这个传统的传承者，"方今天下，舍我其谁哉！"

荀子称："先王之道，仁之降也，比中而行之。曷谓中？曰：礼义是也。道者，非天之道，非地之道，人之所以道也。君主之所道也。"③

董仲舒称："道者，所由适于治之路也，仁义礼乐皆其具也。故圣王已设，而子孙长久安宁数百岁，皆此礼乐教化之功也。"④ 并称："道之大者出于天，天不变，道亦不变，是以禹继舜，舜继尧，三圣相受而守一道。"实际上，此即为道统的开端，其后有成汤、文武、周公、孔孟，偏离了这个传统，政治就会陷于混乱，所谓："继治世其道同，继乱世其道变。"⑤ 实际上，儒家之思想传统有两条主线，其一为礼的主线，强调君臣、父子的上下尊卑关系；其二是仁的主线，即孟子所发扬光大之以民为主的主线。董仲舒试图调和两者，其一方面强调尊君，另一方面也称："天之生民，非为王也，而天立王，以为民也。故其德足以安民者，天予之；其恶足以贼民者，天夺之。"⑥

韩愈对于道有所阐发，但多与德相连用。其称："博爱之谓仁，行而宜之之谓义。由是而之焉之谓道，足乎又无待于外之谓德。"⑦

但他也明确提出了道是由圣贤依次传递的。"凡吾所谓道德云者，合仁与义而言之也，天下之公言也。斯吾所谓道者，非所谓老与佛之道也。尧以是传之舜，舜以是传之禹，禹以是传之汤，汤以是传之文武、周公；

---

① 《中庸》。
② 《孟子·尽心下》。
③ 《荀子·儒效》。
④ 《汉书·董仲舒传》。
⑤ 《汉书·董仲舒传》。
⑥ 《春秋繁露·尧舜》。
⑦ 《韩愈文集汇校笺注》第一册，中华书局2017年版，第1页。

文武、周公传之孔子。孔子传之孟轲。轲之死，不得其传焉。"① 韩愈将道之传承顺序明白排列，可以说道统之义已明，只是未用道统一词而已。此后，韩愈又多次对此加以论述，贞元十九年，其作《送浮屠文畅师序》，甚至对于佛门弟子文畅，也要不遗余力地对儒家传统加以解释阐明。他说："夫文畅，浮屠也。如欲闻浮屠之说，当自就其师而问之，何故谒吾徒而来请也？"佛门弟子欲知佛家道理，自有师傅传授。向我们儒者请教，就要告诉他我们儒家的传统："道莫大乎仁义，教莫正乎礼乐刑政，施之于天下，万物得其宜；措之于其躬，体安而气平。尧以是传之舜，舜以是传之禹，禹以是传之汤，汤以是传之文武，文武以是传之周公，孔子书之于册，中国之人世守之。"② 在此，韩愈将这个由自古圣贤相传至孔子的道定义为中国人共同遵行的价值观，与后世所言之"道统"在精神上完全吻合。钱大昕称："退之《原道》一篇，与孟子言仁义同功。'仁与义为定名，道与德为虚位'二语胜宋儒。"③

实际上，从汉代独尊儒术之思想政策确立后，道统之基本内容就是儒家的思想准则。在道统下，儒家之基本准则成为社会共同遵守的道德准则。如前文所述之王道与霸道之分，及统治者所选择的霸王道杂之的做法，在宋代思想家，特别是朱熹看来，是对道统的背离。其要恢复道统，以王道为唯一的统治方法。但这只不过是停留在思想层面上而已，在实践的层面，他们仍然会将法治作为一种不可或缺的社会控制手段。

在"道统"说的指引下，朱熹认为，法律是维护"三纲五常"的必要工具，其称："盖三纲五常，天理民彝之大节而治道之本根也。故圣人之论，为之教以明之，为之刑以弼之。"④

在朱熹看来，德、礼、政、刑，都是治国的必要手段，不可偏废。其言："为政必有规矩，使奸民猾吏不得行其私，然后刑罚可省，赋敛可薄。"⑤ 他认为"德礼"和"政刑"都是规矩，在本质和目的上都是不矛盾的。其言："若夫道德性命与刑名度数，则其精粗本末虽若有间，然其

---

① 《韩愈文集汇校笺注》第一册，中华书局2017年版，第4页。
② 《韩愈文集汇校笺注》第三册，中华书局2017年版，第1074页。
③ 《钱大昕全集》第七册，江苏古籍出版社1997年版，第456页。
④ 《朱子文集》卷十四《戊申延和奏札一》。
⑤ 《黄宗羲全集》第四册，浙江古籍出版社2005年版，第897页。

相为表里，如影随形，则又不可分别也。"① "德与礼"之作用在于启发人们的内心自觉，而"政与刑"在于约束人们的外在行为。"愚谓政者，为论之具；刑者，辅治之法。德礼则所以出治之本，而德又礼之本也。此其相为始终，虽不可偏废，然刑政能使民远罪而已。德礼之效，则有以使民日迁善而不自知。故治民者不可徒恃其末，又当深探其本也。"②

朱熹并非如多数儒家人物那样由德治的要求而引申出必然要"宽刑慎罚"的结论，他认为刑罚的适用，不能一味以宽为是，如果这样，势必导致犯罪的增多。他说："刑愈轻愈不足以厚民之俗，往往反以长其悖逆作乱之心，而使狱讼愈繁。"③ 朱熹认为，执法者盲目适用轻刑是对"恤刑"的误解，其言："所谓恤刑者，欲其详审曲直，令有罪者不得免，而无罪者不得滥刑也。"④ 由此，他主张限制赎刑，"凡人之坐，其有不辜至于杀人者，虽有疑惑可悯而至于奏谳，亦不许辄用拟贷之例"⑤，甚至主张恢复肉刑。"今徒流之法，既不足以止穿窬淫放之奸，而其过于重者则又有不当死而死，如强暴脏满之类者，苟采陈群之议，一以宫荆之辟当之，则虽残其肢体，而实全其躯命，且绝其为乱之本，而使后无从肆焉。"⑥

朱熹对于法律的实际运行极为关注，曾上奏"言近年刑狱失当，狱官当择其人"⑦。他主张在司法活动中要坚持礼的原则："凡有狱讼，必先论其尊卑上下，长幼亲疏之分，而后听其曲直之辞。凡以下犯上，以卑凌尊者，虽直不右；其不直者，罪加。"他主张立法要疏略，以便官吏在司法中根据具体情况自由处置，强调择人任法官的重要性，此为儒家有治人无治法思想的自然延续。

朱熹在中国法律思想史上占有重要的地位，武树臣先生对朱熹的贡献之评价十分恰当："朱熹的法律思想既不是对以往正统法律思想的一般转述，也不是其哲学理论与以往正统法律思想的简单糅合，而是在其哲学体系的基础上对正统法律思想的重新加工和完善。正统法律思想经过理学的

---

① 《朱子文集》卷七十《读两陈建议遗墨》。
② 《论语集注》卷一《为政》。
③ 《朱子全书》卷六十四《治道二·论刑》。
④ 《朱子语类》卷一百一十。
⑤ 《朱子全书》卷十四《治道二·论刑》。
⑥ 《朱子文集》卷三十七《答陈景望》。
⑦ 《黄宗羲全集》第四册，浙江古籍出版社2005年版，第820页。

加工改造，变得更加缜密和系统，从而完成了哲理化的进程。"[①]

三 明末清初思想家之思想突破

明末清初思想家之思想是对于儒家传统的伟大回归，也是对于儒家传统的伟大突破。其所谓回归是向着民本主义的回归，其突破是对于君权之突破。

儒家之民本主义渊源于儒家的德治传统，而孟子将其发展至民本主义，但自孟子以后，这种以民为本的思想逐渐被以君为本所取代。而具有嘲讽意味的是，这种"以君为本"之思想又是儒家自身的基本属性。在"君本"与"民本"之间徘徊的结果，产生了一种具有调和意味的所谓的"民为水君为舟"的思想，即水能载舟，亦能覆舟。但"舟"与"水"之间并没有本末的关系。

汉代以降，中国的君权不断膨胀，特别是自唐、宋以后，逐渐达到了一种绝对君权的程度。许多知识分子也为这种绝对的君权推波助澜，创造了专制统治的思想基础，如唐代的韩愈、宋代的朱熹。他们都在不同方面、不同的程度上为专制思想的体系化提供了理论支撑。而这种理论的实用化更直接导致了专制统治的现实发展，直到明末以前，专制体制已经完全不用任何的理论支持，其自身已经形成了对社会思想的绝对统治，它可以随心所欲地限制思想、禁锢思想，甚至可以制造思想、玩弄思想，而广大士人或为荣显，或为稻粮，也纷纷成为这种思想专制的同道者。明代的覆亡，以及清王朝的外族身份，使得在许多知识分子心中造成了一个治统上的真空。专制的压力一扫而空后的结果就是思想上的解放。许多前明士人不愿归顺新的王朝，他们往往在武力反抗失败后，或隐居山林，或遁迹寺观。在此，他们可以大胆批评现实，以古非今，检讨中国的历史发展和思想源流，形成了一种自由的学风。黄宗羲、顾炎武、王夫之为其中之杰出代表。他们的思想对中国近代的思想和现实影响至深，特别是鸦片战争以后，他们的著作再度获得新的社会认同，成为启发新思想的智慧宝库。许多近代思想家都公开承认他们的思想曾深受清初三位思想大家的影响。

明末清初思想家有关政治法律之思想主张，主要体现于对民本主义思

[①] 武树臣：《中国法律思想史》，法律出版社2004年版，第209页。

想的重新阐述、对专制主义提出深刻质疑与提出改革时政的救世主张几个方面。清初思想家认为,民本主义思想本为儒家思想的精髓,其基本主张为：古代儒家思想中君权的设立是以民生的需要为前提的,君主是为民服务的。但随着君主专制主义的不断膨胀,这种思想被尘封于故纸旧卷中,而"君权至上"思想在官方的扶植下逐渐成为社会的"正统"思想。明末清初的思想家们对不断强化的专制主义进行了深刻的反思,从不同的方面对君权的无限膨胀加以质疑。基于当时社会政治的种种弊端,他们都提出了自己的改革主张。他们"不囿于天意君德的说教,疾呼以'公天下'取代'私天下',直指君主与臣民、治者与民众之间的权利义务关系"[①],堪称中国古代思想史上的革命之举。

明末清初思想家们所涉及之范围极为广泛,本书限于篇幅,只择其要点略述一二,使读者可见其中之大概而已。

(一) 黄宗羲

黄宗羲(1610—1695),字太冲,号南雷,学者尊称为梨洲先生,浙江余姚人；明末清初著名的哲学家、史学家、思想家。其父黄尊素,东林名士,官至御史,天启六年为阉党所害。黄宗羲自幼深受东林党的影响,对阉宦败坏朝政十分痛恨,其曾因在崇祯元年刑部会审时,锥刺阉宦许显纯,扬名朝野。后遵其父嘱,拜著名学者刘宗周为师,研治经史。满清入关后,他积极组织参加了抗清运动,曾与其弟黄宗炎、黄宗会组织抗清义军"世忠营",失败后往鲁王朱以海处任兵部主事,续任左副都御史。抗清活动消亡后,黄宗羲誓不仕清,潜心讲学与学术。康熙二年,写成《明夷待访录》二十一篇；康熙七年,创办了甬上"证人书院",著《孟子师说》七卷；康熙十五年,撰成《明儒学案》62卷；其后,又续编《宋儒学案》与《元儒学案》,均未完成；此外,他还编成《明文案》216卷和《明文海》482卷。

黄宗羲的政治法律思想,具有极强的社会性与时代性,其中表现出强烈的现实批判精神,这些对中国近代思想的形成和发展影响至深。

黄宗羲重张"民本主义"的旗帜,并把这种宝贵的思想发展到一个新的高度,提出了"天下为主,君为客"的光辉命题,其对于君主专制之批判,深刻动人,读之如饮醇酒,有酣畅淋漓之感。其言："有生之初,人

---

① 夏勇：《中国民权哲学》,三联书店2004年版,第16页。

各自私也，人各自利也，天下有公利而莫或兴之，有公害而莫或除之。有人者出，不以一己之利为利，不以一己之害为害，而使天下释其害。此其人之勤劳必千万于天下之人。"① 这种为天下释其害，比天下人勤劳千万倍的人才是君主。而现在的人君则与此几成相反，"后为人君者不然，以为天下利害之权皆出于我，我以天下之利尽归于己，以天下之害尽归于人，亦无不可。使天下之人不敢自私，不敢自利，以我之大私为天下之大公。始而惭焉，久而安焉，视天下为莫大之产业，传之子孙，受享无穷"②。如此，则天下为主君为客的局面转变为天下为客而君为主。君主享有一切："古者以天下为主，君为客，凡君主所毕世而经营者，为天下也。今也以君为主，天下为客。凡天下之无地而得安宁者，为君也。是以其未得之也，荼毒天下之肝脑，离散天下之子女，以博我一人之产业，曾不惨然！曰'我固为子孙创业也'。其既得之也，敲剥天下之骨髓，离散天下之子女，以奉我一人之淫乐，视为当然，曰'此我产业之花息也'。然则为天下之大害者，君而已矣！"③ 黄宗羲对这种状况持坚决的批判态度。他认为，这种局面与儒家的民本主义主张是背道而驰的，"君本"必然使得君主成为天下之大害。从而，必须恢复立君以民为本的初衷，"盖天下之治乱，不在一姓之兴亡，而在万民之忧乐"④。

黄宗羲从君主与官吏之间关系上，对专制主义予以批判。其认为，三代以降的君臣关系完全是荒谬的，专制化的所谓"君为臣纲"是对正常君臣关系的破坏。"上积疑其臣而畜以奴隶，下积畏其君而视同秦越，则君臣之情离矣。"⑤ 正常的君臣关系应该是同为天下的同事、师友关系，臣根本不是君的"宦官宫妾"。他说："我之出而仕也，为天下，非为君也；为万民，非为一姓也。"而后世的士人丧失了廉耻，为专制主义推波助澜，"小儒规规焉以君臣之义无所逃于天地之间，至桀纣之暴，犹谓汤武不当诛之"。他坚决要恢复孟子所倡导的暴君放伐论，称"孟子之言，圣人之言也"⑥。他意图恢复知识分子独立的地位，其称："出而仕于君也，不以

---

① 《明夷待访录·原君》。
② 《明夷待访录·原君》。
③ 《明夷待访录·原君》。
④ 《明夷待访录·原臣》。
⑤ 《黄宗羲全集》第一册，浙江古籍出版社 2005 年版，第 277 页。
⑥ 《明夷待访录·原君》。

天下为事，则君之仆妾也；以天下为事，则君之师友也。"①

黄宗羲主张要以天下之法取代一家之法。天下之法为圣王"知天下之不可无教也，为之学校以兴亡，为之婚姻之礼以防其淫，为之卒乘之赋以防其乱"②，而一家之法为"后之人主，既得天下，唯恐其祚命之不长也，子孙之不能保有也，思患于未然以为之法，然则其所谓法者，一家之法，而非天下之法也"③。他对比了两者的不同：天下之法是"三代之法，藏天下于天下也。山泽之利不必其尽取，刑赏之权不疑其旁落，贵不在朝廷也，贱不在草莽也"；而"后世之法，藏天下于筐箧者也。利不欲其遗下，福必欲其敛于上；用一人焉则疑其自私，而又用一人以制其私；行一事焉则虑其可欺，而又设一事以防其欺。……法愈密而天下之乱即生于法之中，所谓非法之法也"④。

黄宗羲的社会改革主张的最主要方面就是学校论政，他断言，要想改革政治，必须恢复古代学校议政的传统。在古时，圣王建立学校以为评议朝政、公其是非的场所。其时，"天子之所是未必是，天子之所非未必非，天子亦遂不敢自为非是，而公其是非于学校。是故养士为学校之一事，而学校不仅为养士而设也"⑤。而此后，"学校之法废，民蚩蚩而失教，犹势力以诱之，是亦不仁之甚，而以其空名跻之曰'君父，君父'，则吾谁欺"⑥。黄宗羲提出不但要恢复学校制度，还应该提高学校的社会地位，君主也要入学校拜师，"大学祭酒推择当世大儒，其重与宰相相等，或宰相退处为之。每朔日，天子临幸大学，宰相、六卿、谏议皆从。祭酒南面讲学，天子亦就弟子之列。政有缺失，祭酒直言无讳"⑦。

黄宗羲认为，在用人上，应该采取宽取严用的政策。广开取士门径，但在任用上要严格审选和试用，不能轻许官爵。其言："宽于取，则无枉才；严于用，则少幸进。"⑧

---

① 《明夷待访录·原君》。
② 《明夷待访录·原法》。
③ 《明夷待访录·原法》。
④ 《明夷待访录·原法》。
⑤ 《明夷待访录·学校》。
⑥ 《明夷待访录·学校》。
⑦ 《明夷待访录·学校》。
⑧ 《明夷待访录·取士下》。

（二）顾炎武

顾炎武（1613—1683），江苏昆山亭林镇人。原名绛，字忠清；明亡后改名炎武，字宁人；世人称亭林先生。顾炎武出身于江南望族，14岁补诸生，曾参加复社的活动。顾炎武天资聪颖，博览群书，但科场不利，27岁时尚未中得举人。自此，他绝意功名，志在经世，后曾从明福王抗清。清朝建立后，他弃家北游，往来北方各省几二十年，誓不仕清。其一生从事研究、讲学和著述，代表作有《日知录》三十二卷、《天下郡国利病书》一百二十卷《肇域志》、《音韵五学》，等等。1683年卒于曲沃。

顾炎武的一个突出特点是其分权的主张。他认为君主是为民而设立的："为民而立之君，故'班爵'之意，天子与公、侯、伯、子、男一也，而非绝世之贵。代耕而赋之禄，故'班禄'之意，君、卿、大夫、士于庶人在官一也，而非无事之食。是故知'天子一位'之义，则不敢肆于民上以自尊；知'禄以代耕'之义，则不敢厚取于民以自奉。"①

顾炎武对君主专制持否定的态度，其言："所谓天子者，执天下之大权者也。其执大权奈何？以天下之权寄之天下之人，而权乃归之天子。自公卿大夫至于百里之宰，一命之官，莫不分天子之权以各治其事，而天子之权乃益尊。后世有不善者出焉，尽天下一切之权而收之于上，而万几之广，固非一人之所能操也。"② 任何君主独操天下大权之后果就是滥用法律，其称："人君之于天下，不能以独治也。独治之而刑繁矣，众治之而刑措矣。"他认为良好的国家治理，要发挥社会的作用，特别是要发挥宗法的作用："古之王者不忍以刑穷天下之民也，是故一家之中，父兄治之，一族之间，宗子治之。其有不善之萌，莫不自化于闺门之内；而犹有不帅教者，然后归之士师，然则人君之所治者约矣。……是故宗法立而刑清。天下之宗子各治其族，以辅人君之治，'罔攸兼于庶狱'，而民自不犯于有司。"③

顾炎武坚持儒家的传统，强调法制的教化作用，其称："法制禁令，王者之所不废，而非所以为治也，其本在正人心，厚风俗而已。"他反对

---

① 《日知录集释》，中华书局2020年版，第390页。
② 《日知录集释》，中华书局2020年版，第486页。
③ 《日知录集释》，中华书局2020年版，第334页。

专制制度下的繁苛法制："夫法制繁，则巧猾之徒皆得以以法为市，而虽有贤者，不能自用，此国事之所以日非也。"① 如此，君主必然会贬黜贤智，移权于法，"豪杰之士无以自奋而同归于庸懦也"②。更有甚者，君主"废官而用吏"，使吏治日趋败坏，"今夺百官之权，而一切归之于吏胥，是所谓百官者虚名，而柄国者吏胥而已"③。他对于专制制度下人才的选拔方式极为不满，所谓"开科取士，则天下之人日愚一日"④，且这些选举出来的官员不仅大多为庸才，而且成为专制制度的爪牙，他们"读孔孟之书，而日进管商之术"⑤，完全丧失了知识分子的立场和气节。

顾炎武的改革方针主要在政体的设计上，他认为，在国家政体的设计上，应该实行"分权众治"，以限制君主"独权"。其具体的思想主张为"寓封建之意于郡县之中"。他认为，古代的封建制是一种良好的政治形式，但逐渐被君主专制所破坏，在现行社会中，要恢复封建制显然是不行的，改革的方法是在郡县的形式中注入封建的实质。其言："知封建之所以变而为郡县，则知郡县之弊而将复变。然则将变而为封建乎？曰，不能。有圣人起，寓封建之意于郡县之中，而天下治矣。"⑥

（三）王夫之

王夫之（1619—1692），字而农，号姜斋，湖南衡阳人；晚年隐居衡阳石船山，世人称为船山先生。王夫之出身于书香世家，父亲王朝聘精通"春秋"之学，其家学对他影响至深。虽然他24岁考中举人，但他更注重经世，曾创立"匡社"，立志改造社会。明亡国后，王夫之曾于1648年（清顺治五年）在衡阳举兵抗清，兵败后投奔南明桂王政府，后因弹劾权奸王化澄而遭迫害，辗转逃回湖南。为对抗清政府的剃发令，王夫之于1652年后，隐伏于湖南一带，度过多年的流亡生活。其晚年隐居，著述甚多，代表作有《周易外传》《尚书引义》《读四书大全说》《张子正蒙注》《思问录》《读通鉴论》《宋论》，等等。

王夫之民本主义思想的特点是"以民为基"。他声称，"君以民为

---

① 《日知录集释》，中华书局2020年版，第440页。
② 《日知录集释》，中华书局2020年版，第466页。
③ 《日知录集释》，中华书局2020年版，第438页。
④ 《日知录集释》，中华书局2020年版，第631页。
⑤ 《日知录集释》，中华书局2020年版，第634页。
⑥ 《亭林文集》卷一《郡县论一》。

基……无民而君不立"，即在君与民两者的关系上，君主应以民为根基，民心的向背是君权统治的基础，而君主应该推行仁义的君道："人君之当行仁义，自是体上天命我作君师之心，而尽君道以为民父母，是切身第一当修之天职。"① 他把君主与人民的关系解释为互相依靠的关系，国家是君主与人民所共有的，其言："古之称民者曰'民岩。'上与民相依以立，同气同伦而共此区夏者也。"②

王夫之对中国的专制制度予以深刻的质疑，他认为，君主操生杀予夺之权，没有任何限制，能够约束君主行为的，只是自身的恐惧而已。他写道："夫人主立臣民之上，生杀在己，取与在己，兴革在己。而或益之以慧力，则才益其骄；或相习于昏虐，则淫荡其性；所资以息其傲辟而纳于檠括者，唯惧之一念耳。"③ 在这里，他已经意识到对于君主权力的约束问题。在无限之权力下，君主也会无限地搜刮民财，损民伤国："夫大损于民而伤于国者，莫甚于聚财于天子之藏而枵其外，窭百官之财用而削于民，而者皆以训盗也；盗国而民受其伤，盗民而国为之泛矣。"④ 他称此为盗国盗民，这是对于所谓家天下的直接否定。同时，他认为，并非只有王室的宗社为天下之重，一般士庶之家也是同等重要的，其称："士庶之有家室，亦犹天子之有宗社。家之不安，与宗社之危等。"⑤ 在专制制度下，官吏成为君主的奴仆，而非为国为民，王夫之对此表达了质疑和愤慨："夫国家之置守令，何为者也？岂徒以催科迫民而箕敛之乎？岂徒以守因陋就简之陈格，而听其日即于废弛乎？岂徒以听民之讼，敛钧金束矢之入以为讼府，而启民于争乎？"⑥ 他极力主张澄清吏治，其提出"宽以养民、严以治吏"的治吏原则。他把廉政看作吏治的根本，其言："论官常者曰：清也，慎也，勤也；而清其本也。"⑦

王夫之的反专制思想主要体现于"不以天下私一人"的主张中。他从"一姓之私"与"天下之公"两者的关系上对这一主张进行了充分的论

---

① 《读四书大全说》卷八。
② 《读通鉴论》卷二十七。
③ 《读通鉴论》卷二十九。
④ 《读通鉴论》卷二十二。
⑤ 《读四书大全说》卷十。
⑥ 《读通鉴论》卷三十。
⑦ 《读通鉴论》卷十。

证。其言："一姓之兴亡，私也。而民之生死，公也。"① 他把君主的"一姓之私"和民众生死存亡的"天下之公"加以严格区别，认为天下之公远比一姓之私重要，而治理天下的目的在于为公而非为私，他言称："以天下论者，必循天下之公。天下非一姓之私也。"② 王夫之认为，当法制的各个环节出现问题时，往往都推诿于下层官员，这种法制是"贼民之法"，要想法制健全，必须责之于上，要正之于君主。其言："惩贪而责保荐之主，戢盗而严漏捕之诛，祥刑而究初案之枉，皆教之以掩蔽，而纵奸以贼民之法也。必欲责于上，以矜民之散，亦自天子之自为修省而已，下焉其何责焉！"③ 君主必须诚心实意改善法制，而不能仅仅依靠法制的镇压作用，即"天子虚衷以祥刑，则奸人自无所藏奸士人正己以匡世，则小人自弗能置喙；又何可以禁恐呵斥，反构一切之法弹压天下者也"④。王夫之认为，君主、国家都应该是人民安身立命的凭依，他重新解释了孟子"民为贵，社稷次之，君为轻"之含义："君与社稷轻，而所生之人，不可以无与立命，则苟有知贵重其民者，君子不得复以君臣之义责之，而许之以为民主可也。"⑤ 如果君主和国家都不可依靠，就不要用什么君臣之义苛责人民，而要让人民自己做主。此言堪为振聋发聩之语！

王夫之认为，为政不能只是在形式上效法古人，而应该察其精意，与时俱进，其言："夫为政之患，闻古人之效而悦之，不察其精意，不揆其时会，欲姑试之，而不和，则又为之法以制之，于是法乱弊滋，而古道遂终绝于天下。"⑥ 同时，他也认为，对于以往行之有效的制度，不能因其小的缺漏而完全否定，否则会适得其反，其言："法虽善，久而必有罅漏矣，就其罅漏而弥缝之，仍一备善之法也。即听其罅漏，而失者小，全者大，于国民未伤也。妄言者，指其罅漏以讥成法，则必灭裂成法而大反之。"⑦

---

① 《读通鉴论》卷十七。
② 《读通鉴论》卷末。
③ 《读通鉴论》卷二十。
④ 《读通鉴论》卷二十一。
⑤ 《读通鉴论》卷二十七。
⑥ 《读通鉴论》卷三。
⑦ 《读通鉴论》卷四。

四 对佛教进行法律规制

（一）中国古代宗教发展的法律背景

佛教之传入对于中国社会各个方面影响至深，其对于法制的发展也有诸多方面之影响。

宗教与国家有诸多相似之处，所不同者，大概即为国家有领土之界限，而宗教无此界限。此二者最为一致之处就是均有一套以惩罚为最终结果的行为规范，在国家为法律，在宗教为戒律。当宗教的戒律在一定条件下成为国家法律之时，宗教就已经行使了国家的职能。这种情况在世界史的范围内并非无见，但在中国，自古至今未之尝有。这是因为，即使法律的性质曾有变化，但中国古代的法律制度与思想基础始终坚如磐石，不容任何宗教的戒律凌驾其上。

中国的法律自有其发展脉络与体系，形成了宗教发展与规制的特殊法律背景，正是有了这样的法律背景，才有中国古代宗教的如此发展形态，也决定了法律对宗教进行规制的方式。中国古代社会的法律，与其他文明发展中的法律制度在其起源和发展等方面并不相同，其与宗教之关系并不明显。如在有些文明形态中的法律制度在其发源之始就受到宗教因素的强力影响，甚至与宗教法相辅相成，难以分辨；在有些文明中，在法律发展的某一阶段，曾受到宗教的影响甚巨。而中国的传统法律制度世俗化的特征明显，很少受到宗教的影响。此特征也使得其在规制宗教的过程中保持独立的品质与连贯性。当然，作为一种影响广泛且深远的社会存在，宗教对中国传统法律的影响也应该是难以避免的。

夏商法律还处于朦胧状态，几难详述。应该说，这个时期的神权法实际上为宗教的起源和发展提供了法律的保障，但这个时期，中国的宗教还没有形成一个确定的形态，故只有法律的基础并不能促使宗教的发展。如上所述，西周为中国法律传统形成期，德的观念与礼的创造对中国法律形态影响至深。德治的观念，特别是以德配天的观念，貌似为形而上的宗教留有一个空隙，但实际上，这种天的概念很模糊，不足以形成宗教的观念。因此，也可以说，德的观念对中国社会政治性的创建或认可，对宗教有不可置疑的阻碍作用。本来，君权神授的观念非常适合于一种国家宗教的形成。但在德治下，人事压倒了天命。周朝的法律制度与礼治和德治密不可分，礼与德不但是西周法制的基本特征，也深刻影响了中国古代法制发展，甚至可以说决定了中国古代法律传统形成和发展。从宗教的意义上而言，这种完全脱离了神权法的法律制度，对于中国自身宗教的形成和发展都起着一种内在的制约，甚至是排斥的作用。

春秋战国期间，此传统由于现实的影响而被打破，法家思想占据主导地位，最终形成秦朝的法制唯一主义。儒法两家的思想主张，在政治立场上势如水火，不能并存，但在抑制宗教的发展上效果相当一致。我们从其两者的基本思想出发，都不能得到宗教存在的任何思想上的启示。相反，儒家，特别是孔子的思想几乎为宗教挖下了一道鸿沟。"天道远，人道迩"，"敬鬼神而远之"之论实为一种现实主义的政治观。而法家以法为教、以吏为师的主张则更为现实。两种思想在现实主义的竞赛中与神道设教的宗教道路渐行渐远。王夫之曾认为，法家思想与道家思想有必然的联系，其言："其教佛、老者，其法必申、韩"，"佛、老之于申、韩，犹鼙鼓之相应也。"[①] 笔者认为，这种必然性实际上是很虚幻的，即使有，也是思想上的，而非实际运用上的。

汉代逐渐回归传统，经义决狱使儒家思想注入法律运作之中。汉代的法律，初期受到"黄老"思想的影响。此时的老子还很现实，没有后来道家的鼻祖身份。对其思想的汲取也仅在清静无为之处，而没有将其虚无演化为神道的程度。倒是以儒家思想正统自居的董仲舒发展了阴阳五行的学说，将天命的超现实思想融入儒家思想的现实内容中，使得儒家的信奉者在接受宗教所特有的神迹时，不至于有非常强烈的内心抵触。

魏晋南北朝，以礼入律，法律的儒家化开始启动，至唐"一准乎礼"，形成中华法系。隋唐时期的法律虽然渊源于魏晋南北朝时期，但它们却并没有限于简单的继承，而是在此基础上进行了彻底的变革，完成了中国法律的儒家化，使中国古代法律体系最终形成。"律设大法，礼顺人情。"[②] 唐宋之际，随着中国古代社会的转型，中国佛教也更向着世俗化、民间化的方向发展，以下朝代皆沿袭之。对佛教的规制也是在这种礼法结构的法制下进行的，其并不因宗教的发展变化而改变其基本形态。

（二）对佛教进行法律规制之思想基础

陈寅恪先生在论及古代思想史研究时曾有极精辟之论说："所谓真

---

① 《读通鉴论》卷十七。
② 《后汉书·卓茂传》。

了解者，必神游冥想，与立说之古人，处于同一境界，而对于其持论所以不得不如是之苦心孤诣，表一种之同情，始能批评其学说之是非得失，而无隔阂肤廓之论。否则数千年前之陈言旧说，与今日之情势迥殊，何一不可以可笑可怪目之乎？但此种同情之态度，最易流于穿凿附会之恶习。"①

中国古代以文明中心自居，视中国之外者为蛮夷，向来采取居高临下之态度，所谓"夷狄之有君，不若诸夏之无也"②，对外来文化之影响采取一种抵制的态度。但文化的交流会冲破各种阻碍，外来文化终究会对中国古代社会产生诸多的影响，而其中最大者当属宗教，特别是佛教。

至唐，儒家化完成，对佛教的规制也是在礼法结构的法制下进行的，其并不因宗教的发展变化而改变其基本形态。元朝统治者虽稍有特殊之处，但仍不出礼法之范围。"元代钦定朱熹对儒家思想的注释作为科举考试的官方诠解。然而在宗教事务方面，元朝和明朝初年的统治者都是折中主义者，并不觉察有什么大的必然要维修朱熹和佛教之间设立的高高的堤防。"③

概括而言，中国古代对宗教进行法律规制的思想基础有以下几个方面的内容。

其一，佛教是外来的事物，非中华体例，不能"以夷乱夏"，应该加以法律上的控制。

中国古代历史上之反对佛教者，其自始至终所坚持的一个重要根据就是佛教并非中华所自有，而是出自夷狄之地。尽管最初汉政府对西域来华僧人给予了很高的礼遇，但明令中国人不许出家："汉明感梦，初传其道，唯听西域人得立寺都邑，以奉其神，其汉人皆不得出家。"④ 这一方面说明，中国封建统治阶级对于外来文化还是很有防范心理的，担心外来宗教扰乱人心，影响社会的稳定；另一方面，对于其他民族的使臣和移民则是比较宽容的，允许他们保留自己的宗教信仰，这和民族观上"因其俗而治"的思想基本一致。因为在中国，宗教也被视为一种礼俗。到了魏晋，

---

① 陈寅恪：《金明馆丛稿二编》，三联出版社2001年版，第279页。
② 此言出于《论语·八佾》，一般解释为：蛮夷国家即使有君主，也不如中国没有君主。也有人解释为，中国现在不尊周王室，还不如蛮夷国家尊奉君主呢。本书意取前说。
③ 卜正民：《为权力祈祷》，江苏人民出版社2005年版，第61页。
④ 《高僧传·佛图澄传》，中华书局1992年版，第352页。

由于民间道教往往与农民起义相关,所以政府对宗教的禁令更为严格。魏黄初二年(221),曹丕诏令:"先王制礼,所以昭孝事祖,大则郊社,其次宗庙,三辰五行,名山大川,非此族也,不在祀典。叔世衰乱,崇信巫史,至乃宫殿之内,户牖之间,无不沃酹。甚矣其惑也!自今,其敢设非祀祭,巫祝之言,皆以执左道论。著于令典。"①《法苑殊林》卷二十八引《冥祥记》载:"太康(280—290)中,禁晋人作沙门,世常奉法精进,潜于宅中起立精舍,供养沙门。"

"华夷之辨"从汉魏之际便开始了,《牟子理惑论》中收集了其中部分言论;到南齐时道士顾欢作《夷夏论》,反佛观点最为集中;有道士假张融之名作《三破论》反佛观点最为极端。

后赵汉族中书著作郎王度上疏奏议:"夫王者郊祀天地,祭奉百神,载在祀典,礼有常飨。佛出西域,外国之神,功不施民,非天子诸华所应祀奉。往汉明感梦,初传其道,唯听西域人得立寺都邑,以奉其神,其汉人皆不得出家。魏承汉制,亦循前轨。今大赵受命,率由旧章。华戎制异,人神流别,外不同内,飨祭殊礼,华夏服礼,不宜杂错。国家可断赵人悉不听诣寺烧香礼拜,以遵典礼;其百辟卿士,下逮众隶,例皆禁之。其有犯者,与淫祀同罪。"②王度建议,后赵应效法汉魏的宗教政策,禁止佛教流行。石虎针对王度的奏议给予了明确的回答:"朕生自边壤,忝当期运,君临诸夏。至于飨礼,应兼从本俗。佛是戎神,正所应奉。夫制由上行,永世作则。苟事无亏,何拘前代。其夷赵百蛮,有舍其淫祀,乐事佛者,悉听为道。"③也就是说,我本人就并非出自中土,何必拘于所谓夷夏之别。应该说,五胡十六国及南北朝时期,北方少数民族政权对于佛教的兴盛有着很大的助力作用。

南齐人顾欢作有《夷夏论》,系统地论证了所谓"华夷之别",阐明佛教不可行于中国的道理。其言:"今以中夏之性,效西戎之法,既不全同,又不全异。下弃妻孥,上废宗祀。……舍华效夷,义将安取?……夫蹲夷之仪,娄罗之辩,各出彼俗,自相聆解。犹虫喧鸟聒,何足述效。"④此后的有关言论,均不出其范围。如韩愈称:"夫佛本夷狄之人,与中国言语

---

① 《三国志·魏书·文帝纪》。
② 《高僧传·佛图澄传》,中华书局1992年版,第352页。
③ 《高僧传·佛图澄传》,中华书局1992年版,第352页。
④ 《南齐书》卷五十四《高逸》。

不通，衣服殊制；口不言先王之法言，身不服先王之法服，不知君臣之义、父子之情。"①

唐代李翱称："溺于其教者，以夷狄之风而变乎诸夏，祸之大者也。"②直到清末，华夷之分都是限制佛教传播的最重要理由。

其二，消除佛教中对抗世俗权力的倾向。

在中国古代，实行绝对的专制主义，所谓"普天之下莫非王土，率土之滨莫非王臣"，没有任何地方，任何人可以游离于王权的管辖之外。而佛教则号称出世，不遵循世俗的约束，甚至可以不遵守世俗的法律，并形成某种对抗世俗权力的倾向，所谓"沙门不敬王者"，这是统治者所不能容忍的。刘宋孝武帝于大明六年（462）曾经下令僧人必须敬拜王者，"既行刽斮之虐，鞭颜竣面而斩之，人不胜其酷也"③。

隋炀帝尽管自称菩萨戒弟子，但是，在即位后却一直力图使沙门敬拜王者。《广弘明集》载："隋炀帝大业三年新下律令格式令云：'诸僧道士等有所启请者，并先须致敬，然后陈理。'虽有此令，僧竟不行。时沙门释彦琮不忍其事，乃著《福田论》以抗之，意在讽刺。……大业五年，至西京郊面大张文物，两宗朝见，僧等依旧不拜。下敕曰：'条令久行，僧等何为不致敬？'时，明赡法师对曰：'陛下弘护三宝，当顺佛言。经中不令拜俗，所以不敢违教。'又敕曰：'若不拜敬，宋武时何以致敬？'对曰：'宋武虐君，偏政不敬，交有诛戮。陛下异此，无得下拜。'敕曰：'但拜。'僧等峙然。如是数四令拜。僧曰：'陛下必令僧拜，当脱法服，着俗衣，此拜不晚。'帝夷然，无何而止。"

有西方学者称，世俗政权对佛教的打击，使"世俗社会重新建立了对有组织的佛教的控制"④，使其符合以儒家思想为指导的法律秩序。

佛教进入中国以后，特别是南北朝时期，由于外族入侵中原，建立了诸多外族政权，故此时，中华正统之思想基础受到冲击，发生了动摇。儒家思想虽然在进行着顽强的抵抗，且很快站稳了脚跟，但还是受到了外来文化的强力冲击。而这种冲击的主要力量来自佛教，其中特别突出者即为"出家人不拜父母"和"沙门不敬王者"。此一问题关系重大，因为如若

---

① 《韩愈选集》，上海古籍出版社 2013 年版，第 381 页。
② 《李翱文集校注》，中华书局 2021 年版，第 47 页。
③ 《广弘明集》卷六。
④ 《剑桥中国隋唐史》，中国社会科学出版社 1990 年版，第 677 页。

这种冲击成功，必将产生重大之后果，即由不敬而致不遵守一般之社会规范，其中也包括世俗的法律规范。更可能进一步形成与世俗权力的对抗，产生具有广泛权力的宗教社会，甚至宗教王国。这种情况在世界历史上是曾经出现过的。由此宗教对世俗权力产生实质性的逼迫，导致整个社会权力基础之转移、社会方式之变化、信仰基础之转变。故世俗政权对此予以强力之反击。至隋朝，对此种方式之冲击予以彻底的灭绝。尽管隋朝二帝均为佛教之虔敬教徒，但其政权的世俗性质与其权力之世俗根源，都不允许他们利用宗教作为其权力的基础，也就是说意图形成一个神权国家，他们都不能容忍佛教对其权力的冲击。

其三，将佛教纳入儒家的核心价值观范围之中。

佛教的行为规范与儒家强调"孝"和"忠"完全不符合，大者有为帝王者舍身寺院者，小者有以身供养者。梁武帝萧衍曾于大通元年（527）、中大通元年（529）、中大同元年（546）、太清元年（547）四度舍身同泰寺为奴，从而导致了儒家思想的猛烈攻击。南齐时张融著《三破论》，对佛教予以严厉指责，其称佛教之出家有五大过失："一有毁伤之疾，二有髡头之苦，三有不孝之逆，四有绝种之罪，五有亡体从戒。"其五者必然导致社会上之恶果，即所谓"三破"："入身而破身，入家而破家，入国则破国。"① 由此，许多儒家士人都对佛教加以攻击。韩愈曾著《论佛骨表》一文，对佛教加以抨击，且矛头直指崇信佛教的皇帝，为此而遭到贬黜。史载："十四年正月，……迎凤翔法门寺佛骨至京师，留禁中三日，乃送诣寺，王公士庶奔走施舍如不及。刑部侍郎韩愈上疏极陈其弊。癸巳，贬韩愈为潮州刺史。"②

唐代以后，佛教之发展，由寺庙转为义理，其在社会层面上的影响大为减弱。而在思想层面，其对正统思想之影响，更过于当年的寺观遍天下之时。特别是其通过打通与儒家思想的阻隔，自我否定了以前所坚持的表面化个性，从而更深入地进入了士人们的内心。程颢曾言："道之不明，异端害之者。昔之害近而易知，今之害深而难辨。昔之惑人也，乘其迷暗；今之入人者，因其高明。"③

---

① 《弘明集》卷八。
② 《旧唐书》卷十五《宪宗下》。
③ 《二程集》，中华书局1981年版，第638页。

朱熹称：" 佛、老之学，不待深辨而明。只是废三纲五常，这一事已是极大罪名！其他更不消说。"① 纪晓岚曾对比了韩愈与朱熹的辟佛之举，其言："辟佛之说，宋儒深而昌黎浅，宋儒精而昌黎粗。然而披缁之徒畏昌黎而不畏宋儒，衔昌黎而不衔宋儒也。盖昌黎所辟，檀施供养之佛也，为愚夫妇言之也；宋儒所辟，明心见性之佛也，为士大夫言之也。……使昌黎之说胜，则香积无烟，祇园无地，……使宋儒之说胜，……不过各尊所闻，各行所知，两相枝拄，未有害也。"②

宋元以后，儒家思想已成为社会根本价值观之所系。佛教中人亦不再坚持其原有之社会思想体系，转而为力图寻找与儒家思想相契合之处，认同了儒家的社会价值观。如北宋名僧契嵩作有《孝论》十二章，"满纸皆言'孝'，发挥最为系统和完备，被尊为中国佛教的'孝经'"③。

《禅院清规》的编订者宋代高僧宗赜以遵行孝道著称，"师性孝，于方丈侧别为小室，安其母于中。劝母剪发，持念阿弥陀佛号，自制《劝孝文》，曲尽哀恳"④。也就是说，宗赜甚至将其母亲接到寺院中居住供养。

尽管如此，此后的儒家学者仍然对佛教于儒家思想的影响加以抵制，王夫之称："呜呼！浮屠之乱天下而变四海垂千年，趋之如狂者，唯其纳天下之垢污而速予之以圣也。……淫坊酒肆，佛皆在焉，恶已贯盈，一念消之而无余愧，儒之驳者，窃附之以奔走天下，曰无善无恶良知也。"⑤

黄宗羲也对佛教多加指斥："释氏益肆无忌惮，缘'天上地下，唯我独尊'之言，因创为诸天之说，佛坐中间，使诸天侍立于侧，以至尊者处于至卑，效奔走之役。顾天下之人，习于见闻，入彼塔庙，恬不知怪，岂非大惑哉！"⑥

其四，佛教对社会经济产生破坏作用，应该加以规制。

佛教中人之生活腐败是被世俗之人攻击的最重要因素。佛教徒出家，不进行生产，被认为是社会之蠹虫，故受到正统思想的攻击。其称："乃

---

① 《朱子语类》卷一二六，中华书局2004年版，第3014页。
② 《阅微草堂笔记》卷一八。
③ 刘立夫：《佛教与中国伦理文化的冲突与融合》，中国社会科学出版社2009年版，第124页。
④ 《禅院清规》，中州古籍出版社2001年版，第184页。
⑤ 《读通鉴论》卷四。
⑥ 《黄宗羲全集》第一册，浙江古籍出版社2005年版，第195页。

有缁衣之众，参半于平俗；黄服之徒，数过于正户。国给所以不充，王用固之取乏。"① "释教虚诞，有为徒费，无执戈以卫国，有肌寒于色养。逃役之流，仆隶之类，避苦就乐，非修道者。"②

《旧唐书》载："中书门下奏：官省则事省，事省则人清；官烦则事烦，事烦则人浊。清浊之由，在官之烦省。国家自天宝以后，中原宿兵，见在军士可使者八十余万。其余浮为商贩，度为僧道，杂入色役，不归农桑者，又十有五六。"③

其五，佛教中的怪、力、乱、神，应该加以法律规制。

王夫之称："魏晋以下，佛、老盛，而鬼神之说托佛、老以行，非佛、老也，巫之依附于佛、老也。"④

很多中国的知识分子在佛教传播之初，也将其当作一种愚昧的迷信，但随着佛经的翻译，这种指责渐渐消失，而代之以对其迷惑性的防范。

宋武帝时周朗上书抨击时弊，其中指责佛教"习慧者日替其修，束诫者月繁其过，遂至糜散锦帛，侈饰车从。复假请医术，托杂卜数，延姝浃堂"⑤。

宋武帝下《沙汰僧徒诏》："佛法讹替，沙门混杂，未足扶济鸿教而专成逋薮。加以奸心频发，凶状屡闻，败道乱俗，人神交忿。可付所在，与寺耆长，精加沙汰。后有违犯，严其诛坐。"⑥

南梁时期，大臣郭祖深上书皇帝："都下佛寺五百余所，究极宏丽。僧尼十余万，资产丰沃。所在郡县，不可胜言。道人又有白徒，尼则皆畜养女，皆不贯人籍，天下户口几亡其半。而僧尼多非法，养女皆服罗纨，共蠹俗伤化，抑由于此。"⑦ 荀济指斥佛教言辞可要激烈得多。他上书皇帝，把佛教的怪行称为乱国亡家的根苗："宋齐两代，重佛敬僧，国移庙改者，但是佛妖僧伪，奸诈为心，堕胎杀子，昏淫乱道，故使宋齐磨灭。"⑧

---

① 《弘明集》卷十四。
② 《弘明集》卷六。
③ 《旧唐书》卷十四《宪宗上》，中华书局1975年版，第435页。
④ 《读通鉴论》卷三。
⑤ 《宋书》卷二十八《周朗传》。
⑥ 《广弘明集》第九册，国家图书馆出版社2018年版，第5页。
⑦ 《南史·郭祖深传》。
⑧ 《广弘明集》卷七。

韩愈在《论佛骨表》中，对佛教在社会上引发的丑行怪状加以描述，其言："皆云天子大圣，尤一心敬信；百姓何人，岂合更惜身命，焚顶烧指，百十为群，解衣散钱，自朝至暮，转相仿效，惟恐后时。老少奔波，弃其业次。若不即加禁止，更历诸寺，必有断臂脔肉者。伤风败俗，传笑四方，非细事也。"[1]

其六，对于败坏社会政治风气的行为加以制止。

康熙曾言："一切僧道，原不可过于优荣。若一时优荣，日后渐加纵肆，或别致妄为。……至于僧道邪教，素悖礼法，其惑世诬民尤甚。愚民遇方术之士，闻其虚诞之言，辄以为有道，敬之如神，殊堪嗤笑。俱宜严行禁止。"

雍正元年，擢内务府员外郎鄂尔泰为江苏布政使。是年八月，鄂尔泰抵任，首先推出《实政十条》通行晓谕，其中禁妇女入庙烧香、禁游方僧道、禁赛会三条有关民间宗教事宜。

清代雍正称一些所谓高僧，利用与帝王的交往，自高身价，没有出家人应该有的形象。雍正皇帝写了一本《拣魔辨异录》，直接干预清初禅门僧争。明朝末年，禅宗临济宗内部出现过圆悟与法藏之争，银座的问题基本属于纯宗教性质。雍正皇帝大做文章："朕为天下主，精一执中，以行修、齐、治、平之事，身居局外，并非开堂说法之人。……但既深悉禅旨，洞知魔外之情，灼见现在魔业之大，预识将来魔患之深，实有不得不言，不忍不言者。"规定："天童密云悟派下法藏一支，所有徒众，著直省督抚详细查明，尽削去宗派，永不许复入祖庭。"所以要用如此严厉的手段打击一个宗教流派，实际原因在于"魔外之情"。明朝末年，许多民族志士义不事清，纷纷遁入空门，以此排遣"亡国之痛"。他们又多藏身于流行江南的法藏一系门下，从维持清朝统治的需要出发，雍正必须将其彻底铲除。

（三）对于佛教的具体法律规制

佛教僧众虽称出家，但归根结底也是现实社会中的一个组成部分。其中虽然有许多道行高深的名僧大德，但也有许多品行低劣者，这是很自然的事情。许多出家人实际上根本没有对于宗教的理解与崇敬，他们选择出家或出于生活之艰辛，或由于一时之厌世，或完全由长辈意志所决定。故宗教信徒行违法乱纪之事，亦在所难免。这种非法之人必会为非法之事，

---

[1] 《韩愈选集》，上海古籍出版社2013年版，第380页。

此即为国家使用法律手段对宗教加以规制的基本原因。中国古代对于僧人的犯罪行为，在适用法律上有着一些基本的原则，此即与国家的法制普遍原则相一致，也与国家对于宗教进行法律规制的特殊性相结合。

从佛教传入中国伊始，对僧人的违法乱纪的现象，官方就屡有约束性法律规定。如北魏诏令："比丘不在寺舍，游涉村落，交通奸猾，经历年岁。令民间五五相保，不得容止。无籍之僧，精加隐括，有者送付州镇，其在畿郡，送付本曹。若为三宝巡民教化者，在外赍都维那等印牒，然后听行。违者加罪。"①

此后历代统治者都通过法律对佛教进行相当严密的法律规制。如在唐代的法律制度下，僧人们有许多行为都可以导致被开除教籍。唐玄宗时就有对犯法僧众"先断还俗，仍依法科罪"的诏令。总体而言，在法律层面对僧侣进行规制的原则是身份限定、刑事从严、民事从俗。如宋代规定："在法：犯诸奸，徒二年，僧道加等。"② 明代也有如此规定："僧道犯罪，曾经决罚者，追收度牒，并另还俗。"③《大明律》规定："居丧及僧道犯奸"条云："若僧、尼、道士、女冠犯奸者，各加凡奸罪二等"，等等。

在长久的司法实践中，中国古代的统治者逐渐形成了对于佛教进行法律规制的原则性规定，概括而言有以下几个方面的内容。

其一，佛教戒律可以作为国家法律的补充。

在中国古代，由于地域辽阔，人口众多，政权在自上而下延伸的过程中会遇到种种阻碍，特别是法律的适用和执行都会形成巨大的社会成本。故而，为避免因法律运行成本过高而不得不寻求依赖法律以外的社会规范对社会稳定进行调节。我们知道，在世俗社会中，自我规制的空间基本上给予家族、宗族和地方自治组织。乡规、族约，甚至家法都对国家法律起到相当程度的补充作用。对于佛教，中国古代在法律的适用层面也采取了这种基本的做法，即利用宗教社团的自治能力填补部分法律空间。当然，佛教僧团自身的特性和自创的律法也为这种补充作用打下了基础。北魏世宗曾下诏令："缁素既殊，法律亦异。故道教彰于互显，禁劝各有所宜。自今已后，众僧犯杀人已上罪者，仍依俗断，余犯悉付昭玄，以内律僧制

---

① 《魏书·释老志》。
② 《名公书判清明集》，中华书局1987年版，第448页。
③ （明）雷梦麟：《读律琐言》卷一，法律出版社2000年版，第25页。

之。"① 即僧人犯法以国法及佛教戒律共同加以处罚。

所谓内律，实际上就是佛教戒律。从佛教开始在中国兴盛开始，佛教戒律就被引进："佛教之兴，先行上国，自分流以来，四百余年，至于沙门律戒，所阙尤多。顷西域道士弗若多罗，是罽宾人，其讽《十诵》胡本。有罗什法师，通才博见，为之传译。"② 应该说，佛教戒律与社会伦理、风俗间存在着不断互动的过程，特别是与国家法律存在着相辅相成的作用。

严耀中先生称："僧制从狭义上是在官方的参与下由僧方制定的并由僧人管理僧众的制度；从广义上说是佛教接受中国社会各种因素制约后所产生的准则与规范，具有宗教约束与世俗规范交叉的双重性质。"③ 通过对王法与佛教戒律的相互关系的历史考察，我们可以看到，佛教戒律与国家法律的基本关系是宗教的规范约束和世俗的规范约束之间的相互交叉与影响。恰如大慧宗杲所说："世间法即佛法，佛法即世间法。"实际上，无论是国家法律还是佛家戒律都是对现实社会的主动性干预。

虽则如此，但由于国家法律与佛教戒律的形式与内容上的根本差异，对于社会现实中僧人行为的具体要求和实际规范还是有差异的。有些行为于佛法为大恶，于国法为小罪；如"圣众内，或有盗窃、酒色及斗净污众、喧乱不律等事，皆集众弃逐出院，不从即闻公"④。有些罪于国法为大罪而于佛法是大功德，《高僧传》中记载了一则僧人为礼佛而犯法之事，"释僧洪，豫州人，止于京师瓦官寺。少而修身整洁。后率化有缘，造丈六金像，镕铸始毕，未及开模。时晋末铜禁甚严，犯者必死。宋武于时为相国，洪坐罪系于相府，……会当行刑，府参军监杀，而牛奔车坏，因更克日。续有令从彭城来云：'未杀，僧洪者可原。'遂获免。"⑤ 即释僧洪为铸佛像而触犯了国家禁止用铜的法律规定，依照法律要被处以死刑，但最后在佛的佑护下得以解脱。

再如，创建寺院，于佛教而言是大功德，但在国家法律层面就是违法乱制。《大明律》中有"私创庵院"之条，其规定："凡寺观庵院，除现

---

① 《魏书·释老志》。
② 恒夫、王学均、赵益注译：《高僧传》上，陕西人民出版社2008年版，第99页。
③ 严耀中：《佛教戒律与中国社会》，上海古籍出版社2007年版，第7页。
④ 《禅苑清规》卷十"百丈规绳颂"。
⑤ 恒夫、王学均、赵益注译：《高僧传》上，陕西人民出版社2008年版，第691页。

在处所外，不许私自创建增置。违者，杖一百，还俗。僧道，发边远充军；尼僧女冠，入官为奴。"①

明代《新纂四六合律判语》中有"私创庵院及私度僧道"之判语，其曰："庵院建而游民自聚，僧道众而惑世成风。故归并丛林者，实万年之古迹。而私相簪剃者，乃叔世之颓风。今某不给度牒，遽服锱黄。未请敕而擅营寺观，正道不行，诚为吾儒大害，良可慨也。异端横恣，实长杨墨之猖狂，甚可悲夫！故私创庵院者，允拟充军；若妄相剃度者，并益还俗。"② 由此可见，佛门中认为是弘法的行为，在国法面前就是"正道不行"，要被处以充军的刑罚。

虽则国家认同可以用佛教戒律作为法律的补充，也就是规定小罪可以由僧团内部自己实现处罚，但实际上这种空间非常小，国法可以随时介入，而戒律不能对抗国家法律。

其二，僧人犯罪从重处罚的原则。

法律是道德的底线，道德水准越高，法律的要求自然也就越高。一般而言，宗教对于其信奉者，都规定了高于社会普遍水准以上的道德要求。因此，中国古代的法律在对待僧人犯法的刑罚适用上采取较世俗之人更重的原则，所谓"刑事从重，民事从俗"。比较普遍的法律规定是，如果出家人犯有罪行，其处罚要较世俗人的处罚为重。从《唐律疏议》开始，历朝法典都明确规定了僧尼犯罪从重处罚的条文。《唐律疏议》对称道士女官条文的（疏）议曰："依杂律云：道士、女官奸者，加犯人二等。但余条唯称道士、女官者，即僧、尼并同。诸道士、女官时犯奸，还俗后事发，亦依犯时加罪，仍同白丁配徒，不得以告牒当之。"③

宋代规定："在法：犯诸奸，徒二年，僧道加等。"④《大明律》中规定："居丧及僧道犯奸"条云："若僧、尼、道士、女冠犯奸者，各加凡奸罪二等。"明代著名律学家雷梦麟⑤的《读律琐言》中对此条律文解释如下："律称道士女冠，虽不言僧尼，而僧尼同，以其同为出家之人也。僧

---

① 《大明律》，怀效锋点校，法律出版社1999年版，第46页。
② 田涛、郭成伟点校整理：《明清公牍秘本五种》，中国政法大学出版社1999年版，第80页。
③ 《唐律疏议》，刘俊文点校，法律出版社1999年版，第155—156页。
④ 《名公书判清明集》，中华书局1987年版，第448页。
⑤ 雷梦麟，明代著名律学家，其在嘉靖朝曾任刑部郎中。

道于其受业师，与伯叔父母同，言僧道而尼与女冠该之矣。其于弟子，与兄弟之子同。称子者，男女同，而尼与女冠之徒该之矣。故僧道殴受业师，不加凡人二等，直同殴期亲尊长科罪。夫吾儒殴受业师，加凡人二等，而僧道得与期亲同，是吾儒之义轻而僧道之义重。盖僧道自幼教养，终身不离，犹有抚育之恩焉，不徒以其义而已。"① 也就是说，实际上，僧道之徒对待受业师，比儒家受业师更为亲近。因为僧道对于其徒，不但有教育的恩情，还有抚养的恩情。故如徒有犯师之过，在法律上也将受到更严厉的处罚。

至清代，这种法律上的要求直接由皇帝加以确认。乾隆谕曰："佛法以明心见性、兴善能仁、舍贪除欲、忍辱和光为本，而后世缁流竟藉佛祖儿孙之名，以为取利邀名之具，奸诈盗伪，无所不为，以致宗风颓败，象教衰微，此皆不肖僧徒贻之咎也。……凡在内廷曾经行走之僧人，理应感戴皇考指迷接引之深恩，放倒身心，努力参究，方不负圣慈期望之至意。倘因偶见天颜、曾闻圣训，遂欲藉端夸耀，或造作言辞，或招摇不法，此等之人在国典则为匪类，在佛教则为罪人，其过犯不与平人等。朕一经察出，必按国法、佛法加倍治罪，不稍宽贷者。"②

根据这个原则，清代律例中规定，殴杀人命，但受害人死在正限以外的，当事人可以减等处罚，但僧人殴死人虽逾正限不准减。这项法律规定体现了僧人犯罪从重处罚的原则。以下引录《刑案汇览》中的两则案例以为说明。

晋抚题：僧悟明扎伤行济，保辜限外身死一案。奉旨："三法司核覆。"僧人悟明扎伤行济身死，一本因在保辜限外照例减等杖流，所拟未为允协。此案，悟明先用刀扎伤行宽，及行济闻喊赶往，悟明复持刀连扎行济顶心、肩背、项颈、咽喉左右多伤，行济旋因伤溃烂殒命。其死既由于致命重伤，且逾辜限仅四日，未便照常末减。悟明既系僧人，即应守戒，乃逞凶连扎二人，一死一伤，实为狼恶。着问拟绞候，并入于本年秋审情实，以示惩儆。嗣后，内外问刑衙门遇有僧人行凶毙命之案，俱不得轻议宽减。钦此。乾隆四十年通行，已纂例。

江西司，题僧横文殴伤僧为贵身死一案。查例载，僧人逞凶毙命，死

---

① （明）雷梦麟：《读律琐言》，法律出版社2000年版，第60页。
② 《周叔迦佛学论著全集》第七册，中华书局2006年版，第3230页。

由致命重伤者,虽在保辜限外十日之内,不得轻议宽减,等语。此案,僧横文因素识之僧为贵向借社杀,不允争闹。僧为贵向殴,该犯顺用木担殴伤僧为贵致命偏右,越二十三日殒命。虽在他物伤保辜正限二十日以外,余限十日之内,惟该犯系独僧人,死由致命重伤,照例不准宽减。该省依斗杀律拟绞监候,不准宽减,与例相符。①

其三,佛教规制必须顺应中国社会基本价值观之原则。

刘宋孝武帝于大明六年(462)曾经下令僧人必须敬拜王者,"既行刳斮之虐,鞭颜竣面而斩之,人不胜其酷也"②。

如前所述,佛教不得对抗儒家所倡导的社会价值观,在思想上如此,在法律的实际应用上更是如此。佛教规制必须顺应中国之基本价值观之原则,在法律上具体体现在僧、道需礼敬君王、拜父母之条。

贞观五年(631)一月,唐太宗下诏书:"佛道设教,本行善事,岂遣僧尼、道士等妄自尊崇,坐受父母之拜?损害风俗,悖乱礼经,宜即禁断,仍令致拜于父母。"③此后历朝法律都有相似内容。

《大明律》中有"僧道拜父母"条,其规定:"凡僧尼道士女冠,并令拜父母,丧服等第与常人同。违者,杖一百,还俗。"④

雷梦麟《读律琐言》中称:"祭祀丧服等第,皆与常人父母、祖先同,不得以异端废止正理也。"⑤

《大清律例》中有"僧道拜父母"条,明确规定僧道必须拜父母并祭祀祖先,违者要追究刑事责任。故"不拜父母"即为一确定罪名。其规定:"凡僧、尼、道士、女冠,并令拜父母,祭祀祖先。丧服等第,皆与常人同。违者,杖一百,还俗。"⑥

这些法律上的规定,也落实在司法实践中。明代《新纂四六合律判语》中有涉及"僧道拜父母"案件之判语:"僧道犹夫人耳,受形非出于空桑;父母非尔亲乎,报德宜怀乎寸草。盖虽属异端之教,未应绝天性之仁。罪莫大于无亲,刑因先于不孝。今某身披缁服,口诵黄经。劬劳遽忘

---

① 《刑案汇览全编》,法律出版社2007年版,第1948—1949页。
② 《广弘明集》卷六。
③ 《贞观政要集校》,中华书局2021年版,第456页。
④ 《大明律》,怀效锋点校,法律出版社1999年版,第95页。
⑤ (明)雷梦麟:《读律琐言》,法律出版社2000年版,第223页。
⑥ 《大清律例》,田涛、郑秦点校,法律出版社1999年版,第292页。

于莪,徒有三年之爱;恭敬弗施于桑梓,辄辞一拜之仪。且饥食寒衣,尚未超于凡界;胡慎终追远,乃自异于齐民。三牲已缺于亲闻,五服尤乖于丧制。既昧木本水源之义,安望秋霜春雨之怀。尔徒道其道焉,实得罪于明教;吾则人其人也,更议罪于祥刑。"①

其四,对僧人身份的特殊性加以法律上的规制。

僧人因其出家行为,不仅需遵守宗教戒律,如离家居住、食素、独身、禁欲,等等;其身份也具有社会意义的特殊性。这种社会意义上的特殊性实际上换取了一定的法律上的特殊地位,如不负担国家的赋税,不服兵役、徭役,等等。由此,国家法律要求僧人的行为与这种特殊地位相一致,如果僧人对此有所触犯,要受到严厉的法律制裁。

明太祖在其统治后期愈加强调对佛教施以惩处性的行政管制,体现了从治道教化到治权净化的政策变迁,即试图通过对佛教的严密控制来净化僧伽教团。对当时相当突出的寺院秩序紊乱问题,特别是大违"净化佛教"之旨的僧人婚姻现象,通过颁发一些谕令、条例等加以管制。如"僧有妻室者,许诸人捶辱之,更索取钞五十锭。如无钞者,打死勿论。有妻室僧人,愿还俗者听,愿弃离修行者亦听。若不还俗,又不弃离,许里甲邻人擒拿赴官。徇私容隐不拿者,发边远充军。"②

《大明律》有僧道娶妻条,其中规定:"凡僧道娶妻妾者,杖八十,还俗。女家同罪,离异。寺观住持知情,与同罪;不知者,不坐。若僧道假托亲属或僮仆为名求娶,而僧道自占者,以奸论。"③

雷梦麟《读律琐言》中称:"僧道娶妻、妾,杖八十。女家同罪,离异。寺观住持知情,亦与同罪。因人连累,不在还俗之限。假托亲属、僮仆为名求娶,僧道自占者,各以僧道犯奸,加凡人和奸二等论。或谓各以奸亲属之妻、妾及义男科断,非也。既曰假托,又云自占,恐所托者或有其名无其人也。假曰有其人,而所娶者亦非其妻、妾,安得以假为真而坐罪哉?"④ 即,当时也有人提出,对于"假托亲属、僮仆为名求娶,僧道自占者",应该按照"以奸亲属之妻、妾及义男科断",雷梦麟认为,这是不对的。但他也对此条律文提出疑问。僧道假托别人的名义娶妻而自占,无

---

① 田涛、郭成伟点校整理:《明清公牍秘本五种》,中国政法大学出版社1999年版,第109页。
② 《金陵梵刹志》卷二,南京出版社2011年版,第74页。
③ 《大明律》,怀效锋点校,法律出版社1999年版,第64页。
④ (明)雷梦麟:《读律琐言》,法律出版社2000年版,第158页。

论所假托的人是真人还是虚拟,该犯僧都实际上没有娶妻,不能按照娶妻之实来科断。

《大清律例》中也有"僧道娶妻"条,其规定:"凡僧道娶妻妾者,杖八十,还俗。女家同罪。离异。寺观住持知情,与同罪;不知者,不坐。若僧道假托亲属或僮仆为名求娶,而僧道自占者,以奸论。以僧道犯奸加凡人和奸罪二等论,妇女还亲,彩礼入官;系强者以强奸论。"①

实际上,历朝历代,僧人娶妻的现象还是很多的。在明代记载中,俗化僧人开始大量出现,他们甚至成为诸多文学作品中描写明代佛教僧尼负面形象的社会化背景。谢肇淛在《五杂俎》中记述:"天下僧惟凤阳一郡饮酒、食肉、娶妻,无别于凡民,而无差役之累。相传太祖(明太祖)汤沐地,以此优恤之也。至吾闽之邵武、汀州,僧道则皆公然蓄发,长育妻子矣。寺僧数百,惟当户者一人削发,以便于入公门,其他杂处四民之中,莫能辨也。"②

明代《新纂四六合律判语》中有"僧道娶妻"之条,其判语曰:"门专寂灭,当遵释氏之条;教当虚无,宜重道家之令。养心是务,窒欲宜先。故夫妇虽人纪之常,而僧道无娶妻之理。累朝盛事,三代源流。今某寄迹浮图,(袁宏《汉纪》:浮图,佛也。佛者,便言觉也。以觉悟群生也。)忘言声色,披缁削发,不能炼性修心;羽服黄冠,乃敢贪淫纵欲。假冰人为缔盟之好,任其蝶恋蜂迷;托月老为伉俪之缘,欲以穿花弄柳。驾言佛印,曾朝琴操之风。(东坡守杭时,有名妓琴操尝招致,与佛印禅师同游西湖,佛印亦时排掉之。)藉口纯阳,亦事牡丹之乐。(《列仙传》:纯阳,吕洞宾于岳阳,戏名妓白牡丹,后皆点化仙去。)有玷文明之化,宜清还俗之科。"③

除僧人娶妻外,僧人犯奸罪也是法律重点打击的对象。

《宋刑统》有"诸色犯奸"条,其规定:"诸奸者,徒一年半;有夫者,徒二年。""诸监临主守于所监守内奸者,谓犯良人。加奸罪一等。即居父母及夫丧,若道士、女冠奸者,各又加一等。妇女,以凡奸论。"

---

① 《大清律例》,田涛、郑秦点校,法律出版社1999年版,第212页。
② (明)谢肇淛:《五杂俎》,中华书局2001年版,第205—206页。
③ 田涛、郭成伟点校整理:《明清公牍秘本五种》,中国政法大学出版社1999年版,第89页。

疏义曰:"若道士、女冠,僧、尼同。奸者,各又加监临奸一等,即加凡奸二等,故云'各又加一等'。假有监临主守,若道士及僧,并男子在父母丧,奸者,妇女以凡论。即女居父母丧,妇人居夫丧,及女冠、尼奸者,并加奸罪二等;男子亦以凡奸论。其有尊卑及贵贱者,各从本法加罪。"①

《大明律》中有"居丧及僧道犯奸"之条,其规定:"凡居父母丧,若僧、尼、道士、女冠犯奸者,各加凡奸罪二等。相奸之人,以凡奸论。"②

在"居丧及僧道犯奸条例",也有明确规定:"僧道不分有无度牒及尼僧、女冠犯奸者,依律问罪。各于本寺观庵院门首,枷号一个月,发落。""僧道官、僧人、道士,有犯挟妓饮酒者,俱问发原籍为民。"③

《大清律例》中有"居丧及僧道犯奸"之罪名。其规定:"凡居父母丧,若僧、尼、道士、女冠犯奸者,各加凡奸罪二等。相奸之人,以凡奸论。强者,奸夫绞监候;妇女不坐。"

清代乾隆二十五年通行已纂例就此说明:"僧道及尼僧女冠犯奸者,依律问罪,各于寺观庵院门首枷号一个月发落各等语。诚以此辈业已身入空门,不修五品之伦,当绝七情之欲,岂容复以男女淫邪之事破法戒而乱清规?故别立科条,较凡人为加重,意甚深也。……嗣后僧道尼僧女冠犯奸,系和奸者,照军民相奸,枷号一个月,杖一百,例于本寺观庵院门首再加枷号一个月,共枷号两个月,杖一百。其奸有夫之妇及刁奸者,照律加二等,分别杖徒治律,仍于本寺观庵院门首各加枷号两个月等。"④

《宋史》中记载了一桩理学名臣包恢审断的案件:"有母愬子者,年月后状作'疏'字,[包]恢疑之,呼其子至,泣不言。及得其情:母孀居,与僧通,恶其子谏,以不孝坐之,状则僧为之也;因责子侍养。[子]跬步不离,僧无由至,母乃托夫讳日,入寺作佛事,以笼盛衣帛,因纳僧于内以归。恢知之,使人要之,置笼公库,逾旬,吏报笼中臭达于外,恢

---

① 《宋刑统》,薛梅卿点校,法律出版社1999年版,第478—481页。
② 《大明律》,怀效锋点校,法律出版社1999年版,第199页。
③ 《大明律》,怀效锋点校,法律出版社1999年版,第433页。
④ 《刑案汇览三编》卷五十三"僧尼道士犯奸应加枷号"。

命沉于江，语其子曰：'为汝除此害矣'。"①

在此案中，包恢将离间母子亲情的犯奸和尚沉江，处罚可谓极端。此案既入正史，当与事实出入不远。起码我们可以知道，如果为官者有此类行为，会得到社会层面，甚至是法律上的认可。

当然，也有一些案件，显示了社会和法律上对僧尼的歧视，以下案件充分说明了这一点："了圆乃僧，而悟真乃尼也。先因了圆之寺，与悟真之寺，为接武居。适因盆莲盛开，于是了圆手折一枝，转授悟真，曰：作清净供"，这情景被"邻媪高氏从旁私瞯，以通奸控也"。经官府审理，"及召诸尼僧合质，则是两人者，本中表雁行，故时一接语耳"，被判"了圆迹涉瓜李，合杖"。②

此案，完全是一种针对性的司法。对于世俗的这种情况，官员没有任何断罪依据。但对于僧众，就有一定的自由裁量权。其法律依据相当的原则，如"诸僧、道与尼、女冠，不得相交往来"。但如何定义，如何处置，是否主动执法全由官府决定。

和尚了圆所在的寺庙与尼姑悟真所在的尼庵互为邻里，故而，其相遇于途也是很正常的。而二人本为表亲，相遇闲谈更是在情理之中。适当莲花盛开，和尚了圆折了一枝给悟真，说可以以此作供佛之用。这一切都是很正常的举动，但在乡邻老妇高氏看来很不寻常，故而以通奸之罪告到官府。而官府居然受理。大概是僧与尼一同赏荷这样的情景确实叫世人感觉怪异吧。官府受理此案，完全因当事者的僧尼身份。设若当事者不是和尚尼姑，而为普通的后生村姑，没有任何可以被控告的可能。所以，只是由于僧尼的身份，僧人了圆才获得被杖的刑罚。而判决的理由更是几近可笑的"迹涉瓜李"。设若没有邻媪高氏的控告，官府大概不会主动进行干预的。而在世俗百姓提出控告后予以刑责，大概主要是要给老百姓一个交代吧。在中国传统法律中，身份是非常重要的，而天理人情也是重要的。这个案子只关注了身份，而忽略了人情。可见，僧尼的身份在某些情况下显得多么低微。

我们可以看到，在中国传统法律中，基本上没有给宗教留有太多的空间。

---

① 《宋史》卷四百二十一，中华书局1985年版，第12592页。
② 杨一凡、徐立志主编：《历代判例判牍》，中国社会科学出版社2005年版，第635页。

第三节　中华法系下历代法制之基本内容

一　隋唐法制的基本内容

（一）隋律的制定与基本内容

隋文帝即位后，命高颎等人制定新律，开皇三年，又命苏威、牛弘等人修新律而完成了《开皇律》，共十二篇，五百条。程树德先生认为此律因于北齐，其言："开皇定律，源出北齐，而齐律之美备，又载载史册，人无异词。"[1] 开皇律更定刑名为笞、杖、徒、流、死，废除了前朝的一些酷刑，规定了八议之制，将北齐的重罪十条发展为十恶大罪。开皇律上承汉律，下启唐律，在中国法制史上有重要地位。隋炀帝于大业二年命牛弘等修律，于大业三年四月完成《大业律》，内容与《开皇律》基本相同，篇目有所增减。

隋律规定十恶、八议之款，继续着中国法律儒家化的进程，同时，其改革刑制，最终确立了中国的封建五刑体系，建立了较为完备的诉讼和司法制度。隋朝的法律是比较完备的，它为唐代法律的发展打下了坚实的基础。

王夫之对于《隋律》加以高度赞扬，他认为《隋律》对于后世法律影响深远，其言："今之律，其大略皆隋裴政之所定也。政之泽远矣，千余年间，非无暴君酷吏，而不能逞其淫虐，法定故也。"[2]

沈家本对隋朝法制有如下评价："开皇律初修于元年，已删除枭、辕等酷刑，三年复删除死罪八十一条，流、徒、杖一千一百数十条。又除孥戮相坐之法，轻重得中。唐律本之。此律法之一大变更也。惜隋文意尚惨忽，不能慎守此范围也。"[3]

（二）唐代法制的基本情况

唐朝是中华法制文明发展的最高峰。贞观之治被认为是中国古代政治最开明的时期。王夫之称："读太宗论治之言，我不敢知曰尧舜之止此也，以视成汤、武王，其相去无几矣。"[4]

---

[1] 程树德：《九朝律考》，商务印书馆2019年版，第564页。
[2] 《读通鉴论》卷十九。
[3] 沈家本：《历代刑法考》，中华书局1985年版，第922页。
[4] 《读通鉴论》卷十九。

唐高祖武德元年，根据开皇律令制定五十三条新格，此为唐代立法的开端。后又制定《武德律》十二篇，五百条。唐太宗继位后，因武德律而续修之，至贞观十一年完成《贞观律》，另编定贞观格、贞观令、贞观式，从而奠定了唐律的基本框架。到了唐高宗时期，以《贞观律》为基础，编纂了《永徽律》十二篇，五百零二条；又以律文为经，按十二篇顺序，对五百零二条文进行了诠释，形成了唐律的疏议部分。唐律之"疏议"的制定由贞观旧臣长孙无忌主持，"永徽律疏"颁行并与律文具同等法律效力。永徽"三年，诏曰：'律学未有定疏，每年所举明法，遂无凭准，宜广召解律人条义疏奏闻，仍使中书门下监定。'于是太尉赵国公无忌、司空英国公勣、尚书左仆射兼太子少师监修国史燕国公志宁、银青光禄大夫刑部尚书唐临、太中大夫守大理卿段宝玄、朝议大夫守尚书右丞刘燕客、朝议大夫守御史中丞贾敏行等，参撰律疏，成三十卷，四年十月奏之，颁于天下。自是断狱者皆引疏分析之。"①

如前所述，唐律在形式上继承了隋律，其篇目与条文都与隋律相去不远，但自疏议之形成，其基本内容与精神实质产生了本质性的变化。其"一准乎礼"的性质渊源于"疏议"本身。而"疏议"之形成，其背景有三：其一，自汉代开始的法律儒家化之趋势发展的结果；其二，唐太宗确定了以帝、王之道为准则的国家治理原则，而非汉代的"霸王道杂之"的统治方式；② 其三，贞观之时开辟之向礼治回归之风气。

《唐律疏议》是中国法律史上最具有代表性的法典，它以封建正统法律思想为指导而修订完成。其采取"中典治国"的立法原则，用刑持平，不畸轻畸重；依礼制刑，礼法合一，处处体现礼的精神，且其规范详备、科条简要。可以说，《唐律疏议》在中国封建法制发展史中处于承前启后的至为重要的历史地位。同时，唐律也对东亚许多国家的立法产生过深刻的影响。杨鸿烈先生称："研究东亚各国法制史后，深知距今百余年前，东亚大地之文化殆无不以中国为惟一之策源地。而东亚诸国家亦兢兢以追随中国为当务之急。法律特其一端耳。"③

《唐律疏议》共十二篇，五百零二条。内容如下：第一篇，名例，57

---

① 《旧唐书·刑法志》。
② 太宗谓群臣曰："贞观初，人皆异论，云当今必不可以行帝道、王道，唯魏徵劝我。既从其言，不过数载，遂得华夏安宁，远戎宾服。"《贞观政要集校》，中华书局2021年版，第31页。
③ 杨鸿烈：《中国法律对东亚诸国之影响》，中国政法大学出版社1999年版，第7页。

条,为总纲,其中规定了五刑、十恶、八议,以及其他刑法原则。如,划分公罪、私罪;自首减免刑罚;共犯区分首从等。第二篇,卫禁,33条,主要是警卫宫廷和守卫关津要塞方面的规定。第三篇,职制,59条,主要是惩治官吏违法失职的规定。第四篇,户婚,46条,主要是户籍田宅、赋役和婚姻家庭方面的规定。第五篇,厩库,28条,是关于牲畜、库藏管理方面的规定。第六篇,擅兴,24条,主要是关于兵士征集、军队调动及兴造方面的规定。第七篇,贼盗,54条,是关于保护封建政权及个人的政治利益和生命、财产不受侵犯的法律。第八篇,斗讼,60条,是关于斗殴伤人和控告、申诉等方面的法律。第九篇,诈伪,27条,是关于欺诈和伪造方面的法律。第十篇,杂律,62条,不能编入其他篇的罪,都归入此篇。第十一篇,捕亡,18条,是关于追捕逃犯等方面的法律。第十二篇,断狱,34条,是关于司法审判和监狱管理方面的法律。

沈家本对唐律进行了非常专业性的评价:"《唐律》以贞观所修为定本。贞观本于武德,武德本于开皇。然武德已非全用开皇之制。贞观又重加删定。《旧制》云'凡削繁去蠹,变重为轻者,不可胜记。'其删定之大致可见矣。今《唐律》全书具在,自宋以后,修律莫不奉为圭臬,此盖承隋氏变革之后而集其成者也。后之定律者,或于其重者轻之,轻者重之,往往有畸轻畸重之失,细心推究,方知《唐律》之轻重得其中也。"[①]

二 "两宋"法律制度及其发展

(一)《宋刑统》的制定与基本内容

公元 907 年,朱温灭唐,建立后梁,至 960 年赵匡胤建立北宋期间,中国再度呈现分裂状态,即所谓的"五代十国"。在此期间,中国北方相继出现了梁、唐、晋、汉、周五个朝代,史称五代。同时,中国南方和山西地区先后有前蜀、后蜀、吴、闽、楚、南唐、荆南、南汉、吴越、北汉等十个并立的政权,史称十国。五代十国是唐、宋两朝之间从分裂到统一的过渡时期。在此期间,法律制度没有出现重要发展,唐律在各个割据政权基本上得到认可,变化不大。甚至由于分裂和战事,法制还有一定程度上的倒退。五代时期的法律制度上,可以提及的一个亮点是后周时期的《大周刑统》,它一方面继承了唐宣宗时期的《大中刑律统

[①] 沈家本:《历代刑法考》,中华书局 1985 年版,第 928 页。

类》，另一方面又对《宋刑统》的制定产生了直接的影响，起到了承上启下的作用。

两宋注重法制，建国伊始，宋太祖曾言："王者禁人为非，莫先于法令。"宋太宗也称："法律之书，甚资治理，人臣若不知法，举动是过。苟能读之，益人智识。"梁启超曾言："宋代法典之多，实前古所未闻。每易一帝，必编一次。"①

宋初沿用五代时后周的《显德刑统》，后因其"科条繁浩，或有未明"，太祖命工部尚书判大理寺窦仪主持修订法律。《建隆重详定刑统》于建隆四年（963）七月撰成，简称《刑统》，并下诏大理寺刻印颁行。这是古代史上首次刻板印行的法典，后世称《宋刑统》。《宋刑统》共十二篇，其就《显德刑统》稍加修改而成，内容源于《唐律疏议》，体例源于唐宣宗时首创的《大中刑律统类》。《显德刑统》中的律疏不是唐律中的疏议全文，中有节略，《宋刑统》将律疏全部恢复。

《宋刑统》的篇目、条数与唐律完全相同，内容的差异也极为有限。其对《唐律疏议》有所变改、更新或完善，名例、户婚、贼盗、断狱等篇中增入一些新条款，其内容为《唐律》所未有。

沈家本称："至《刑统》律文，宋人说部中往往引之，与《唐律》颇有异同。……此可见宋代虽沿用《唐律》，而其文大有增损。"②

（二）宋代的编敕

"敕"是皇帝发布诏令的一种形式，具有最高法律效力，可以随时补充、修改乃至废弃律，也可以对特定案件作出与律规定不同的裁决。

"两宋"不断通过"编敕"的方式，对律、令、格、式进行修正和补充。根据《宋史·刑法志》记载："神宗以律不足以周事情，凡律所不载者一断以敕，乃更其目曰敕、令、格、式，而律恒存乎敕之外。熙宁初，置局修敕，诏中外言法不便者，集议更定，择其可采者赏之。元丰中，始成书二十有六卷，复下二府参订，然后颁行。帝留意法令，每有司进拟，多所是正。尝谓：'法出于道，人能体道，则立法足以尽事。'又曰：'禁于未然之谓敕，禁于已然之谓令，设于此以待彼之谓格，使彼效之之谓式。修书者要当识此。'于是凡入笞、杖、徒、流、死，自名例以下至断

---

① 《梁启超法学文集》，中国政法大学出版社 2004 年版，第 148 页。
② 沈家本：《历代刑法考》，中华书局 1985 年版，第 2212 页。

狱，十有二门，丽刑名轻重者，皆为敕。自品官以下至断狱三十五门，约束禁止者，皆为令。"①

沈家本称："宋则律之外，敕、令、格、式四者皆备，而律所不备，一断于敕。"②

（三）"两宋"法制的诸项特色

1. 重法地之规定

以重法惩治盗贼。除《宋刑统》以附敕方式加重盗贼犯罪的量刑外，各朝君主还颁布了不少严惩盗贼的敕令。如仁宗时有"窝藏重法"，英宗时有"重法地法"，神宗时有"盗贼重法"，哲宗时有"妻孥编管法"等。仁宗嘉祐六年（1061），"始命开封府诸县，盗贼囊橐之家立重法"，将该地区划分为重法地，凡在重法地犯盗贼罪或包庇窝藏盗贼者，一律按重法严惩。嘉祐七年，正式颁布"窝藏重法"，又将重法地扩大到开封府相仿四州。英宗治平四年（1067），再度重申"重法"，凡在重法地捉获的强劫盗贼，不论是否是当地居民，即使犯在立法以前，也一律适用重法。神宗熙宁四年（1071），又颁行"盗贼重法"，全国24路中10路为重法地，而"虽非重法之地，而囊橐重法之人，以重法论"；"若复杀官吏及累杀三人，焚舍屋百间，或群行于州县之内，劫掠江海船筏之中，非重地，亦以重论"。③

2. 折杖法之规定

以折杖法为代用刑。鉴于唐末五代刑罚过于苛重，建隆四年（963），吏部尚书张昭等奉诏创立折杖法，将五刑中的笞、杖、徒、流四种刑罚折成相应的臀杖或脊杖，使"流罪得免远徙，徒罪得免役年，笞杖得减决数"。折杖法作为代用刑，以附敕列于《宋刑统·名例律·五刑门》，其中加役流决脊杖二十，配役三年；流三千里至二千里，分别决脊杖二十、十八、十七，均配役一年；徒三年至一年，分别决脊杖二十、十八、十七、十五、十三，杖后释放；杖一百至六十，分别决臀杖二十、十八、十七、十五、十三；笞五十决臀杖十，笞四十与笞三十决臀杖八，笞二十与笞十决臀杖七。④ 折杖法是一种"折减"性质的刑制，但其适用范围有限，死刑及反逆、强盗等重罪不适用此法。

---

① 《宋史·刑法志》，中华书局1985年版，第4963—4964页。
② 沈家本：《历代刑法考》，中华书局1985年版，第2221页。
③ 《宋史·刑法一》。
④ 《宋史·刑法一》。

3. "鞫谳分司"制度,就是将审与判两者分离,由不同官员分别执掌,所谓"狱司推鞫,法司检断,各有存司,所以防奸也"①,其中鞫指审理犯罪事实,谳指检法议刑。审判机构也分成鞫司(亦称狱司)、谳司(亦称法司)。县级审判机构主要由知县或县令组成,鞫谳不分司。州以上,主要是州府,实行鞫谳分司。州府司理参军为鞫司,司法参军为谳司。鞫司官和谳司官不得兼任。在审判实践中,知州委官组成鞫司、谳司,鞫谳两司的人员组成并无严格的界限划分,所谓鞫谳分司,只是一个司法官员在审理某案子时,不能既是鞫司官,又是谳司官,二者只能入其一。有一人出任鞫司官,必须由另一人出任谳司官。案件呈报知州、知府亲自决断。大理寺、刑部由详断官负责审讯,详议官负责检法用律,最后由主管长官审定决断。

4. 《洗冤录》的编著。南淳祐七年(1247),湖南提点刑狱公事宋慈(1186—1249)编著了世界上第一部比较系统的法医学专著《洗冤集录》,获准颁行全国。该书选定官府历年颁定的条例格目,汲取民间医药学知识,编成检复总说、验尸、四季尸体变化、自缢、溺死、杀伤、服毒等53项内容。明朝以后,它还被译成朝鲜、日本、法、英、德、荷兰等国文字出版。应该说,从现代医学的角度来看,其中错谬之处甚多,如其中《验骨》中称:男女骨数不同,"左右肋骨,男子各十二条,八条长,四条短;妇人各十四条"②。但对于当时而言,其对于司法勘验还是起到了至关重要的作用。清代学者钱大昕称:"至今官司检验,奉为金科玉律,但屡经后人增改,失其本来面目。"③ 由此可知,后人根据具体实践检验,不断对其加以修改完善。

5. "务限"制度。所谓"务",即指务农;入务指农忙时期,务开指农闲时期。据《宋刑统》"婚田入务"条,每年农历二月初一至九月卅日为务限期,州县不得受理田宅、婚姻、债负等案件。民事纠纷,应在十月初一至次年正月卅日递交诉状,须于三月卅日之前审理结案;逾期不能结案,必须上报原因。为防止有人趁入务之限阻拦业主赎回出典土地,侵夺财产案件,虽在入务期限,"亦许官司受理"。不服判决,可逐级上拆,直

---

① 《历代名臣奏议·慎刑》。
② 《洗冤录集译注》,上海古籍出版社2016年版,第79页。
③ 《钱大昕全集》第七册,江苏古籍出版社1997年版,第282页。

至户部。孝宗乾道二年（1166），敕令州县半年内未结绝者，即可上诉。宁宗庆元时，简单民事诉讼，当日结绝；如需要证人证言，县限五日，州十日，监司半月审结。刑事案件按大、中、小事分三类确定"听狱之限"。特殊案件另行处理。

6."翻异别勘"制度。其指在录问或行刑时犯人翻异（推翻口供）申诉，必须由另一司法部门重审。此制源于唐末五代；两宋有"移司别勘"和"差官别推"两种形式。中央及地方司法机构设有两个或两个以上机构，如刑部左、右厅，大理寺狱左、右推；案犯申诉，即原审机关内移交另一部门重审，又称"别推"。对移司别推后仍翻异者，由上级派员前往主持重审，称"差官别推"。哲宗以后有所变化，凡录问前或录问时翻异者，应移司别推；在录问后翻异，则申报差官别推。按《宋刑统·断狱律》，翻异别推以三次为限。南宋时，五推为限。

三 元代法律制度的基本状况

公元1211年，成吉思汗听从郭宝玉"建国之初宜颁新令"的建议，"颁条画五章，如出军不得妄杀，刑狱惟重罪处死，其余杂犯，量情笞决；军户蒙古、色目人每丁起一军，汉人有田四顷、人三丁者佥一军；年十五以上成丁，六十破老；站户与军户同民匠限地一顷，僧道无益于国、有损于民者悉行禁止"①。此次颁布的"条画"被认为是蒙汉法律融合的起点。

元世祖忽必烈时代（1260—1294年在位），蒙古帝国领域从黄河流域扩展到占据全中国（1279年灭宋）。为适应新的政治形势，忽必烈制定了"祖述变通"的立法原则，即以蒙古旧制为基础，参照唐宋旧章和辽金遗制，制定新的大元法制。

至元八年（1271），忽必烈禁行金令，但正式的法典到20年后的至元二十八年（1291）才颁布。该年，何荣祖以公规、治民、御盗、理财等十事，辑为一书，名曰《至元新格》，元世祖将其颁行天下。这是元朝颁布的第一部法典，虽其内容比较粗疏，但元朝的法律体系至此已粗具规模，此亦被认为元朝法典汉化的一个初步成果。

元英宗至治三年（1323），颁布了《大元通制》。研究者认为："《大

---

① 《元史·郭宝玉传》。

元通制》既以'实唐律也'的《泰和律》为范本,而《元志》又和《大元通制》息息相关,自然也免不了受到唐律的影响。"① 《大元通制》是元代最重要的一部法典,这一法典沿用至1368年元朝灭亡。

这个时期另一重要的立法成果是江西行省官员受命编纂的《元典章》。其把元世祖中统以后至大德年间颁布的圣旨条画及朝廷已行格例,按照诏令、圣政、朝纲、台纲、吏部、户部、礼部、兵部、刑部、工部等十类编排,共六十卷。该书在第一次出版后还在至治二年增刻了一次。因为该书保存了诸多原始资料,并有元刊本流传下来,是今天研究元朝法制最重要的史料。其按部务编排的方法为《大明律》所继承。

元朝后期最重要的立法活动是元顺帝至顺二年(1331)颁布的《经世大典》。该书共880卷,分为十篇,其中君事四篇(帝号、帝训、帝制、帝系),臣事六篇(治典、赋典、礼典、政典、宪典、工典)。该书大体沿袭《元典章》的体制,其中《宪典》部分是刑法。原书失传,只有《永乐大典》中保留一些片段。此外,元朝还于至元四年(1338)开始纂修《至正新格》,于至正六年(1346)颁行。

四 明代法律制度的发展

《大明律》是明王朝的基本法典。明太祖朱元璋在明开国前的元末至正二十七年(吴元年)十月,即明开国前的三个月,便命左丞相李善长等修订律令,次年(即洪武元年)正月颁行,此即为通常所言的洪武"元年律"。明太祖鉴于洪武"元年律"尚有"轻重失宜"之处,为了制定一个"贵存中道""传之后世"的《大明律》,曾命朝臣几次修律。② 洪武三十年,《大明律》最后定型。朱元璋要求其子孙世代守之,不得"稍议更改",否则即处以"变乱祖制"之罪。洪武三十年律的460条律文,除在万历十三年合刻颁行《大明律附例》时改动55字外,终有明一代未作变更。

《大明律》基本上沿袭了唐律,但较之唐律又有创新和发展。明律的最大特色是实现了篇目和体例的革新,它以六部分目体例取代唐律的十二篇体例,是中国法典编纂史上的重大变化。沈家本称:"盖六部本属中书,

---

① 《通制条格校注》"前言",中华书局2001年版,第16页。
② 杨一凡:《洪武法律典籍考证》,法律出版社1992年版,第2—12页。

故律书未尝以六部分，惩胡惟庸乱政，罢中书省而政归六部，律目亦因之而改。千数百年之律书，至是而面目为之一大变者，实时为之也。"①

明《大诰》是朱元璋亲自指导制定的特别法，与《大明律》一样，具有最高的法律效力。"大诰"一词出自《尚书》，其为君王对臣民的训诫之语。《大诰》共四篇，即《御制大诰》74条、《御制大诰续编》87条、《御制大诰三编》43条和《御制大诰武臣》23条，它们先后颁布于洪武十八年至洪武三十年。朱元璋编制《大诰》，主要是为了警诫臣民，特别是官吏，用以防范臣民的违法犯罪，并有进行法制宣传的目的。用严惩官民的具体案例，树立善恶的标准，劝诫人们安分守己，以达到巩固封建统治的目的。诸篇《大诰》主要包括三个方面的内容：其一，判例，选录了洪武年间朱元璋对臣民法外用刑的判例，旨在"警省奸顽"；其二，法令，结合具体案件或专门颁布的一些新法令，以弥补律条之不足；其三，训诫，在案例和法令中夹杂的朱元璋对臣民的训诫、教导。《大诰》的主要特点有以下几个方面：其一，法外用刑，《大诰》中有许多案例在刑罚上远远超出了《大明律》的刑罚范围，如凌迟、枭首、墨面文身、挑筋去指、断手、阉割，等等；其二，加重刑罚尺度，在《大诰》中，对犯罪的惩罚远重于律文规定的尺度，如同一犯罪行为，依律应该处以笞、杖的，根据《大诰》要处以徒、流，甚至死刑；其三，创制新罪名，在《大诰》中，许多罪名是新创制的，如："寰中士大夫不为君用""故更囚名""诡名告状"，等等；其四，重典治吏，《大诰》的主要作用在于惩治贪官污吏，其中有关治吏的内容占到八成以上。

"薛允升认为，唐明律的主要区别在于：唐律'一准乎礼'，奉行'德主刑辅'原则；明律实行'刑乱国用重典'的思想，伦理法色彩有所淡化；唐律'宽而有制'，明律'颇尚严刻'，在用刑上，'大抵事关典礼及风俗教化等事，唐律均较明律为重，贼盗及有关帑项钱粮等事，明律又较唐律为重'；唐律繁简得中，宽严俱乎，明律非过于疏略即涉于繁杂。"②

在《唐明律合编》的后序中，薛允升写道："唐律以宫卫为首，盖所以尊君也。人人知尊君，而好犯上作乱之风泯矣。顾尊君者，臣下之分

---

① 沈家本：《历代刑法考》，中华书局1985年版，第2209页。
② （清）薛允升：《唐明律合编》，法律出版社1999年版，怀效锋、李鸣之"点校说明"。

也；而礼臣者，君上之情也。以礼使臣，以忠事君，天下尚有不治者乎？唐律于名例之首，即列八议，议请减之后，又继以官当荫赎，其优恤臣工者，可谓无微不至矣。明律俱删除不载，是只知尊君，而不知礼臣，偏已。……人徒见唐律之应拟徒罪以上者，明律大半改为笞、杖，遂谓唐律过严，不如明律之宽。不知宽而有制，斯为得中。一味从宽，则苟且因循之弊，从此起矣。请以大者言之：郊祀庙享，王者之所有事，亦国家之大典礼也，稍有怠忽，不敬莫大焉。更以小者言之：婚姻者，人道之始，万化之原也。不慎之于初，则本先拔矣。唐律于此等俱严其罚，明律悉改而从轻，甚至明明载在十恶，唐律载明应拟绞流者，亦俱改为杖罪，即以数端而论，两律之优劣，已可得其大凡，其余概可知矣。"①其中，我们不仅可以看到薛允升对唐律的褒扬与对明律的贬抑，更能看到，薛允升通过对明律删除礼臣律文的批评，表达了其对明律倡导绝对君权的一种不满，并期待在法律层面上有所纠正。应该说，这种批评是具有很大勇气的。

五　清代法律（法制变革以前）的基本情况

清代法制继续沿袭唐律所开创之中华法系之原则与内容。沈家本称："我朝定律，鉴古立法，损益归于大中，而所载律条与《唐律》大同者，四百十一有奇。其异者，八十有奇耳。今之律文与《唐律》合者亦什居三、四，沿波讨源，知其所从来者旧也。"②

清代的第一部律典《大清律集解附例》，修成于顺治三年，颁布于顺治四年三月，学者多称为顺治三年律。雍正年间又做过一次修改，主要是编制了一部官方的注解即《大清律集解》，至乾隆五年第三次修订后，删除集解，定名为《大清律例》。以后基本未再变动，一直延续至清末法制变革。

《大清律集解附例》可以说是清朝法制构造的起点。顺治皇帝在御制大清律序中对清朝法制创建的宗旨加以表述："朕惟太祖、太宗创业东方，民纯法简，大辟之外，惟有鞭笞。朕仰荷天休，抚临中夏，人民既众，情伪多端。每遇奏谳，轻重出入，颇烦拟议。律例未定，有司无所秉承。爰

---

① （清）薛允升：《唐明律合编》，法律出版社1999年版，第821—822页。
② 沈家本：《历代刑法考》，中华书局1985年版，第2208页。

敕法司官广集廷议，详译明律，参以国制，增损剂量，期于平允。书成奏进，朕再三覆阅，仍命内院诸臣较订妥确，乃行刊布，名曰《大清律集解附例》。尔内外有司官吏，敬此成宪，勿得任意低昂，务使百官万民畏名义而重犯法，冀几刑措之风，以昭我祖宗好生之德。子孙臣民，其世世守之。"①

　　清初人谈迁说"大清律即大明律之改名也"②，此说后被历代学人所传袭，渐成定论。然而，将其两相对比，可知清之立法自有章程，亦有自身诸多特点。孙家红将明律的最后一个版本万历律与清朝律的最初版本逐条比对，一一考校，所得结论足以破以往之成说。③由此可知，学术之事当必实事求是，方可防以讹传讹之缺漏矣。

　　康熙朝六十年间，对法制的完善工作一直在进行中。康熙九年，都察院、大理寺就曾对旧律进行了校正。此后，对于法律的改造也一直都是行而不辍的。尽管律例的重新颁行终其世没有完成，但这不表明康熙对于法律的改造劳而无功，可以说他为后世留下了丰硕的成果，不但为雍正朝律例的修订打下了坚实的基础，也留下了《刑部现行则例》这样的成文法律文献。据郑秦先生的研究："现行则例，又可称则例、条例、现行例，或简称例，总之是与律相对而言，定罪量刑时使用的法条。"④从内容上看，《现行则例》也主要是顺治、康熙两朝未入律的条例。康熙的法律思想主张在立法上体现为"务期除尽积弊"，在司法上体现为"有情可矜疑者，罪未允协者，皆驳令复审"。其言："劝善莫先惩恶，必咨询廉访，责有专官，而后民隐得以上闻，奸顽为之敛戢。"⑤他特别重视用法律手段整肃吏治："臣子服官，首宜奉公杜弊。大臣为小臣之表率，京官乃外吏之观型。大法则小廉，源清则流洁，此从来不易之理。"⑥康熙三十四年，康熙采纳了臣下的建议，用注解的方式对律文进行立法解释："至于律文仿自唐律，言简义赅，诚恐讲习未明，易致讹误，臣等汇集众说，于每篇正文后，增

---

① 田涛、郑秦点校：《大清律例》，法律出版社1999年版，第1页。
② （清）谈迁：《北游录》，中华书局1997年版，第378页。
③ 参见孙家红《明清律合编》，社会科学文献出版社2021年版。
④ 《中国法制史考证》甲编第七卷，中国社会科学出版社2003年版，第58页。
⑤ 《清实录·圣祖实录》卷一零三，转引自《中国法制通史》第八卷，法律出版社1999年版，第168页。
⑥ 《清实录·圣祖实录》卷九十，转引自《中国法制通史》第八卷，法律出版社1999年版，第169页。

用总注，疏解律义，期于明白晓畅，使人易知也。"①

雍正三年的修律在清朝法制史中占有相当重要的地位。田涛先生称雍正时期是清代律例逐渐定型的开始时期。②雍正即位伊始，就着手修律工作，并在雍正三年就告竣工，效率不可谓不高。态度的认真程度也是在历史上少见的，其在御制序中言："乃命诸臣，将律例馆所纂所修未毕者，遴简西曹，殚心藏集，稿本进呈，朕心是书民命攸关，一句一字必亲加省览，每与诸臣辩论商榷，折中裁定。或折异以归同，或删繁而就约，务期求造律之意，轻重有权，尽谳狱之情，宽严得体。三年八月编校告竣，刊布内外，永为遵守。"③雍正三年的《大清律例》，在清代律例沿革发展中具有承前启后的作用。郑秦先生有如下评价："律文的规范是雍正三年律最大的成就，使大清律成为名副其实的大清律，摆脱了明律翻版的嫌疑，纠正了顺治律仓促成书的缺憾。律文内容经过修订，更加规范。最大的特色是每条律文后增用总注。这项创制，实际上也是康熙修律方式的一种沿用。"④

从思想上，雍正尊崇儒家的人治理念，强调有治人无治法，雍正元年，御史汤之旭奏请划一律例条款，颁行天下，雍正言："未尝不是，但天下事，有治人，无治法。得人办理，则无不允协，不得其人，其间舞文弄墨，正自不少。……虽条例划一，弊终难免。"⑤虽然雍正与历代统治者一样，未能从积极的方面看待法律，而是过于关注法律的负面效果，但实际上他还是非常重视国家法制建设的。其上引御史汤之旭奏请划一律例条款，颁行天下事，清史稿《刑法一》也有记载："世宗允之，命大学士朱轼等为总裁，谕令于应增应减之处，再行详加分析，作速修完。三年书成，五年颁布。"⑥

乾隆朝的修律标志着清王朝律典的定型，基本体例趋于完善。乾隆

---

① 转引自郑秦《雍正三年律考》，载《中国法制史考证》清代卷，第73页。
② 田涛：《不二法门》，法律出版社2004年版，第7页。
③ 郑秦：《雍正三年律考》，载《中国法制史考证》清代卷，中国社会科学出版社2003年版，第71页。
④ 郑秦：《雍正三年律考》，载《中国法制史考证》清代卷，中国社会科学出版社2003年版，第73页。
⑤ 《雍正朝起居注》元年七月十八日条，转引自冯尔康《雍正传》，人民出版社1985年版，第83页。
⑥ 《清史稿》，中华书局1976年版，第4184页。

五年修订完成的《大清律例》"在编纂过程中，继承了汉、唐以来形成的中华法系的大量传统，并且成为中国历朝法典发展最高阶段的标志"[1]。其较之雍正三年的《大清律例集解》在以下几个方面有了相当程度的改观。其一，取消了总注。新律在《凡例》中对取消总注作如下解释："其律文之后大字总注，虽亦原本《笺释》《辑注》等书，但意在敷宣，易生支蔓，又或义本明显，无事笺疏，今皆不载。"其二，分卷结构有变化。乾隆以前的清律沿袭明律分为三十卷，乾隆五年修律后，分为四十七卷，卷数增加的主要原因是将内容较多的一些门分为两卷或三卷，与以前的每门一卷有所不同。其三，条例的数目有变化。乾隆律的条例有所增多，从雍正律的824条增至1042条。其四，条例的内容有变化。这种变化基本上可以概括为：在编排上取消了雍正律的原例、增例、钦定例的区别，统一把条例附于相关律文之后；条例中不再登载谕旨；条例中不再收录行政处分。

张之洞在《劝学篇》中对清代法制加以赞美，其言："自暴秦以后，刑法酷滥，两汉及隋相去无几，宋稍和缓，明复严苛。本朝立法平允，其仁如天，具于《大清律》一书：一、无灭族之法；二、无肉刑；三、问刑衙门不准用非刑拷讯，犯者革黜；四、死罪中又分情实缓决，情实中稍有一线可矜者，刑部夹签声明请旨，大率从轻比者居多；五、杖一百者折责，实杖四十，夏月有热审减刑之令，又减为三十二；六、老幼从宽；七、孤子留养；八、死罪系狱，不绝其嗣；九、军流徒犯不过迁徙远方，非如汉法令为城旦鬼薪，亦不比宋代流配沙门岛，额满则投之大海；十、职官妇女收赎，绝无汉输织室、唐没掖庭、明发教坊诸虐政。凡死罪必经三法司会核，秋审。决之期，天子素服，大学士捧本，审酌再三，然后定罪；遇有庆典，则停、减等。一岁之中，决者天下不过二三百人，较之汉文帝岁断死刑四百，更远过之。若罪不应死而拟死者，谓之失入；应死而拟轻者，谓之失出。失入死罪一人，臬司、巡抚、兼管巡抚事之总督，降一级调用，不准抵消；失出者一案至五案只降级留任，十案以上始降调，具见于历朝圣训。"[2]

清代法制确实达到了比较完善的程度，田涛先生称："清朝的法律制

---

[1] 田涛：《不二法门》，法律出版社2004年版，第8页。
[2] 《张之洞全集》，河北人民出版社1998年版，第9712—9713页。

度,在继承了中国传统的法律制度的基础上,进一步得到了发展,形成了在中国古代历史上最为系统和完善的法律制度。"① 不但法律体系比较完备,律例关系也渐趋和谐。同时,司法和执法的水平也达到了一定的高度,社会的法律意识也在不断提升。这种不断自身完善的法制保障了清代两百余年的统治。

---

① 田涛:《不二法门》,法律出版社2004年版,第5页。

第七章 中华法系的终结（近代）

重要节点：清廷发布法律变革诏书 司马迁曰："居今之世，志古之道，所以自镜也，未必尽同。"① 近代以降，局势大变。中华文明处于剧烈变动之中。从器物到制度，从思想到人心，无一不在变化之中，法律自然也不能游离于世道之外。孙中山先生言："世界潮流浩浩荡荡，顺之者昌，逆之者亡。"为了顺应时代的发展，中国固有的法律不得不加以改变。

1902年3月11日（光绪二十八年二月初二），光绪皇帝下诏改革中国法律："中国律例，自汉唐以来，代有增改。我朝《大清律例》一书，折衷至当，倍极精详。惟是为治之道，尤贵因时制宜。今昔形势不同，非参酌适中，不能推行尽善。况近来地利日兴，商务日广，如矿律、路律、商律等类，皆应妥议专条。著各出使大臣，查取各国通行律例，咨送外务部。并著责成袁世凯、刘坤一、张之洞，慎选熟悉中西律例者，保送数员来京，听候简派，开馆编纂，请旨审定颁发。总期切实平允，中外通行，用示通变宜民之至意。"②

由此，中国法律的历史为之大变，行之千载的中华法系就此谢幕。

虽则中国传袭千年的古代法律不得不退出历史舞台，但曲终人未散，我们不得不承认，中国法律的传统仍然对现实施加着自己的影响。

百年后回首中国现代法制的发展历程，我们认识到，对于传

---

① 《史记·高祖功臣侯者年表》。
② 《光绪朝东华录》，中华书局1958年版，第4833页。

统的认识与继承是建设新型法制的基础。对于传统，有些是可以轻易改变的，有些是通过努力可以改变的，有些则是不能轻易加以改变的。五刑可以改变为六法，六法可以改变为七大体系，但其精神难以改变，其中的文化特征难以改变。

法律制度的构造是一种文明形成的过程，它需要有社会文化和道德伦理加以支撑。如果一个法律制度的构建最终会导致文化与伦理的衰亡，那么这种法律制度就是没有意义的空洞形式而已。

有人称：中国文化是供批判的，而西方的文化是供借鉴的。其人必是想要自我标榜为一个置身事外的裁判者，似乎批判和借鉴是和他无关的事情。其实，无论你批判也好，你借鉴也好，都必须以认识自己为前提。如果一名演员忘记了油彩后面自己真实的脸，镜子对他也是无用之物。学者的批判性无疑是这一社会阶层的主要特征，但以批判为面具而招摇，实在难免有小丑弄姿之嫌。语言的错乱会使自己陷于面目全非的境域之中。

马小红教授对古代法与传统法加以区别，古代法是一种已经静止的过去的法律，而传统法则借着传统而继续存在。一百余年以后的今天，法律的移植似乎没有达到预期的效果，现行的法律制度中可以反思的地方很多。应该说，我们在必须汲取人类文明发展的营养时，也需要认识我们自己的文化特质，达成沈家本等先贤们所期待的会通局面。

德国伟大的历史学家威廉·蒙森的话也许对于我们建构现代法制具有警示作用："今天，人们有义务保证文明不至破坏文化，使技术不至于消灭人类存在。"

第一节 概说

清廷颁布法律变革诏书

清廷颁布法律变革诏书是中国古代法律历史上的最后一个重要节点。它标志着延续了数千年的法律传统即将终止，标志着中华法系的终结。

这个节点的出现并非偶然，也并非仅仅是中国历史上的重要事件，其亦为世界历史中的一个重要事件。

十八世纪以降，工业革命开启了人类的一个新的纪元。以往在整个地球上生存的人群都不得不经历自人类文明形成以来最大的变化。这种变化包括政治、经济、社会组织、生存方式的变化，法律制度也概莫能外。

1902年3月11日（光绪二十八年二月初二），光绪皇帝下诏改革中国法律。

4月1日（二月二十三日），袁世凯、刘坤一、张之洞连衔上奏，会保沈家本、武廷芳修订法律："奏为遵保熟悉中外律例人员听候简用，恭折会陈，仰祈圣鉴事。

窃臣等承准军机大臣字寄，光绪二十八年二月初二日奉上谕：中国律例，自汉唐以来，代有增改。我朝《大清律例》一书，折衷至当，备极精详。惟今昔情势不同，非参酌适中，不能推行尽善。著责成袁世凯、刘坤一、张之洞慎选熟悉中西律例者，保送数员来京，听候简派，开馆编纂，请旨审定颁发。总期切实平允，中外通行，用示通变宜民之至意。等因。钦此。遵旨寄信前来。仰见圣朝修明宪典，因时制宜，薄海臣民，同深钦服。

臣等公同筹商，窃维经世宰物之方，莫大乎立法。律例者，治法之统纪，而举国上下胥奉为准绳者也。我朝律例，邃密精深，本无可议。但风会既屡有迁嬗，即法制不能无变更。方今五洲开通，华洋杂处，将欲恢宏治道，举他族而纳于大同，其必自修改律例始。查泰西各国，区域虽分，而律例大都一致。其间有参差者，亦必随时考订，择善而从。如造车者之求合辙，务期推行无阻而后已。遐稽法、德，近考日本，其变法皆从改律入手。而其改律也，皆运以精心，持以毅力，艰苦恒久，而后成之。故能雄视全球，得伸自主之权，而进文明之治，便民益国，利赖无穷。中国自开禁互市以来，近百年矣。当其初，不悉外情，不谙公法。又屡次订约，皆在用兵以后，权宜迁就，听人所为。国权既渐侵削，民利尤多亏损。浸寻至今，国威不振，几难自立。近者交涉益繁，应付愈难。教士纷来，路矿交错。游历之辈，足迹几遍国中。通商之议，乘机而图进步。我如拘守成例，不思亟为变通，则彼此情形，终多扞格。因扞格而龃龉，因龃龉而牵制，群挠众侮，我法安施；权利尽失，何以为国。惟是改定律例，事綦繁重，既非一手一足之烈，亦非一朝一夕之为。臣等再四思维，若不于创办之始，先立规模，虽由各省保送数员，窃恐品类不齐，漫无统属，势必各执意见，聚讼难行。

查刑部左侍郎沈家本久在秋曹，刑名精熟。出使美国大臣四品卿衔伍廷芳，练习洋务，西律专家。拟请简调该二员，饬令在京开设修律馆，即派该二员为总纂。其分纂、参订各员，亦即责成该二员选举分任。伍廷芳并可遴选西国律师二、三人挈以同来，拔茅连茹，汲引必当。近来日本法律学分门别类，考究亦精，而民法一门，最为西人所叹服。该国系同文之邦，其法律博士，多有能读我会典、律例者。且风土人情，与我相近，取资较易。亦可由出使日本大臣，访求该国法律博士，取其专精民法、刑法者各一人，一并延请来华，协同编译。如此，规模既立，则事有指归，人有秉承，办理自易。迨开馆之后，即就目前所亟宜改订者，择要译修，随时呈请宸鉴施行，逐渐更张，期于至善。不过数年，内治必可改观，外交必易顺手。政权、利权亦必不难次第收回，裨益时局，实非浅鲜。

臣等为译修法律，先择总纂，以期握纲领而免分歧起见。此外，如有熟悉中西律例之员，容臣等随时访求，果系确有所长，当再续行保送，以供差委。是否有当，谨合词恭具陈。伏乞皇太后、皇上圣鉴，训示。谨奏。"①

以上不揣烦琐，引录奏折全文，盖因该奏折于史实的认知实在非常重要，其中对于清末修律的原则、目的、用人、编纂方式都提出了指导性的意见。

自此，清政府开始了修律工作。这次修律在中国法律史上有举足轻重的地位，可以说，它标志着中国固有法律传统的终结，也被认为是中华法系的终结。

第二节　中华法系终结之思想背景

在鸦片战争以后的半个多世纪中，中国进入时代大变革，社会思潮也进入蓬勃发展的局面。中国的知识分子在近代以前，很少从外来文化中寻

---

① 引自《沈家本年谱长编》，台湾成文出版社1992年版，第114—116页。编者李贵连先生称："此折不见于刘坤一、张之洞著述而见之于袁氏奏议，显然系袁氏领头，刘、张附议。不过因袁氏资历较刘、张为浅，故署名在后。"

求理念上的支持。而在近代，西方传入的思想观念与传统观念相碰撞，极大地刺激了思想的发展，加之随着专制统治的逐步瓦解，形成了一个相对自由的空间，使得社会思想空前繁荣。这一段历史，即为国家民族之痛史，亦为中国社会思想之发达史。此阶段之社会思想之发展，为清末法制变革提供了坚实之思想基础。

一　中国近代法律思想发展的背景与早期改革派的思想

（一）中国近代法律思想发展的背景

中国近代法律思想是在多重背景下，根据多重条件而形成和发展起来的，仅就思想学术层面而言，以下五个方面为最主要者：其一，明末清初思想家的影响；其二，汉学的兴盛；其三，清代文字狱；其四，律学的发展；其五，西学的渐入。

1. 明末清初思想家之影响

汉代以降，中国的君权不断膨胀，特别是自唐、宋以后，逐渐达到了一种绝对的程度。许多知识分子也为这种绝对的君权推波助澜，创造了专制统治的思想基础。他们在不同方面、不同程度上为专制思想的体系化提供了理论支撑。而这种理论的实用化更直接导致了专制统治的现实发展，直到明末以前，专制体制已经完全不用任何外在的理论支持，其自身已经形成了对社会思想的绝对统治，它可以随心所欲地限制思想、禁锢思想，甚至可以制造思想、玩弄思想，而广大士人或为荣显，或为稻粮，也纷纷成为这种思想专制的同道者。明代的覆亡，以及清朝统治者的外族身份，在许多知识分子的心中造成了一个精神上的真空。专制的压力一扫而空后的结果就是思想上的解放。他们可以大胆批评现实，以古非今，检讨中国的历史发展和思想源流，形成了一种自由的学风。其中以黄宗羲、顾炎武、王夫之为杰出代表。他们的思想对中国近代的思想和现实影响至深，特别是鸦片战争以后，他们的著作再度获得新的社会认同，成为启发新思想的智慧宝库。如谭嗣同就对之非常推崇，其称："更以论国初三大儒，惟船山先生纯是兴民权之微旨；次则黄梨洲《明夷待访录》，亦具此义。"[①] 他的许多思想都受明末清初思想家的启发，如其称："故君也者，为天下人办事，非竭天下之身命膏血，供其骄奢淫纵也。供一身之不足，

---

① 《谭嗣同全集》，中华书局1981年版，第464页。

又欲为子孙万世之计，而一切酷烈钳制之法乃繁然兴矣。"① 从中，我们可以非常清晰地看到明末清初思想家影响的痕迹。

有关明末清初思想家之思想的具体内容，本书已有论述，此处不再重复。

2. 汉学的兴盛

清代考据学的兴盛，也有着深刻的社会根源。一方面，它是对清代文字狱的一种回避；另一方面，它也是当时知识分子对官方化经学的一种消极抵制。作为一个社会阶层的知识分子必然要保持其独立性，以维持社会改造的外部压力。尽管这种压力可能只是很微弱的，甚至根本不足以形成社会改造的动力，但它仍然是必要的。它的存在本身实质上是对所谓"放之四海而皆准"的价值取向的一种否定。

任何一种学术思想或方法，不管其初衷如何，也不论其成就多大，一旦开始僵化，故步自封，注重形式过于内容，就必然会走向衰落。无论如何，"汉学"的兴盛对清代思想和学术的发展影响极大。特别是一些以考据为手段进行社会思想改造的大学问家不但为学术的革命做了知识上的必要积累，在思想层面本身也有卓越的建树，如戴震、赵翼、钱大昕等人。他们的学术成果为以后的中国思想之近代转型奠定了坚实的基础。

3. 清代的文字狱

从统治手段而言，文字狱实际是统治者思想控制的一种方法，它通过政治的、法律的手段钳制对自己构成威胁的反抗势力。清朝的统治者"惧人民之犹思故明，惧骨肉之相为诽谤，惧臣子之不复畏法"②，从而制造了各种形式的文字狱。清文字狱摧折了人们的精神，禁锢了人们的思想，"其弊至于不敢论古，不敢论人，不敢论前人之气节，不敢涉前朝亡国时之正义。此止养成莫谈国事之风气，不知廉耻之士夫，为亡国种其远因者也"③。而近代法律思想的发展实际上形成了对文字狱的一种突破，创造了社会思想的发展趋势。

4. 清代律学的发展

清代可以说是传统律学之集大成时期，也是中国历史上律学家实际参

---

① 《谭嗣同全集》，中华书局 1981 年版，第 465 页。
② 蔡东藩：《清代史论》卷六，上海会文堂民国十八年（1929）线装石印本。
③ 孟森：《清史讲义》，中华书局 2006 年版，第 306 页。

与立法的重要时期。清代律学由于针对性强，始终着眼于实际，并且多为司法实践的总结，其成果对于立法者具有启迪作用，增强了社会民众对于律例的理解，也使得律文更具有可操作性，所谓"阐发律例中之精髓，而听狱者得资以为观指"①，在一定程度上起到了改进立法、改善司法和促进法制建设的作用，也成为近代法律思想的重要学术渊源。

律学的发展对于近代法律思想的形成与发展有着不可忽视的影响，这种影响在法律专业层面更为显著。薛允升、沈家本等人，不但是最为卓越的律学大师，也是重要的法律实施者。沈家本更是清末法制变革的主持者，其在律学上的精深造诣对于中国法律制度的变革有着难以磨灭的影响。

5. 西方思想的渐入

尽管中国的封建王朝统治者采取了闭关锁国的政策，但世界文化的交流与融合是不可避免的。事实上，明朝以来，西方的宗教、文化和科学技术已通过各种方式传入了中国。其中，基督教的传教士是进行这种科学文化输入的主要传播者。16世纪以来，西方的一些传教士，如著名的利玛窦等人就到中国传教。他们在传教之余，通过译书和著述，传播了西方的科学技术和人文科学知识，使一些中国人对数学、物理学、化学、地理学、天文历算学等近代的自然科学有了基本的了解，同时也向西方介绍了中国的基本情况。一些开明的知识分子对于这些新型的知识也采取了选择接受的态度。

到鸦片战争前，西学的渐进虽然仍是小范围的和缓慢的，但通过多年的积累，近代科学的基本知识已大多传入中国。1811年，英国传教士马礼逊编写的《神道论赎救世总说真本》在广州出版，这是新教传教士在中国出版的第一本中文读物。此举被认为是"揭开晚清西学东渐的序幕"。此后，到1842年，鸦片战争结束，马礼逊等传教士共出版了中文图书和刊物138种，其中属于介绍世界历史、地理、政治、经济等方面知识的有32种，如《美理哥合省国志略》《贸易通志》《察世俗每月统记传》《东西洋考每月统记传》等。② 这些书刊，成为林则徐、魏源、梁廷楠、徐继畲等人了解世界情况的重要资料。在此期间，传教士还在中国开办了第一个中文印刷所、第一

---

① 《大清律例集注·马腾蛟序》，清乾隆三十四年（1769）刻本。
② 熊月之：《西学东渐与晚清社会》，上海人民出版社1994年版，第7页。

所对华人开放的教会学校,创办了第一家中文杂志,编写了第一部英汉字典。

西学东渐为中国近代法律思想的形成和发展创造了必要的条件。它使早期改革派思想家得以接触到了初步的西学知识,使他们"睁开眼睛看世界"有了必要的知识基础,为他们形成自己的思想体系提供了基本的素材;也为以后的几代思想家提供了中学以外的知识,特别是有关法治、宪政的介绍对中国近代法治近代化助力甚多。

(二) 早期改革派的法律思想

1. 早期改革派的形成

虽然西学东渐使中国的文化传统要做重新的检讨和更新,但如果没有时局的逼迫,思想的变迁也不可能会自动出现。鸦片战争被认为是中国近代史的开端,其对中国社会影响甚大,论述中国的近代法律思想也必以此为起点。

鸦片战争的最终爆发,虽然以鸦片贸易为导因,但实质上是国家关系的一种重新定位,是世界文明形式之间的一种碰撞,是不同社会制度的一种交锋,是新型工业国家对旧形态下的农业国家的一种压迫。而中国对此并没有深切的认识,即使是思想最为开明的知识分子,也明显地对其认识不足,他们在旧形态下没有足够的能力看到世界大势,没有认识到西方国家自工业革命后发生的本质变化,没有看到"西人"与以往"夷狄"之间根本的不同。这种心理定位,必然会导致与西方国家的全面冲突。

早期改革派思想的形成,从现实的角度而言可以追溯到林则徐。这种思想源于对现实的认识,是他从与西人对抗的过程中,发现了中国所处的地位,发现了旧体制应该因时而变。

鸦片战争爆发前夕,林则徐在抵达广州后,出于知己知彼的目的,便迅速展开了对自己将面临对手的研究和判断工作。据当时《澳门月报》的报道:"中国官府全不知外国之政事,又不询问考求。故至今中国仍不知西洋,……惟林总督行事全与相反,署中养有善译之人,又指点洋商、通事、引水二、三十位,官府四处探听,按日呈递,亦有他国夷人,甘心讨好,将英吉利书籍卖与中国。林系聪明好人,不辞辛苦,观其知会英吉利国王第二封信,即其学识长进之效验。"[①] 他还聘请了精通外国语的人,翻

---

① 中国史学会主编:《鸦片战争》第二册,上海人民出版社2000年版,第526页。

译外国的书报。这一切，虽然可以说从本初的目的上而言，只是一种"用兵之道"，但这的确可以说是"睁开眼睛看世界"的开端。

以林则徐、龚自珍、魏源为代表的早期改革派思想家，在清王朝处于内忧外患之际，提出了他们的变法主张。他们的思想不同于以往封建制度下的变革思想，首先，他们不是仅仅拘泥于一时一事，而是从制度上对封建统治加以全面的检讨、揭露和抨击；其次，他们以"睁开眼睛看世界"的态度，认真地思考对待西方政治上、经济上和文化上的严峻挑战；最后，他们对于传统的儒家思想加以反思。

这些近代早期开明而求变的思想家是打破清朝沉闷、烦琐学风的先行者，他们的思想具有巨大的启蒙作用，开创了思想发展的新局面，拉开了晚清变法思想发展的序幕。晚清的变法思想家们都从他们的著作中汲取过精神上的营养，梁启超说："晚清思想之解放，自珍确与有功焉。光绪间所谓新学家者，大率人人皆经过崇拜龚氏之一时期，初读《定庵文集》，若受电然。"①

从思想发展的角度来看，早期改革派思想家们的变法思想有其自身鲜明的时代特点。其一，他们变法思想和主张的理论根据，主要来源于中国固有的传统思想。而西方的影响基本是被动的，也是相当浅显的。这是与当时西学影响的程度相对应的；其二，他们对于西方资本主义制度及封建制度自身的认识基本上还是表层的，对于中国与西方国家的差距还是看作量上的差别。所以，变法主要是"变器"，而基本没有涉及"变道"；其三，他们的变法理论，还处于"形而下"的阶段，即变法主张多属于支离零散的"有感而发"或就事论事，尚未形成较完整的"形而上"的、有系统、有理论基础、有思想支点的变法理念；其四，虽然他们比较清楚地认识到社会中法律运行的状况，也更强调法律的社会作用，但这种认识还很初级，远没有形成真正意义上的法律学说。

2. 早期改革派法律思想的主要内容

（1）对现行的法律制度进行反思与批评

梁启超称："龚魏之时，清政既渐凌夷衰微矣。举国方沉酣太平，而彼辈若不胜其忧危，恒相与指天画地，规天下大计。"② 当众人还沉溺于盛

---

① 梁启超：《清代学术概论》，中华书局2020年版，第128页。
② 梁启超：《清代学术概论》，中华书局2020年版，第130页。

世遗绪之时,早期改革派已经看出中国已处于重重危机之中。龚自珍在诗中表达了这种深深的忧虑:"……看花忆黄河,对月忆西秦。贵官勿三思,以我为杞人。"他认为清王朝的统治处于风雨飘摇之中:"芨芨乎皆不可以支岁月,奚暇问年岁?"①

法律是社会政治的主要内容,它的完善与否是社会稳定的关键。此时,清朝法律制度的基本状况是趋于腐败与没落。不但皇权凌驾于法律之上,自上而下的各级官员也普遍任意枉法,加之讼师胥吏助纣为虐,玩法行私,包揽辞讼,或无端罗织罪名,或随意出入人罪,使得普通百姓把涉及法律的事务视为畏途。

龚自珍认为,朝廷的那些律令条例不过是束缚人们手脚的"长绳"。"天下事无巨细,一束之于不可破之例,则虽以总督之尊,而实不能以行一谋、专一事",在这种情况下,人们动辄得咎;繁文缛节使人精力尽耗于无用之事,"朝见而免冠,夕见而免冠"②,法律成了束缚官员能动性的枷锁。龚自珍对于司法官吏在判案时的主观臆断,用法畸轻畸重,随意出入人罪等现象表示了极大的愤慨。他还对于胥吏把持辞讼,操纵刑狱的现象进行了细致的分析。

魏源则从种种社会现实状况中看出社会基础已趋腐朽:"夷烟蔓宇内,货币漏海外,漕鹾以此日敝,官民以此日困,此前代所无也;士之穷而在下者,自科举则以声音训诂相高;达而在上者,翰林则以书艺工敏、部曹则以胥史案例为才,举天下人才尽出于无用之一途,此前代所无也。"③魏源认为现实中的法律制度已经失去了其立足的根本,其言:"法信令必,虽枷杖足以惩奸;法不信令不必,虽重典不足儆众。饮食不已,酿为讼师;小刑之刀锯不肃,酿为大刑之甲兵。圣人垂忧患以诏来世,岂不深哉!岂不深哉!"④

(2)要求对固有的法律制度加以变革

如何拯救这个濒临灭亡的王朝统治呢?早期改革派思想家得出的结论是必须进行"变法",只有"变法"才有出路,"自古至今,法无不变,势无不积,事例无不变迁,风气无不移易"。龚自珍告诫当政者应该迫切

---

① 《龚定庵全集类编·西域置行省议》,中华书局1991年版,第165页。
② 《龚定庵全集类编·名良论四》,中华书局1991年版,第136页。
③ 《魏源集》,中华书局2018年版,第161页。
④ 《鸦片战争时期思想史资料选集》,知识产权出版社2013年版,第69页。

地"思变法",而不能一味"拘一祖之法,惮千夫之议,听其自弊,以俟踵兴者之改图尔",应该从速进行自上而下的改革:"一祖之法无不弊,千夫之议无不靡。与其赠来者以勁改革,孰若自改革。"①

龚自珍认为,变法应是多方面的,现时运行的典章制度是亟待改革的重要内容。他的"更法"措施主要有:其一,修改繁杂的礼仪制度,使君臣可以从容地"坐而论道",以培育廉明的政治风气;其二,改革科举制度,"改功令,以收真才",改造八股取士制度和用人制度,不拘一格地选拔和任用人才;其三,加强内外大臣的职权,改革对官员的奖惩制度,实质上要求君主能够有条件地放权。对于变法的方式方法,龚自珍主张"仿古法而行之"。也就是说,他并不想改变以往的君主统治方式。

魏源认为,时代的发展是必然的规律,其称:"天下无数百年不敝之法,也无穷极不变之法,亦无不除弊而能兴利之法,亦无不易简而能变通之法。"他认为,社会是发展的,"执古"和"泥法"的人不过是"读周、孔之书,用以误天下"的庸儒。他坚持认为:"时愈近,势愈切。圣人乘之,神明生焉,经纬起焉。善言古者,必有验于今矣。"②

魏源主张因势变法,他声称:"变古愈尽,便民愈甚。"③ 只有彻底地对社会加以变革,顺乎民情,以"便民""利民"为宗旨,百姓才能安乐,王朝才能兴盛。但他认为变法应在不改变"道",也就是不改变社会的基本价值观的基础上进行。他还主张国家要以培养人才为急务,"国家之有人才,犹山川之有草木"。但人才的养成必须有必要的环境,"蔚然明仪,而非山麓高大深厚之气不能生也"④。魏源认为,在国家立法层面,一定要以现实社会条件和个体的认知能力为根本,他说:"强人之所不能,法必不立;禁人之必犯,法必不行。虽然立能行之法,禁能革之事,而求治太速,疾恶太严,革弊太尽,亦有激而反之者矣。"⑤

龚自珍特别重视知识分子在社会变革中的作用,他认为,知识分子应该是对政治有独立认识的人,所谓:"民之识立法之意者,谓之士。"他还极为厌恶知识分子猥琐谄媚的习气,强调必须知耻,其言:"士皆知有耻,

---

① 《龚自珍全集》,上海古籍出版社1975年版,第6页。
② 《鸦片战争时期思想史资料选集》,知识产权出版社2013年版,第1页。
③ 《中国近代思想家文库·魏源卷》,中国人民大学出版社2013年版,第41页。
④ 《中国近代思想家文库·魏源卷》,中国人民大学出版社2013年版,第40页。
⑤ 《中国近代思想家文库·魏源卷》,中国人民大学出版社2013年版,第40页。

则国家永无耻矣;士不知耻,为国家之大耻。"①

(3)"师夷长技以制夷"的新型思想体系

林则徐在鸦片战争的过程中摸索出了一条从中国以外寻求新知识与学习内容的实践方法。他不但通过翻译外国的报纸和书籍了解敌情,更深入地了解西方国家的军事状况和政治制度,还聘请了当时对于西方最为了解的一些人,这些人对于他"探访夷情,知其虚实,始可定控制之方"提供了极大的帮助。而魏源则将其发展为"师夷长技以制夷"的理论和思想体系。

面对"西人东来"的现实状况,魏源敏锐地感到必须用新的眼光、新的策略来应付目前的局面,而不能沿袭以往对待"蛮夷"的方法。他更进一步地提出了御敌的方略,这就是著名的"师夷长技以制夷"的思想主张。他认为,世界已经进入了一个"海国时代",闭关锁国只能使自己永远处于落后和挨打的境地,只会重蹈鸦片战争失败的覆辙。而要达到"制夷"的目的,不能仅仅依靠自身的能力,要从对手那里获取有用的知识,这就是"师夷长技以制夷",其包含以下几个方面的内容:其一,了解西方国家的基本情况。他在竭力介绍西方情况的同时,批评那些保守、目光短浅的人物"徒知侈强中华,未睹寰瀛之大";其二,提倡学习西方的先进技术。不但要掌握军事上的"船坚炮利",也应该学习一些其他的工业生产技术;其三,介绍并赞许西方国家的政治、法律制度。如,他在《海国图志》中着重介绍了美国的民主制度,认为这种制度:"以部落代君长,其章程可垂奕世而无弊。"② 并且,他甚至对这种制度大加赞赏:"一变古今官家之局,而人心翕然,可不谓公乎。议事听讼,选官举贤,皆自下始,众可可之,众否否之,众恶恶之,三占从二,舍独循同,即在下预议之人,亦先由公举,可不谓周乎。"③

当然,魏源的建议并没有完全地加以实施,他自己也深知其难行之处,他感叹:"国家有一傥论,则必有数庸论以持之;有一伟略,则必有数庸略以格之。故圣人恶似是而非之人,国家忌似是而非之论。"④

魏源是真正意义上的思想变革者,其学术主张、研究方法都超出了传

---

① 《龚定庵全集类编·名良论二》,中华书局1991年版,第133页。
② 魏源:《海国图志》,中州古籍出版社1999年版,第369页。
③ 魏源:《海国图志》,中州古籍出版社1999年版,第451页。
④ 《中国近代思想家文库·魏源卷》,中国人民大学出版社2013年版,第43页。

统学术的范围，开启了一种新型的学术方式，形成了一种新的思想体系。魏源的思想，真正触及了中国思想变革的根本之处，即直面来自不同文明的挑战。

二 洋务运动时期的法律思想

第二次鸦片战争后，清王朝遭受了前所未有的巨大失败，中华文明蒙受了无法承受的巨大耻辱。在这个背景下，中国社会受到了极度的震动，促成了所谓洋务运动，形成了具有鲜明时代性的洋务思想。

（一）洋务运动与洋务思想的形成和发展

1. 洋务运动兴起之现实背景

所谓"洋务"，原称为"夷务"，指中国与其他国家交往中之事务。就中国而言，近代以前，一直自居为世界之中心，文明之极致。故中国之外的其他地方都是野蛮或落后之区域，有所谓东夷、西戎、北狄、南蛮之说，后一般统称为夷，含有鄙夷、轻视之意味。举凡对外事务，概称"夷务"。这种态度，令西方国家非常不满，故在《北京条约》中，特别要求予以改正。此后，中国与西方国家相关之事务，都称为洋务。总理各国事务衙门的成立，标志着中国在对外事务中已发生了观念性的转变。

1861年1月20日（咸丰十一年十二月初十），清朝廷批准设立"总理各国事务衙门"，此可视为洋务运动开始的标志。

总理衙门的级别同军机处，兼有管理商务、外交、教育、关税财政、军事政治情报等权力。其不但在对外事务中发挥了主要作用，在洋务运动整个过程中，总理各国事务衙门也起到了枢纽的作用，并在筹办新式军事工业过程中扮演了重要角色。

2. 洋务派与洋务思想的形成

随着洋务运动的推进和展开，社会上形成了所谓洋务派，他们由主持洋务事务的官员组成。在与西方国家进行交涉和交往过程中，他们具有比社会上其他人对于西方文明更清楚的认识。

洋务派与洋务思想的形成，有其政治、经济和文化的背景。从政治上而言，当时，太平军、捻军等先后被镇压，国内矛盾相对缓和，而此时外患又起。对抗来自西方的压力，解决对外关系成为清廷统治的首要任务。在经济上，由于政治上、军事上的原因，引进资本主义的经济生产方式被认为是"自强"的有效手段。西方的经济理论也开始影响中国的经济发展。在文化上，西学已开始大规模地进入中国，对传统文化造成了巨大的冲击。据统计，从 1843—1860 年，香港、广州、福州、厦门、上海和宁波这六个城市出版的西书达 434 种，为 1811—1842 年这一阶段的三倍以上。并且，中国的知识分子开始出现主动了解、吸收西学的趋向。他们倡言学习西方，这种意义上的学习已超过了"师夷长技"的范围，而是更主动、更深入的学习。

洋务运动主持者们认为，中国在当时已处于变局之中，必须因变而变。其中以李鸿章的一段话最具代表性："今则东南海疆万余里，各国通商传教，来往自如，麇集京师及各省腹地，阳托和好之名，阴怀吞噬之计。一国生事，诸国构煽，实为数千年未有之变局。轮船电报之速，瞬息千里，军器机事之精，工力百倍，炮弹所到，无坚不摧，水路关隘，不足限制，又为数千年未有之强敌。外患至乘变幻如此，而我犹欲以成法制之，譬如医者疗疾，不问何症，概投之古方，诚未见其效也。"① 这种千古之变局已不能用以往的方法加以解决。他以为，中国积弊太深，必变通方能制胜。曾国藩也认为时至今日，在器械、财用、选卒等方面不必拘泥成法，而可以"师夷智"，学习西人先进的东西。洋务派的变法主张，具体体现于法律制度上，以张之洞"采西法以补中法之不足"的思想主张为代表。

在洋务运动持续期间，除上述洋务运动主持者以外，也出现了许多与洋务运动相关联的社会思想家，可以称为洋务思想家。应该注意的是，洋务思想家的思想有两个特点：其一，洋务思想的产生，在时间上有可能早于洋务运动，如冯桂芬《校邠庐抗议》的成书就早于洋务运动的开始。这种现象实不足怪，因为在人类历史上，思想的超前性往往在特定的情况下显现出来。社会思想早于社会运动甚至可以说是一种良好的社会运转状态。设若人类社会总在行动开始后才开始摸索，则会造成盲目行动的实际后果。其二，洋务思想家的思想深度，远远超出洋务运动的实践范围。如许多洋务思想家都在他们的著作中对宪政、议会、法制改革等问题有所研究，而这些是在洋务运动中没有涉及的，也是洋务主持者们几乎没有考虑到的。

洋务思想家对中国的现实加以深刻反思，倡言学习西方。他们对世界大势比同时代大多数人有更清晰的认识，对中国固有法律制度中应加以变革的种种问题提出了自己鲜明的观点。他们不但对传统的制度模式提出质

---

① 《李鸿章全集》第二册，海南出版社 1997 年版，第 825 页。

疑，更以新的眼光看待世界，意图从西方引进先进的思想与制度模式以对中国的落后之处加以改造。他们是时代的先进者，他们的许多思想亦为洋务运动主持者所接受，实际影响了洋务运动的发展方向。

（二）洋务思想家的基本思想内容

1. 要求对固有法律制度进行深度改革

面对当时国家法制的种种弊病，冯桂芬对这种法制表示了自己的怀疑和不满，倡言进行必要的变革。他认为，中国的法制，在许多地方已相当败坏，不如外国，不改是不行的。他在《校邠庐抗议·自序》中写道："天下有亿万不齐之事端，古今无范围不过之法律，观于今日，则例猥琐，案牍繁多，而始知圣人不铸刑书之善也。"①

王韬把改革中国现存的法律制度当成一项当务之急。其言："变法图强，今日之当变者有四：一曰取士，二曰练兵，三曰学校，四曰律例。"②

对于中国法律制度的现状，郑观应指出，正是由于律例的繁杂，使胥吏有上下其手的可能。"同一律也，有律中之例；同一例也，有例外之案。其间影射百端，瞬息千变。犹是一事，有贿者从，无贿者驳。混淆黑白，颠倒是非，惟所欲为，莫之能制。"③法律内容的不统一，使得在适用时混乱无序。同时，"夫吏之得以弄权，其弊皆由于则例太繁，用以上下其手。惟吏挟例以牟利，混淆黑白，颠倒是非，循至于天下大乱。原夫例之设所以治天下，而其流弊之极至于如此。其例条目繁多，细如牛毛，徒足为吏胥舞弊之具。……国家设例本以防欺，今乃适以导欺，甚至逼之使出于欺。惟胥吏则以为大利之所在，例愈繁弊愈甚，徒足为吏胥浚其利源而已"④，法律的烦琐、过于细密使得其适用的效果适得其反。从而，他得出结论，法律必须进行必要的改革，其指出："律之深文，例之繁重，皆胥吏所以便于上下其手也。非破其趋避之巧及舞弄之奸不可！案情百变，申详之成格牢不可破，以罪就律例，非按律例以定罪犯也。故谓律必改简明，例必废成格。"⑤

郑观应还从情理、道理等方面，对中国现存法律中的严刑峻法进行了

---

① 冯桂芬：《校邠庐抗议·自序》，中州古籍出版社1998年版，第68页。
② 王韬：《弢园文录外编》，中州古籍出版社1998年版，第86页。
③ 郑观应：《盛世危言·书吏》，中华书局2013年版，第219页。
④ 郑观应：《盛世危言·革弊》，中华书局2013年版，第239页。
⑤ 郑观应：《盛世危言·刑法》，中华书局2013年版，第275页。

批判。其言："夫天地生人，原无厚薄也，何以案情讯鞫而酷打成招，独见之于中国？夫三木之下，何求而不得？抑岂各国之人皆纯良，而我国之人独凶恶，必须施以毒刑，而后可得其情欤？讼之为字从言从公，谓言于公庭，使众共闻以分曲直耳。案既未定，何遽用刑？"① 同样是人，难道外国人更纯良，中国人更凶恶吗？在案件未认定之时就施以酷刑，这就使得司法本身失去了公平的本意。

郑观应认为，对于涉外案件，可以按照西方国家的法律进行审判，以服其心，也使其不能以中国法律过重为托词逃避法律追究。他说："至于通商交涉之件，则宜全依西例。今海禁大开，外国之人无处不至，凡属口岸无不通商，交涉之案无日无之。若仍执中国律例，则中外异法，必致龃龉。不如改用外国刑律，裨外国人亦归我管辖，一视同仁，无分畛域。"②

2. 正视现实，学习西方

冯桂芬称："天赋人以不如，可耻也，可耻而无可为也；人自不如，尤可耻也，然可耻而有可为也。如耻之，莫如自强。"③ 通过比较，冯桂芬认为，中国至少在四个方面不如西方："人无弃才不如夷；地无遗利不如夷；君民不隔不如夷；名实必符不如夷。"④ 冯桂芬建言，要在现实条件下创建新型法制的基础，应该多借鉴西方的经验。冯桂芬通过对现实情况的思考，对西方国家政治制度的了解，提倡有限的分权是必要的统治方式。他说："天子不能独治天下，任之大吏；大吏不能独治一省，任之郡守；郡守不能独治一郡，任之县令；县令不能独治一县，任之令以下各官。"⑤ 冯桂芬的议论切中了中国专制政治的要害，即权力的过度集中。这种权力的集中使整个社会失去了自我改造的动力，使人们消弭了进取的愿望。

王韬对西方国家的认识就比同时代的中国人要透彻得多。他认为应该学习西方先进的东西，以为我所用。1865年，他在《代上苏抚李宫保书》中写道：西方人"合地球东西南朔九万里之遥，胥聚于我一中国之中，此古今之创事，天地之变局，所谓不世出之机也。……况乎西人来此，众效其智力才能，悉出其奇技良法，以媚我中国。奈我中国二十余年来，上下

---

① 郑观应：《盛世危言·刑法》，中华书局2013年版，第274页。
② 郑观应：《盛世危言·刑法》，中华书局2013年版，第275—276页。
③ 冯桂芬：《校邠庐抗议·制洋器议》，中州古籍出版社1998年版，第197页。
④ 冯桂芬：《校邠庐抗议·制洋器议》，中州古籍出版社1998年版，第198页。
⑤ 冯桂芬：《校邠庐抗议·复乡职议》，中州古籍出版社1998年版，第91页。

恬安,视若无事,动循古昔,不知变通。薄视之者以为不人类若,而畏之者甚至如虎。由是西人之事毫不加意,反至受其所损,不能获其利益;习其所短,不能师其所长。……夫天下之为吾害者,何不可为吾利?毒蛇猛蝎立能杀人,而医师以之去大风、攻剧疡。虞西人之为害,而遽作深闭固拒之计,是见噎而废食也。故善为治者,不患西人之日横,而特患中国之自域。天之聚数十西国于一中国,非欲弱中国,正欲强中国,以磨砺我中国英雄智奇之士"。①

王韬并不以"西人东来"为天塌地陷之事。其时,面对西方列强的侵迫,特别是英法联军占据京师这一骇人听闻的现实情况,朝野上下或疾愤、或惊恐、或张皇失措。王韬则认为这恰为中国崛起的大好时机。这些外国人不远万里来到中国,把他们的实践经验、智力成果悉数带来,正好可以为我所用。但中国人如无视这一有利的契机,因循苟且,就不但不能获其利,而终会披其害。故而,中国必须正视这一挑战,化不利为有利,既不畏惧西人的强横,也不可自做藩篱。只有采取这种态度,中国方能因时而趋强盛,人才方能因时而辈出。

王韬认为,要学习西方,必须用新的眼光看待对外关系,不能再用传统的"攘夷"心态对待西方国家,必须抓住时机,努力自强,以实力与其抗衡。他写道:"西国和约以后,每年随事酌更,视为成例。以时局观之,中外通商之举,将与地球相始终矣。此时而曰徒戎攘夷,真迂腐不通事变者也。……统地球之南朔东西将合而为一,然后世变至此乃极。吾恐不待百年,轮车铁路将遍中国,枪炮舟车互相制造,轮机器物视为常技,而后吾言乃验。呜呼,此虽非中国之福,而中国必自此而强,足与诸西国抗。"② 王韬之言,百年以后已被一一验证。"地球之南朔东西合而为一"更成为一种现实。对此,我们在赞叹王韬的远见卓识之时,也应该思考百年之后中国所处之地位。

郑观应认为拒绝西学,无异于坐以待毙。在西方国家更为富强这个前提下,道理鲜明,不待争辩而已有结论。其言:"今之自命正人者,动以不谈洋务为高,见有讲求西学者,则斥之曰名教罪人,士林败类。……且今日之洋务,如君父之有危疾也,为忠臣孝子者,将百计求医而学医乎?

---

① 王韬:《弢园文新编》,三联书店 1998 年版,第 242 页。
② 王韬:《弢园文新编》,三联书店 1998 年版,第 253 页。

抑痛讳医之不可恃,不求不学,誓以身殉,而坐视其死亡乎?然则西学之当讲不当讲,亦可不烦言而解矣。"①

郑观应还列举了日本的实际情况以为其立论的佐证,他说:"近年日人深悟其非,痛革积习,更定刑章,仿行西例,遂改由日官审判,彼此均无枉纵,而邦交亦由此日亲。噫!今日亚细亚洲以中国为最大,堂堂大国顾犹不如日本焉,可耻孰甚!"②

郑观应认为,学习并引入西方的法律制度可以有效地避免现行法律制度中的弊端。他相当准确地介绍了判例法国家的审判过程:"考泰西有大、小律师,无书吏之弊。律师者曾在大书院读律例,取列一等,国家给予凭照,准其为民诉冤代官诘问。凡正副臬司,必由律师出身。审案时两造皆延律师驳诘。公选廉正绅士陪听,首曰公民,余曰议长。如案中人与绅士有一不合,尽可指名更调。律师互相论驳,以词穷者负。官得其情遂告公民,曰:'此案本官已审得应犯某律,尔等秉公定之。'公民退议,各书其罪申覆,所见皆同即为判断;否则再审,以尽其辞。凡陪审、人证,皆先誓不左袒而后入,两造俱服则有司申送上院定谳。所有案词,岁刊成书,引以为例,嗣后皆可据以为断。"③

郑观应建言在中国实行新型的司法制度。根据时代的变化,对于审判制度,郑观应提出应该设立独立的司法审判机构,他说:"泰西国内都会必由刑部派臬司以司鞫事。中国亦宜于中外通商之地,专设刑司以主中、外上控之案。此其人必须深明中、外律例,经考超等而多所历练者,方膺是选。其审案俱以陪员主判。如外国人有久居中国、行事和平者,可与中国人一律得选为陪员。遇交涉之案令其厕名主判,则外国人心必无不服。"④郑观应是最早提出仿效西方的律师制度来改造中国书吏的人,他提出:"今为中国筹变通之法,请将律例专设一科,每年一考,列前茅者仍须察其品行,然后准充书吏,锡以虚衔,厚其薪资。"⑤通过这种方法,使以往几成社会蠹虫之胥吏,得以改造成为有用之法律专业人员,并配合施行相应的管理制度,使其纳入规范之中。

---

① 郑观应:《盛世危言·西学》,中华书局2013年版,第50页。
② 郑观应:《盛世危言·交涉上》,中华书局2013年版,第200页。
③ 郑观应:《盛世危言·书吏》,中华书局2013年版,第219—220页。
④ 郑观应:《盛世危言·刑法》,中华书局2013年版,第276页。
⑤ 郑观应:《盛世危言·书吏》,中华书局2013年版,第220页。

郑观应高度评价西方的法律制度，认为其能合中国古意。对于崇尚三代的中国文化传统而言，这几乎是不能再高的赞评了。他指出："中西律例不同，必深知其意者，始能参用其法而无弊。惟西国之法犹能法古人明慎之心。苟能参酌而行之，实可以恤刑狱而至太平。"他认为，反倒是中国自秦汉以后脱离了"立法尚宽"的宗旨。"中国三代以上立法尚宽，所设不过五刑。……自后一坏于暴秦，再坏于炎汉。有罪动至夷三族，武健严酷之吏相继而起，大失古人清问之意。使不返本寻源，何以服外人之心志，而追盛世之休风耶？西人每论中国用刑残忍，不若外国宽严有制，故不得不舍中而言外，取外而酌中。"① 他认为中国必须进行彻底的改革，否则，将被摒弃于国际法之外。"惟我国尚守成法，有重无轻。故西人谓各国刑罚之惨，无有过于中国者。如不改革，与外国一律，则终不得列于教化之邦，为守礼之国，不能入万国公法，凡寓华西人不允归我国管理云。"②

3. 维护国家法权，引入国际法理念

洋务思想家对于国家法权有比较深刻的认识，他们对于中国固有法权的丧失极为痛心，主张要维护国家的法权，收回领事裁判权，并且引入了国际法的理念。

冯桂芬认为应该运用法权来钳制西方国家的无理要求，其言："夷人动辄称理，吾即以其人之法还治其人之身，理可从从之，理不可从，据理以折之。诸夷不知三纲，而尚知一信；非真能信也，一不信而百国群起而攻之，钳制之，使不得不信也。"③

王韬主张收回领事裁判权，其言："夫我欲争额外权利者，不必用甲兵，不必以威力，惟在折冲于坛坫之间，雍容于敦盘之会而已。事之成否，不必计也，而要在执持西律以与之反覆辩论，所谓以其矛陷其盾也。……故通商内地则可不争，而额外权利则必屡争而不一争，此所谓争其所当争也，公也，直也。"④ 在这里，我们可以看到，王韬对于治外法权的认识是很深刻的。

郑观应认为，中国应该用新的眼光看待世界，把自己置身于世界万国

---

① 郑观应：《盛世危言·刑法》，中华书局2013年版，第273页。
② 郑观应：《盛世危言·刑法》中华书局2013年版，第274页。
③ 冯桂芬：《校邠庐抗议·善驭夷议》，中州古籍出版社1998年版，第205页。
④ 王韬：《弢园文新编》，生活·读书·新知三联书店1998年版，第298页。

之中。这就要求中国必须引入国际公法,用公法来约束国家间彼此的行为:"公法者,彼此自视其国为万国之一,可相维系而不能相统属者也。可相维系者何?合性法例法言之谓。……国无大小非法不立。《尔雅·释诂》云:'法,常也',可常守也。《释名》曰:'法,逼也,逼之使有所限也。'列邦雄长,各君其君,各子其民,不有常法以范围之,其何以大小相维,永敦辑睦?彼遵此例以待我,亦望我守此例以待彼也。且以天下之公好恶为衡,而事之曲直登诸日报,载之史鉴,以褒贬为荣辱,亦拥护公法之干城。故曰:公法者,万国一大和约也。"[①]

郑观应还把引入国际法与实行议会制度相联系,他是中国近代最早系统介绍西方国家议会制度者,也是最早明确提出中国应该实行君主立宪制的人。郑观应认为,设立议院是改良政治的最好方法。他对西方的议会制度极表赞赏,在《盛世危言》中,他进一步阐释了对西方宪政制度的理解:"议院者,公议政事之院也。集众思,广众益,用人行政一秉至公,法诚良,意诚美矣。无议院,则君民之间势多隔阂,志必乖违。……泰西各国咸设议院,每有举措,询谋佥同。民以为不便者不必行,民以为不可者不得强。朝野上下,同心同德,此所以交际邻封,有我薄人,无人薄我。……况今日中原大局,列国通商势难拒绝,则不得不律以公法。欲公法之足恃,必先立议院,达民情,而后能张国威,御外侮。孙子曰:'道者,使民与上同欲'。……中国户口不下四万万,果能设立议院,联络众情,如身使臂,如臂使指,合四万万之众如一人,虽以并吞四海无难也。何至坐视彼族越九万里而群逞披猖,肆其非分之请,要以无礼之求。事无大小,一有龃龉动辄称戈,显违公法哉!故议院者,大用之则大效,小用之则小效者也。"[②]

郑观应也清楚地看到,一个国家欲在万国中享有自己的地位,具有平等适用公法的权利,首要的条件必须是自强。不自强,公法就不可能为我所用,其言:"虽然,公法一书久共遵守,乃仍有不可尽守者。盖国之强弱相等,则藉公法相维持,若太强太弱,公法未必能行也。……是故有国者,惟发愤自强,方可得公法之益。倘积弱不振,虽有百公法何补哉?噫!"[③]

---

① 郑观应:《盛世危言·公法》,中华书局2013年版,第165—166页。
② 郑观应:《盛世危言·议院上》,中华书局2013年版,第88—90页。
③ 郑观应:《盛世危言·公法》,中华书局2013年版,第167页。

三 戊戌变法维新派的法律思想

（一）甲午战争及改革思想的兴起

甲午战争以后，中国社会与过去最根本的区别是：渐进式的自强模式被否定，举国被逐渐拉入一种疾跑的状态中。中国政治与知识精英产生了一种前所未有的强烈而持续的危机感。正是在这种危机感的驱动下，社会上形成了一种强烈而亢奋的变革动力，它引导着中国人更为主动地参与体制改革，这种由于强烈危机感而引发的变革意愿与政治行动结合起来，使人们能动地发起了一次又一次的变革运动。同时，激进的维新变法思想也就此形成，且迅速膨胀，形成社会思想的大潮，推动着国家走向激进变革之路。

甲午战争的失败使朝野上下有幡然悔悟之感，痛感"变器"不足以使中国走上自强之道，故形成了一种社会整体性的变法心态。可以说，甲午战争直接导致了戊戌变法，而戊戌变法是在现存体制的权威合法性资源相对充足的条件下，运用这种传统权威合法性自上而下地大规模进行体制创新的变革运动。但激愤的心态使得变法的主持者没有充分利用体制的优势，没有把权威的合法性资源恰当而有效地加以使用。这不但导致了戊戌变法的失败，也使得这些体制性的合法权威几乎丧失殆尽。

（二）变法维新派的法律思想

1. 进行根本性变法的政治要求

在中国思想史上，屡见为了接受外来思想，并使其为中国所用，而将这种外来思想用中国古代的外表重新包装的情况，其中近代以康有为的托古改制最有代表性。其所谓孔子改制及大同思想，完全是以中国古代之旧瓶装西方思想之新酒。他的《新学伪经考》，其作用在于破除变法维新的思想阻碍；而《孔子改制考》则为其创建变法思想体系的重要著述。康有为把孔子认定为"托古改制"的始作俑者。他称，所谓《六经》均是孔子为托古改制而作，其中的"微言大义"体现在改制。康有为用他所了解的历史进化论和西方的政治法律学说，改造、附会"公羊三世说"，把它解释为，"据乱世"等同于君主专制时代；"升平世"等同于君主立宪时代；"太平世"相当于民主共和时代。根据这种社会发展规律，康有为论证了当前的中国正处于"据乱世"的末期，现在是向"升平世"进化的历史转型时期。这种转型需要实行相应的变法维新措施，才能实现顺利平稳的过渡。根据这种理论，实行变革是必需的、合理的，由像他本人一样的低级士人参与的"布衣改制"是有理由的，是"合乎古训"的，是适应时代要求的。而如果不能顺应时代发展的要求，抱残守缺，则难逃王朝覆灭的命运。他直截了当地指出，"时既变而仍用旧法，可以危国"，只有变法维新，才能使清王朝的统治摆脱危机，走上自强之路。所谓"我今无士、无兵、无饷、无船、无械，虽名为国，而土地、铁路、轮船、商务、银行，惟敌之命，听客取求，虽无亡之形，而有亡之实矣。后此之变，臣不忍言。观大地诸国，皆以变法而强，守旧而亡，……能变则全，不变则亡，全变则强，小变仍亡"。①

梁启超同样坚定认为变法维新是救亡图存的唯一出路。他认为，人类世界与自然界一样是不断变化的。地球在变、时辰在变、季节在变，社会同样也在变，社会制度的各种组成部分会随着社会的改变而改变，国家的军事制度、教育制度、考试制度都必须变化，法律更是如此。"故夫变者，古今之公理也。……上下千岁，无时不变，无事不变，公理有自然，非夫人之为也。"② 他认为，法律在其运用过程中，肯定会逐渐产生自身的弊病。他称，如果在世事不断变化的情况下，一味地不思进取，恪守祖宗的不变之法，必然会导致可悲的后果，必然在世界上沦落为弱者，为他人所欺，最终的结果就是亡国灭种。所以，他得出的结论是，变法是一种大势所迫、不得不为的必然。"要而论之，法者，天下之公器也；变者，天下之公理也。大地既通，万国蒸蒸，日趋于上，大势相迫，非可阏制。变亦变，不变亦变。变而变者，变之权操诸己，可以保国，可以保种，可以保教。不变而变者，变之权让诸人，束缚之，驰骤之。"③

梁启超认为，在中国现实情况下，割地丧权，处境十分危急，犹如"一羊处群虎之间，抱火厝之积薪之下而寝其上"。在此生死存亡之际，变法已不再是什么该不该变的问题，而是"大势所迫"的必然，而变法的根本应该是从法律制度上加以改变。他称："法治主义为今日救时唯一之主义，立法事业为今日存国最急之事业。稍有识者，皆能知之。"④

---

① 中国史学会编：《中国近代史资料丛刊——戊戌变法》第二册，上海人民出版社2000年版，第197页。
② 《饮冰室合集》第一册，中华书局1989年版，第1页。
③ 《饮冰室合集》第一册，中华书局1989年版，第8页。
④ 《饮冰室合集》第二册，中华书局1989年版，第43页。

谭嗣同早年曾反对过变法，甲午战争的失败，深深地刺激了谭嗣同，使他成为变法的积极倡导者。他主张从思想基础上进行变革，破除"圣人之道无可云变"的精神束缚。他称："不变法，虽圣人不能行其教。"在国家危难之际，只有变法才能挽狂澜于既倒。他认为，不变法是不能改变中国的现实问题的。其言："古法废绝，无以为因也。无以为因，则虽周、孔复作，亦必不能用今日之法，邀在昔之效明矣。"①

严复认为，中国必须变法，不然必定灭亡，此为"天下理之最明，而势所必至者。如今日中国不变法则必之时已"②。从而，救亡之道、自强之谋皆在变法。他断言，天下没有"百年不变之法"，现实的状况说明，古人所立之法于今已不可通行，如果"犹责子孙令其谨守其法"，必定导致危亡。

宋育仁在为陈炽《庸书》写的序言中称："今日即更律法、厘官制、兴学校、行议院，整齐立效，知治本矣。顾更律法、厘官制、兴学校、行议院，不于先王取法，则必以外域为师。外域之治，果胜于先王之法，即师外域无伤也。"③ 其极力主张学习西方，实行变法。

2. 实行"宪政"的变法维新主张

在变法维新派看来，中国之所以内忧外患频繁出现，积贫积弱的现实得不到根本改变，其原因不仅仅在于没有外国的船坚炮利，也不仅仅在于缺乏现代化的经济，根源是君主专制制度的存在。要使中国彻底摆脱陈旧落后、被动挨打的局面，达到国家富强、人民安乐的优良之治，必须从统治制度的根本之处入手。具体的方法就是实行宪政，确立"君主立宪"政体。

（1）立宪法、设议会

变法维新派认为，立宪法、设议会是变法之路的不二之选。康有为称："东西各国之强，皆以立宪法、开国会之故。国会者，君与国民共议一国之政法也。盖自三权鼎立之说出，以国会立法、以法官司法、以政府行政，而人主总之。立定宪法，同受治焉。人主尊为神圣，不受责任而政府代之。东西各国，皆行此政体，故人君与千百万之国民合为一体，国安

---

① 《谭嗣同全集》，中华书局1981年版，第201页。
② 《严复论学集》，商务印书馆2020年版，第177页。
③ 《陈炽集》，中华书局1997年版，第2页。

得不强？吾国行专制政体，一君与大臣数人共治其国，国安得不弱？盖千百万之人，胜于数人者，自然之数也。伏乞上师尧舜三代，外采东西强国，立行宪法，大开国会，以庶政与国民共之，行主权鼎力之制，则中国之治强，可计日待也。"①

梁启超更是极力主张要制定宪法，并专门写了《立宪法议》等专门介绍宪政的文章。他认为，君主立宪政体是最为优良的政体。他主张仿照英国实行君主立宪政体。针对戊戌变法的失败教训，他指出，必须制定成文宪法，而不能如以往那样"今日上一奏，明天下一谕"的乱抛一些"纸上空文"。在《立宪法议》中，他具体分析了世界各国政体的形式："世界之政有二：一曰有宪法之政（亦名立宪之政），二曰无宪法之政（亦名专制之政）。……今日全地球号称强国者十数，除俄罗斯为君主专制政体，美利坚、法兰西为民主立宪政体，自余各国皆君主立宪政体也。"② 他认为，根据中国的传统与现实考虑，应该实行君主立宪制，因为，民主立宪制有许多问题，"其施政之方略，变易太数，选举总统时，竞争太烈，于国家幸福，未尝不间有阻力。……故君主立宪政体，政体之最良者也。地球各国既行之而有效，而按之中国历史之风俗与今日之时势，又采之而无弊者也。"③

梁启超把宪法称为国家的元气，是国家生命的根本所在，他说："宪法者何物也？立万世不易之宪典，而一国之人，无论为君主、为官吏、为人民，皆共守之者也，为国家一切法度之根源。此后无论出何令、更何法，百变不许离其宗者也。……盖谓宪法者，一国之元气也。"④ 梁启超疾呼，建立立宪政体是不可违背的世界大势："抑今日之世界，实专制、立宪两政体新陈嬗代之时也。按之公理，凡两种反比例之事物相嬗代必有争，争则旧者必败而新者必胜。故地球各国，必一切同归于立宪而后已。此理势所必至也。以人力而欲与理势为敌，譬如以卵投石，以蜉撼树，徒见其不知量耳。"⑤

康有为认为，议院制是一种十分理想的制度，它的确立，可以使国家

---

① 中国史学会编：《戊戌变法》第二册，上海人民出版社2000年版，第236页。
② 《近代中国宪政历程：史料荟萃》，中国政法大学出版社2004年版，第24页。
③ 《近代中国宪政历程：史料荟萃》，中国政法大学出版社2004年版，第24页。
④ 《近代中国宪政历程：史料荟萃》，中国政法大学出版社2004年版，第24页。
⑤ 《近代中国宪政历程：史料荟萃》，中国政法大学出版社2004年版，第26页。

"百废并举，以致富强"。他肯定这种制度要优越于专制政体，召开国会可以使"君与国民共议一国之政法"，从而达到"庶政与国民共之"的共治局面。在这种政治制度下，"人君与千百万国民合为一体"，并且"立宪法以同受其治，有国会合其议，有司法保护其民，有责任政府以推行其政"。在国会的组织方式上，康有为主张，不但在中央"设议院"，一切政事都要在议会中进行讨论，而且，在省、府、县中分级设立。在戊戌变法期间，他建议清帝："预定国会之期，明诏布告天下。"并在召开国会之前，仿照日本明治维新时的方法，先在宫中设立"立法院"或"制度局"。其"制度局"的构想被他认为是"变法之原"，他设想的制度局由十二个局组成，即法律局、度支局、学校局、农局、工局、商局、铁路局、邮政局、矿务局、游会局、陆军局、海军局。①

梁启超认为，"立国会"是专制政体区别于立宪政体的重要特征。他声称，"宣布宪法，召集国会"是中国进行变法的当务之急。严复与康、梁的主张有所不同，他提倡设乡局以建立地方自治的基础。他设计的方法是，"一乡一邑之间，设为乡局，使及格之民，推举代表，以与国之守宰相助为理"，以此形成地方自治的基础，进而实行宪政。实际上，相对于变法维新派主张的君主立宪制，严复似乎更倾向于民主立宪。其称："民主者，治制之极盛也。使五洲而有郅治之一日，其民主乎。虽然，其制有至难用者，何则？斯民之智、德、力，常不逮此制也。夫民主之所以为民主者，以平等。……顾平等必有所以为平者，非可强而平之也。必其力平，必其智平，必其德平，使是三者平，则郅治之民主至矣。"②

陈炽特别赞赏君主立宪制度，其言："泰西议院之法，……合君民为一体，通上下为一心，即孟子所谓'庶人在官'者，英美各邦所以强民富国，纵横四海之根源也。"③ 但他有着与其他人不同的关注点，他特别介绍了西方国家的财政支出问题，论述可谓别开生面。其谓："惟君民共主之国，有上议院，国家爵命之官也；有下议院，绅民公举之员也。院之或开或散有定期，事之或行或止有定论，人之或贤或否有定评。国有用例支、有公积，例支以岁费，公积以备不虞，必君民上下询谋佥同，始能动用，

---

① 中国史学会编：《戊戌变法》第二册，上海人民出版社 2000 年版，第 200—201 页。
② 《孟德斯鸠法意》，严复译，北京时代华文书局 2014 年版，第 134 页。
③ 《陈炽集》，中华书局 1997 年版，第 107 页。

公积不足则各出私财以佐之,此所以举无过言、行无废事,如身使臂、如臂使指,一心以德,合众志以成城也。"①

(2) 实行"三权分立"的宪政方式

在维新派提出实行三权分立以前,三权分立之学说已经为社会所知。马建忠就曾对西方的三权分立学说加以介绍:"各国吏治异同,或为君主,或为民主,或为君民共主之国,其定法、执法、审法之权,分而任之,不责于一身,权不相侵,故其政事纲举目张,粲然可观。"②

康有为认为,实现"三权分立"的政治统治方式,是实现国家富强的关键所在:"行三权鼎立之制,则中国之治强,可计日待也。"他主张,在中国实行君主立宪政体,必须采用"三权分立"的方式。他引征西方的政治学说来解释他的这种主张:"近泰西政论,皆言三权,有议政之官,有行政之官,有司法之官,三权立,然后政体备。"③他进一步分析批评了清政府政治体制中不实行分权的弊病,认为只有实行"三权分立",才能在立宪政体制度基础上实现君民合体,并明确国会、政府和司法机构的职责和目的,即"以国会立法,以法官司法,以政府行政"④。

梁启超结合西方的政治理论思想和中国的实际情况,构造了自己独特的"三权分立"理论。其内容为:国会行使立法权,国务大臣行使行政权,独立审判厅行使司法权。此三权分而论之,称为"用",它们是可分的;此三权统论之,称为"体",其为不可分之权,统掌于君主之手。

谭嗣同虽然没有使用"三权分立"这一词汇,但他明确表示中国应该仿行西方的分权制。他说:"西国于议事办事,分别最严。议院议事者也,官府办事者也。各不相侵,亦无偏重。明示大公,阴互牵制。治法之最善而无弊者也。"⑤ 这种权力应受制约的思想认识,在当时社会条件下是很具超前性的。

3. 主张采用西方的法律制度形式

康有为研读了西方的政治理论著作,并收集了许多日本的法律和章程,在对其进行研究之后,他主张采用西方的法律制度模式。对于固有的

---

① 《陈炽集》,中华书局1997年版,第107页。
② (清) 马建忠:《适可斋记言》,中华书局1960年版,第28—29页。
③ 中国史学会编:《戊戌变法》第二册,上海人民出版社2000年版,第199页。
④ 中国史学会编:《戊戌变法》第二册,上海人民出版社2000年版,第236页。
⑤ 《谭嗣同全集》,中华书局1981年版,第439页。

律例，他建议，"今宜采罗马及英、美、德、法、日本之律，重订施行"，以此解决外国借口中国的刑罚过重而坚持治外法权的问题。他还要求全面移植西方的法律制度，以适合当前社会变化的需要。其称："其民法、民律、商法、市则、船则、讼律、军律、国际公法，西人皆极详明。既不能闭关绝市，则通商交际，势不能不概予通行。然既无律法，吏民无所率从，必致更滋百弊。且各种新法，皆我所夙无，而事势所宜，可补我所未备。故宜有专司，采定各律以定率从。"①

梁启超十分推崇卢梭、孟德斯鸠等人的思想主张。他十分赞赏西方的资产阶级契约论，认为法律的起源有所不同，其中西方国家起源于契约的法律是最完美无缺、公正无私的。当然，应该指出，梁启超的思想中，对社会整体的特别重视使得他对于社会个体有所忽视。从而，虽然他对于自由的理念有比较深刻的理解，但未如严复一样，把自由当作法律的核心价值。他认为，中国的现实更适合实行集体主义，实际上也就是国家主义。张灏指出："梁启超将民主化看成是近代国家思想的一个必要组成部分，但由于他基本上是从集体主义和功利主义的观点看待民主制度，由此，他的民主信念在遇到他的国家主义偏向上，没有发挥在西方自由传统背景下所预期的那种作用。"②

谭嗣同认为，以往讲洋务者，只注意轮船、电线、火车、枪炮、水雷，以及织布、炼铁等事，而没有注意到西方国家的"法度政令之美备"是更为值得借鉴的。③他主张"尽变西法"，全面地引进西方的法律制度。在政治上，他要求仿行西方国家的分权制，兴民权，设议院；强调要努力摆脱封建政治统治对人的束缚，争取政治上的解放："衔勒去，民权兴，得以从容谋议，各遂其生，各均其利。"他还倡言改革旧律，实现西方国家形式的法律制度，培养具有近代法学知识的法律人才，以适应变法图强的需要。他主张进行深入的法制变革："改订刑律，使中西合一，简而易晓，因以扫除繁冗之簿书。"④他还建议，仿效西方的教育制度，建立各级书院。并在大书院中，通过不同科目的专门培养，造就法律人才，使这些法律人才在国家管理中发挥出作用，"凡府史皆用律学之士"。应该说，谭

---

① 中国史学会编：《戊戌变法》第二册，上海人民出版社2000年版，第200页。
② 张灏：《梁启超与中国思想的过渡》，江苏人民出版社1995年版，第211页。
③ 《谭嗣同全集》，中华书局1981年版，第202页。
④ 《谭嗣同全集》，中华书局1981年版，第213页。

嗣同是建立新型法学教育的最早提倡者之一。

　　严复十分赞赏西方国家实行的法制，在英国留学期间，严复曾旁听了英国法院的庭审，日后，他回忆道："不佞初游欧时，尝入法庭，观其听狱，归邸数日，如有所失。尝语湘阴郭先生，谓英国与诸欧之所以富强，公理日伸，其端在此一事。先生深以为然。"①严复认为，中国亟待解决的问题就是对现行法律进行彻底的变革，他认为这是改变中国积贫积弱现状的有效途径。严复从自由的本质出发，介绍并探究了自由与法律的关系问题。其言："民所不得自由者，必其事之出乎己而及乎社会者也。至于小己之所为，苟无涉于人事，虽不必善，固可自由，法律之所禁，皆其事之害人者。"②他认为，法律是保障思想自由的，而不是限制思想自由的。如果思想自由被法律所限制，则国民就没有自由可言了。概括而言，严复认为应在以下几个方面仿效西方国家，进行法律的改造。其一，他认为西方国家由议会立法，由自治地方实施法律，是一种可以得到民众拥护而到达"无乱"的好办法；其二，西方国家的狱政公平，是其富强所依赖的重要方面；其三，严复认为，西方国家的律师辩护制度和陪审制度，是实现司法公正、减少冤案的重要手段；其四，他认为西方国家在刑事判决中运用经济制裁的方式，是一种合理而有效的方式。

　　陈炽很明确地指出，西方的法律制度中也曾有许多苛虐的地方，但与中国比相对要文明一些。他说："惟彼此相衡，仍觉西轻而中重，每有交涉，动启纷争，泰西领事诸官，乃得操会审之权，不复以与国相待。"他分析了中西之间在法律制度上的异同，认为处罚过重不但不能达到禁绝犯罪的目的，还会使人失去改恶迁善的机会。他指出："窃谓中西刑律，各有所长，允宜斟酌其间，变通尽力。盖刑罚过重，不足以禁暴除邪，徒绝人为善之路而已。"③而近邻日本，由于采取了法律制度的变革，使得西方国家的人在其国犯法后服罪认罚。其称："日本，东瀛小国耳，而西人之商于其地者，俯首服罪而无辞。国体所关，非细事矣。"④

---

①《严复集》第四册，中华书局1986年版，第969页。语中之湘阴郭先生，指当时任驻英大使的郭嵩焘。
②［英］约翰·穆勒：《群己权界论》，严复译，（上海）商务印书馆1931年版，第1页。
③《陈炽集》，中华书局1997年版，第116页。
④《陈炽集》，中华书局1997年版，第116页。

4. 引入自由的理念

自由一词，无疑是中国近现代社会中出现频率最多者之一，也是最响亮的口号，引入自由的理念是近代法律思想史的一个重要成果。

但学习西方并不仅仅是一个口号，其包括种种方式、种种方法和几乎全方位的制度变迁，这必然是困难重重的艰辛历程。正如林毓生先生所言："把另外一个文化的一些东西当作口号是相当简单的，但口号式的东西的了解并不是真正的了解。"[①] 从这种意义上而言，在近代思想发展过程中，能够理解自由理念的真实内容的，恐怕只有严复和梁启超等少数几个人。

据学者考证，"自由"二字首度出现在东汉赵岐的《孟子章句》，其注《孟子·公孙丑下》中"则吾进退岂不绰绰然有余裕哉"一句为："今我居师宾之位，进退自由，岂不绰绰然舒缓有余乎。"而隋文帝也曾亲口说了这个词，据《北史·后妃列传下》记述：隋文帝献皇后独孤氏"颇仁爱，每闻大理决囚，未尝不流涕。然性尤妒忌，后宫莫敢进御。尉迟迥女孙有美色，先在宫中，帝于仁寿宫见而悦之，因得幸。后伺帝听朝，阴杀之。上大怒，单骑从苑中出，不由径路，入山谷间三十余里。高颎、杨素等追及，扣马谏。帝太息曰：'吾贵为天子，不得自由。'"严复在解释"自由"的意义时，特别引用了柳宗元的"酬曹侍御过象县见寄"这首诗："破额山前碧玉流，骚人遥驻木兰舟。东风无限潇湘意，欲采蘋花不自由。"他称："自繇之义，始不过谓自主而无挂碍者。"[②] 可以说，是严复把自由作为一个政治理念引入中国近代思想之中的。周昌龙先生把严复的自由观划分为三个层次，其言："严复的自由观，因此有了三个不同之层次：区分群己权界，以法权保障自由，为第一个层次；融入'洁矩之道'，以自由人格之推展提升自由之境界，为第二个层次；提倡地方自治，落实公民自由，为由虚返实之第三层次。"[③]

应该说，在近代以前，自由这个词并没有与法律、制度有所联系，是严复把自由作为一个政治理念引入中国近代思想之中的。因为严复"自由为本"的法律思想极为独特，故以下设专节加以介绍。

[①] 林毓生：《中国传统的创造性转化》，三联书店2011年版，第21页。
[②] ［英］约翰·穆勒：《群己权界论》，严复译，（上海）商务印书馆1931年版，译凡例。
[③] 周昌龙：《严复自由观的三层意义》，载刘桂生等编《严复思想新论》，清华大学出版社1999年版，第84页。

(三) 变法维新派法律思想的主要特点及评价

从鸦片战争前后形成的早期改革派，第二次鸦片战争后的洋务派到戊戌变法时期的变法维新派，他们在半个多世纪的时间里走过了一条漫长而曲折的思想路程。这条思想轨迹可以说是一条变法思想的轨迹，其目的都是在于使中国摆脱积贫积弱、被动挨打的不利处境，走上富国强兵之路。

变法维新思想把近代变法思想发展到了一个极限，其改革目标是西方式国家政治组织方式，但实行的手段是走改良的道路。而在此之后，中国的政治思想开始走上革命之路。与以往的变法思想相比较，变法维新派的法律思想有什么特点呢？如果我们总结一下近代变法思想的发展过程，就会自然地得出结论。

1. 近代变法思想的发展过程是一个走向世界的过程。从林则徐、魏源开始，中国的思想家开始"睁开眼睛看世界"，注意西方的政治制度和科学技术，但此时，他们还是出于一种御敌的策略，对西方的事物防范多于接受，他们的思想基本上还是渊源于中国传统中固有的文化；其后，洋务派开始主动地接触西方的事物，并开始出现一些具有资本主义意识的思想家，他们在从传统中找寻解决问题的方法的同时，也主动接受了许多西方的思想，但他们坚持的行动纲领是"中学为体，西学为用"；而到变法维新派的思想家，他们已是积极地利用西方的政治法律思想来形成、完善和阐述自己的思想了。

2. 近代变法思想的发展过程是一个自我认识的过程。鸦片战争前后，中国的思想家开始反思中国社会制度中存在的弊病，他们认识到，中国社会正处于变化之中，清王朝的统治秩序存在着极大的危机，但他们并没有认识到中国社会正处于根本性的转折过程中；洋务派在中国对抗西方的屡屡失败中认识到，中国正经历千古未有的大变局，他们面对的对手是亘古未有的强敌，从而比较清醒地认识到必须学习西方先进的科学技术，并进行深刻的社会变革，但他们的认识还是表层的、比较肤浅的；戊戌时期的变法维新派，他们已充分认识到中国固有的政治体制是一种落后的体制，从而，开始寻求制度上的根本改变。

3. 从"变器"到"变道"的过程。早期的改革派，根本没有意识到在这场社会危机中，应该从根本上变更封建王朝的统治方式，从传统上进行深入的变革。他们认为，依照一般性的改革方式，就可以解决问题，他们倡导"仿古法而行之"，或"药方只贩古时丹"。洋务派已察觉出，仅仅依靠对封建秩序的小修小补是不能解决问题的，但出于传统的惯性，他们拒绝对他们赖以存在的制度加以改造，他们坚持"变器不变道"，决不允许触动他们的统治基础。到戊戌变法期间的变法维新派形成时，中国已陷于不可自拔的危机之中，亡国灭种的危险已现实地摆在他们面前。他们看到，仅仅"变器"已不足以摆脱危机。不变道，必然将会很快被列强瓜分，而无力自立于世界民族之林，由此，他们不得不向传统的统治方式开刀，要求从制度的根本之处进行改革。"变道"已是势所必然的了。

4. 从"形而下"到"形而上"的过程。在早期改革派时代，变法思想没有形成完整而独立的思想体系。几乎所有的思想家们，一般都是从抨击社会弊端、倡言局部改革开始展开其思想的，他们基本上还是着眼于个案的、具体的事物；对所提倡的社会改造，也只局限于拾遗补漏，而大多没有从整个社会制度的角度去说明问题。洋务派更是趋向于一个官僚集团，而长久没有形成一个完整的思想脉络，直到张之洞转向洋务派，他们的思想才趋于成形。但此时，洋务派的思想由于甲午战败所引发的思想激变而显得落后于时代的发展了。况且，他们在张之洞的《劝学篇》刊行以前基本上没有提出任何比较完整、可行的社会改造方案。而在1898年《劝学篇》刊行之时，激进心态形成，社会理智已处于混乱状态，失去了渐进改革的社会基础，这是极为令人扼腕叹息之事。因为在近代史上，只有洋务派才是最有能力、最有权力基础、最有丰富学识、最有道德品行的社会政治核心力量。他们本有可能为中国设计一条真正可行的发展道路。而由于现实的原因，在中国近代史上最早形成比较完整、比较系统思想体系的，是变法维新派。他们通过大量的著述，多角度、多层面地论述了他们的思想，形成了较完整的思想体系。其中，尤以康有为的"托古改制"和"大同思想"最具有代表性，变法维新派的重要成员梁启超、谭嗣同等人的著述，在很大程度上都是对他的思想加以发挥。更为重要的是，他们的理论已从"务虚"过渡到"务实"，戊戌变法的发动，就是这种思想体系完全形成的根本标志。但我们看到，他们比之于洋务派思想家，从学识、人品、社会号召力等各方面来说都有比较大的欠缺。由他们构筑中国思想与制度变革的理论体系缺乏思想的深度、厚度和现实的可操作性。

中国近代思想的发展充满着自我怀疑、自我挣扎的痕迹。一方面，这是被当时的现实环境所决定的，在中国的这个时期，人们在思想层面所追求的是非常现实的东西，他们非常渴望找到一把通向国家富强的钥匙；另一方面，人们的思想被中国固有传统所束缚，因为接受新的思想往往要抛弃旧的思想，而那些旧的思想又是那么珍贵。从而，有许多思想卓越、人格崇高的人物想试图解决这个问题，曾国藩、张之洞等人都曾做过相当大的努力，"务本还是务实"这个问题深深困扰着他们。从某种角度来看，他们的努力失败了，但从另外一个方面，他们也确实取得了很大的成功。因为，从促使部分知识分子的思想解放而言，他们的努力是成功的，并且这种成功的火种仍有机会继续点燃中国文化复兴的火炬。世人都斤斤计较于张之洞的"中学为体，西学为用"这个符号化的概念，而实际上他所做的远远超过这个口号，是在试图理性对待来自西方的冲击，并意在用西方思想中的优秀成果保护中国的文化传统。

第三节 严复"自由为本"的法律观

严复的自由思想极为丰富，在此仅将其与政治法律相关者加以简单归纳，以使读者能够知其大略而已。

一 自由为西方文化传统之根本

严复认为，自由是西方国家制度文化传统的根本。在严复介绍约翰·密尔的《自由论》以前，自由作为一种西方的思想观念已经传入中国，但是无论维新派或守旧派都没有理解自由的内涵，严复称："自繇之说常闻于士大夫，故竺旧者既惊怖其言，目为洪水猛兽之邪说；喜新者又恣肆泛滥，荡然不得其义之所归。"[①]

应该说，在近代以前，这个词并没有与法律、制度有所联系，"有制度保证、有法律保障以免于独裁专制的政治自由或外在自由，也就是第一指称的自由，在中国传统中却付之阙如"[②]。而自严复始，把个人自由与国家独立相提并论，其言："身贵自由，国贵自立。"[③] 严复认为，西方国家

[①] [英]约翰·穆勒：《群己权界论》，严复译，（上海）商务印书馆1931年版。
[②] 林载爵：《严复对自由的理解》，载刘桂生等编《严复思想新论》，清华大学出版社1999年版，第174页。
[③] 《中国近代思想家文库——严复卷》，中国人民大学出版社2014年版，第38页。

第七章 中华法系的终结（近代）

与中国相比较而言，最为重要的区别在于其以自由为根本，即其所谓命脉所系之处，其于《论世变之亟》中称："其命脉云何？苟扼要而谈，不外于学术则黜伪而崇真，于政刑则屈私以为公而已。斯二者，与中国道理初无异也。顾彼行之而常通，吾行之而常病者，则自由不自由异耳。夫自由一言，真中国历古圣贤所深畏，而未尝立以为教者也。……故人人各得自由，国国各得自由。"① 观此一言，则可知严复深刻理解了自由的精髓，而有学者称严复未解自由之本意，可谓不明所以。大概，在同时代人中，只有梁启超对自由的理解最为接近严复，他在1899年所撰《自由书》的《叙言》就说"西儒约翰弥勒曰，人群之进化，莫要于思想自由、言论自由、出版自由"。

严复清楚地意识到西方的富强中包含着政治制度、法律制度、社会秩序，以及价值观念和思想意识等众多的内容。他认识到，任何一项事业的创建，不可能在一个未曾经历过深刻的社会和心理变革的社会里成功。"他振聋发聩地宣布一个基本观点：西方强大的根本原因，即造成东西方不同的根本原因，绝不仅仅在于武器和技术，也不仅仅在于经济、政治组织或任何制度设施，而在于对现实的完全不同的体察。因此，应该在思想和价值观的领域里去寻找。"②

严复认为，学习西方，寻求富强，必须明了其之所以富强的根本，也就是必须知道自由的真实含义。"当他发现到甚至连主张变法者都对自由的观念茫无所知时，自由的介绍更属迫切。"③ 从而，他翻译了约翰·穆勒的《自由论》，其译名为《群己权界论》，从这个译名来看，严复更为注重的是自由的社会属性和政治意义。

中国古代，一个普通知识分子也深知："古人为学，皆以自治其身心，而以应天下国家之事……未有剖学与行为二者也。"④ 故而，严复从一开始，就决定要把引入自由的理念作为改造国家的一种手段，而不仅仅限于学术层面。

虽然在不同的时期，严复对自由的表述有所不同，但严复对自由的核

---

① 《严复治学集》，中华书局2019年版，第155页。
② ［美］本杰明·史华兹：《寻求富强》，江苏人民出版社1990年版，第45页。
③ 林载爵：《严复对自由的理解》，载刘桂生等编《严复思想新论》，清华大学出版社1999年版，第186页。
④ 程晋芳：《正学论》，载《清经世文编》，中华书局1992年版，第66页。

心价值非常看重，他认为西方国家之所以富强，根本的原因就在于崇尚自由。其言："推求其故，盖彼以自由为体，以民主为用。"①

严复把具有个性，即约翰·穆勒所称的特立独行之人称为"特操"，他很准确地表述了穆勒原著中的意思，即不能保持个人的特性，社会上没有不同意见的表达者，社会就不能进步。其言："不自繇则无特操，无特操则其群必衰。"② 所以，如果没有自由之人，国家就会衰落，"民少特操，其国必衰之理"③。但他也认识到，只有在有自由的国家中，才会出现具有持不同见解的个人，即"特操之民，社会所待以进化。然国必自繇，而后民有特操"④。

这种思想对于中国传统而言是一种具有革命意味的。强调个人的自由，实际上就是对专制制度的否定，同时，也是对于以家族和等级为核心价值的法制的一种否定。

二　自由是法治的关键

在当时的中国，民族之危机感使得自由成为一种奢侈的向往，人们对自由的理念没有深入理解的愿望。故"自由"一词，虽嚣嚣于众口，或言高于生命与爱情，但对其内在精神实质的理解只在若即若离之间。

严复认识到，西方法治的精髓在于全社会对自由理念的认可。他认为，在社会中倡导并实现自由是中国寻求富强的关键。史华兹称，严复"像他同时代的许多人一样，他不仅在寻求医治中国眼前的病毒，而且在寻求一个清晰的无所不包的现实梦幻"⑤。当然，这种梦幻里必然包括法治的成分。

严复崇尚自由，认为其有助于解决中国的现实问题。他认为，在巨大的民族危机中，不但必须学习西方国家的科学技术、制度形式，也要注入西方的思想。他认为，实行西方的法治是必要的。

事实上，许多年前他已崇拜西方法律制度，他倾注了极大的热情翻译了孟德斯鸠的《论法的精神》一书，孟德斯鸠就认为英国极为注重把法律

---

① 《中国近代思想家文库——严复卷》，中国人民大学出版社2014年版，第12页。严复在《评点老子道德经》中称："故今日之治，莫贵乎崇尚自繇。自繇，则物各得其自致，而天择之用，存其最宜。太平之盛，可不期而至。"
② ［英］约翰·穆勒：《群己权界论》，严复译，（上海）商务印书馆1931年版，第76页眉批。
③ ［英］约翰·穆勒：《群己权界论》，严复译，（上海）商务印书馆1931年版，第74页眉批。
④ ［英］约翰·穆勒：《群己权界论》，严复译，（上海）商务印书馆1931年版，第76页眉批。
⑤ ［美］本杰明·史华兹：《寻求富强》，江苏人民出版社1990年版，第74页。

建立在自由的基础之上。严复认识到,"英国的非凡的经济成就是解放个人活力的结果。正是自由的环境使这一切成为可能;而孟德斯鸠生动地论证过,此种自由根植于英国的法律制度之中"①。

此后,他不断论述法律在社会中的作用。"严复在译著《原富》中,一再指出英国法律的优点与英国富强之间的密切关系。在《原富》一书的译按中,'泰东西之政制,有甚异而必不可同者,则刑理一事是已'。严复强烈地感受到了亚当·斯密著书立说的法律环境,当然,他也明了斯密和孟德斯鸠对于立法权力的信仰和对通过改变法律使社会发生变化的可能性的信仰。"②

直到近代之初,中国的知识分子仍然没有足够的勇气对自己的文化传统进行深刻的反思,而往往在看到西方的思想家对中国的传统进行批评时,他们受到的震惊可想而知。"当孟德斯鸠指出,在中国,宗教、习俗、法律和生活方式等等,一切都被搅混在'礼'的范畴之中时,严复发现自己完全被此种一针见血的见解所震撼。"③ 他认为,中国亟待解决的问题就是对现行法律进行彻底的变革,他认为这是改变中国积贫积弱现状的有效途径。"严复很可能渴望国家通过立法使贫穷不堪的中国在经济、教育和政治上得到发展,因此不得不同意孟德斯鸠和斯密在18世纪的信仰:立法者有影响人类社会进程的力量。"④

严复在翻译西方著作的过程中,心中即带着寻找富强答案的急切,也带着痛苦的焦虑与感情。故而,他一边进行着翻译的工作,一边与作者进行着论辩,还在努力阐发自己的思想。严复从自由的本质出发,介绍并探究了自由与法律的关系问题。其言:"民所不得自由者,必其事之出乎己而及乎社会者也。至于小己之所为,苟无涉于人事,虽不必善,固可自由,法律之所禁,皆其事之害人者。"⑤ 如周昌龙先生所言:"严复国群自由急于小己自由的主张,并非要牺牲个人特操,也没有贬损穆勒个体自由的价值,他是将个体自由更推进一层,从消极'免受限制'的一己自由,转化为积极谋求全体幸福的公民自由;从个人的克己复礼,进至泯除人我

---

① [美] 本杰明·史华兹:《寻求富强》,江苏人民出版社1990年版,第103页。
② [美] 本杰明·史华兹:《寻求富强》,江苏人民出版社1990年版,第103页。
③ [美] 本杰明·史华兹:《寻求富强》,江苏人民出版社1990年版,第112页。
④ [美] 本杰明·史华兹:《寻求富强》,江苏人民出版社1990年版,第103页。
⑤ [英] 约翰·穆勒:《群己权界论》,严复译,(上海)商务印书馆1931年版,译凡例。

界限的天下归仁。这样一种创造性的阐释,既契合儒家传统之自由精神,且与罗素等现代西方哲学家的思考方向,也若合符节,值得研究近代思想史的人再三致意。"①

严复界定了思想言论自由的标准是:"为思想为言论,皆非刑章所当治之域。思想言论修己者之所严也,而非治人者之所当问也,问则其治沦于专制,而国民之自繇无所矣。"② 他认为,法律是保障思想自由的,而不是限制思想自由的。如果思想自由被法律所限制,则国民就没有自由可言了。

严复所谓的"行己自繇",也就是个人的自由。他主张只有个人在获得广泛自由选择权的基础上,社会才能有法律的有效控制。其言:"自繇云者,乃自繇于为善,非自繇于为恶。特争自繇界域之时,必谓为恶亦可自由,其自由分量,乃为圆足。必善恶由我主张,而后为善有其可赏,为恶有其可诛。又以一己独知之地,善恶之辨,至为难明,往往人所谓恶,乃实吾善,人所谓善,反为吾恶,此干涉所以必不可行,非任其自由不可也。"③ 也就是说,允许个人按照自行设定的善恶标准来行事,而不能先设定一个标准,以至于使人丧失了择善的主动性。严复这么说不是毫无所指的。当时,正值社会思想剧变,所谓善恶标准"至为难明"。比如,严复的忘年交郭嵩焘,出于对西方国家的了解,盛赞其成就,而被国人指为汉奸,甚至许多湘籍士人耻于与其同乡。从而,严复坚定地认为,个人必须有选择善恶的自由,民智和民德才能进步:"不自由则善恶功罪,皆非己出,而仅有幸不幸可言,而民德亦无由演进。故惟以自繇,而天泽为用,斯郅治有必成之一日。"④ 在这里,我们可以看到,严复对个人的选择自由至为看重,认为这是创造良好政治的基础,同时也是法律制度得以建立的基础。

同时,他还认为,对于一些纯属个人的行为,以及不涉及他人的风俗、爱好,应该给予自由的空间。其称:"盖民所不得自繇者,必其事之出乎己,而及乎社会者也。至于小己之所为,苟无涉于人事,虽不必善,

---

① 周昌龙:《严复自由观的三层意义》,载《严复思想新论》,清华大学出版社1999年版,第82页。
② 《孟德斯鸠法意》,严复译,(上海)商务印书馆1931年版。
③ [英]约翰·穆勒:《群己权界论》,严复译,(上海)商务印书馆1931年版,译凡例。
④ [英]约翰·穆勒:《群己权界论》,严复译,(上海)商务印书馆1931年版,译凡例。

固可自繇。法律之所禁，皆其事之害人者。而风俗之成，其事常关于小己，此如妇女入庙烧香，又如浮薄少年，垂发覆额，至种种衣饰好尚，凡此皆关风俗，皆关小己。为民上者，必不宜与聚赌讹诈之类等量齐观，施以法典之禁。何则？烧香束发，人人皆有行己之自繇也。"①

我们可以看到，严复非常详细地论述了个人自由与法律控制的关系。对于仅仅关于个人之行为，其可能使社会的大多数人厌恶或不齿，也不应该属于法律控制的范围，而聚赌讹诈这些事关他人的行为，应该由法律予以禁止。

虽然自由对个人而言至为重要，是民主政治的基础，但并不是说，自由是无限的，也要有一定的限制，这种限制，一般而言就是法律的限制。严复认为，如果自由没有一定的限制，就会成为所谓"完全十足之自由"，其结果就是"无政府，亦无国家，则无治人、治于人之事，是谓君臣伦毁。且不止君臣伦毁，将父子、夫妇一切之五伦莫不毁"。② 故一定要处理好自由与法律的界限，没有自由，社会就不能进步，而没有法律，社会就没有秩序，也即"纯乎治理而无自由，其社会无从发达，即纯自由而无治理，其社会且不得安居"③。

严复所主张的自由是多方面的，其包括个人行为自由、思想言论自由、政治自由与经济自由，等等，但这一切自由都必须有法律加以保护才能实现。严复认为西方文化之脉在于"于学术则黜伪而崇真，于刑政则屈私以为公而已"。但这种在法律上的屈私以为公，并非意味着法律可以随意侵犯个人的权利，而是主张以自由为法律内在的精神，而法律的重要功能就在于保护个人的自由。他认为自由的要旨则为："第务令无相侵损而已，侵人自由者，斯为逆天理，贼人道。其杀人、伤人及盗蚀人财物，皆侵人自由之极致也。故侵人自由，虽国君不能，而其刑禁章条，要皆为此设耳。"④

三　自由是寻求富强的关键

《韩非子》中称："明主者，通于富强则可以得欲矣。"中国近代知识

---

① 《孟德斯鸠法意》，严复译，（上海）商务印书馆1931年版，第十九卷第十四章按语。
② ［英］约翰·穆勒：《群己权界论》，严复译，（上海）商务印书馆1931年版，译者序。
③ ［英］约翰·穆勒：《群己权界论》，严复译，（上海）商务印书馆1931年版，译者序。
④ 《中国近代思想家文库——严复卷》，中国人民大学出版社2014年版，第4页。

分子本可以从法家思想中寻取更多的资源，但儒家的立场使其回避了这种挖掘。同时，新涌入的西方思想也有足够多的内容来取代它们。因为，西方思想更具有实效性。史华兹认为：" 康有为肯定接受了人类社会必然进步的观念，但却企图从儒家学说受压制的一派中引申出这一观念。严复则认为没有必要为自己心目中的新观念找一件中国外衣。"① 实际上，严复未必不想给他的思想观念找到一件中国外衣，但他的理念确实太新了，甚至难以在传统中找到可以相近的观念。自由，在中国传统中从来就没有形成一种观念，而只是一个比较模糊的名称。

寻求富强，对于彼时的严复而言是最为关切的任务，史华兹说："严复似乎是带着一个已使他入迷的问题到达英国的，这个问题构成了他所有观察、思索的基础。这个问题就是西方富强的秘密是什么，首先是英国富强的秘密何在？正是这个迫在眉睫的问题，引导严复热切地考察英国的政治、经济和社会制度，并且最终导致他全神贯注于当时英国的思想。"② 富强成为严复及那一代中国知识分子最为关注的社会目标，为了这个目标，甚至牺牲一些个人自由也被看为理所当然的事情。为此，严复非常渴望从西方的思想宝库中寻找到对国家富强最为直接、最为有用的东西。甚至他把自由的理念移植到中国的目的也是使其能为富强之目的所用，"在严复的关注中，占突出地位的仍然是对国家存亡的极大忧虑。严复的所有信奉必须都放在由国家危机造成的背景中来看。假如严复看来，科学、自由、平等和民主与他所关注的事没有直接关系，那么人们大可怀疑，他对'自由主义'的信仰是否会如此热诚"③。严复认为，只有获得了自由，人民才可以从事"自利"的行为，而这种"自利"就是国家富强的基础，其言："夫所谓富强云者，质而言之，不外利民云尔。然政欲利民，必自民各能自利始；民各能自利，又必自皆得自繇始；欲听其皆得自繇，尤必自其各能自治始；反是且乱。"④

严复认为只有自由之民，才能有民力、有民智、有民德。而民力、民智与民德又必须以法律加以保障，即所谓："必三者既立，而后其政法从之，于是一政之举，一令之施，合于其智、德、力者存，违于其智、德、

---

① [美] 本杰明·史华兹：《寻求富强》，江苏人民出版社1990年版，第54页。
② [美] 本杰明·史华兹：《寻求富强》，江苏人民出版社1990年版，第19页。
③ [美] 本杰明·史华兹：《寻求富强》，江苏人民出版社1990年版，第44页。
④ 《严复集》第一册，中华书局1986年版，第27页。

力者废。"① 严复强调，他最关心的是政治意义上的自由。由此，他界定了政治意义上自由的含义："释政界自由之义，可云其最初义，为无拘束、无管治，其引申义，为拘束者少，而管治不苛。"② 在这里严复已经接触到了现代政治中有关限制政府权力的问题，他认为拘束少是政治自由的关键，也就是所谓"以政令简省为自由"③。这里的政令简省完全超越了前代思想家删除则例，厘清法律的思想主张。

四　自由是民主制度的根本

相对于维新派主张的君主立宪制，严复似乎更倾向于民主立宪。其认为，民主立宪制度可以为国民提供真正的法律保障，他说："乃至立宪民主，其所对而争自繇者，非贵族非君主。贵族君主，于此之时，同束于法制之中，固无从以肆虐。"④ 严复盛赞民主制度，其称："民主者，治制之极盛也。使五洲而有郅治之一日，其民主乎。虽然，其制有至难用者，何则？斯民之智、德、力，常不逮此制也。夫民主之所以为民主者，以平等。……顾平等必有所以为平者，非可强而平之也。必其力平，必其智平，必其德平，使是三者平，则郅治之民主至矣。"⑤

在这里，我们看到，严复一方面认为民主政治是最好的制度形式，但也认为要实现民主政治是有一定条件的，也就是社会民众要达到有力、有智、有德。而要有此三项条件，自由是不可或缺的，没有自由，要想民众有力、智、德是不可能的。故民主政治的最基本要求就是有必要的社会自由。

所谓民智包括两个方面的内容，其一是社会民众智识水平的普遍提高，其二是社会上有特立独行的"特操"人士，也就是具有高度智识的人物。社会的进步实质上是有赖这样的人，而这种人物的出现，必须以国有自由为前提。严复称："特操之民，社会所待以进化，然国必自繇而后民有特操。"⑥

---

① 《中国近代思想家文库——严复卷》，中国人民大学出版社2014年版，第43页。
② 严复：《政治学讲义》，见南洋学会编《严几道先生遗著》，南洋学会1959年版，第59页。
③ 严复：《政治学讲义》，见南洋学会编《严几道先生遗著》，南洋学会1959年版，第63页。
④ ［英］约翰·穆勒：《群己权界论》，严复译，（上海）商务印书馆1931年版，译凡例。
⑤ 《孟德斯鸠法意》，严复译，（上海）商务印书馆1931年版，第八卷第二章按语。
⑥ ［英］约翰·穆勒：《群己权界论》，严复译，（上海）商务印书馆1931年版，篇三之按语。

笔者同意周昌龙先生的看法,其言:"遍阅严复的翻译与著作,他从来没有说过要人牺牲个人特操去成全国群利益的话,相反,他将个人特操视为国群独立与富强的前提。在《群学肆言》的《译余赘语》中,他指出'社会之变相无穷而——基于小己之品质。'"① 笔者虽未能"遍阅"严复的所有著作,但也能从严复的字里行间体会出他对自由的认知是非常清晰的。后人所谓严复未能体味自由真实意味之说,实出于自身未能体会严复的思想内涵。当然,严复对自由的解释未必能够如今天一样在文字上作出清晰的表达,但也要看到,正是在严复等人对自由的解释的基础上,自由这个词才能得到越来越清晰的形式上的表述。同时,经过百年的学习过程,中国整体社会已经在整体上完成了一个思想意识上的进化过程,我们对于自由的含义尽管还是似懂非懂,但对其作为一个词汇的存在已经是见怪不怪了。而严复在翻译与解释自由这个名词时,他在寻求想要为国人所理解的词时一定是满腹踌躇,难以抉择。其结果是在《大学》中找出了"洁矩"这个词,他自己也知道,实际上用"洁矩"来表述自由也是勉强而为之,他在《论世变之亟》中已有阐述,他说:"中国道理与西法自由最相似者,曰恕、曰洁矩。然谓之相似则可,谓之真同则大不可也。何则?中国恕与洁矩,专以待人及物而言;而西人自由,则于及物之中,而实寓所以存我也。"② 存我,这是一个对中国传统而言非常新鲜的内容,也就是要在群的基础上保持己的个性,对此群、己关系,中国传统思想中甚少表述,而在西方思想中,在群则关乎限己,在己则关乎限群的主张,严复在如何表述上也很难把握,只能根据不同时期的认识而作不同的表述。其目的只有一个,叫中国社会能够认知自由的存在意义和价值。"严复在阐明自由与民主之间的关系,已经注意到民主可能是人类所能达到的制度性政治之最高境界,更进一步提出'自由为体,民主为用'的论点,指出民主是自由的作用,自由才是民主的本体,摆脱当时流行的中体西用说,直探西方自由主义政治思想的精粹领域。"③ 进而,严复宣称,只有人民自由,国家才有自由,人民有权,国家才有权:"吾未见其民之不自由,其

---

① 周昌龙:《严复自由观的三层意义》,载刘桂生等编《严复思想新论》,清华大学出版社1999年版,第78页。
② 《严复集》第一册,中华书局1986年版,第3页。
③ 刘桂生等编:《严复思想新论》,清华大学出版社1999年版,第65页。

国可以自由也；其民之无权者，其国之可以有权也。"①

严复认为，人民的聪明才智是潜在的，只有通过长期艰苦的教育过程，才能使其表现出来。"顾平等必有所以为平者，非可强而平之也。必其力平，必其智平，必其德平。使是三者平，则郅治民主至矣。"他的基本观点是透过教育与地方自治的实施，培育国民，以缓进的方式将君主专制政体改为君主立宪，再进而为民主共和。严复认为，中国人之个体小自由，造成群体性无秩序，最终导致社会无自由的状况；西方人个体之自我约束，最终获得社会整体自由之基础。

当然，我们也要提到，严复实际上认为在当时的社会基础上，实行民主自由的时机并不成熟。在王蘧常撰写的《严几道年谱》中曾记述了严复与孙中山1905年在英国的谈话，严复说："中国民品之劣，民智之卑，……为今之计，惟急从教育上着手，庶几逐渐更新也。"据说孙中山回答："俟河之清，人寿几何？君为思想家，鄙人乃执行家也。"在此，我们看到，知识分子于社会之责任是在社会思想观念上予以推动，其与政治家之行动并非同步，但须互相尊重，至少是容忍对方。从某种程度上可以说，严复对自由、民权的认识，最接近西方民主思想的实质。但在晚清的现实条件下，这种对西方思想的本质认识，并不能得到社会的认同。在当时社会思想失衡的条件下，人们更容易接受被粗俗化了的社会进化论，"物竞天择，适者生存"更能唤起人们的紧迫感。而严复对于西方社会本质的认识并没有得到社会的认同，没能成为认识西方社会的有效工具，更未能成为中国文化与西方文化融合的理论基础，以现在的眼光来看，实有可令人叹惜之处。张灏认为："梁启超与严复等人提倡民权鼓吹群众的议论常常是伴以提高'民智、民德、民力'的呼吁。这显示当时知识分子的一种困境感。一方面在理论上他们强调群众是神圣的，人民的'公意'已取传统的天意而代之，另一方面，就实际情况而言，他们也知道人民大众的愚昧与落后，需要提高他们的'德、智、体'各方面的素质；一方面他们在理论上宣扬群众是历史的动力，社会的巨轮，另一方面他们也知道一般人民在现实情况下，往往不是处于积极主动的地位，而是处于消极被动的地位。"② 笔者认为，放弃对"人民"素质的加以提高的意愿，是一种

---

① ［英］亚当·斯密：《原富》按语，严复译，（上海）商务印书馆1931年版，第917页。
② 张灏：《幽暗意识与民主传统》，新星出版社2006年版，第235页。

真正的民主。因为,真实的民主是"智民"与"愚民"共同做主,而非仅仅是"智民"做主。"智民"在社会生活与经济生活中都占有强势地位,而"愚民"不得不在政治生活中将自己的劣势稍微加以挽回。

英国著名学者阿克顿认为,"自由是人类最珍贵的价值,而人类一部历史也就是这价值的逐渐体现"。① 严复在西方思想的宝库中发现了自由这个奇妙的东西,进而认定它是西方国家富强的根本所在。从而,他急于把这个思想引进到中国。当他从事这项工作的时候,实际上已经开始进行了激烈的内心冲突。他越是了解自由的本质,就越是发觉它与中国的思想传统有着很大的不同。欲想叫国人理解这种不同看来是不可能完成的任务,于是他开始调和它们,使两者之间的距离能够缩小到人们可以理解的范围内。在完成了这项艰巨的工作之后,他内心的挣扎并没有结束,他不仅仅越发感觉到在一个积贫积弱、以富强为目标的中国社会中,自由只能成为一个口号式的东西,而不可能要求在短时间内为其建立制度上的保障。更为重要的是,社会上的个体,即应该享受自由权利的个体,根本没有要求自由的愿望,这就导致社会观念中根本没有自由的一席之地。从而,他便试图把自由与富强联结在一起,以便人们可以通过富强来辨识它。

在严复的晚年,目睹了他倾情半生的西方文明在第一次世界大战中被无情摧残,他甚至开始对以自由理念为根本的西方文明产生怀疑,进而转向中国的传统。这不仅是严复的自由思想历程,也是那一代中国知识分子的思想历程。从此以后,自由变得更为口号化,而其本质已被厚厚的思想废料、观念垃圾所掩埋。直到今天,人们仍然对自由抱有深深的不解与怀疑,它的外表与内在被隔离得相当彻底,以至于人们已经把它当成一种幻想。但即使在这种条件下,还是有一些知识分子在试图了解它,试图把它作为人类生存的核心价值。也许,以赛亚·柏林是对的,他说:"假如自由只是一种幻觉,它也是人类的生存与思考必不可少的一种幻觉。"②

---

① 张灏:《幽暗意识与民主传统》,新星出版社2006年版,第32页。阿克顿是著名的史学家,曾著有《剑桥近代史》,他最为有影响的是他的著名论断:"大人物几乎都是坏人!""权力容易使人腐化,绝对的权力绝对会使人腐化"(Power tends to corrupt and absolute power corrupts absolutely)。

② [英]以赛亚·柏林:《扭曲的人性之材》,译林出版社2009年版,第8页。

第四节　清末法制变革的发端与背景

一　清末法制变革的发端

清末法制变革，是在清末新政的大背景下展开的。1901年1月27日的《新政改革上谕》标志着晚清进入新政改革阶段。其中言称："……盖不易者三纲五常，昭然如日星之照世；可变者令甲令乙，不妨如琴瑟之改弦。……大抵法积则蔽，法蔽则更，惟归于强国利民而已。……一切政事，尤须切实整顿，以期渐致富强。懿训以为取外国之长，乃可去中国之短；惩前事之失，乃可作后事之师。……中国之弱在于习气太深，文法太密；庸俗之吏多，豪杰之士少。……人才以资格相限制，而日见消磨。误国家者在一私字，祸天下者在一例字。晚近之学西法者，语言文字、制造器械而已。此西艺之皮毛而非西学之本源也。……总之，法令不更，锢习不破。欲求振作，须议更张。著军机大臣、大学士、六部、九卿、出使各国大臣、各省督抚，各就现在情弊，参酌中西政治，举凡朝章、国政、吏治、民生、学校、科举、军制、财政，当因当革，当省当并；如何而国势始兴，如何而人才始盛，如何而度支始裕，如何而武备始精，各举所知，各抒己见。……新进讲富强，往往自迷始末；迂儒谈正学，又往往不达事情。……欲去此弊，慎始尤在慎终；欲竟其功，实心更宜实力。是又宜改弦更张以袪积弊。……物穷则变，转弱为强，全系于斯。"[①]

法律变革是清末新政的主要组成部分，其于1902年展开，该年3月11日（光绪二十八年二月初二）光绪皇帝下诏改革中国法律："中国律例，自汉唐以来，代有增改。我朝《大清律例》一书，折衷至当，倍极精详。惟是为治之道尤贵因时制宜。今昔形势不同，非参酌适中，不能推行尽善。况近来地利日兴，商务日广，如矿律、路律、商律等类，皆应妥议专条。著各出使大臣，查取各国通行律例，咨送外务部。并著责成袁世凯、刘坤一、张之洞，慎选熟悉中西律例者，保送数员来京，听候简派，开馆编修，请旨审定颁发。总期切实平允，中外通行，用示通变宜民之至意。将此各谕令知之。"[②] 此诏书对于中国法律史而言是非常重要的文献，

[①]《光绪朝东华录》第四册，中华书局1958年版，第4601页。
[②]《清史稿·刑法志一》，中华书局1976年版，第4180页。

其不但是清末法制变革的开始，也在很大程度上标志着中国传统法制的终结。

同年4月1日（二月二十三日），袁世凯、刘坤一、张之洞连衔上奏，会保沈家本、伍廷芳修订法律。① 该奏议不但确定了主持修律之人，也对修律的目的、原则及方式方法作出了指导性的规定，确立了中国近代法律变革的路径。

自此，开始了修律工作。这次修律在中国法律史上有着举足轻重的地位，可以说，它标志着中国固有法律传统的终结，也可以被认为是中华法系的终结。《清史稿》中记载："德宗末业，庚子拳匪之变，创巨痛深，朝野上下，争言变法，于是新律萌芽。迨宣统逊位，而中国数千年相传之刑典俱废。是故论有清一代之刑法，亦古今绝续之交也。"②

清末立宪修律的直接后果是，中华法系就此消亡，中国的法律制度被纳入西方化的轨道之中。其得以进行的直接原因为，庚子事变所导致的统治危机和现实社会中的种种压力。

二　晚清修律的背景

晚清修律是在什么样的历史背景下展开的呢？在论及清末修律的原因这一问题时，比较有代表性的论点是："1840年的鸦片战争，打破了以自然经济为基础的，以家族为本位，闭关自守的封建专制主义体系。资本主义因素的迅速增长，加之外国资本涌入，改变了中国社会的经济结构和阶级结构，从而使整个社会关系都处于激烈变动之中。"③

的确，这是一个极为动荡的历史时期。西人东来，摧毁了天朝精神和物质的堤防。闻所未闻，见所未见的事物接踵而来。社会心理几乎承受不了巨大的外在压力，忧国忧民的士大夫们人人感到天翻地覆，大厦将倾。但中国社会的变化果然如此之大吗？社会经济基础果然已动摇了吗？一千余年以来形成的中国法律传统果然已经失去其存在的基础了吗？从表面上看，的确是这样。中国法律制度的命运说明了这一点。清末立宪修律的直接后果是，中华法系就此消亡，中国法被纳入西方化的轨道

---

① 该奏章全文见本章"概说"节。
② 《清史稿·刑法志一》，中华书局1976年版，第4182页。
③ 汪必新：《沈家本法制改革述论》，《比较法研究》1988年第2期。

之中。但这一切是社会经济基础被打破的后果吗？抑或有其他的原因？笔者认为，除近代历史的大背景以外，清末修律的直接原因有两个方面。其一，庚子事变所导致的统治危机；其二，现实的诸种社会压力。以下分别加以叙述。

（一）庚子事变所导致的统治危机

《清史稿》记载："德宗末业，庚子拳匪之变，创巨痛深，朝野上下，争言变法，于是新律萌芽。"[①] 谈到庚子事变（义和团运动），不能不提到基督教对中国近代社会的影响。基督教及教会在中国近代史上扮演了重要的角色，其影响涉及社会生活的方方面面。从重大的历史事件上而言，太平天国、义和团运动都可以说是基督教在中国传播的直接后果；在人物和思想上，我们可以看到，从太平天国时期的洪秀全、洪仁玕，到重要的思想家王韬、何启、孙中山、马相伯，等等，都和教会有密切的关系。在社会文化方面，基督教会通过办报纸、杂志，创办学校对中国影响极大。此外，外国传教士直接进行的活动也对中国思想的变革影响至深，如李提摩太的活动曾与清末诸多重要人物有所交结。

基督教在中国传播的历史，可分为唐朝的景教、元代教廷使节的东来、明清之际耶稣会士在中国的活动、近代天主教的复归与新教的输入四个历史时期。

公元7世纪时，聂斯脱里派的传教活动已遍及中亚，并有进一步向东扩展的趋势，终于在公元635年（唐贞观九年），聂派传教士来到了中国的长安，该教在中国被称为"景教"。[②] 公元638年，朝廷下诏，称其"济物利人，宜行天下"，并在义宁坊由朝廷资助营建一所"波斯寺"，寺里住有二十一位教士，后更名"大秦寺"。

元朝之时，社会变动巨大，欧亚大范围的人口迁移使基督教在中国广泛传播，其时之基督徒称为"也里可温"。元朝曾经有许多涉及基督教的法令颁布，《马可波罗行记》中之描述亦可佐证。[③] 但随着元朝的覆没，基督教在中国忽然一时寂灭，甚至有销声匿迹之感，此亦为一个极为特殊的历史现象，值得深入研究。

[①] 《清史稿·刑法志一》，中华书局1976年版，第4182页。
[②] 关于景教，著名学者朱维之曾著有《中国景教》，该书考证细密，颇具真知灼见。
[③] 请参阅《马可波罗行记》，商务印书馆2012年版。

明代中叶，利玛窦等传教士到华传教，基督教在中国重新得以广泛传播。虽屡遭社会民间与官方的排斥和打击，但传播的势头不减。据统计，1667 年（康熙六年），耶稣会所属的信徒为二十五万六千八百八十六人，共有会所四十一处，教堂一百五十九处；多明我会的传教士自 1650 年（永历四年）至 1664 年（康熙三年）共付洗三千四百人，共有会所十一处，教堂二十一处；方济各会自 1633 年（崇祯六年）至 1660 年（永历十四年）受洗三千五百人，会所十一处，教堂十三处。公元 1670 年（康熙九年），全国各修会统计所属信徒二十七万三千七百八十人。[①] 而在"礼仪之争"[②]后，天主教为朝廷所顾忌，为士民所排拒，在百年禁教政策下沦为像白莲教一般的秘密宗教。由于雍正、乾隆、嘉庆年间对基督教传播进行了周期性的镇压，传教活动被迫蜷缩到一些行政上或地理上的边缘地区。直隶威县的赵家庄、魏村，景州的青草河村，以及山东武城县十二里庄等处的天主教社群，成为天主教徒和那些间或可以对他们行使神甫职责的教士的避难所。[③]

近代以降，在《黄浦条约》《天津条约》和《北京条约》等一系列由西方列强强迫签订的不平等条约的保护下，基督教在中国的发展得以恢复并扩张极为迅速。据统计，到 1920 年，基督教在中国的独立传教团体，已经从 1900 年的 61 个增加到了 130 个。此外，还有 36 个不以教派划分的超宗教组织。1919 年，据统计，新教教堂有 6391 座，并拥有 8886 个巡回布道中心。

基督教在其扩张的过程中，对中国社会的固有传统冲击甚巨。教会与中国民众在许许多多方面冲突极多，酿成了数以百计的教案。其中规模较大、造成较大人员伤亡的教案就有几十起，如：青浦教案、西林教案、贵阳教案、酉阳教案、台湾凤山教案、扬州教案、天津教案、重庆教案、大足教案、曹州教案，等等。1900 年，最终爆发了义和团运动。[④] 在义和团

---

① 方豪：《中西交通史》，转引自顾卫民《基督教与近代中国社会》，上海人民出版社 1996 年版，第 59 页。
② 康熙年间，由于罗马教廷对中国教民遵行中国传统礼仪加以干预，从而与清朝政府发生激烈冲突，导致基督教被禁止。请参考李天纲《中国礼仪之争》，上海古籍出版社 1998 年版。
③ 参见 [德] 狄德满《义和团民与天主教徒在华北的武装冲突》，《历史研究》2002 年第 5 期。
④ 关于义和团运动的性质，本书不作过多的讨论。有兴趣的读者可以参考有关资料。特别推荐柯文的《历史三调》和周锡瑞的《义和团运动的起源》，此二书均有中译本。

运动中，被杀死的天主教传教士为53人，基督教传教士为188人，①而被杀死的中国教民达上千人。

1900年4—5月间，英、美、德、意四国派出战船进入天津的大沽口，6月初又有俄、奥、日、法四国派兵威逼清政府剿办义和团。八国联军官兵共约2000人由英国海军上将西摩尔统率，通过天津进逼北京，沿途不断同义和团交锋却不能取胜。6月21日清政府向联军下了宣战诏书，命令张勋和刚毅统领义和团，企图控制义和团使之成为朝廷御外的工具。7月中旬，八国联军攻下了天津，接着又纠集了一万九千人，由德国元帅瓦德西为统帅，于8月14日攻陷北京，慈禧和光绪出逃"西狩"。当八国联军还在从天津到北京的路上时，朝廷又急忙授命李鸿章为全权议和大臣。议和结果是中国签订了《辛丑条约》，被迫偿付四亿五千万两白银，连本带息，共需赔偿白银九亿八千万两。在这种压力下，清王朝的统治受到极大的挑战，选择变法似乎是其继续维持统治的唯一出路。故而，改革的抉择在很大程度上是在仓促间作出的。实际上，改革诏书颁布的时候，慈禧还未回到北京。

（二）诸种社会政治压力的逼迫

1. 由于西方国家的入侵而产生的社会压力

如前所述，西方国家的入侵，使中国的天朝体系开始迅速崩溃。这使得中国的知识阶层大感羞愤，与西方国家竞争成为一种很强的社会压力。自强图存，抵御西人的确是修律的直接原因。梁启超就认为：为了"外竞"必须对内加以控制和调节。最重要的不是"内竞"，而是内部秩序，为了秩序，由政府权力强加的强制是最值得考虑的事情。实际上我们看到，中国近百年来，走的就是这样一条强制的道路。伏尔泰认为："一个国家要强大，必须使人民享有建立在法律基础之上的自由；或者使最高权力巩固强化，无人非议。"②在外竞的过程中，中国的社会变得更易于接受专制，而与自由和法治渐行渐远。

舆论压力是这种社会压力的重要形式。自鸦片战争以后，社会上的有识之士，一直倡言认识西方，实现变法。李鸿章认为："洋人论势不论理，彼以兵势相压，我第欲以笔舌胜之，此必不得其数也。……居今日，而欲

---

① 姚民权、罗伟虹：《中国基督教简史》，宗教文化出版社2000年版，第123页。
② ［法］伏尔泰：《路易十四代》，商务印书馆1982年版，第5页。

整顿海防，舍变法和用人，别无他方下手。"① 戊戌变法的失败，也并没有使变法主张沉寂下来。刘坤一和张之洞在奏折中也疾呼："盖立国之道大要有三：一曰治，二曰富，三曰强。既治，则贫弱者可以力求富强；国不治，则富强者亦必转为贫弱。整顿中法者，所以为治之具也；采用西法者，所以为富强之谋也。"② 这样的言论，不胜枚举。

而到 19 世纪末叶，这种社会压力更以革命的形式出现。1895 年，孙中山发起并成立了革命党的第一个组织"兴中会"。自此以后，革命党的压力日益增强，"驱逐鞑虏，恢复中华"的号召使反清的力量不断增强。革命党不但利用舆论来宣传革命思想，号召推翻满清的统治；并且，它还采取直接的武装暴动的方式进行反清活动。1905 年，同盟会在东京成立，革命党在组织上显得力量空前壮大。同时，孙中山提出了具体的民国建设主张，赢得了国际和国内众多人士的普遍同情和支持。清朝的统治，受到致命的威胁。当权者不得不正视这种威胁，被派出洋考察宪政的五大臣之一的载泽在奏折中称："欲防革命，舍立宪无他。"

2. 欲图收回领事裁判权

《清史稿》中记述："然尔时所以急于改革者，亦曰取法东西列强，藉以收回领事裁判权也。考领事裁判，行诸上海会审公堂，其源肇自咸丰朝，与英、法等国缔结通商条约，约载中外商民交涉词讼，各赴被告所属之国官员处控告，各按本国律例审断。嗣遇他国缔约，俱援利益均沾之说，众相仿效。同治八年，定有洋泾浜设官章程，遴委同知一员，会同各国领事审理华洋诉讼。其外人应否科刑，谳员例不过问。华人罪限于钱债、斗殴、窃盗等罪，在枷杖以下，准其决责。后各领扩张权限，公堂有迳定监禁数年者。外人不受中国之刑章，而华人反就外国之裁判。清季士大夫习知国际法者，每咎彼时议约诸臣不明外情，致使法权坐失。光绪庚子以后，各国重立和约，我国龂龂争令撤销，而各使藉口中国法制未善，靳不之许。迨争之既亟，始声明异日如审判改良，允将领事裁判权废弃。载在约章，存为左券。故二十八年设立法律馆，有'按照交涉情形，参酌各国法律，务期中外通行'之旨。盖亦欲修明法律，俾外国就范也。夫外交视国势之强弱，权利既失，岂口舌所能争。故终日言变法，逮至国本已

---

① 《李鸿章全集》，海南出版社 1997 年版，第 826 页。
② 《张之洞全集》第二册，河北人民出版社 1998 年版，第 1407 页。

伤，而收效卒鲜，岂法制之咎与？然其中有变之稍善而未竟其功者，曰监狱。有政体所关而未之变者，曰赦典。"①

梁启超在《政闻社宣言书》中称："今中国法律，大率沿千年之旧，与现在社会情态，强半不相应。又规定简略，惟恃判例以为补助，夥如牛毛，棼如乱丝，吏民莫如所适从。重以行政司法两权，以一机关行之，从事折狱者，往往为他力所左右。为安固其地位起见，而执法力乃不克强。坐是之故，人民生命财产，常厝于不安之寺，举国儳然若不可终日，社会上种种现象，缘此而沮其发荣滋长之机。其影响所及，更使外人不措信于我国家。设领事裁判权于我领土，而内治之困难，益加甚焉。"②

领事裁判权是近代中国法律制度处于危机的明显特征。1842年在中英《五口通商章程》中，领事裁判权制度初步形成，其中规定："凡英商禀告华民者，必先赴管事官处投禀，候管事官先行查察谁是谁非，勉力劝息，使不成讼。……间有华民赴英官处控告英人者，管事官均应听讼。一例劝息，免因小事，酿成大案。倘遇有交涉词讼，管事官不能劝息，又不能将就，即移请华官公同查明其事，既得其情，即为秉公定断，免滋讼端。其英人如何科罪，由英国议定章程、法律，发给管事官照办。华民如何科罪，应治以中国之法，均应照前在江南原定善后条款办理。"③第二次鸦片战争后，在中国与英、法签订的《天津条约》中，领事裁判权被确定。如在中英条约中有明确规定："英国属民相涉案件，不论人、产，皆归英官查办""英国民人有犯事者，皆由英国惩办。中国人欺凌扰害英民，皆由中国地方官自行惩办。两国交涉事件，彼此均须会同公平审判，以昭允当"。④此后，西方诸列强也相继通过签约取得领事裁判权。1864年（同治三年），列强还在上海租界内设立了会审公廨，把司法审判权扩大至单纯的华人案件。

领事裁判权限制了中国的司法部门在自己国家的领土上行使审判权，外国却可以在中国的土地上设置法庭。如，美国在华设置的领事法庭曾多达18个，美英等国都在中国设立了驻华高等法院。这一切都令清政府深感到有辱国格，由此带来的种种后果更令国人难以忍受。章太炎曾对此加

---

① 《清史稿·刑法志三》，中华书局1976年版，第4216—4217页。
② 《饮冰室合集》第二十册，中华书局1989年版，第26页。
③ 《中外旧约章汇编》第一册，上海财经大学出版社2019年版，第38页。
④ 《中外旧约章汇编》第一册，上海财经大学出版社2019年版，第90页。

以猛烈抨击："通商之岸，戎夏相捽，一有贼杀，则华人必论死，而欧美多生。制律者欲屈法以就之，以为罪从下服，则吾民可以无死。呜呼，以一隅之事，变革域中，吾未觏其便也。"①

在对中国法权丧失感到切肤之痛的同时，一些有见识的官员和知识分子也对中国法律自身进行了比较深刻的反思。如李鸿章曾说："洋人刑法从轻，每怪中国考讯、斩、绞之属太苛。"中国法律的这些弊端，如不加以改进，"而强西人归我管辖，虽巴西、秘鲁小邦亦不愿也"②。郑观应也从日本的经验中认识到必须改革中法："溯日本初与泰西通商，西人以其刑罚严酷，凡有词讼仍由驻日西官质讯科断。强邻压主，与中国同受其欺。乃近年日人深悟其非，痛改积习，更定刑章，仿行西例，遂改由日官审判，彼此均无枉纵，而邦交亦由此日亲。……（中国）苟能毅然改图，一切与之更始，于治军、经武、行政、理财、通商、惠工诸大政破除成见，舍旧谋新，设议院以通上下之情，执公法以制西人之狡，定则例以持讼狱之平，庶大政不致旁落，而强邻弗敢觊觎。"③康有为直接把改革法律制度与治外法权联系在一起，他说："若夫吾国法律，与万国异。故治外法权不能收回。且吾旧律，民法与刑法不分，商律与海律不分，尤非所以与万国交通也。"④严复更是认为西法在本质上有高于中法之处，其言："取彼之所由富强，以较我之贫弱，则既忿忿于操权秉制者之无术矣。又况彼之法令，所以保民身家者也；我之刑律，所以毁人身家者也。"⑤曾鉌列举了西律的若干便利之处：洋律人命不抵，止拟监禁、以监狱为学堂、律师制度；等等。其认为中律应该向西律靠拢，"窃谓我朝定律，尽除前明之酷刑苛法，与天下百姓休息者二百五十余年。专重宽厚，爱养斯民。所以民心亦极团结。至于今则外洋各国律例，较之我国更宽，似我律例，亦当斟酌比拟而济其失"⑥。如此等等。

1902年，张之洞以兼办通商大臣身份与各国修订商约。此间，英、

---

① 《訄书详注》，上海古籍出版社2017年版，第599页。
② 《李文忠公全集·朋僚函稿》。
③ 郑观应：《盛世危·交涉》，中华书局2013年版，第200页。
④ 《康南海自编年谱》。
⑤ 《孟德斯鸠法意》，严复译，北京时代华文书局2014年版，第285页。
⑥ 《皇朝蓄艾文编》卷四。

日、美、葡四国表示，只要清政府改良司法现状，就可以放弃领事裁判权。如在《中英续议通商行船条约》中规定："中国深欲整顿本国律例，以期与各西国律例改同一律，英国允愿尽力协助以成此举。一俟查悉中国律例情形及其审断办法及一切相关事宜皆臻妥善，英国即允弃其治外法权。"① 清政府认为这是一个有利的时机，故遂下决心修律以就西人的要求。据《清史稿》记载："逮光绪二十六年，联军入京，两宫西狩。忧时之士，咸谓非取法欧、美，不足以图强。于是条陈时事者，颇稍稍议及刑律。二十八年，直隶总督袁世凯、两江总督刘坤一、湖广总督张之洞，会保刑部左侍郎沈家本、出使美国大臣武廷芳修订法律，兼取中西。旨如所请，并谕将一切现行律例，按照通商交涉情形，参酌各国法律，妥为拟议，务期中外通行，有裨治理。自此而议律者，乃群措意于领事裁判权。"②

3. 日本变法成功的示范效应

"西方的冲击"，对于当时的中国而言是一个致命的问题。其时，对于许多东方国家，它具有同样的意义。而在回应"西方的冲击"的成效上，日本表现得最为突出，它最先恢复了政治上的主动性，而其他国家则在恢复自我的过程中挣扎。

日本经过明治维新运动，不但使其主权得以恢复，而且国力迅速增强，不但在甲午战争中打败了中国，而且也打败了令人生畏的俄国，其已俨然成为"西方"的一员。③ 这一事实极大地触动了中国。日本在日俄战争中的胜利被看作立宪对专制的胜利。由此看到中国一定要变法。张之洞在《劝学篇》中写道："一知耻，耻不如日本，耻不如土耳其，耻不如暹罗，耻不如古巴；二知惧，惧为印度，惧为越南，缅甸，朝鲜，惧为埃及，惧为波兰；三知变，不变其习，不能变法，不变其法，不能变器。"④ 沈家本说："日本旧时制度，唐法为多，明治以后，采用欧法，不数十年，遂为强国。"⑤ 学习日本似乎是中国的唯一出路。康有为对此充满乐观："日本文字政俗，皆与我同，取泰西五百年之新法，以三十年追慕之。始

---

① 《中外旧约章汇编》第二册，生活·读书·新知三联书店1982年版，第109页。
② 《清史稿·刑法志》，中华书局1976年版，第4187页。
③ 美国学者伯尔曼称："西方"是不能借助罗盘找到的。参见其《法律与革命》第一卷。
④ 《张之洞全集》，河北人民出版社1997年版，第9705页。
⑤ 沈家本：《历代刑法考》，中华书局1985年版，第2242页。

则亦步亦趋，继则出新振奇，一切新法，惟妙惟肖。……吾地大人众，皆十倍日本，若能采鉴变法，三年之内，治具毕张；十年之内，治化大成矣。"① 似乎只要如日本一样积极学习西方，中国定能走向富强。

从以上列举的清末修律的直接起因中，我们并没提及社会经济基础对法律变革的直接要求。从史料中也极少看到新兴的资产阶级对修律所施加的影响。为什么这样呢？从我们研究的单一视角很难说明这个问题。所以，笔者以下的论述很可能是片面的。但正如马克·布洛赫所言："既是一门学问不具备欧几里得式的论证或亘古不变的定律，仍无损于科学的尊严。"② 在此笔者只以一家之言，以待有识者的批评。

让我们先看一看当时中国社会中，最能体现新型资本主义经济发展的一些具体情况。上海，这个"汇海之通律，东南之都会"无疑是经济发展最快的地区。1844 年前，它的年商品流通额已达到白银三千万两，占全国的百分之七以上。1844 年，上海的外贸出口量是白银 268 万两。到 1863 年，就猛增至白银一亿余两。在此以后，上海的贸易发展更是突飞猛进。1865 年至 1900 年，外贸进出口额从一亿两千百万（海关）两，增至三亿八千九百万两。直接贸易贷值以五千九百万（海关）两，增至两亿四百万两。③ 可以说，此时的上海已成为一个现代化的都市，它已被纳入世界经济体系之中。

再看另一个大城市天津。作为拱卫京师的海路要冲，在雍正时，就在此地设置了水师营，同治年间设机器局。在其治内有新域驳台和大沽驳台，航路直通芝罘（烟台），上海，营口，仁川，长崎。铁路有京津线，津榆线，津保线，津浦线。④ 从这个交通状况来看，它的经济环境也是极优良的。应该提到的是，清末修律的一个重要人物，修订法律大臣沈家本曾做过天津知府，这段经历对于他以后变法思想的形成肯定有着极大影响。

另一位修订法律大臣伍延芳，更来自经济发达的香港，他自幼接受西式教育，在香港圣保罗书院毕业，之后到英国攻读法律并取得了大律师资格。他回香港后成为执业律师，后被香港政府聘为法官，其也为香港历史

---

① 《中国近代思想家文库·康有为卷》，中国人民大学出版社 2015 年版，第 95 页。
② ［法］马克·布洛赫：《历史学家的技艺》，上海社会科学院出版社 1992 年版，第 5 页。
③ 以上资料引自潘君祥、陈立仪《十九世纪后半期上海商业的演变》，《历史研究》1986 年第 1 期。
④ 《清史稿·地理志》。

第七章 中华法系的终结（近代）

上第一位华人议员。此时的香港，也已成为经济发达商贸中心。从香港的航运业一项，就可以看出香港经济发展的速度。1861年，进入香港港口结关的轮船为2545艘，吨数为1310383吨，而1900年为10940艘和14022167吨。[①]

再从资本主义经济的行业结构发展来看，在西方经营者的示范下，各种行业的经济实体也都建立起来。如，1845年西人开设了广州柯拜船坞；1865年，江南制造局成立。1862年，西人设立了旗昌轮船公司；1872年，中国轮船招商局成立。1876年，西人修上海吴淞铁路；1881年，唐胥铁路建成。1845年，丽如银行在广州设分行；1897年，中国通商银行开业；等等。[②]

如果仅仅从上述的描述来看，你会得到这样的印象：中国资本主义经济的发展已有了相当的规模，社会经济的基础已发生了重大的变更。相应地，社会的政治基础、文化基础也必须作相应的改变。这种感觉对于知识分子来说尤为强烈，甚至连陈寅恪先生也深有此感。他在《王观堂先生挽诗序》中写道："自道光之际，迄乎今日，社会经济之制度，以外族之侵迫，致剧疾之变迁。纲纪之说，无所凭依。"[③] 但笔者认为，真实的情况似乎不是这样，中国社会的传统封建小农经济的基础根本没有被触动。中国的社会经济基础并没有因西人东来而动摇，所摇摇欲坠者，只是满清政府的政治统治基础而已。

中国的经济基础，封建性至深，小农经营占绝对的优势，它是不可能被资本主义的兴起轻易动摇的，新兴产业在当时实不足以与其匹敌。截至1911年，中国还只有近代厂矿企业562家，资本总额不到一亿三千两百万元。比照中国的土地人口及庞大而又原始的农业，这个数量实在是微乎其微。资产阶级的贡赋在国家财政收入所占比重，虽然比那种绝对的比较好得多，但在1901年，厘金在政府财政预算中所占的份额也只不过是9.43%。1908年，全国共有商会组织262处，会员7784人，不及成年男子的万分之一。从另一方面看，微弱的资本主义经济对中国的政治权力组织所施加的经济影响力实在微弱。因为，它根本没有足够的力量为现政权

[①] 以上资料引自余绳武、刘存宽主编《十九世纪的香港》，中华书局1984年版。

[②] 以上资料引自汪敬虞《中国近代社会：近代资产阶级和资产阶级革命》，《历史研究》，1986年第6期。

[③] 《陈寅恪集·诗集》，三联书店2001年版，第12页。

分忧解难。1895年至1911年，仅甲午和庚子两项赔款，就需支付白银47982000两。这个数目，相当于1895年至1913年中外新式企业资本总额的一倍以上。此时，中国整个经济发展的基础设施极不完善，经济环境很差。到1913年，航运用轮船为1130艘，虽然说发展比较迅速，但与传统的船只和木筏相比，实不足论。铁路的发展也是这样，到1912年，铁路的干线和支线的总里数为9244公里。"对当时的经济和商业体系只起了有限的作用。"另外，新型经济的分布呈现极不均衡的状态，上海、江苏和广东占了其总数的近一半；在其他广大的地区，新型企业则如同汪洋大海中的孤岛。①

20世纪初，中国的经济完全是耕作型的，小农经济的基础至为深厚，传统农业的结构很难被改变。实际上，这种状况一直延续到我们仍可清楚记忆的不久以前。传统经济的韧性极强，它可以抵御人口压力、政治体制的变迁和生态环境的恶化。而与这一切比较起来，西人东来又能如何。外来的影响对整个社会而言只是一小部分，虽然，它对于统治阶层来说是至关重大的。甚至可以说，中国的小农经济对于资本主义的抑制作用要大过于资本主义对它的破坏作用。黄宗智先生在《华北小农经济与社会的变迁》中写道："中国的小农经济把传统的农业推到一个很高的水平，但对新式投资，却完全起到了抑制作用。由此，中国农业陷于一个高水平均衡的陷阱。"② 这种小农经济对于资本主义的发展，如在劳动力吸引和资金的筹措以及消费市场的形式等许多方面，都有极大的负面影响。

通过以上的论述，可以得到这样的结论：在清末修律的时候，中国的社会经济基础并没有像表面上表现出的那样已呈离析状态。所以，应该说，修律的原因不是经济基础的改变，而是其他一些非本质性的原因，是"意识形态的风暴和政治风暴摧毁了这个儒家的帝国"③，是一种精神期待的产物。从某些方面而言，甚至可以说是托克维尔所言的"人类冲动的产物"。当时的统治阶层在巨大的压力之下开始的变法，其政治上和外交上的原因是远远超过经济原因的，必须看到政治统治基础的崩溃不等于社会

---

① 参见费正清主编《剑桥中国晚清史》下卷，中国社会科学出版社1985年版，第10—85页。
② 黄宗智：《华北的小农经济与社会变迁》，中华书局1986年版，第7页。
③ 费正清主编：《剑桥中国晚清史》下卷，中国社会科学出版社1985年版，第8页。

经济基础的崩溃，而人们常常难以正视这一点。经济生活最为表面化的东西往往被当成了法律改革的出发点，成为改造社会传统的根据。正因如此，中国法传统被人为地割裂了，连接现代和过去的桥梁被无可挽回地摧毁了。从而，社会民众对法律的认知"无所凭依"。的确，让因迷信风水而誓死抵制开矿山修路的中国小农去适应西方式的法律制度，真是难于上青天。从这种意义上而言，清末修律是难称成功的。这一点已为法史界许多人士所认同。马小红先生称："变革后，中国的法制制度与西方几无差别，但法律观念与法律环境与变革前大致相同。……，西法虽被引进国门，却又被拒之于人们的观念之外。"①

实际上，在当时，已有人看出了修律缺乏必要的社会基础，章太炎就曾指出："季世之人，虚张法理，不属意旧律，以欧、美有法令，可因攘之也，房延设律例馆，亦汲汲欲改刑法，比迹西方，其意非为明罚饬法，以全民命，惩奸宄，徒欲杜塞领事法权，则一切不问是非，惟效法泰西是急。法律者，因其俗而为之约定俗成，案始有是非之剂。故做法者当问是非，不当问利害。今以改律为外交之币，其律尚可说哉！"② 清末的法律变革能不能采用其他更有效的方式方法呢？亚当·斯密说："在不能树立最好的法律时，尽力树立人们所能承受的最好的东西。"在清末的社会状态下，人们对于法律的期待是什么？什么样的法律是他们能接受的最好的法律？让我们假设，如果人们对社会经济基础的认识更为清楚，那么又会如何呢？李鸿章曾说："是故华人之效西法，如寒极而春，必须迁延忍耐，遂渐加重。"如果在法律改革的问题上采取"迁延忍耐，逐渐加重"的方式又会如何呢？

第五节 清末法制变革的指导者——张之洞

一 清末法制变革指引者张之洞其人

论及晚清法制变革中的人物，学界之研究多集中于沈家本、伍廷芳诸人，这完全没有异议，他们于法制变革确实功劳非小，特别是沈家本，其

---

① 马小红：《沈家本传统法律变革之评价》，载《走向法治之路》，法律出版社1999年版，第199页。
② 《章太炎全集·太炎文录初编》，上海人民出版社2014年版，第72页。

主持法律修订馆有年,晚清重要法律之起草多经其手。他延揽中外识人慧者,译介多种外国法典文献;创建京师法律学堂,培养了大量新型法律人才。时人称其为"媒介两大法系之冰人",沈家本堪当其誉。但应该看到,其虽可称是法制变革的出色执行者,但不能称为指引者。所以如此言之,并非沈、伍诸人德才不足,而确实仅限于其身份而已。当其时,修订法律大臣官职不过三四品,修订法律馆之部门属性与同时存在之宪政编查馆难以相提并论,不能称为法制变革之旗舰。据实言之,此机构只为法制变革之具体执行机构而已。而且,当时的法律修订馆于法制变革之全局并未完全介入,如一些重要的法律法规之制定并未经此部门,如诸多经济性法规都由具体部门制定。

根据在晚清法制变革过程中所起之作用而论,当得起晚清法制变革指引者之名者,唯张之洞无他,其可称为晚清法制变革的发起者、指导者和监督者。

张之洞从26岁中进士开始进入仕途,先任翰林院编修、湖北和四川学政、吏部主事、内阁学士兼礼部侍郎等职;光绪七年(1881)后,历任山西巡抚、两广总督、湖广总督、军机大臣和学部大臣等要职。张之洞在思想上、实践上都对中国近代化贡献极大,影响极深。特别是在思想方面,其写就的《劝学篇》,对于清末改革提出了纲领性的指导,其所倡导的"中学为体,西学为用"之原则,实际上成为晚清变革的理论纲领。张之洞生于乱世,欲挽狂澜于既倒,史载:"公生长于兵间,好阅兵家言及掌故之书,慨然有经世志。"① 可以说,张之洞是中国近代史上最后一个经世与经史兼备之人。他于治学治世都有深刻的认识,其称:"由小学如经学者,其经学可信;由经学入史学者,其史学可信;由经学、史学入理学者,其理学可信;以经学、史学兼词章者,其词章可信;以经学、史学兼经济者,其经济成就远大。"② 应该说,当得起张之洞评说中之经学、史学兼经济者,仅有其自身而已。张之洞的终生挚友陈宝琛称:"公之忠规密谟,关系斯文之兴坏,匪独天下安危而已。"③ 陈寅恪先生也曾在王国维的挽诗中写道:"当日英贤谁北斗?南皮太保方迁叟。忠顺勤劳矢素衷,中

---

① 《张文襄公年谱》。
② 《张之洞全集》第十二册,河北人民出版社1998年版,第9976页。
③ 陈宝琛:《清诰授光禄大夫体仁阁大学士赠太保张文襄公墓志铭》,闵尔昌编《碑传集补》卷2,《清代碑传全集》下册,上海古籍出版社1987年版,第1269页。

西体用资循诱。"由此可见其对张之洞的推崇。

张之洞是后期洋务派的代表人物,但他与其他的洋务派代表人物不同,其为由"清流党"转向而成为洋务派者。所谓"清流党"是指当时与"洋务派"持有不同治国方略的政治派别,其宗旨是提倡维护中国固有之传统,抵制西方文化灭绝性的侵袭,在外交上主张采取强硬与主战的态势。但随着时局的变化,"清流党"逐渐分化。张之洞入仕之初,意气风发,对官场之苟且与贪腐疾恶如仇,对所谓搞洋务者之污浊尤为不屑。但现实的逼迫下,他也不得不趋近洋务。辜鸿铭在其著作《清流传》中对张之洞的转变有如下描述:"张之洞痛恨李鸿章所任用的引进外国方式方法的人们之粗鄙失德和极端腐化。张之洞以及牛津运动的全体同党开始对引用外国方式的做法的确是坚决反对,因为那样势必泥沙俱下。但中法之战后,张之洞看到,只用儒家学说难以对付像孤拔(Courbet)海军元帅那奇丑无比的装有可怕大炮的巨型军舰这类东西。于是,张之洞开始妥协了。他意识到,采用那些可怕的外国方法是必要而不可避免的,便打算把那些方法的粗鄙和丑陋的成分尽量去掉。"① 他认识到"五口通商,互市寝省,自此外人杂处,中土几成中外一家,使仍故步自封,将彼日益强,我日益弱"②。由此,张之洞走上了办洋务、倡西学之路。③ 但张之洞与众不同之处在于,其办洋务有底线有坚守,他的处世原则和办事方式为,"为国则舍理而言势,为人则舍势而言理"④。

众所周知,晚清的法律变革,实际上是一个引进西方法律制度的过程。这就要求,欲为法律变革的指引者,必须熟知西方国家的法律制度。在这一点上,当时的当权大吏中以李鸿章与张之洞为最有条件者。但李鸿章多从西方现实情况着眼,于其经济军事特别用心,而张之洞则更注重了解西方国家的制度基础。当其时,对于西方国家之了解有以下诸种

---

① 辜鸿铭:《清流传》,东方出版社 1998 年版,第 54 页。《清流传》,原名为 The story of a Chinese Oxford movement,即《中国牛津运动故事》,1912 年出版。牛津运动指 19 世纪信奉古罗马天主教的英国高派教会反对自由主义的运动。辜鸿铭将中国近代反对洋务运动的政治派别的努力,喻为中国的牛津运动。此派别主要由正途出身的一些具有保守思想的官员和士人组成,包括李鸿藻、张之洞等人,因其洁身自好,故称清流,而当时搞洋务者,多借机贪贿,俗称浊流。
② 《张之洞全集》第十二册,河北人民出版社 1998 年版,第 10063 页。
③ 清季学人王闿运称:"西学之说,曾涤丈避世倡之。左季丈、沈幼丹和之,公坚主之,而张孝达张之。"见《湘崎楼诗文集》"致李鸿章",岳麓书社 1996 年版。
④ 辜鸿铭:《清流传》,东方出版社 1998 年版,第 166 页。

途径。其一,阅读新学内容的书籍、报纸、杂志;其二,通过与西方人士的接触;其三,通过与具有西学知识的知识分子的接触;其四,通过办理洋务的直接经验;其五,通过与西方国家进行交涉订约的实际活动;其六,直接到国外考察。而有条件将以上诸种途径尽皆掌握者唯有张之洞这样的封疆大吏。张之洞不但自己收集阅读新学书籍、报刊,也要求下属"即于本衙门附近毗连地方设立办理洋务处,即与在本部堂署内无异,荟集条约档案、中外图籍。以便查核而资讲求。如总署所刊《万国公法》《星轺便览》;上海所译《四裔编年》《列国会计政要》《长江海道图说》;总税务司所呈各关贸易总册,以及坊间所印《万国公报》,游历日记等类,一切有关洋务政事之书,均须广储备用"[①]。张之洞与西方人士有广泛的联系,除职务行为中的接触外,他还特别注意网罗具有卓越见识的西方人士,如与李提摩太的交往有数十年之久,这种交往对其深入理解西方的法律制度助益非小。张之洞通过各种途径与具有西学知识的知识分子保持联系,其在甲午后曾与康有为、梁启超过从甚密。张之洞对严复的西学功底非常赏识,曾意欲将其招致门下。张之洞办洋务虽开始较晚,但效率甚高,成为洋务运动后期的代表人物,其所创建之洋务事业,其规模和成效无可匹敌。张之洞在与外国订约、修约的过程中勉力实行,投入大量精力,有时候为一字一句,电稿往来达数十通。张之洞虽然无暇亲自出洋考察,但其对此非常重视,晚清的留学潮在很大程度上可以说是由张之洞为之发端。由此可知,张之洞对于西方国家的了解应该是当时最真切、最透彻的。这种对西方政治法律制度的了解,使张之洞有条件成为中国法制变革的发起者和指引者。当然,张之洞所要进行法制变革不仅是对固有法制加以改造,而是要通过这种变革保护并延续中华文化传统,具有高度之文化使命感。

具体而言,在晚清的法制变革中,张之洞曾在三个层次上给予指引。其一,纲领性的指引。其二,规划性的指引。其三,具体性的指引。

二 张之洞对清末法制变革的纲领性指引

张之洞在1898年写了一部中国在近代史上最重要的著作《劝学篇》。在《劝学篇》中他对晚清法制变革给予了原则性的指引。这本书

[①] 《中国近代史资料丛刊——洋务运动》第一册,上海人民出版社2000年版,第326页。

1900年就在纽约出版了英文本，当时书名翻译为"中国唯一之希望"。有人言称张之洞写这部书的目的意在对抗康有为的思想影响，实质上这种认识过于狭隘，张之洞的胸怀比这种小抱负要远大得多。他确信，按照《劝学篇》中拟定的方案，可以为中国指明解决现实问题的途径。张之洞认为，当今的中国处于有史以来最大的变化之中："今日之世变，岂特春秋所未有，抑秦、汉以至元、明所未有也，语其祸，则共工之狂、辛有之痛，不足喻也。庙堂旰食，乾惕震厉，方将改弦以调琴瑟，异等以储将相。"① 张之洞深刻认识到了中国所进行的巨大变化，为了应付这种变化，必须加以必要的变革。他指出，在当时的情况下，要想维持统治，就必须进行变法。因此，在时代变迁的大背景下，法制必须加以变革。他从传统的典籍中寻找变法的根据："夫不可变者，伦纪也，非法制也；圣道也，非器械也；心术也，非工艺也。请征之经，穷则变，变通尽力，变通趣时，损益之道与时偕行，《易》义也。器非求旧，惟新，《尚书》义也。学在四夷，《春秋传》义也。三王不袭礼，礼时为大，《礼》义也；温故知新，三人必有我师，择善而从，《论语》义也；时措之宜，《中庸》义也；不耻不若人，何若人有，《孟子》义也。"② 他认为，只有采取主动的变法，才能更有效地保留中国的文化传统。但如何变呢？采用新学抑或旧学？社会的聚变导致了新旧思想互相交织，当时"学堂建，特科设，海内志士发愤扼腕，于是图救时者言新学，虑害道者守旧学，莫衷于一。旧者因噎而食废，新者歧多而羊亡。旧者不知通，新者不知本。不知通，则无应敌制变之术；不知本，则有菲薄名教之心。夫如是，则旧者愈病新，新者愈厌旧，交相为愈，而恢诡倾危、乱名改作之流，遂杂出其说以荡众心。学者摇摇，中无所主，邪说暴行，横流天下。敌既至，无与战；敌未至，无与安。吾恐中国之祸，不在四海之外而在九州之内矣"③。他认为要加以变革，必须调和中西，而采西补中的最佳选择是主动地因时而变。其言："从前旧法，自不能不量加变易。东西各国政法，可采者亦多，取其所长，补我所短，揆时度势，诚不可缓。"但这种改变，必须立足于中国固有之传统，即"必须将中国民情

---

① 《张之洞全集》第十二册，河北人民出版社1998年版，第9704页。
② 《张之洞全集》第十二册，河北人民出版社1998年版，第9747页。
③ 《张之洞全集》第十二册，河北人民出版社1998年版，第9704页。

风俗、法令源流,统筹熟计,然后量为变通"。① 张之洞认为西方法律制度完全可以参考,他说:"泰西诸国,无论君主、民主、君民共主,国必有政,政必有法。官有官律,兵有兵律,工有工律,商有商律,律师习之,法官掌之,君民皆不得违其法。"② 所以说,他认为应该以"中学为体,西学为用"这样一种根本的原则进行法律变革。实际上,在张之洞以前,有许多思想家都曾呼吁改革中国的法律制度,从早期的魏源、龚自珍,到洋务思想家冯桂芬、郑观应、王韬、何启、胡礼垣,再到康有为、梁启超、严复,他们都对清朝现行法律制度的弊端进行批判,并据此认为应该加以改造。张之洞与他们完全不同,虽然,他也承认在法律运作过程中有着一些问题,如张之洞认为清代现行的法律制度的根本欠缺在于:州县官吏实心爱民者不多,又因政事过繁,方法过密,经费过绌,从而导致了滥刑株连、监狱凌虐等弊端,但他坚持认为清朝的法律制度并非弊端重重,《大清律》是中国历史上最好的法律。在《劝学篇》中,张之洞对清代法制予以高度评价,其言:"自暴秦以后,刑法酷滥,两汉及隋相去无几,宋稍和缓,明复严苛。本朝立法平允,其仁如天,具于《大清律》一书:一、无灭族之法;二、无肉刑;三、问刑衙门不准用非刑拷讯,犯者革黜;四、死罪中又分情实缓决,情实中稍有一线可矜者,刑部夹签声明请旨,大率从轻比者居多;五、杖一百者折责,实杖四十,夏月有热审减刑之令,又减为三十二;六、老幼从宽;七、孤子留养;八、死罪系狱,不绝其嗣;九、军流徒犯不过迁徙远方,非如汉法令为城旦鬼薪,亦不比宋代流配沙门岛,额满则投之大海;十、职官妇女收赎,绝无汉输织室、唐设掖庭、明发教坊诸虐政。凡死罪必经三法司会核,秋审。决之期,天子素服,大学士捧本,审酌再三,然后定罪;遇有庆典,则停、减等。一岁之中,决者天下不过二三百人,较之汉文帝岁断死刑四百,更远过之。若罪不应死而拟死者,谓之失入;应死而拟轻者,谓之失出。失入死罪一人,臬司、巡抚、兼管巡抚事之总督,降一级调用,不准抵消;失出者一案至五案只降级留任,十案以上始降调,仍声明请旨,遇有疑狱则诏旨驳查,覆讯至于再三,平反无

---

① 《张之洞全集》第三册,河北人民出版社1998年版,第1773页。
② 《张之洞全集》第十二册,河北人民出版社1998年版,第9723页。

数，具见于历朝圣训。"① 这种赞美一向被认为是极其无耻的阿谀之词，是不顾实际的谎言，是为清朝统治者的脸上贴金。但如果我们不以固有的观念去看问题，不以"西方论"的标准去衡量，不以"革命性"作为历史评价的标准，只从制度层面而言，就会看到张之洞的观点虽有过度美化的倾向，但也并不全是谀词。张之洞认为，对清代法制进行改造的唯一理由是现实的要求，是应对西方文化对中华文明的威胁而进行的主动反应。他认为，在当时情况下，存在着三种弊端，其一，厌恶西法者，对西学一概摒弃，其可称为"自塞"。"自塞者，令人固蔽傲慢，自陷危亡。"其二，略知西学，附会经典，以此言中国自古有之，其可称为"自欺"。"自欺者，令人空言争胜，不求实事。"其三，溺于西法者，以为中西无别，其可称为"自扰"。"自扰者，令人眩惑狂易，丧其所守。"而要在法制变革过程中杜绝这三种弊端，必须将中西贯通，而前提是"中学为内学，西学为外学；中学治身心，西学应世事"②。具体到法制变革中，就是要在法律形式上学习借鉴西方国家法律制度，而在法律精神上必须坚持以中国为本位，即所谓："盖政教相维者，古今之常经，中西之通意。"③

三 张之洞对清末法制变革的规划性指引

张之洞对晚清法律变革的规划性指引主要体现在《江楚会奏三折》中。庚子事变后，联军入京，朝廷西走。在列强的压制下，清廷尚未回京，已不得不进行改革政治之考量。1901 年，朝廷在"欲求振作，当议更张"的形势下，令大吏上书言事，群臣议论纷纷，难揣上意，相互串通，拟联衔具奏，共同推举湖广总督张之洞与两江总督刘坤一④主稿。此后，朝廷设立政务处，中央诸臣以外，唯得刘坤一、张之洞遥领参与⑤，也就是说此二人被纳入中央改革机构之中。在这种情况下，其他疆臣不便联

---

① 《张之洞全集》第十二册，河北人民出版社 1998 年版，第 9712—9713 页。
② 《张之洞全集》第十二册，河北人民出版社 1998 年版，第 9766—9767 页。
③ 《张之洞全集》第十二册，河北人民出版社 1998 年版，第 9708 页。
④ 刘坤一（1830—1902），字岘庄，湖南新宁人。以湘军将领而入仕，累迁广西布政使、江西巡抚、两广总督、两江总督兼通商大臣等职。中日甲午战争时被任命为钦差大臣驻山海关，节内外军百余营。1896 年回任两江总督。后人集有《刘坤一遗集》六十一卷。
⑤ 《清史稿·德宗本纪二》中称："诏立督办政务处，奕劻、李鸿章、荣禄、昆冈、王文韶、鹿传霖并为督理大臣，刘坤一、张之洞遥为参预。"

衔，故由刘、张单独具奏。他们于光绪二十七年（1902）·五月二十七日到六月初五日，连上三疏，即《变通政治人才为先遵旨筹议折》《遵旨筹议变法谨拟整顿中法条折》《遵旨筹议变法谨采用西法十一条折》，这就是著名的《江楚会奏三折》。大则言之，此三折为晚清变法之总章程；细言之，其为法制变革的指导方针。

在奏折中，他们基本上采用了《劝学篇》所定的要旨，首先论证了必须变法的原因，说明立法贵在因时，变通唯期尽力。其称："臣等尝闻之《周易》，乾道变化者，行健自强之大用也；又闻之《孟子》，过然后改，困然后作，动心忍性，增益其所不能者，生于忧患之枢机也。上年京畿之变，大局几危，其为我中国之忧患者可谓巨矣，其动忍我君臣士民之心性者可谓深矣，穷而不变，何以为国？"①

在《变通政治人才为先遵旨筹议折》（亦称"变通政治筹议先务四条折"）中，张之洞认为施行变法必须以储备人才为要旨。他们提出设文武学堂，酌改文科，停罢武科，奖劝游学四事。其中与法制变革有关之内容为对法律教育的提倡。在奏折中，张之洞提出在中学校中就开设有关法律的课程："十八岁高等小学毕业取为附生者，入中学校，……习中国历史、兵事，习外国历史、律法、格致等，学外国政治、条约即附于律法之内"更主张在高等学校开设外国律法学课程，学成毕业的学生，"学律法者，派入交涉局，学习实事。"② 应该说，张之洞是中国近代法学教育的开创者。以往研究中国近代法学教育者，多将中国法学教育的创始或溯及同文馆开设国际公法课程，或归于北洋大学开办法学专业。但应该看到，同文馆之开设国际公法课程并非为培养法律人才而设；而北洋大学的法学课程完全仿照美国，培养之人才也多非法律之用。最重要的是它们都是旧法制、旧学制背景下的产物，不能成为中国近代法学教育的基本内容。其他如湖南实务学堂等教育机构开设法律内容的课程也属于这种情况，称其为中国近代法律教育之萌芽是可以的，但不能归于中国近代法学教育之序列。中国近代法学教育的产生，必须具备两个前提条件，其一，法制变革，即近代意义的法制产生；其二，学制变革，即近代教育制度的产生③。

---

① 《张之洞全集》第十二册，河北人民出版社1998年版，第1393页。
② 《张之洞全集》第十二册，河北人民出版社1998年版，第1397—1398页。
③ 张之洞在中国近代教育之变革中起到了重要作用，其主导完成了新学制，即"癸卯学制"。教育史家舒新城先生称："清季新教育之设施少有出此范围者。"

此两者，张之洞都是实际推动和主持者，故其为名副其实的中国近代法学教育之创始人。

在《遵旨筹议变法谨拟整顿中法条折》（亦称《整顿中法十二折条》）中，张之洞指出"整顿中法者，所以为治之具也；采用西法者，所以为富强之谋也"。① 同时，张之洞重申了在《劝学篇》中的变法主张，论述了实行法制变革的必要性，并认为应该学习西方国家的法律制度。其言："盖外国百年以来，其听讼之详慎，刑罚之轻简，监狱之宽舒，从无苛酷之事。以故民气发舒，人知有耻，国势以强。"但也强调"中外情形不同，遽难仿照。"② 从而，他确定有选择地先行改进一部分。在此折中，其提出整顿中法的十二项措施，即崇节俭、破常格、停捐纳、课官重禄、去书吏、去差役、恤刑狱、改选法、筹八旗生计、裁屯卫、裁绿营、简文法等。其中在第七条"恤刑狱"中，集中论述了有关刑法改革的九个方面问题，即禁累讼、省文法、省刑责、重众证、修监羁、教工艺、恤相验、改罚锾、派专官。

禁讼累，就是要禁止政府官员借讼案勒索当事人。

省文法，就是不能对官员管辖过严，从而导致官员对许多案件的隐匿不报或私和案件。

省刑责，就是要求在审案中，实行拷掠刑讯应有所限制，除对盗案命案证据确凿而不肯认供者，准许刑吓外，凡初次讯供时及牵连人证，应规定断不准轻加刑责。笞杖等刑罚手段可酌改为羁禁，但亦不得凌虐久系。

重众证，就是要学习外国审案时重视证人证据，不过分依靠案犯的口供。其提出断案除死罪必须有输服供词外，其余流刑以下罪各若干犯狡供拖延半年以上，而证据确凿，证人也都公正可信，上司层递亲提复均无疑义，当"按律定拟，奏咨立案"。

修监羁，就是要改良中国的监狱制度。

教工艺，就是为在押犯人提供学习手艺的机会，"令其学习，将来释放者可以谋生；改行禁系者，亦可自给衣履"。

恤相验，就是要求在处理命案时，验尸官要"轻骑简从，不准纵扰"，减少当事人的负担。

---

① 《张之洞全集》第十二册，河北人民出版社1998年版，第1407页。
② 《张之洞全集》第十二册，河北人民出版社1998年版，第1416页。

改罚锾，就是对轻罪的处罚可改用罚金的方式。其提出，命盗重案应按律治罪、窃贼、地痞、恶棍、讼棍伤人诈骗当扑责监禁，其余如户婚、田土、家务、钱债等案，均可按其罪名轻重，酌令缴赎罪银若干。

派专官，就是选派专职官员管理监狱。

张之洞认为，"恤刑狱"各条若得以一一实现，则会产生良好的效果和积极的影响。所谓"去差役则讼累可除免，宽文法则命盗少诿延，省刑罚则廉耻可培养，重众证则无辜少拖毙，修监羁则民命可多全，教工艺则盗贼可稀少，筹验费则乡民免科派，改罚锾则民俗可渐敦，设专官则狱囚受实惠"。①

在《遵旨筹议变法谨采用西法十一条折》（亦称《采用西法十一条折》）中，张之洞首先指出之所以要采用西法的理由，其称："方今环球各国，日新月盛，大者兼擅富强，次者亦不至贫弱。究其政体学术，大率皆累数百年之研究，经数千百人之修改，成效即彰，转相仿效。……此如药有经验之方剂，路有熟游之图经，正可谓相我病症，以为服药之重轻；度我筋力，以为行程之迟速，盖无有便于此者。"② 根据这种理据，张之洞提出了"采用西法"的十一条具体内容：（1）广派游历；（2）练外国操；（3）广军实；（4）修农政；（5）劝工艺；（6）定矿律路律商律交涉刑律；（7）用银元；（8）行印花税；（9）推行邮政；（10）官收洋药；（11）多译东西各国书。其中有关法律改革的内容集中于第六条定矿律、路律、商律、交涉刑律中。张之洞建言："拟请总署致电各国使馆，访求各国著名律师，各大国一名，来华充当该衙门编纂律法教习，博采各国矿务律、铁路律、商务律、刑律诸书；为中国编纂简明矿律、路律、商律、交涉刑律若干条，分别纲目，限一年内纂成。"③ 其称："四律即定，各省凡有关涉开矿山、修铁路，以及公司、工厂、华洋钱债之事及其他交涉杂案。悉按所定新律审断，两造如有不服，止可上控京城矿路商务衙门，或在京审断。或即派编纂律法教习，前往该省会同关道审断。一经京署及律法教习复审，即为定谳，再无翻异。"④ 这样，中外纠纷、华洋诉讼将会大大减少。

---

① 《张之洞全集》，河北人民出版社 1998 年出版，第 1419—1420 页。
② 《张之洞全集》，河北人民出版社 1998 年出版，第 1429 页。
③ 《张之洞全集》，河北人民出版社 1998 年出版，第 1439 页。
④ 《张之洞全集》，河北人民出版社 1998 年出版，第 1443 页。

《江楚会奏三折》对清末的法制变革制定了比较完整的规划,特别是《整顿中法十二条折》的"恤刑狱"九个方面内容,最终成为修订法律馆修订清律的重要根据。如"省刑责"和"改罚锾"两个方面,在后来修订的《现行刑律》中,得到了充分的反映。关于停止刑讯,江庸的《五十年来中国之法制》曾说:"此议发之两江总督刘坤一、湖广总督张之洞,奉旨交法律馆核办,经馆议定办法,停止刑讯。"关于"改罚锾",沈家本在《大清现行刑律案语》中说笞刑、杖刑改为罚银,是根据光绪三十一年"修订法律馆核议原任两江总督刘坤一、升任湖广总督张之洞会奏恤刑狱折内拟请笞杖等罪仿照外国罚金之法"而定的。

四 张之洞对清末法制变革的具体指引

张之洞对清末法制变革的具体指引,主要体现在修律过程中对重要法律文件制定过程中的具体指引,其指引原则为变革法律不能脱离中国文化之根本。具体而言,主要体现于对《刑事民事诉讼法》和《大清新刑律草案》的按语和签注之中。张之洞对此两种法律草案的批判涉及内容很多,限于篇幅,本书只作概括性论述。

1906年,法律修订馆由沈家本主持起草了《刑事民事诉讼法》。该法律草案进呈御览以后,清廷认为关系重大,下旨饬令各将军、督抚、都统等文武官吏:"法律大臣沈家本等奏,刑事民事诉讼各法,拟请先试一摺。法律关系重要,该大臣所纂各条,究竟于现在民情风俗,能否通行,著该将军、督抚、都统等,体察情形,悉心研究,其中有无扞格之处,即行缕析条分,据实具奏。"①

张之洞对这个法律草案很不赞成,其称:"综合所纂二百六十条,大率采用西法,于中法本原似有乖违,中国情形亦未尽合,诚恐难挽法权转滋狱讼。"②

张之洞认为,该法毁弃了中国法律传统的本质:"袭西俗财产之制,坏中国名教之防,启男女平等之风,悖圣贤修齐之教。"这种屈己从人的做法,对中国的纲常礼教将造成极大的破坏,"隐患实深"。③ 他认为,中

---

① 《清实录·德宗实录》卷五五八。
② 《张之洞全集》,河北人民出版社出版1998年版,第1772页。
③ 《张之洞全集》,河北人民出版社出版1998年版,第1772—1773页。

国必须变法，必须对固有的法律制度进行改造，但不能一味以放弃自己的传统为代价，而必须根据自己的特有条件去完成法律的变革。其言："夫立法固贵因时，而经国必先正本。值此环球交通之世，从前旧法自不能不量加变易。东西各国政法可采者亦多，取其所长补我所短，揆时度势，诚不可缓。然必须将中国民情、风俗、法令源流通筹熟计，然后量为变通。庶免官民惶惑，无所适从。外国法学家讲法律关系，亦必就政治、宗教、风俗、习惯、历史、地理一一考证，正为此也。"① 张之洞对于法律大臣所称之为"收回治权"的立法初衷甚是不以为然："在法律大臣之意，变通诉讼制度，以冀撤去治外法权，其意固亦甚善，惟是各国侨民所以不守中国法律者，半由中国裁判之不足以服其心，半由于中国制度之不能保其身家财产。……而谓变通诉讼之法，即可就我范围，彼族能听命乎？"他认为，要想收回治权，必须在全面改革的基础上逐渐变更法制，而不能盲目冒进，欲速则不达。"若果不察情势，贸然举行，而自承审官、陪审员以至律师、证人等无专门学问，无公共道德，骤欲行此规模外人貌合神离之法，势必良懦冤抑，强暴纵恣，盗已期而莫惩，案久悬而不结。"②

从以上论述中，我们可以看到，张之洞并非盲目地反对采用西方式的法律，他的批驳都是具有针对性的。他从立法原则、立法技术、立法方法等方面加以有针对性的论说，理据充足，获得了社会上的广泛认同。《清朝续文献通考》在收录张之洞的意见后对此加以评论："可见无论中外法条虽殊，法理则同。修律诸臣若肯宗定此旨，何至于新律草案一出，招令内外臣工纷纷驳斥，贻后来之流弊乎。备录于册，足见老成谋国、深心远虑与新进少年喜事更张者异矣。"③

张之洞对于《刑事民事诉讼法》中"捍格难行各条"加具按语，予以批驳，被加按语的条文有62条之多。以往的一些研究者，把张之洞视为保守派的代表，其主要根据就是张之洞对实行陪审员制度、律师制度的反对态度。实际上，张之洞并非对这种制度加以盲目的反对，而是认为在当时的国情下，尚不具备实行的基本条件。

张之洞认为律师也好，审判员也好，在当时的中国，没有实行的条

---

① 《张之洞全集》，河北人民出版社出版1998年版，第1773页。
② 《张之洞全集》，河北人民出版社出版1998年版，第1774页。
③ 《清朝续文献通考》卷二百四十四，刑三。

件。他认为，律师之所以不适用于中国，是因为西方国家的律师必须经过学校的培养，经过相当的考察，不仅有很高的学问、资历，又要聪明、公正。而中国在短时间内造就许多西方国家那样公正无私的律师是非常困难的。即使是选拔各省刑事幕僚入学堂，也不是一下就可以培养出来的。关于陪审员的制度也是这样。张之洞认为，陪审员不但要有专门的法律知识，而且要有公正的道德，人民也要有自治的精神，所以当时在中国人中，实行陪审制度的基本素质还是不具备的，况且中国有道德有学问的绅士都以"束身自爱"为荣，必不敢也不愿到公堂当陪审员。肯到公堂陪审的，不是意欲"干预词讼"的劣绅，就是横行乡曲的讼棍，这些人参加陪审不能协助公堂秉公行法。由此，我们可以看到张之洞并不是反对采用西方式的法律制度，他的批驳是很有针对性的。应该指出，张之洞对于提高国民的素质是非常重视的，其言："古之欲强国者，先视其民，一曰众其民，二曰强其民，三曰智其民。"①

此外，张之洞指出，采用西法，重要的一个内容是分别民法与刑法，改变中国传统上诸法合体的法律结构。因此，他认为这种合体的诉讼法在形式方面也是有所欠缺的。因此，他主张聘用日本法学博士当顾问，应该同时聘用两人："一专精民法，一专精刑法"，分别制定有关刑事和民事诉讼相关的法律。

张之洞在对《刑事民事诉讼法》提出批评意见之后，又代表学部对《大清新刑律草案》进行逐条签注。张之洞首先对法律修订馆的立法目的表示赞同，其称："法律馆原奏所称'列强竞峙，非籍法律保障，不足均势而杜觊觎'一节，自系深明时局之论。"但他认为，此法律草案问题很多："查此次所改新律，于我国礼教实有相妨之处。因成书过速，大都据日本起草员所拟原文，故于中国情形不能适合。"他强调指出：中国与西国"各国因其政教习俗而异，万不能以强合者也"。② 中国自古以来，因伦制礼，据礼制刑。刑的轻重等差，根据"伦之秩叙，礼之节文"，合乎天理人情。中西的理念根本不同，那么立法也相异。中国以三纲为教，故无礼于君父，罪罚特别重；而西方各国以平等为教，故父子可以同罪，叛逆可以不死。因此西方法律与礼教分开的做法，与中国国情不合，不可强行

---

① 《张之洞全集》，河北人民出版社出版1998年版，第10061页。
② 《光绪朝东华录》（五），中华书局1958年版，第5907—5908页。

于中国。在张之洞看来,《大清新刑律草案》于传统法律的核心价值——礼教的基本原则有所违背。因此,他主张,《新刑律草案》中妨害礼教的地方,应该全部改正。如《总则》中要把封建伦纪的集中体现——《五服图》重新列入;并要根据现行"服制",分别称本宗及外姻,不宜混称尊亲属、亲属。此外,"嫡孙承受之制,嫡母持服之差各端,皆与礼教关系甚重,均应声明,不宜删去"。①

  围绕《大清新刑律草案》所引发的争论,范围很广,在社会上造成了极大的反响,形成了所谓的"礼法之争"。关于"礼法之争"需要有所辨明的是,张之洞在世期间,由于其崇高地位,沈家本等并未与他展开争论。故张之洞对《大清新刑律草案》的签注批评,只可以说拉开了"礼法之争"的序幕,真正的"礼法之争"是在1909年张之洞去世以后才围绕《修正草案》展开的。《清史稿》中对这一过程进行了比较客观的记述,由于此争论于清末法制变革影响巨大,特简录于此:"宣统元年,沈家本等汇集各说,复奏进《修正草案》。时江苏提学使劳乃宣上书宪政编查馆论之曰:'法律大臣会同法部奏进修改刑律,义关伦常诸条,未依旧律修入。但于《附则》称中国宗教尊孔,以纲常礼教为重。如律中十恶、亲属容隐、干名犯义、存留养亲,及亲属相奸、相盗、相殴,发冢犯奸各条,未便蔑弃。中国人有犯以上各罪,应仍依旧律,别辑单行法,以昭惩创。窃维修订新律,本为筹备立宪,统一法权。凡中国人及在中国居住之外国人,皆应服从同一法律。是此法律,本当以治中国人为主。今乃依旧律别辑中国人单行法,是视此新刑律专为外国人设矣。本末倒置,莫此为甚。《草案》按语谓修订刑律,所以收回领事裁判权。刑律内有一二条为外国人所不遵奉,即无收回裁判权之实。故所修刑律,专以摹仿外国为事。此说实不尽然。泰西各国,凡外国人居其国中,无不服从其国法律,不得执本国无此律以相争,亦不得恃本国有此律有相抗。今中国修订刑律,乃谓为收回领事裁判权,必尽舍固有之礼教风俗,一一摹仿外国。则同乎此国者,彼国有违言,同乎彼国者,此国又相反,是必穷之理也。总之一国法律,必与各国之律相同,然后乃能令国内居住之外国人遵奉,万万无此理,亦万万无此事。以此为收回领事裁判权之策,是终古无收回之望也。且夫国之有刑,所以弼教。一国之民有不遵礼教者,以刑齐之。所谓礼防

---

① 《大清新刑律立法资料汇编》,社会科学文献出版社2013年版,第221页。

未然，刑禁已然，相辅而行，不可缺一者也。故各省签驳《草案》，每以维持风化立论，而案语乃指为浑道德法律为一。其论无夫奸曰：'国家立法，期于令行禁止。有法而不能行，转使民玩法而肆无忌惮。和奸之事，几于禁之无可禁，诛之不胜诛，即刑章俱在，亦只具文。必教育普及，家庭严正，舆论之力盛，廉耻之心生，然后淫靡之风可少衰。'又曰：'防遏此等丑行，不在法律而在教化。即列为专条，亦无实际。'其立论在离法律与道德教化而二之，视法律为全无关于道德教化，故一意摹仿外国，而于旧律义关伦常诸条弃之如遗，焉用此法为乎？'谓宜将旧律有关礼教伦纪各节，逐一修入正文，并拟补于名犯义、犯罪存留养亲、亲属相奸相殴、无夫奸、子孙违反教令各条。时劳乃宣充议员，与同院内阁学士陈宝琛等，于无夫奸及违反教令二条尤力持不少息，而分则遂未议决。余如民律、商律、刑事诉讼律、民事诉讼律、国籍法俱编纂告竣，未经核议。惟法院编制法、违警律、禁烟条例均经宣统二年颁布，与现行刑律仅行之一年，而逊位之诏下矣。"①

以往，人们把这场争论限定于礼治派与法治派之间，但实际上，其意义已远远超出了这个范围。从实质上而言，其焦点也许可以被确定为：中国在移植西方式的法律过程中，是否有必要保持中国固有的法律传统，或在什么程度上坚持自己的传统。从这种意义上而言，这是中国法律传统在思想层面上对西方法律制度的冲击所进行的最后一次抵抗。一百年后的今天，在建设中国的法治社会的过程中，如何有效地利用本土资源仍是研究者所热衷的课题，故而也可以认为，这场争论到今天仍没有完结。

通过上文所述，我们可以看到，张之洞在纲领性、规划性、具体性三个层面都对清末的法制变革加以指引。他在不同的历史阶段提出不同的有针对性的指引，所谓"必有其事，复研其道"。但无论在哪个层面，其根本点是一以贯之的，即坚持以中国固有文化传统为基本点。维护中国固有的文化传统是张之洞进行一切变革活动的出发点和根本使命。以往，论及清末法制变革，多忽略张之洞的指引作用，甚或把他归于保守势力的代表，视为法制变革的阻力。这是完全有悖于事实的。他们热衷于列举张之洞的保守倾向：维护三纲五常、维护等级制度、维护家族主义；反对民权、反对律师制度、反对陪审员制度，等等。但他们完全忘记了张之洞是

---

① 《清史稿·刑法志一》，中华书局1976年版，第4190—4192页。

一个历史人物,他是在中国社会急剧变革中的历史人物,如梁启超所言:张之洞"崛起于新旧两界限之中心的过渡时代"。研究张之洞的思想必须放在这种特定的"过渡时代"的历史背景下,必须深刻体会其思想形成的历史与现实根源。陈寅恪先生曾言:"对于古人之学说,应具瞭解之同情,方可下笔。……所谓真瞭解者,必神游冥想,与立说之古人,处于同一境界,而对于其持论所以不得不如是之苦心孤诣,表一种之同情,始能批评其学说之是非得失,而无隔阂肤廓之论。否则数千年前之陈言旧说,与今日之情势迥殊,何一不可以可笑可怪目之乎?"① 张之洞虽仅为百年前之人,但此百年实为人类历史上变化最剧烈之百年,其间之沧海桑田实甚于过往之数千年。彼时的张之洞,"起家翰苑,出掌文衡,迭膺疆寄,抚晋督粤,移节湖广,权理两江,经营八表"②。自入仕起就接近权力中心,以报效救世为己任。同时,他还倾心学术,堪为儒臣,其"学兼汉宋,汉学师其详实而遗其细碎;宋学师其笃谨而戒其空疏"③。张之洞称:"为学忌门户。近代学人大率两途,好读书者守汉学,讲治心者宗宋学,逐末忘本,遂相诟病,大为恶习。夫圣人之道,读书、治心,宜无偏废,理取相资。"④ 对于大厦降倾之清王朝,他千方百计地意欲拯救;对于面临西潮猛烈冲击的中国文化传统,他竭尽全力予以维护。为了"保种""保教",他甘愿向西方学习,其热忱远超同时代之人。他要以主动变法的方式化解危机,用"务通"的方式达到"务本"的目的。

综观近代历史人物,有两个重要人物与知识分子更为贴近,更关心中国的文化传统。一个是曾国藩,另一个是张之洞。因为他们两个人不但身为封疆大吏,也更为看重自己知识分子的身份。他们并不仅仅推重权势,而是更为尊重知识分子共同的信仰。他们更为注重"担天下之道义,整国家之风俗"这样一个传统知识分子的心态。辜鸿铭曾经评价"张文襄儒臣也,曾文正大臣也,非儒臣也"。他说:"三公论道,此儒臣之事也;计天下之安危,论行政之得失,此大臣事也。国无大臣则无政,国无儒臣则无教。"其称:"文襄之效西法,非慕欧化也;文襄图富强,志不在富强也,

---

① 陈寅恪:《金明馆丛稿二编》,三联书店2015年版,第279页。
② 苑书义:《张之洞全集》序言,河北人民出版社1998年版。
③ 《张之洞全集》,河北人民出版社1998年版,第10696页。
④ 《张之洞全集》,河北人民出版社1998年版,第9795页。

盖欲借富强以保中国。保中国即所以保名教，吾谓文襄为儒臣者为此。"① 就是说，张之洞心中所特别重视的是捍卫中华民族的文化传统。为了中国的文化传统可以延续，张之洞可以接受"激进"的政治主张，可以与各种势力进行必要的妥协，为了"务本"可以"务通"。只要能够强中国，维护中国的文化传统，张之洞愿结天下英才，故其以督抚之身份而折节与布衣之康梁交往，并竭力招募精通西学之严复。但任何人如欲毁坏中国的文化传统，则张之洞坚决与之决裂，因此，康有为作《孔子改制考》，张之洞目之为仇人；严复作《辟韩》，张之洞拒之于庭外。张之洞特别看重知识分子在社会改革中的作用。毋庸讳言，在一个社会中，所谓的先进分子、精英分子，就是知识分子，他们应该担起国家道义上的、追求富强、追求民主科学的重任。他说："学术造人才，人才维国势，此皆往代之明效，而吾先正不远之良轨也。"所以，他认为在国家兴亡中，知识分子应当发挥最积极、最基础的作用。他说："国家之兴亡，亦存乎士而已矣。"

张之洞深信："五伦之要，百行之原，相传数千年更无异义。圣人之所以为圣人，中国之所以为中国，实在于此。"② 所以，他所有的努力，都是要保卫他心目中的中国。他意图用形式意义上的改变来换取本质上的永存。他认为，法律相对于文化传统而言，属于形式意义上的内容，故努力推动其进行变革。但随着法制变革的进行，特别是修律进程的深入，张之洞意识到实际上法律制度也包含着文化传统的实质，故对此加以维护。因为，在张之洞看来，如果不能用法律的变革换取中华文化根基的稳固，那么这种变革又有什么意义呢？

第六节　清末法制变革的执行者——沈家本

一　沈家本生平简述

沈家本，字子敦，别号寄簃，浙江归安人。1840 年（道光二十年）出生于一个读书人家庭。其高祖沈逢龄，字舜庸，因家境贫寒而"不得已栖身为椽吏"，后被拔为库书。其"赋税出纳，一秉勤慎，从而使家道渐殷，后纳粟而为太学生。曾祖沈国治，字琴石，号韵亭，22 岁为诸生。

---

① 《辜鸿铭文集》上卷，海南出版社 1996 年版，第 418—419 页。
② 《张之洞全集》，河北人民出版社 1998 年版，第 9715 页。

1765年（乾隆三十年），乾隆南巡时，其因往行在献词赋，获乾隆褒奖。但终其一生，前后省试十八科，也未能考中举人。沈家本的祖父沈镜源，字席怀，号蓼庵，因家道中落，生计艰难。1798年（嘉庆三年）中举人，后虽屡次参加会试，未能考中进士。清乾隆时定制，举人三科会试不中，可参加大挑，其中被选为一等者以知县用，二等者以教职用。1817年（嘉庆二十二年），沈镜源赴京大挑，也未能入选。1826年（道光六年），他再次进京大挑，被列为二等。次年，他被选授庆元县（今浙江龙泉县）教谕。沈家本的生父沈丙莹，字晶如，号菁士。1832年（道光十二年）中举人，1845年（道光二十五年）考中进士，补官刑部，为陕西司主事。沈氏家族几代人求取功名，这次终于得偿所愿。沈丙莹在刑部供职十二年，由陕西司主事而致广西司员外郎，再迁为江苏司郎中。其"熟于律例"，"为上官所重"。他的刑部经历和勤谨作风，对沈家本影响至深。

沈家本自幼随父亲在京就读，其受业师中对其影响最大的有闵连庄和沈桂芬两人。闵霱曾，字连庄，其为沈丙莹的朋友，也是沈家本在京读书的老师，曾任两淮余西盐场大使。沈桂芬，字文定，其为沈家本的姨丈。沈桂芬是道光二十七年进士，1863年（同治二年）出任山西巡抚，其后历任都察院左都御史、兵部尚书、总理各国事务衙门大臣、军机大臣等职。沈桂芬是清代晚期著名的重臣大吏，其"躬行谨饬，为军机大臣十几年，自奉若寒素，所处极湫隘，而未尝以清节自矜"①。

沈家本自幼喜爱读书，他曾作《借书记》，记述其读书的经历和感受："余喜书，暇辄手一篇。……家素藏书不多，既攻举业，又无暇多读书。十年之恨，与吾家攽之同矣。泊自楚来，以道远且阻，书多置不携，惟向人借观，颇有荆州之难。因叹有书者，不可不多读，尤不可不急读。'姑待'二字误人不少。"② 在该书中，沈家本记录了他曾借阅过的348种书籍，其中有黄宗羲的《明夷待访录》。这说明沈家本早在梁启超、谭嗣同秘密刊印此书以前，就读过这本当时的禁书。其对"明夷待访"的解释为："明夷待访者，言当明夷之世，而冀当局者如箕子之见访也。所条并为治大法，欲革百王之弊，以复三代之盛。"③ 此外，沈家本借读的书籍还

---

① 《清史稿·沈桂芬传》卷四三六。
② 《沈家本未刻书集纂》（下），中国社会科学出版社1997年版，第1765页。
③ 《沈家本未刻书集纂》（下），中国社会科学出版社1997年版，第1767页。

有《圜容较义》《测量法义》《几何原本》《同文算指前编》《海录》《新释地备考全书》《全体新书》等西学书籍。

1865年（同治四年），沈家本在杭州应乡试，以第六十二名中举人。考官对其诗文有较高的评价。[①] 沈家本于1866年（同治五年）参加会试落榜，其后又参加了若干次的会试，但直到1883年（光绪九年）才得中进士。其间饱受科举之苦，他在日后回忆这段经历时称："此数十年中，为八比所苦，不遑他学。"沈家本的仕途在中进士前可谓平平，长期任刑部郎中、秋审处提调，虽因精熟律例而受到上司的器重，但职位不过是一般的司员。

1893年（光绪十九年），沈家本在其第十次京察中被列为上等。8月，他被简放天津知府，结束了近三十年的贫寒京官生涯。在天津知府三年多的任职期间里，他并没有什么显赫的政绩，当时对他的评价是："治尚宽大"。在这期间，中日甲午战争爆发，沈家本对战争的进程非常关注，这在他的《日记》中有所反映。[②]

1897年（光绪二十三年），沈家本调任保定知府。在他任职期间，正是晚清政治最为动荡的时期。1898年，戊戌变法运动速起速灭，百日维新以六君子被诛戮、光绪皇帝被囚禁瀛台而告失败。在六君子中，刘光第是沈家本的癸未同年，当年会试，他们两人分别列在203和204。在8月14日的日记中，沈家本作如下记载："是晨，闻杨深秀、杨锐、谭嗣同、林旭、刘光第、康广仁，已于十三日正法。党祸至此惨矣哉。"他虽然对戊戌变法并不是很赞成，对革新的具体做法本身也缺乏理解，但作为好学深思的知识分子，他还是对六君子持一种同情的态度。他在诗作中表达了这种同情："自首竟同归，青山埋惨骨。千秋万载后，畴秉董狐笔。"

同年，保定发生了北关教案。作为地方最高行政长官，他在处理这桩教案过程中付出了极大的努力。其《墓铭志》中记述了简要的经过："北关外有某国教堂，甘军过境毁之。公闻变，即偕清苑令弛往。而当路慑于外人之势，遽派员查办。于是教士亦电告其留京主教，百端要索，势张甚，卒偿金五万两，且与以清河道旧署。犹不可，以郡廨东偏为道署旧

[①] 李贵连：《沈家本传》，法律出版社2000年版，第43页。本书对沈家本的科举历程着墨甚多，极具参考价值，可参阅。

[②] 李贵连：《沈家本传》，法律出版社2000年版，第81—85页。

址，应划为教堂为辞，将许之矣。公独持府志断断辩，教士始无言以退。于是又知公于外交能守正不阿如此。"①

1900年，沈家本升署直隶按察使，旋即任山西按察使，时在义和团运动期间。八国联军攻占保定后，曾将尚在保定的沈家本拘禁，后虽被释放，但同时被拘禁的护督廷雍等清朝官员却被处斩。十二月，沈家本离开保定，赴西安。途中经过郑州时，他拜谒了子产祠。对于这位中国法律史上最早的改革者，沈家本素怀崇敬。他在此赋诗表达自己匡世济时的理想："公孙遗爱圣门推，论学原须并论才。国小邻强交有道，此人端为救时来。"到达西安后不久，沈家本就得到朝廷的谕旨："命山西按察使沈家本，开缺以三四品京堂候补。"1901年5月14日，他又得谕旨："以候补三四品京堂沈家本为光禄寺卿。"同年十月初四，他又被任命为刑部右侍郎，终于身列朝班，跻身于大臣之列。② 此后，其曾任刑部左侍郎、大理寺正卿、法部右侍郎、修订法律大臣、资政院副总裁、法部大臣等职。沈家本在1890年与刑部同僚集资重刻了中国法律史上最重要的法典《唐律疏议》，沈家本在序言中称："律者，民命之所系也，其用甚重而其义至精也。根极于天理民彝，称量于人情世故，非穷理无以察情伪之端，非清心无以祛意见之妄。设使手操三尺，不知深切究明，而但取办于临时之检按，一案之误，动累数人，一例之差，贻害数世，岂不大可惧哉？是今之君子，所当深求其源，而精思其理矣。"③ 这段话充分体现出沈家本对待法律极为敬畏而审慎的态度。这是他不论是作为一个法律适用者，还是主持立法者的一贯态度。

沈家本著作等身，其撰有《沈家本先生遗书》，其中甲编二十二种八十六卷，乙编十三种一百零四卷。其甲编是专门考订研究法制的，分为《历代刑法考》和《寄簃文存》两大部分，另外末刻书目，有十六种一百三十二卷，其中《秋谳须知》《律例偶笺》《律例杂说》《读律校勘记》等均是研究法制的著作。此外，《沈家本未刻书集纂》《沈家本未刻书集纂续编》由中国社会科学科学院法学研究所编辑出版。日前，《沈家本全集》也已问世。

---

① 李贵连：《沈家本传》，法律出版社2000年版，第91页。
② 依清官制，光禄寺卿为中央六部九卿之一，从三品；刑部右侍郎，正三品。
③ 沈家本：《寄簃文存》，商务印书馆2017年版，第177页。

二　沈家本的法律思想举要

沈家本的法律思想非常丰富，其于新旧法律均有相当之研究，并在理论与实践层面均有极高的建树，被誉为沟通中西法律的桥梁，联结两大法系之"冰人"。限于本书篇幅体例，本处只择要列举数端，略见其法律思想之概括。

（一）改造中国固有的旧法制

在修律伊始，沈家本认为先从改造旧法制入手，其指出参酌世界大势，中国旧律必须进行修改，才能适应现实的要求。他曾思考过许多改进中国法律的方法，并逐步在修律过程中将其付诸实施。比如，他曾提出以诸项方案对旧律进行改造，并逐步加以实施。其一，删除总目，简易例文。沈家本认为，清朝旧律总目承《明律》之旧，以六曹分职，这是沿用《元圣政》《元典章》及《经世大典》等前朝法律。因官制有的已改名，有的已归并，与以前不同，故不能仍绳旧式，应将吏户礼兵刑工诸目一律删除，以昭划一。这是沈家本在深入进行法律变革前的准备工作。此与维新思想家所主张的法律改革方式非常相近。

其二，废除重法和附加刑。沈家本认为，废除重法苛刑，这既是施行仁政的需要，也是为了适应世界各国轻刑的趋势。其言："综而论之，中重而西轻者为多。盖西国从前刑法，较中国尤为惨酷，近百年数十年来，经律学家几经讨论，逐渐改而从轻，政治日臻美善，故中国之重法，西人每訾为不仁，其旅居中国者，借口于此，不受中国之约束。"[①] 他参考了日本的做法，在新的法律未制定之时，先将以往律例中的苛刑重法，如磔罪、枭首、籍没、墨刑等废除，使得社会普遍愿意接受法律的改造。沈家本认为，变革法制是日本成为强国的原因之一。他认为，既然中日两国在文化上有许多相同之处，所以可以以其为法律改革的参考。从其在修律过程中聘请多位日本专家的事实来看，沈家本主持的修律是以日本为模范的。

其三，停止刑讯等具体措施。沈家本从事法律工作多年，其对于中国固有法律中一些不合理的部分知之甚详，故其提出的法律改造方案非常准确、细致，这与以往思想家们提出的改革法律的概括性方法有所不同，他

[①] 沈家本：《寄簃文存》，商务印书馆2017年版，第2页。

首先在一些具体的问题上提出改进的意见。他在改造旧法制时，采取了许多措施，如停止刑讯、酌减死罪、简化虚拟死罪、删除比附、死刑唯一，等等。

沈家本认为，只有在证据确凿而不肯供认者准其刑讯外，凡初次讯供及流徒以下罪名概不准刑讯，以免冤滥。至于笞杖等轻罪，可惩以罚金。

关于酌减死罪，他认为应根据《唐律》及各国通例予以酌减。

关于虚拟死罪，他认为应该省繁从简，"当综核名实，并省繁重之际，与其空拟以绞，徒事虚文，何如径改为流，俾归简易"[1]。当改戏杀为徒罪，改误杀、擅杀为流罪，均照新章勿用发配，入习艺所，罚令作工。

沈家本认为，比附有三个弊病。一为与立法相矛盾；二为执法者仁残各异，因律无正条而任其比附，必致轻重不齐，使审判不能统一；三为若于刑律之外，参以执法者的个人意愿，则使民无所适从。因此，拟删除此律，另拟良法。

关于死刑唯一。在以往中国传统法律中，死刑的处罚有两种方式，即绞刑与斩刑。从传统观念来看，两者的区别很大：斩刑的实施，犯人当身首异处，而绞刑之下能得全尸。沈家本认为，虽然这种制度安排源于中国传统上的社会认知，但与现代法制的趋势不符。他认为"刑法乃国家惩戒之具，非私报复之端"[2]，故为达至从轻、从一的目标，死刑的处决方式应仅用绞刑一种。但他也考虑到社会的认识程度，认为在犯人罪行涉及谋反、大逆及谋杀祖父母、父母等条时，俱属罪大恶极，仍可使用斩刑，但可以另辑"专例"通行。

其四，更定刑名。刑名在中国的传统法律制度中占有重要地位。沈家本认为，中国古代的刑名存在已久，五刑制度已经施行逾千年，其中有许多与现代世界先进的法律相比显得落后，也是导致中外法律冲突的原因，故应该加以改造。沈家本指出，自《隋律》开始的笞、杖、徒、流、死五刑，至清末仍然沿用。但在交通日见方便的当时，流刑已渐失其效，笞杖也不过是惩戒的工具。而各国刑法以自由刑及罚金占多数，其中自由刑大致分为惩役、禁锢、拘留三种。为此，当改刑名为死刑、徒刑、拘留、罚金四种。

---

[1] 沈家本：《寄簃文存》，商务印书馆2017年版，第7页。
[2] 沈家本：《寄簃文存》，商务印书馆2017年版，第76页。

其五，统一刑制，法律上平等。其称："法不一，则民志疑，斯一切索隐行怪之徒皆得乘暇而蹈隙，故欲安民和众，必立法之先统一。"① 沈家本认为以往在法律上的诸多不平等，如满汉不平等、良贱不平等，都应该加以废除。及至晚清修律之时，革命思想已经传播广泛，民主自由、民族主义的思潮大兴，特别是革命党提出了"驱逐鞑虏，恢复中华"的口号深入人心。沈家本认为要顺乎时代潮流，在法律上应对满汉不平等，以及基于身份上的不平等加以改造。满汉平等，是改变清初八旗人犯军流徒罪特设折枷免予发配，应把律例中折枷各条一概删除，使旗人犯罪当发配者，概与汉民人一体办理。在中国历史上，将社会上一些特殊的人群定为"贱籍"，如所谓"奴婢""船家""蛋户""胥户""吹鼓手"，等等，其在法律上的地位很低，甚至没有科举考试的资格。在晚清民权兴起之背景下，沈家本也主张废除在法律上的所谓"良贱"不平等的内容。

除修律实践外，他还在理论上对改进中国法制进行探究。他在其著作《历代刑法考》中，从古今刑罚、赦法、监狱、刑具、行刑之制、死刑之数、盐矾法、茶酒禁、同居律、丁年制、律目、刑官、诰命等诸多方面，作了细密而又深入的考证性研究。其中既有宏观的论述，也有具体的分析，同时还包括对散佚律令进行了拾遗补阙性的辑佚整理。

沈家本从法律发展的角度出发，对中国固有法律中的严刑酷罚持坚决的否定态度。他赞同薛允升对枭首、凌迟等酷刑的批判态度。他进一步认为，严刑酷罚是导致历代王朝覆灭的重要原因。他以殷纣王的剖心法、炮烙刑为例予以说明，称这种"肆其暴虐"的行为使得商王朝"终于来亡"；而王莽实行的掘墓鞭尸等酷刑是一种最大的恶行，称其："贼莽之恶，百倍于秦"；他还认为明成祖的三族、九族、十族罪，魏忠贤的断脊、堕指、刺心刑都是妄为非法。

沈家本对于中国固有的法律传统，并非妄自菲薄，一味批评，而是对中国的固有法律从正反两个方面进行了研究和评价，比如，他认为，《唐律》量刑轻重最为适中，堪为后世的楷模，但也对《唐律》的一些欠缺提出了自己的看法。他认为，其十恶中的不敬、不孝、不睦、不义，轻重不一，论其名则似同，论其实则有异，而不问名实如何，一概归之十恶，有

---

① 沈家本：《寄簃文存》，商务印书馆2017年版，第10页。

违三代宽刑慎罚的精神，过于严酷，"先王之法，恐不若是之苛也，此《唐律》之可议者"。

沈家本不赞成绝对惩罚论的刑罚观，其认为刑罚应该是教化的一种手段，即"刑者非威民之具，而以辅教之不足者也"。但是，作为天下之程式、万事之仪表的法律，也是不能偏废的。

（二）会通中西，建立新法制

以会通中西的宗旨对中国的法律加以变革，是沈家本法律思想中最为闪光的部分。沈家本曾主持编纂了《刑案汇览三编》，在"序言"中，他阐述了其对于融汇新旧法律精神的态度，他认为，中国固有的法律在新的时代中不是陈迹故纸，而应该在制定新法律时与新的法律精神进行有效的连接。其言："顾或者曰：今日法理之学，日有新发明，穷变通久，气运将至。此编虽详备，陈迹耳，故纸耳。余谓：理固有日新之机，然新理者，学士之论说也。若人之情伪，五洲攸殊，有非学士之所能尽发其覆者。故就前人之成说而推阐之，就旧日之案情而比附之，大可与新学说互相发明，正不必为新学说家左袒也。"[1]

沈家本主张在立法时，必须会通中西。与近代许多思想家一样，他力图从传统中为改革变法寻找依据，他努力从中国的法律传统中抽绎出与西方法律理念相一致的东西。其称：《管子》中的立法以典民，以法治国，与今天西方的学说流派颇有相合之处，"法治主义古人早有持此说者"。而《周礼·秋官》的三刺法、孟子的有关论述，都与西方的陪审制相一致，"陪审员之权舆……，今东西各国行之，实与中国古法相近"。罚金制度，也是"其事则采自西方，其名实本之于古"。

沈家本在长期的司法工作中得出的结论是"世局亦随法学为转移"。他在主持清末修订法律工作时，即采取会通中西、与时俱变的宗旨。其认为欲使修律达到预期效果，必须"会通中外"，一方面采取西方法律的形式和内容，另一方面要注重对中国法律传统的继承。他极为赞赏杜预《晋律注》所主张的"网罗法意"及"非专主一家"的立法精神。他认为这种精神可以作为修律的一项原则，其称："当此法治时代，若但征之今而不考之古，但推崇西法而不探讨中法，则法学不全，又安能会而通之以推

---

[1] 沈家本：《寄簃文存》，商务印书馆2017年版，第195页。

行于世。"① 所以，寻绎前人的成说，参考旧日的案情，与新学说"互相发明"，才是创立新法制的必由途径。固有法律传统对于修订法律极为重要，在其看来，如不究明法制沿革必然会导致不良的后果，贻害后人。其言："余奉命修律，采用西法，互证参稽，同异相半。然不深究夫中律之本原而考其得失，而遽以西法杂糅之，正如枘凿之不相入，安望会通哉？是中律讲读之功，仍不可废也。"②

沈家本认为，古法不同于今法而不行于今，非必古法不如今法，甚至有些古法有许多胜于今法之处。说古法尽为今用，"诚未必然"；但断言古法皆不可今用，"又岂其然"？采用西法是势所必然，但必须在实际研究其所以然以后，才能用到实处。所以，必须研究西法的本源、宗旨和其实践经验。对待西法，不能盲目照搬，"几欲步亦"；也不能轻率地鄙弃西法，"以为事事不足取"。同时，立法者应该认识到，西法在形式与内容上也并非整齐划一的，它们之间也各有异同，此为各国政教风俗各异的缘故。以这种思路反观中国自己的法律，其与西法不同之处，概缘于中国的政教风俗，与西法及日本的情况均不相同。因此，修订法律尽据西法，是不现实的。对于西方各国通行的法律，必须根据中国的特殊情况，"量予变通"，要"体查中国情形，斟酌编辑，方能融会贯通，一无捍格，此为至当不易之法"。他提出必须去中法之弊而取西法之精："我法之不善者当去之。当去而不去，是之为悖。彼法之善者当取之。当取而不取，是之为愚。夫必熟审乎政教风俗之故，而又能通乎法理之原。虚其心，达其聪，损益而会通焉，庶不为悖且愚乎。"③

虽然法律的改造必须在尊重中国固有传统的前提下进行，但沈家本也认识到西方的法律制度的确有其优越之处，所以，在修订法律时应当最大限度地学习西法，要以"模范列强为宗旨"。在他主持修订法律时，一方面大量翻译东西方法律书籍，另一方面聘请各国法律专家为顾问，并派员到外国实地考察法制状况。他强调，学习西方的法律，不能只限于皮毛，而应注重探究其本质，即"思其精神之所在，无徒于程式仪表以求之"，"程式具矣，仪表立矣，而无真精神以运用之，则程式为虚，而仪表亦外

---

① 沈家本：《寄簃文存》，商务印书馆2017年版，第193页。
② 沈家本：《寄簃文存》，商务印书馆2017年版，第203页。
③ 沈家本：《寄簃文存》，商务印书馆2017年版，第206页。

观矣"。① 应该如日本明治维新时一样，君臣上下同心同德，发愤图强。

沈家本在修律过程中，试图把一些西方先进的制度移植到中国法制当中。以下对此加以简要论述。

其一，对少年犯实行惩治教育。惩治教育，主要用于丁年（十六岁）以内的少年犯罪。因为在沈家本看来，犯罪少年是教育的主体，而不是惩罚的主体，如拘于监狱，易染恶习；如付诸家族，往往不能教育，也无力教育。德国等国家励行惩治教育，成效显著，故采用惩治教育十分必要。惩治教育管理的办法，略同监狱，又似学校。各省应设立惩治场，少年犯罪可拘置场内，按情节轻重，定年限长短，以冀渐收感化之效。

其二，根据实际情况，增设新罪名。沈家本鉴于各国刑法设有诬指一科，英国有诽谤外国高位人的罪，德国有毁一国君主荣誉的罪，迫于外交上的需要，故应拟设诬指专条。又因外国银元在中国一律通行，伪造外国银币的案件频频发生，但究竟与私铸中国银币不同，拟罪自应略分轻重，以示区别，但现行律例并无治罪明文。为此，与其就案斟酌，临事鲜有依据，何如定立专条，随时可资引用，故应拟立伪造外国银币治罪专条。为了适应新的时势和维护社会秩序，沈家本认为，应增设外患罪、妨害国交罪、泄露机务罪、妨害公务罪、妨害往来通信罪、妨害卫生罪等新罪名。

其三，改变旧律民刑不分、实体诉讼混合的法律形态。沈家本认为，随着时代的进步，民刑不分、实体诉讼混合的中国旧的法律形式，应当加以改革，以适应新的实际情况，因为，"法律一道因时制宜，查中国诉讼断狱附见刑律，沿用唐明旧制，用意重在简括。揆诸今日情形，亟应扩充，以期详备。泰西各国诉讼之法，均系另辑专书"。所以，诉讼法应当脱离实体法，而进行独立编纂。如果不如此规范，则实体法虽完善，于法律的适用仍难以见到实效。

沈家本又指出，由于民事法律和刑事法律的性质不同，故刑法典自应专注于刑事之一部，而民律法律应当与刑律分离，独立成典。因为民事、刑事法律性质各异，所以诉讼上也宜有区别。要像西方各国诉讼那样，分为民事、刑事两项。关于钱债、房屋、地亩、契约及索欠、赔偿等，属于民事裁判；关于叛逆，伪造货币、官印，谋杀、故杀、抢劫、盗窃，诈

---

① 沈家本：《寄簃文存》，商务印书馆2017年版，第213页。

欺、恐吓取财等，属于刑事裁判。这样，可使断弊之制秩序井然，平理之功如执符契。

其四，培养专业法律人才，建立陪审员和律师制度。沈家本认为，当时已为各国通例而我国亟应效法的有两件事；一是设陪审员；二是用律师。沈家本认识到，若要建立新型法制，特别是律师制度，必须先造就法律人才，其言："法律为专门之学，非俗吏之所能通晓，必有专门之人，斯其析理也精而密，其创制也公而允，以至公至允之法律，而运以至博至密之心思，则法安有不善者。"①

其五，倡言司法独立。沈家本对司法独立有很清楚的认识。他认为，应使司法、立法、行政，三权"鼎峙"，这既是"推明法律，专而能精"的要求，也是实行宪政的需要。因为，"东西各国宪政之萌芽，俱本于司法之独立"，故应当改变朝廷行政兼司法的官制。"政刑丛于一人之身，虽兼人之资，常有不及之势，况乎人各有能有不能。长于政教者未必能深通法律，长于治狱者未必为政事之才，一心兼营，转致两无成就。"只有司法与行政分离，才能使官员各守其职，而不相侵越，各尽其所长，而政平讼理。所以，在订立法院编制法时，当裁明官吏的职责和监督的权限，以防止行政干预司法。

沈家本认为，司法独立的中心问题是裁判独立。其言："西国司法独立，无论何人皆不能干涉裁判之事，虽以君主之命，总统之权，但有赦免，而无改正。中国则由州县而道府，而司，而督抚，而部，层层辖制，不能自由。"②

其六，改良监狱制度，实行感化教育。沈家本认为，监狱应该是教育感化的机构，其言："监狱者，感化人而非苦人、辱人者也。"③沈家本提出了以培养监狱官吏，颁行监狱规制，编辑监狱统计等诸项措施来改建新式监狱。针对有些人对感化的效果表示怀疑的态度，他认为即使能够使其中少数人受到感化，也是成功的。其称："纵不能尽人而感化之，第使十人而得六、七人，或四、五人，或二、三人，则人之有害风俗治安者，必日见其少。积渐既久，风俗自日进于良，而治安可以长保焉。"④由此可见

---

① 沈家本：《寄簃文存》，商务印书馆2017年版，第37页。
② 沈家本：《寄簃文存》，商务印书馆2017年版，第205页。
③ 沈家本：《寄簃文存》，商务印书馆2017年版，第207页。
④ 沈家本：《寄簃文存》，商务印书馆2017年版，第208页。

沈家本慈厚的胸怀。但他也提出了自己的忧虑："所虑者，但袭外观，不求内蕴，遂谓感化无期也。"[①] 百年之后，吾人观之，贤者之虑实非无因也。

第七节　中华法系之终曲——礼法之争

礼法之争主要是围绕《刑事民事诉讼法》和《大清新刑律草案》而引发的争论。特别是围绕《大清新刑律草案》所引发的具有社会整体性质的大规模争论，范围很广，在社会上引发极大的反响。从实质上而言，其焦点可以被定位为：中国在移植西方式的法律过程中，是否有必要保持中国固有的法律传统，或在什么程度上坚持自己的传统。应该认识到，礼法之争并非坚持与反对法制变革的争论，而是如何进行法制变革的争论，争论的双方都是法制变革的支持者。礼法之争在三个层次上展开，其一是清政府及重要官员对于修律工作所进行的评价和匡正，其中以张之洞对修律工作的批评为主要内容；其二是礼教派与法理派关于《大清新刑律》的立法形式与内容所进行的讨论，其中以劳乃宣与沈家本之间的往复辩驳为主要内容；其三为关于修订法律如何在礼与法之间达到平衡的社会层面的争论。

一　张之洞对修律工作的批评

1906年，沈家本主持起草了《刑事民事诉讼法》。《刑事民事诉讼法》采用了许多现代法律的基本原则，如：杜绝刑讯和严禁逼供，确定了法无明文不为罪的原则及实行律师制度和陪审员制度，等等。

根据朝廷谕旨要求，各地将军、督抚、都统纷纷上奏对《刑事民事诉讼法》发表意见，其中以张之洞的批评最为全面而详尽。张之洞在奏折后附的"条单"中，对诸多条文加具按语，予以批驳。

《大清新刑律草案》是在修订法律大臣沈家本主持下，由日本法学专家冈田朝太郎等起草的。此草案采用了资产阶级的刑法原则，虽有参考中国旧律的方面，但主要依据于德国最新刑法等西方国家的刑事法律内容。当然，沈家本关于对中国旧律的修改意见以及如何汲取资产阶级法律精神和

[①] 沈家本：《寄簃文存》，商务印书馆2017年版，第208页。

思想，在草案中也得到了充分的反映。但大体而言，该法案与中国传统的律典有许多原则上的不同。概括而言，《大清新刑律草案》的主要特点为：

第一，轻刑省罚。主要是在罪名上减少死罪，并且在总体上减轻了刑罚。

第二，法律与礼教分离。如不再以"服制"量刑定罪，无夫妇女犯奸不论罪；虽还有对尊亲属、皇室有犯加重的条文，但与旧律相比已大大减轻。

第三，废除法律中的不平等。《大清新刑律草案》中规定，量刑定罪无男女、主仆、官民的区别。

第四，刑制不同。在《大清新刑律草案》中仅分主刑和从刑两大类。主刑有死刑、无期徒刑、有期徒刑、拘留、罚金；从刑有褫夺公权、没收。

第五，体例不同。《大清新刑律草案》仿欧美及日本各国刑法体例，分为《总则》和《分则》两编。

张之洞代表学部对《大清新刑律草案》进行逐条签注，他认为《新刑律草案》于传统法律的核心价值——礼教的基本原则有所违背。因此主张《新刑律草案》中妨害礼教的地方，应该全部改正。

清政府认可了张之洞的意见，对沈家本等修律人员进行了斥责，要求必须按照既定的修律宗旨进行立法工作。宣统元年正月二十七日谕旨中称："惟是刑法之源，本乎礼教，故于干犯名义之条，立法特为严重。良以三纲五常，阐自唐虞，圣帝名王兢兢保守，实为数千年相传之国粹，立国之大本。今寰海大通，国际每多交涉，固不宜墨守故常，致失通变宜民之志。但只可采彼所长，益我所短。凡我旧律义关伦常诸条，不可率行变革，庶以为天理民彝于不敝。该大臣务本此意。以为修改宗旨，是为至要。"[①]

在这种情况下，沈家本将草案收回，进行重新修改，主要修改的内容是对涉及纲纪伦常的犯罪加重处罚的力度。法部尚书廷杰对这个修改后的《刑律草案》仍不满意，认为对纲纪伦常的强调仍不够，故而，在《草案》的正文之后增加了附则五条，形成了《修正刑律草案》，由廷杰与沈家本联名奏呈。

[①] 《清末筹备立宪史料》下册，中华书局1981年版，第743页。

二 劳乃宣与沈家本的往复辩驳

《修正刑律草案》在通过宪政编查馆的审议时受到许多批评，其中以劳乃宣提出的质疑最为尖锐。沈家本等人对于这种质疑马上予以反击。实际上，在此以前，鉴于张之洞的身份，沈家本等修律人员并未与张之洞进行正面辩论，而在1909年张之洞病逝后，礼教派的首要人物变为劳乃宣，由于劳乃宣的身份地位与张之洞不可同日而语，故以沈家本为首的法理派与劳乃宣等人展开激烈争论。实际上，这个时候才真正开始了"礼法之争"。

劳乃宣撰成《修正刑律草案说帖》《新刑律修正案说帖》《声明管见说帖》等多篇文章，指出了《草案》中诸多与中国礼教及中国旧律相悖的条文，认为应当进行必要的增纂、修改、移改、复修。沈家本也撰写了《书劳提学新刑律草案说帖后》等文章对礼教派的观点进行了回应和反驳。

《清史稿》中对这一过程进行了比较客观的记述，本书于前节已有录述不再重复。

应该说，劳乃宣等人的意见，无论形式及内容上都无可厚非，既有针对性，也有专业性。沈家本的反驳以中国古代经史著述及历代法律规定为根据，并参以欧美最新法律及原理，也可以说是入情入理。其中也表明了在当时国家民族处于非常危急之时刻，变法修律不得不屈己从人，是不得已而为之之事。

在意识形态的影响下，以往论述中多以进步与保守将当时人物加以归类。特别于礼法之争时之法理派与礼教派更有文辞上之扬抑，甚至有涉及人身之褒扬与攻击，法理派必义正词严，礼教派必歪理邪说；法理派必目光如炬，礼教派必鼠目寸光；法理派必光明正大，礼教派必心理阴暗；法理派必举止端庄，礼教派必行为猥琐。而其中受到攻击最多的非劳乃宣莫属，在很长时间内，他都被形容为挡车螳螂，撼树蚍蜉。由于这种论点属于所谓主流观点，故劳乃宣在许多人的心目中无异于迂腐的陋儒、跳梁的小丑。

实际上，劳乃宣是一个非常具有时代感的人物，他对于西方的文化不但不排斥，还在许多方面积极推动。其曾任知县二十余年，对于中国的基层社会可谓了解甚悉。在其任职期间，三次考绩为"卓异"，政声颇著。

在临榆县，他"劝农课士，教养兼施，听讼极明，民无冤抑"①；在完县，其"延名儒长燕平书院，勤教士，厚膏火。未几，文风大振"②；在清苑，其"下车即毁五仙淫祠。执法峻，不畏强御"，并"创办畿辅大学堂，学校之兴，自公始"③；在蠡县，他严明吏治，使"蠡邑好讼之风为之一戢"④。劳乃宣还多曾入大吏幕府，如李鸿章、周馥、盛宣怀、端方等，特别其于周馥、盛宣怀幕府中均掌洋务文案，对于中西交涉之事认识颇深。劳乃宣热心办学，在苏州、南京设立简字学堂，也曾出任盛宣怀所办之南洋公学总理。同时，他在文字改革方面的成就远远超过其法律方面的影响。王尔敏先生称，劳乃宣是近代汉字简化、汉语拼音最重要，且影响最深远的代表人物之一。⑤他曾著《简字全谱》，其称："识字者多，则民智，智者强；识字者少，则民愚，愚则弱。强弱之攸分，非以文字之难易为之本哉。然则今日而图自强，非简易其文字不为功矣。"他还倡导以语文合一为普及教育之根本："是故今日欲救中国，非教育普及不可。欲普及教育，非有易识之字不可。欲为易识之字，非用拼音之法不可。"劳乃宣对实行拼音文字抱有很大的希望，他称："数年之内，可以通国无不识字之人，……人人能观书，人人能阅报，凡人生当明之道义，当知之世务，皆能通晓。彼此意欲所言，皆能以笔札相往复。官府之命令，皆能下达，而无所舛误。人民之意见，皆能上陈，而无所壅蔽。明白洞达，薄海大同，以此育民德，何德不厚；以此濬民智，何智不开。太平之基，富强之本，胥于是乎在。"⑥

　　劳乃宣倡言改革，曾著有《变法论》。其言："今天下事变亟矣。国家多故，风俗陵夷，官无善政，士无实学，刑不足以止奸，兵不足以御侮。而数万里十数国之强敌，环逼而虎视，创闻创见之事，月异而岁不同。当今之时，犹拘拘于成法以治之，鲜有不败矣。则法之不得不变者，势也。"⑦同时，他也不是法制变革的反对者；其认为"国家法制传自先世，

---

① 《临榆县志》（1929年）。
② 《完县新志》（1935年）。
③ 《清苑县志》（1934年）。
④ 《韧叟自订年谱》，中华书局2020年版，第111页。
⑤ 王尔敏：《中国近代思想史论》，社会科学文献出版社2003年版，第123—124页。
⑥ 《桐城老先生遗稿》卷四，台湾艺文印书馆1964年线装版。
⑦ 《桐城老先生遗稿》卷一，台湾艺文印书馆1964年线装版。

不可轻言变也,然法久则弊,不变无以通其穷"①。近代著名学者罗振玉对劳乃宣有极高的评价,其言:"公平生为醇儒,为循吏,斥拳教于星火未燎之时,争法律于彝伦将斁之日,论政体于凶焰方张之世,古人所谓不惑、不忧、不惧,惟公当之无愧色。"②

三 社会层面的争论

这次清末修订法律中法治派与礼教派的论争,不仅关系到法律起草、签注、修改、审议、表决的各部门,如修订法律馆、宪政编查馆、法部、资政院、中央各部、地方督抚等,而且牵涉到社会上一般官吏、士人以及在华的外籍人士等,形成了具有社会影响的重要事件。

资政院议员、内阁学士陈宝琛和大学堂总监督刘廷琛,在子孙违犯教令和无夫奸的问题上,全力支持劳乃宣。陈宝琛在《新刑律评议》中强调指出,以上两端必须治罪。刘廷琛在《奏新刑律不合礼教条文请严饬删尽折》中说,法律馆所修新刑律,不合礼教处不胜枚举,而最悖谬的,是子孙违犯教令及无夫奸不加罪数条。

社会上其他一些人物,甚至连外国人也对《大清新刑律草案》进行了批评,如青岛特别高等专门学堂教员德人赫善心,专门写了《中国新刑律伦》一文,赞同劳乃宣《修正刑律草案说帖》和陈宝琛《新刑律评议》中所阐发的意见,认为《草案》无视中国礼教而盲目仿效外国。其言:"余见今日中国自置其本国古先哲王之良法美意于弗顾,而专求之于外国,窃为惜之。夫学与时新,法随世易,余非谓外国之不可求也,要在以本国为主,必与本国有益而后舍己从人。以本国国民之道德为主,必与本国国民道德不悖而后可趋时而应变。……为取悦于外人起见,即当引自己国民于非道乎?设如某国立法专为仿效他国,以致内地之罪案日多一日,试问他国人民亦愿居于是邦否?"③ 他认为,一味地屈己从人,模仿外国,损害了法律的基础,磨灭了法律的精神,同时也不会获得外国人的认可,对于收回领事裁判权没有帮助。其言:"凡订刑律需从自己国民之道德上小心构造,万不可注意于他事。如外国人之治外法权等事万不可引以为权衡。

---

① 《桐城老先生遗稿》卷四,台湾艺文印书馆1964年线装版。
② 《韧叟自订年谱》,中华书局2020年版,第99页。
③ 《大清新刑律立法资料汇编》,社会科学文献出版社2013年版,第775—776页。

大凡决一问题,只能问何以谓之善,如施之于我国之民善,则可谓之善矣。由此观之,中国修订法律一事,惟熟悉自己国民道德及其旧律之中国人方能胜其任。"①

许多与沈家本持相同见解者,包括日本法学家兼法律馆顾问冈田朝太郎、松冈义正,以及宪政编查馆和修订法律馆的成员董康、杨度、吴廷燮等人也纷纷加入论战。杨度的《论国家主义与家族主义之区别》和吴廷燮的《旧说议律辩》等文章,都在社会上引起了极大的反响。其中杨度的《论国家主义与家族主义之区别》尤为突出,影响很大。杨度称:法律要和道德相联系,这是确定的,"所当论者,今日中国之治国,究竟应用何种礼教之一问题而已。则姑舍法律而言礼教。论者若以为中国礼教之节目,乃天经地义之所不能移,有之则中华,无之则夷狄;有之则为人类,无之则为禽兽;中国有此数千年之礼教,此其所以为中国,为人类;东西洋各国无之则为夷狄,是禽兽也,不仅其所谓文化者非文化,即其无礼教之法律亦非法律,不可仿效,以贻用夷变夏之讥"。② 也就是说,修律是否可以学习西方,西方是否有可以学习的地方是一个关键所在,如果坚持只有中国是文明的,而其他国家都是野蛮的,那么他们的法律必然是不能被仿效的。但是如果你承认西方国家也是文明的,就没有理由拒绝学习和效仿。杨度称:"即明人彼与我各有礼教,即明人彼与我各有其是。"况且"礼教并不能谓之天经地义,不过治民之一政策而已。审时变之所宜,应以何种政策治其民者,即以何礼教治其民。一切政治、法律、教育皆视之以为转移,无所谓一成而不可变者"。③ 也就是说,旧的道德礼教只是一种治民的统治方式,不是天经地义、一成不变的,而是要随时代而改变的,如果这种法律的基础改变了,法律自然也要随之而改变。他认为,在当今时代,在当前情况下,中国必须舍弃以往的家族主义,而实行能令国民团结、国家富强的国家主义,这是一个根本性的问题,"故此问题者,非区区一刑律之问题,更非区区刑律中一二条文字句之问题,乃中国积弱之根本原因,而此后存亡所关之大问题也。"④ 由此,杨度得出结论:"于此而论新刑律,国家之欲改此律,决非欲布此律以为新政之装饰品也。必以大

---

① 《大清新刑律立法资料汇编》,社会科学文献出版社2013年版,第778页。
② 《大清新刑律立法资料汇编》,社会科学文献出版社2013年版,第782页。
③ 《大清新刑律立法资料汇编》,社会科学文献出版社2013年版,第783页。
④ 《大清新刑律立法资料汇编》,社会科学文献出版社2013年版,第785页。

清旧律之不足以发达其国民,振兴其国家,而后为此也。而所派修律大臣又在老成典型之列,数十年旧律之经验,数年新律之讨论,论者所举浅薄之义彼岂不知? 然竟如此定稿者,岂非本国家改律之意,弃旧主义而从新主义乎? 今以事外之人,绝无讨论,贸然指摘,欲复其旧,则国家改律岂不多事,反不如仍用旧律,首尾贯注,全篇一辙,犹为完备,不必别订新律而又琐琐补苴,劳而少功也。……若以为家族主义不可废,国家主义不可行,则宁废新律而用旧律,且不惟新律当废,宪政中所应废者甚多也。若以为应采国家主义,则家族主义决无并行之道。而今之新刑律实以国家主义为其精神,即宪政之精神也,必宜从原稿所订,而不得以反对宪政精神加之。"[1] 礼法之争所涉及的范围很广,双方各持己见,并且都提出了许多有见地的观点、论据,形成了具有相当广泛而深刻的社会论争。这场论争的意义是很深远的,其本质上是中西文化在法律思想范畴内的一次猛烈碰撞。

　　应该说,礼法之争是一场有关中国如何改造固有法律制度,如何与现代法律制度相融合的社会争论,其中礼教派与法理派都有自己的理论依据,未可扬此抑彼。礼教派本非不识世界大势者,张之洞、劳乃宣等人都对于世界各国的法律有着深刻的认识和理解;而法理派也非对于中国固有法律传统的背叛者。特别是沈家本,其对于中国固有的文化与传统无比珍爱,对中国传统法律研究精深。他们只是处于不同的社会政治地位,对于中国法制进步路径的选择有所不同,对于中国社会如何能够在世界文明中立足的认识有某种程度的差异,他们都想在务本和务实之间找到一条正确的道路,他们都是中华文明的真心热爱者,双方都是值得尊重的。

---

[1] 《大清新刑律立法资料汇编》,社会科学文献出版社2013年版,第785页。

主要参考书目

一　文献

（清）马建忠：《适可斋记言》，中华书局1960年版。
（清）王夫之：《船山遗书》，中国书店2016年版。
（清）薛允升：《唐明律合编》，中国政法大学出版社1998年版。
（清）俞樾：《诸子平议》，凤凰出版社2020年版。
《陈炽集》，中华书局1997年版。
《筹办夷务始末》（道光朝），中华书局2008年版。
《筹办夷务始末》（同治朝），中华书局2008年版。
《筹办夷务始末》（咸丰朝），中华书局2008年版。
《春秋繁露》，中华书局2018年版。
《大明律》，法律出版社2000年版。
《大清律例》，法律出版社2000年版。
《大清新法令》，商务印书馆2011年版。
《大元通制条格》，法律出版社2000年版。
《董康法学文集》，中国政法大学出版社2005年版。
《龚定庵全集类编》，中华书局1991年版。
《光绪朝东华录》，中华书局1958年版。
《郭嵩焘奏稿》，岳麓书社1983年版。
《汉书》，中华书局1962年版。
《后汉书》，中华书局1965年版。
《胡翼南先生全集》，香港印行。
《黄宗羲全集》，浙江古籍出版社2005年版。
《晋书》，中华书局1974年版。

《旧唐书》，中华书局 1975 年版。
《旧五代史》，中华书局 2013 年版。
《康有为全集》，人民大学出版社版 2007 年版。
《李鸿章全集》，海南出版社 1997 年版。
《历代会要》，上海古籍出版社 2006 年版。
《洛阳伽蓝记校释》，中华书局 2013 年版。
《名公书判清明集》，中华书局 1987 年版。
《明史》，中华书局 1974 年版。
《钱大昕全集》，江苏古籍出版社 1997 年版。
《清经世文编》，中华书局 1992 年版。
《清末筹备立宪档案史料》，中华书局 1979 年版。
《清实录》，中华书局 2008 年版。
《清史稿》，中华书局 1977 年版。
《清文献通考》，浙江古籍出版社 1999 年版。
《清续文献通考》，浙江古籍出版社 1999 年版。
《全唐文》，上海古籍出版社 1995 年版。
《三国志》，中华书局 1982 年版。
《十三经注疏》，中华书局 2009 年版。
《史记》，中华书局 2013 年版。
《宋史》，中华书局 1985 年版。
《宋书》，中华书局 2013 年版。
《宋刑统》，法律出版社 1999 年版。
《隋书》，中华书局 1973 年版。
《谭嗣同全集》，中华书局 1981 年版。
《唐律疏议》，中华书局 1983 年版。
《唐律疏议笺解》，中华书局 1996 年版。
《桐乡劳先生遗稿》，台湾艺文出版社 1964 年线装版。
《万国公报选》，生活·读书·新知三联书店 1998 年版。
《魏书》，中华书局 2013 年版。
《新唐书》，中华书局 1975 年版。
《新五代史》，中华书局 2013 年版。
《新刑律修正案汇录》，宣统三年印本。

《刑案汇览》，法律出版社 2007 年版。
《盐铁论》，中华书局 2015 年版。
《元史》，中华书局 2016 年版。
《曾国藩全集》，岳麓书社 1987 年版。
《张之洞全集》，河北人民出版社 1998 年版。
《折狱龟鉴》，上海古籍出版社 1988 年版。
《中国法律思想史资料汇编》，法律出版社 1983 年版。
《中国近代史资料丛刊——太平天国》，上海人民出版社 2000 年版。
《中国近代史资料丛刊——戊戌变法》，上海人民出版社 2000 年版。
《中国近代史资料丛刊——鸦片战争》，上海人民出版社 2000 年版。
《中国近代史资料丛刊——洋务运动》，上海人民出版社 2000 年版。
《中国近代史资料丛刊——中日战争》，上海人民出版社 2000 年版。
《中外旧约章汇编》，上海财经大学出版社 2019 年版。
《朱子语类》，中华书局 2020 年版。
《诸子集成》，中华书局 2006 年版。
《资治通鉴》，中华书局 1956 年版。
程树德：《九朝律考》，中华书局 1963 年版。
丁贤俊、喻作凤编：《伍廷芳集》，中华书局 1993 年版。
范忠信选编：《梁启超法学文集》，中国政法大学出版社 2000 年版。
冯桂芬：《校邠庐抗议》，中州古籍出版社 1998 年版。
高汉成主编：《大清新刑律立法资料汇编》，社会科学文献出版社 2013 年版。
辜鸿铭：《清流传》，东方出版社 1998 年版。
韩延龙、刘海年主编：《沈家本未刻书集纂》，中国社会科学出版社 1999 年版。
韩延龙、刘海年主编：《沈家本未刻书集纂补编》，中国社会科学出版社 2002 年版。
梁启超：《饮冰室合集》，中华书局 1989 年版。
齐思和等编：《鸦片战争》，上海人民出版社 2000 年版。
容闳：《西学东渐记》，中州古籍出版社 1998 年版。
沈家本：《历代刑法考》，中华书局 1985 年版。
田涛主编：《清代条约全集》，黑龙江人民出版社 1999 年版。

王栻编：《严复集》，中华书局1981年版。
王韬：《弢园文录外编》，中州古籍出版社1998年版。
郑观应：《盛世危言》，中州古籍出版社1998年版。
郑振铎编：《晚清文选》，中国社会科学出版社2002年版。
中国史学会编：《洋务运动》，上海人民出版社1961年版。
钟书河编：《走向世界丛书》，岳麓书社出版社2008年版。
［美］马士：《中华帝国对外关系史》，上海书店出版社2006年版。

二　相关论著

《柏林谈话录》，译林出版社2011年版。
《陈寅恪史学论文选集》，上海古籍出版社1998年版。
《陈垣全集》，安徽大学出版社2009年版。
《日本学者研究中国史论著选译》中华书局1993年版。
《中国社会科学院历史研究所学刊》，商务印书馆2007年版。
曹刚华：《明代佛教方志研究》，中国人民大学出版社2011年版。
柴松霞：《出洋考察与清末立宪》，法律出版社2011年版。
陈顾远：《中国法制史概要》，商务印书馆2011年版。
陈寅恪：《读书札记二集》，生活·读书·新知三联书店2001年版。
陈寅恪：《读书札记三集》，生活·读书·新知三联书店2001年版。
陈寅恪：《读书札记一集》，生活·读书·新知三联书店2001年版。
陈寅恪：《寒柳堂集》，三联书店2001年版。
陈寅恪：《金明馆丛稿初编》，生活·读书·新知三联书店2001年版。
陈寅恪：《金明馆丛稿二编》，生活·读书·新知三联书店2001年版。
陈寅恪：《隋唐制度渊源略论稿》，生活·读书·新知三联书店2001年版。
陈寅恪：《唐代政治史述论稿》，生活·读书·新知三联书店2001年版。
陈煜：《清末新政中的修订法律馆》，中国政法大学出版社2009年版。
丁贤俊、喻作凤：《伍廷芳评传》，人民出版社2005年版。
葛兆光：《中国思想史》，复旦大学出版社2000年版。
顾卫民：《基督教与近代中国社会》，上海人民出版社1996年版。
郭汉民：《晚晴社会思潮研究》，中国社会科学出版社2003年版。
韩秀桃：《司法独立与近代中国》，清华大学出版社2003年版。
何勤华：《中国法学史》，法律出版社2011年版。

何勤华主编：《律学考》，商务印书馆2009年版。

贺卫方：《中国法律教育之路》，中国政法大学出版社2001年版。

侯强：《社会转型与近代中国法制现代化：1840—1928》，中国社会科学出版社2005年版。

侯强：《中国近代法律教育转型与社会变迁研究》，中国社会科学出版社2008年版。

侯欣一主编：《中国法律思想史》，中国政法大学出版社2008年版。

黄慧贤、陈锋主编：《中国俸禄制度史》，武汉大学出版社1996年版。

黄克武：《自由的所以然》，上海书店出版社2000年版。

蒋廷黻：《中国近代史》，岳麓书社1999年版。

瞿同祖：《中国法律与中国社会》，中华书局1981年版。

李鼎楚：《事实与逻辑——清末司法独立解读》，法律出版社2010年版。

李贵连：《近代中国法制与法学》，北京大学出版社2002年版。

李贵连：《沈家本传》，法律出版社2000年版。

李贵连：《沈家本年谱长编》，台湾成文出版社1992年版。

李剑农：《中国近百年政治史》，商务印书馆2011年版。

李露：《中国近代教育立法研究》，广西师范大学出版社2001年版。

李青：《洋务派法律思想与实践的研究》，中国政法大学出版社2005年版。

李天纲：《中国礼仪之争》，上海古籍出版社1998年版。

李细珠：《张之洞与清末新政研究》，上海书店出版社2003年版。

林端：《韦伯论中国传统法律》，台湾三民书局2003年版。

林毓生：《中国传统的创造性转化》，生活·读书·新知三联书店2011年版。

刘桂生等编：《严复思想新论》，清华大学出版社1999年版。

刘俊文等主编：《中日文化交流史大系（2）法制卷》，浙江人民出版社1996年版。

龙应台、朱维铮编：《维新旧梦录》，生活·读书·新知三联书店2000年版。

马小红：《礼与法》，北京大学出版社2017年版。

茅海建：《天朝的崩溃》，生活·读书·新知三联书店1995年版。

茅海建：《戊戌变法史事考》，生活·读书·新知三联书店2005年版。

裴艳：《留学生与中国法学》，南开大学出版社2009年版。

彭爽：《中国近代职业教育法律制度》，湖南人民出版社 2010 年版。

钱基博：《近百年湖南学风》，中国人民大学出版社 2004 年版。

钱穆：《国学概论》，商务印书馆 1997 年版。

任达：《新政革命与日本》，江苏人民出版社 2010 年版。

任平：《晚清民国时期职业教育课程史论》，暨南大学出版社 2009 年版。

桑兵：《清末新知识界的社团与活动》，生活·读书·新知三联书店 1995 年版。

桑兵：《清末新知识界的社团与活动》，生活·读书·新知三联书店 1995 年版。

桑兵：《晚清学堂学生与社会变迁》，学林出版社 1995 年版。

石泉：《甲午前后的晚清政局》，生活·读书·新知三联书店 1999 年出版。

苏力、贺卫方主编：《20 世纪的中国学术与社会——法学卷》，山东人民出版社 2001 年版。

苏亦工：《明清律典与条例》，中国政法大学出版社 2000 年版。

孙青：《晚清之"西政"东渐及本土回应》，上海世纪出版集团 2009 年版。

陶希圣：《中国政治思想史》，中国大百科全书出版社 2009 年版。

汪荣祖：《走向世界的挫折》，岳麓书社 2000 年版。

汪向荣：《日本教习》，生活·读书·新知三联书店 1988 年版。

王尔敏：《近代经世小儒》，广西师范大学出版社 2008 年版。

王尔敏：《晚晴政治思想史论》，广西师范大学出版社 2005 年版。

王尔敏：《中国近代思想史论》，社会科学文献出版社 2003 年版。

王健：《沟通两个世界的法律意义》，中国政法大学出版社 2001 年版。

王健：《中国近代的法律教育》，中国政法大学出版社 2001 年版。

王树槐：《外人与戊戌变法》，中华书局 1987 年版。

夏东元：《洋务运动史》，华东师范大学出版社 1992 年版。

夏利亚：《睡虎地秦简文字集释》，上海交通大学出版社 2019 年版。

夏勇：《中国民权哲学》，生活·读书·新知三联书店 2004 年版。

夏曾佑：《中国古代史》，中华书局 2015 年版。

萧公权：《近代中国与新世界》，江苏人民出版社 2007 年版。

萧公权：《中国政治思想史》，商务印书馆 2011 年版。

熊月之：《西学东渐与晚清社会》，上海人民出版社 1998 年版。

熊月之：《西学东渐与晚晴社会》，上海人民出版社 1994 年版。

徐建平：《清末直隶宪政改革研究》，中国社会科学出版社2008年版。
严耕望：《中国政治制度史纲》，上海古籍出版社2013年版。
严耀中：《佛教戒律与中国社会》，上海古籍出版社2007年版。
杨邓旗、靳明：《近代国语教育改革的先驱劳乃宣》，山西人民出版社2020年版。
杨际平：《北朝隋唐均田制新探》，岳麓书社2003年版。
余英时：《中国思想传统及其现代变迁》，广西师范大学出版社2004年版。
俞江：《近代中国的法律与学术》，北京大学出版社2008年版。
曾宪义主编：《中国传统法律文化研究》，中国人民大学出版社2011年版。
张灏：《梁启超与中国思想的过渡》，新星出版社2006年版。
张灏：《幽暗意识与民主传统》，新星出版社2006年版。
张晋藩：《中国法律的传统与近代转型》，法律出版社1997年版。
张晋藩：《中国法律的传统与近代转型》，法律出版社2009年版。
张立胜：《县令·幕僚·学者·遗老——多维视角下的劳乃宣研究》，人民出版社2020年版。
中国社会科学院近代史研究所政治史研究室、河北师范大学历史文化学院编：《晚清改革与社会变迁》，社会科学文献出版社2009年版。
周锡瑞：《义和团运动的起源》，江苏人民出版社2003年版。
朱维铮：《近代学术导论》，中西书局2013年版。
朱维铮：《重读近代史》，中西书局2010年版。
朱志辉：《清末民初来华美国法律职业群体研究（1895—1928）》，广东人民出版社2011年版。
左玉河：《从四部之学到七科之学》，上海书店出版社2004年版。
［德］马克斯·韦伯：《法律社会学》，广西师范大学出版社2011年版。
［美］本杰明·史华兹：《寻求富强》，江苏人民出版社1990年版。
［美］费正清编：《剑桥中国晚清史》，中国社会科学出版社1985年版。
［美］柯文：《历史三调》，江苏人民出版社2003年版。
［美］柯文：《在传统与现代性之间》，江苏人民出版社1995年版。
［日］矶谷幸次郎：《法学通论》，王国维译，中国政法大学出版社2006年版。
［日］镰田茂雄：《简明中国佛教史》，上海译文出版社1988年版。
［日］实藤会秀：《中国人留学日本史》，生活·读书·新知三联书店1983年版。

后　　记

　　本人在几年之前，读到了董彦斌教授所著《现代法政的起源》一书，其中提出了中国历史发展"三节点说"，即中国远古至清末，经历了"立国"时刻、"立教"时刻和"立宪"时刻，分别对应为尧舜时期、西汉武帝时期和清末立宪时期。笔者深然其说，也很受启发。此后，也曾与董彦斌君当面探讨过这个话题，并建议他继续深入这个论题。同时，我也在想，此三节点说能否概括中国古代法律发展的进程呢？应该说，这个思考是促成写作本书的初念。而要完成这个写作计划，对笔者而言难度还是非常大的。因为中国古代法律发展的跨度很大，历史进程漫长，而要想完成贯穿这一漫长过程的一部著述，必须形成对中国历史发展的基本认识。对此，笔者要感谢马小红教授，其所著《礼与法》一书，其中所论古代法与传统法之区别，对本人的学术认知有极大之启发。此外，侯欣一教授、李力教授、周东平教授也均以著述、学识为本人提供了诸多帮助。而在写作过程中，由于笔者的学养不足，对于许多问题都存在知识上的盲点，每当有问题出现时，本人都会向孙家红教授、陈欣新教授等同事亲朋求教。诸君学识广博，见解深刻，每有询问，必有答复，使人多有获益。同时，中国上古时期的文字、典籍，极为深奥，非有深厚专业素养，难以确知其义。故此，笔者也多次寻求黄海博士的专业帮助，在此也一并表示感谢。

　　张之洞言："轻言著述，徒为通人所诃而已。"故本人虽依字纸谋生，但对于著书之事常怀诚恐之心，即恐为通人所诃，更惧误人子弟。然可得欣慰者，此书之写作过程可称读书之总结，自我之解惑。当然，也要特别感谢贤内助胡桃女士，数年以来，不但为本人录入读书笔记逾百万言，也常为拙识谬解的被动听取者。

　　本书得以出版，还要感谢中国社会科学院法学研究所张锦贵处长、卢娜女士，感谢中国社会科学出版社任明先生和许琳女士。

笔者读书有年，而成文无几，因知著书之事非小也。学问之途，实为艰难，非精深不足以鸣世，非达雅不足以悦人。笔者学识微浅，拙作内容定有空疏，语词难称雅驯，欠妥之处，尚希读者谅解。

高旭晨

2021年10月25日